# 불상점안의식 연구

프라즈냐 총서 32

# 불상점안의식 연구

| 불상점안의식의 역사와 사상, 작법절차를 중심으로 |

해사 著

운주사

# 서문

두 손 모으니 꽃 봉우리 되고
온몸은 공양구가 되네.
정성스런 이 마음과 진실한 모습으로
향 연기 가득한 큰 법회를 찬탄하옵니다.

불교의례의 핵심은 귀의의 대상인 불·법·승 삼보에게 예경과 찬탄, 그리고 공양의식을 거행하는 것이다. 이는 소례所禮인 불상을 한낱 조각품이 아닌 삼십이상과 팔십종호를 갖춘 완전한 부처로 보기 때문에 가능한 것이다.

만약 불상이 불격佛格을 갖추지 못하고 조성물에 불과하다면 법당에 앉아 있는 불상에 예를 갖추고 공양을 올리는 불교의례 형태는 그야말로 우상숭배라는 지탄을 면할 수 없을 것이다. 또한 우리가 현재 행하는 의례의 형태가 무너지는 매우 중요한 사항이기도 하다.

이에 대해서 '가히 삼보를 아우를 수 있는 가장 성스럽고 모든 의식의 근간이 되는 의식은 무엇인가? 모든 불교의식들을 의식으로 가능하게 할 수 있는 것이 무엇인가?'를 고민한 끝에 점안의식에 착목着目하게 되었다. 대부분의 불교의식은 부처님을 모시고 거행하는데, 이러한 예경이 가능하도록 하는 것이 점안의식이라고 생각했기 때문이다.

이러한 점안의식에는 불교의 교리와 사상이 총 망라되어 있어 불교를 공부하고 이해하는 데 큰 도움이 된다. 또한 수행의 방법과 목적을 제시하여 수행자나 불제자들의 신심을 고취시킬 뿐만 아니라 방향성을 제시하고 있다. 그리고 무엇보다도 모든 의례가 가능할 수 있도록 하는 일차적 의식인 점에 주목하지 않을 수 없다.

부처님께 예경하고 찬탄하는 것이 깨달음과 무슨 상관이 있겠느냐고 하겠지만, 의례는 종교적 체험을 체계화한 것이며 행위적 표현이다. 신심의 고취는 물론 참회와 성찰을 통해 부처가 되고자 함을 넘어서 행불行佛하고자 함의 발로發露이기에 의식은 꼭 필요하며 반드시 행해야 한다고 본다.

본서에서 필자는 불상을 점안할 경우 부처가 될 수 있다는 교리와 사상을 밝히고자 하였다. 즉 불상이나 불화 등에 일련의 의식과정을 통해 생명력을 불어 넣어 성상聖像으로 거듭나 불보佛寶가 되어 의례의 대상이 될 수 있는 과정과 사상을 정립하고자 하였다.

특히 1500년대의 점안의식문을 비롯하여 1600년, 1700년, 1800년, 1900년대의 점안의식문 18종을 비교, 누락되고 축소된 내용들을 보완하여 점안의식문의 표준안을 구성해 보았다. 또한 여러 경전과 도상집圖像集에 남아 있는 도상을 토대로 진언에 맞는 수인을 찾아내고 결인법結印法을 보완함으로써 점안의식의 완성도를 높이고자 노력하였다.

필자의 공부가 아직 깊지 못해 여러 가지 부족하고 더 많은 연구가 되어야 함을 지극히 잘 알고 있다. 그러나 이러한 일련의 과정들을 "의식문을 복잡하게 해 놓았다"고만 보지 말고, "조금 더 여법하게 의식을 거행할 수 있도록 정리하였다"고 이해해 주길 바랄 뿐이다. 또한 본 불상점안의식을 통해 각기 자신에게 내재되어 있는 청정심에 점안하여 자성불이 깨어나는 계기가 되기를 기대한다.

더불어 부족하지만 이나마 연구의 성과를 낼 수 있도록 지도해 주시고 격려와 용기를 아낌없이 베풀어 주신 여러 스승님들과 모든 인연들께 깊이 감사의 인사를 드린다. 또한 흔쾌히 출판을 맡아준 운주사 가족들께도 고마움을 전한다.

돌이켜보면 부처님 문중에 들어와 공부할 수 있는 모든 인연들이 너무나 고마워서 이에 조금이나마 보답하고자 열심히 공부하였던 것 같다. 물론 이제 겨우 한 발짝 내딛는 시작이란 것을 잘 알고 있다. 이번 출판을 계기로 앞으로 더욱 정진하리라 다짐하며, 모든 인연 있는 분들께 다시 한 번 깊이 감사의 인사를 드린다.

2015년 6월

해사 합장

그림/사진

## 표

# 제1장 서론

대부분의 불교의식은 법당에 부처님을 모시고 그 부처님을 소례所禮, 즉 예배의 대상으로 삼아 거행된다. 그런데 이때 소례이신 불상으로서의 부처님은 진정한 부처님인가 하는 의문이 있을 수 있다. 이에 대한 해답은 점안의식에서 찾을 수 있다. 이것은 불상이나 불화를 살아 숨 쉬는 불보佛寶일 수 있도록 의미를 부여하는 의식으로 '개안開眼' 혹은 '입안入眼', '개광開光'이라고도 한다.

이와 같이 점안의식이란 한낱 조각이나 그림에 불과한 것에 일련의 의식을 통해 생명력을 불어 넣어 성상聖像으로 거듭나 신앙의 대상이 될 수 있도록 하는 것을 말한다. 따라서 신앙의 차원에 있어서 점안의식은 매우 중요하다. 또한 점안작법은 여법하게 거행해야 한다.

그러면 이러한 의식을 왜 '점안點眼'이라고 했을까? 새로운 부처님이 탄생하므로 탄불의식誕佛儀式이라 할 수 있을 것이며, 새로 조성한 불상에 부처가 강생하는 의식이므로 강불의식降佛儀式 등 기타 다른 명칭을 사용할 수도 있었을 것이다. 그럼에도 불구하고 눈동자를 그려 넣어 '눈을 뜨게 한다'라는 의미의 '점안'이라는 명칭을 사용하고 있다. 그만큼 눈(眼)을 강조하고 있는 것이다. 이때의 눈은 육안肉眼, 천안天眼, 혜안慧眼, 법안法眼, 불안佛眼, 십안十眼, 천안千眼, 무진안無盡眼 등 팔안八眼을 말하며 부처가 갖추고 있는 눈을 말한다. 따라서 부처가 된다는 것은 팔안을 성취한다는 것임을 알 수 있다.

이러한 팔안의 성취를 이루기 위한 점안의 방법은 대체로 복장의식腹藏儀式을 마친 후 「삼화상청三和尙請」, 「신중작법神衆作法」, 「점안의식點眼儀式」 등 세 가지 의식을 통해서 이루어진다. 이 중 복장의식은 그 절차나 내용이 광대하므로, 본문에서는 복장 이후의 의식만을 다룰 것이다.

첫째, 「삼화상청」은 점안의식을 거행하는 의식승들의 의식 내용을 증명할 세 분의 화상을 청해 모시는 것이다. 화상은 아사리阿闍梨 혹은 유나維那의 개념으로 이해할 수 있다. 즉 '불사의 전 과정에 대한 증명'을 목적으로 한다. 여기에서 말하는 불사의 내용은 불사를 담당한 자의 청정심, 점안도량의 정비, 무엇보다도 의식을 거행하는 증명법사와 법주, 바라지 등의 의식 진행에 대한 증명을 의미한다.

둘째, 「신중작법」은 팔부금강과 4보살 등 화엄성중을 청해 점안도량의 결계結界와 옹호를 목적으로 거행된다.

셋째, 「점안의식」은 새로 모시고자 하는 부처님께서 강림하여 불상에 안좌하시는 것을 목적으로 한다. 점안의식의 구성은 엄정의식嚴淨儀式, 결계의식結界儀式, 건단의식建壇儀式, 소청의식召請儀式, 점필의식

點筆儀式, 관불의식灌佛儀式, 장엄의식莊嚴儀式, 공양의식供養儀式 순으로 거행된다. 이 중 핵심은 점필의식에 있다. 점필은 점안의 완성이기 때문이다.

점필이란 새로 조성된 존상의 각 부위에 상응하는 불종자佛種子를 안치하여 부처의 공능이 성취될 수 있도록 하는 것을 말한다. 특히 불佛의 신·구·의 삼밀三密과 삼신三身을 투영하는 '옴唵·아阿·훔吽'의 점필, 불지의 본체를 의미하며 5지五智와 5불五佛의 비밀실지진언秘密悉地眞言인 '암밤람함캄'의 점필 등은 팔안八眼을 완성시켜 불신佛身을 완성토록 한다. 이와 같이 점필은 실질적인 의식이라 할 수 있으므로 더욱 더 여법하게 거행해야 한다.

이와 더불어 완벽한 점안을 위해서는 모든 의식이 삼밀가지三密加持가 되어야 한다. 이는 즉 행법자가 몸에 인印을 맺고, 입으로 진언을 외우고, 뜻으로 본존을 관하여 행법자의 삼업三業과 부처의 삼밀이 일치되는 것을 말한다. 이것은 점안의식에서 새로 조성된 불상에 부처가 강림하는 것을 목적으로 거행하기 때문에 행법자가 지극하게 삼밀을 수행했을 때 가능하다. 그때 부처의 삼밀이 가지加持하여 불상이 아닌 부처로 거듭나게 된다. 그러므로 삼밀 중 그 어떤 것도 빠져서는 불격佛格이 원만히 성취될 수 없다고 할 것이다.

그러나 현행 점안의식은 점필이 제대로 거행되고 있지 않는 실정이다. 또한 의식의 거행절차에 있어서도 의식의 내용과 적합하지 않는 형태로 진행되는 경우도 있다. 더불어 진언을 통한 구밀口密과 점필 시 관법觀法인 의밀意密은 수반되나 수인手印인 신밀身密이 거행되고 있지 않다. 따라서 완벽한 점안이라고 보기는 어렵다. 특히 수인은 인계印契를 말하는 신밀만이 아닌 인법印法, 즉 관상법이 있어 의밀도 포함한다. 더욱이 점안의식은 권공의식이나 기타의 다른 의식보다도 삼밀행을 완벽하게 실행해야 한다. 그래야 비로소 사불詐佛이 아닌, 불보佛寶로서의 부처님이 자리할 수 있기 때문이다. 그러므로 수인은 반드시 결結해야 한다고 생각한다. 이렇게 탄생된 부처만이 예경의 대상이 되고 공양을 받을 수 있는 불격을 갖추게 되는 것이다. 즉 모든 불공의식을 가능하게 하는 기본 조건이 마련되는 것이다.

이와 같이 점안의식이 갖는 의미는 불교의식의 정점에 위치하므로 가장 여법히 거행해야 할 것이다. 그럼에도 불구하고 현재 거행되고 있는 점안의식은 의식 과정의 절차에 있어 많은 부분들이 간소화되고 축소되면서 본래의 기능을 다하지 못하고 있다. 이와 같은 결과를 초래하게 된 원인은 대략 다음과 같다.

첫째, 기존의 점안의식문에 문제가 있다기보다는 의식문의 내용을 정확히 이해하지 못하는 데서 비롯된 문제이다. 다시 말해서 의식의 내용과 사상에 대한 연구가 부족하여 그 내용의 본질을 정확히 파악하지 못함에서 기인한다. 그로 인해 의식 진행에 있어서 반드시 수반되어야 하는 절차가 생략되고, 의식도 통일되지 않아 견기이작見機而作이라는 미명하에 혼선을 주고 있다. 이 같은 현실은 의식이 갖는 고유의 의미와 상징성을 훼손하는 것은 물론 존엄성마저 해치는 결과를 초래하게 된다.

둘째, 일부 의식 집전자의 소양의 문제이다. 의식을 집전하는 사람이 의식의 내용을 잘 모른다는 것이 문제이다. 원효 스님이 『발심수행장』에서 "공양을 받아 염불하면서도 깊은 이치 깨닫지 못한다면 성현

앞에 죄스럽지 아니한가"[1]라고 하였듯이 의식문의 내용을 알고 올바르게 집전을 하여야만 참다운 의식을 행하는 것이라고 할 수 있기 때문이다.

셋째, 각종 의식문의 차이로 인해 혼란이 유발되고 있다는 점이다. 필사본의 경우 오자誤字로 인해 잘못 전승되는 경우가 있다. 또한 출판의 자유로 인해 검증되지 않는 의식집이 여기저기에서 간행되다 보니 잘못된 설명이나 용어들로 인해 오히려 의식이 잘못되고 있음을 지적하지 않을 수 없다.

넷째, 수행자가 거행하는 의식과 재가자의 법요의식을 구별 짓지 못하고 있는 현실이다. 수행자가 거행하는 의식은 수행의 한 방법으로 시간과 관계없이 아주 엄숙하고 철저하게 거행되어야 한다. 특히나 점안의식은 앞으로 신앙의 대상이 되는 부처님을 모시는 것이다. 그러나 요즘은 의식이 길어지면 신도들이 지루해한다고 하여 약례로 거행되는 경우가 다반사다. 오히려 본 점안의식은 격식에 맞지 않게 하면서 법회를 빙자한 뒤풀이 형식의 공연들이 더 크게 진행되고 있는 경우도 많다. 무엇이 우선이고, 무엇이 중요한지를 모르는 이런 행태는 반드시 개선되어야 할 것으로 본다.

이상에서 살펴본 바와 같이 점안의식의 본질보다는 시대적인 특성과 맞물려 의식이 의식으로서의 제 기능과 역할을 다하지 못하고 있는 현실이다. 그러나 앞으로 불교 발전과 올바른 점안의식을 거행하기 위해서는 잘못된 시각과 문제들을 개선하여 의식을 여법하게 거행하여

---

1 원효, 『發心修行章』, "得食唱唄 不達其趣 亦不賢聖 應慚愧乎."

야 한다. 특히 의식은 경전의 내용을 실천에 옮기는 행법이기도 하며, 청규로서의 역할이 내재되어 있음을 간과해서는 안 될 것이다.

본서의 목적은 점안의식의 내용을 체계적으로 살피고 분석함으로써 거기에 나타난 사상과 의미를 파악하여 올바른 점안의식이 정착될 수 있도록 하는 데 있다. 여기에 어떤 사상적 기반으로 불상이 조성될 수 있었는지, 또한 점안의식을 거치면 부처라고 인정할 수 있는 근거는 무엇인지, 그리고 점필에 나타난 사상을 살펴봄으로써 '점안'의 진정한 의미를 파악해 보고자 한다. 더불어 점안의식문에 수록되어 있지 않는 수인을 경전을 비롯한 도상집과 의식문을 토대로 진언에 맞는 수인을 찾아내어 보완하려고 한다. 이러한 일련의 과정을 통해 점안의식의 완성도를 높이고, 여법한 절차에 따라 의식을 거행할 수 있도록 점안의식 본연의 목적에 최대한 접근하고자 한다.

점안의식이 불교의 제반의식 가운데 중요한 위치를 차지하고 있음에도 불구하고 그동안 이에 대한 연구는 거의 이루어지지 않았다. 점안의식에 관한 학위논문은 아직 없으며, 소논문은 김응기의 범패쓰임을 위주로 연구한 「불상점안의식의 범패쓰임 연구」[2]가 유일하다. 이 논문은 제목에서도 알 수 있듯이 범패쓰임을 위주로 한 연구로서 점안의식 전반에 관한 것은 아니다.

또한 중국불교나 일본불교에서도 점안의식에 관한 자료가 많지 않다. 연구 자료는 고사하고 의식문 자체도 한국불교에 비해 훨씬 간단하

---

2 김응기, 「佛像點眼 儀式의 梵唄쓰임 硏究」, 『동국논집』 제16집(제2호, 1997), pp.3~33.

고 상세하지 않아 연구 자료로 활용하기에는 한계가 있다.

그러므로 본서의 연구 범위는 한국불교에서 거행되고 있는 점안의식으로 한정하고, 의식문을 위주로 진행할 것이다. 본 연구를 위해 수집한 의식집은 다음과 같다.

①『진언집眞言集』(15세기말에서 16세기 초)
②『청문請文』(1529년)
③『권공제반문勸供諸般文』(1574년)
④『영산대회작법절차靈山大會作法節次』(1634년)
⑤『오종범음집五種梵音集』(1661년)
⑥『대다라니진언집大陀羅尼眞言集』(1688년)
⑦『제반문諸般文』(1694년)
⑧『제반문諸般文』(1719년)
⑨『천지명양수륙재의범음산보집天地冥陽水陸齋儀梵音刪補集』(1721년)
⑩『밀교개간집密敎開刊集』(1784년)
⑪ 영월편暎月編,『진언집眞言集』(1800년)
⑫ 유점사본,『조상경造像經』(1824년)
⑬『작법귀감作法龜鑑』(1827년)
⑭『청문請文』(1883년)
⑮『점안작법點眼作法』(1919년)
⑯『작법귀감作法龜鑑』(1929년)
⑰『요집要集』(연도미상)

⑱『석문의범釋門儀範』(1931년)

※자세한 내용은 본서 말미의 부록 조견표를 참고할 것.

위에 언급한 자료들을 근거로 하여 의식문을 연구하고, 더불어 점안의식의 일부 내용과 관계된 논문들을 참고하고자 한다. 본서의 의식문은 현행 점안의식문의 표본이 되고 있는 안진호 편, 『석문의범』(1931년)을 텍스트로 할 것이다. 다만 『석문의범』에 수록되어 있지 않은 내용들은 위의 의식집들을 상호 비교하고, 필요한 내용들은 보충하여 모범적인 표준안을 구성해 본서의 의식문으로 진행하고자 한다. 더불어 진언의 뜻을 조금 더 명확하게 하기 위해 로마나이즈를 가급적 표기하여 의식문의 완성도를 높이고자 한다.

본서의 연구는 점안의식을 크게 3장으로 나누어 살펴보게 될 것이다. 첫째는 불상점안의식의 배경과 사상에 관한 고찰이고, 둘째는 불상점안의식의 전개에 관한 연구이며, 셋째는 불상점안의식의 작법 절차에 관한 것이다.

본서의 주제와 방향 등을 개괄하는 서론에 이어, 제2장 '불상점안의식의 배경과 사상'에서는 2개 항으로 나누어 살펴보고자 한다. 첫째는 점안의식의 사상적 기반은 무엇인지 살펴보고, 둘째는 불상점안의식의 사상적 특성과 의의에 대해 전개하고자 한다. 먼저 태장만다라와 금강계만다라 제존의 의미를 살펴보고, 점필에 나타난 사상에 대해 고찰할 것이다. 특히 점안의식이 동참 대중에게 어떤 메시지를 주고자 하는 것인지에 관해 살펴 방향성을 제시하고자 한다.

제3장의 '불상점안의식의 전개'에서는 첫째, 불상의 기원과 점안의식의 형성 배경에 관해 고찰하고자 한다. 둘째, 점안의식의 종류와 그 내용은 무엇인지에 대해 살피고, 더불어 불상점안의식과 비교하여 각 의식이 갖는 특징과 의미를 되짚고자 한다.

제4장의 '불상점안의식의 작법 절차'에서는 불상점안의 전반에 관한 내용을 6개 항으로 나누어 전개하고자 한다. 먼저 점안의식을 거행하기 전에 불단이나 법구 등의 제반 준비 과정을 살펴보고, 점안의식에 앞서 거행되어야 하는 「삼화상청」과 「신중작법」의 내용과 목적을 고찰할 것이다. 또한 실제 「점안의식」의 절차와 내용을 살펴보고 점안의식의 내용과 목적에 맞게 엄정의식, 결계의식, 건단의식, 소청의식, 점필의식, 관불의식, 장엄의식, 공양의식 등 총 여덟 개 항으로 나누어 설명하고자 한다. 또한 각기 다른 의식집에 나타난 내용을 분석하여 차이점을 밝히고 전거를 찾아 의식문의 통일에 초석을 다지고자 한다.

그리고 점안의식에 사용되는 범패와 작법무에 대해 살필 것이며, 점안의식의 수인에 관해서도 고찰하고자 한다. 현재 보존된 점안의식문에서는 수인을 찾아볼 수 없으며 점안의식 시 수인을 결하지 않고 있다. 이런 가운데 점안의식에 필요한 수인을 연구한다는 것은 참으로 난감한 일이 아닐 수 없다. 그렇지만 밀교의식에서 삼밀가지는 신·구·의가 함께 상응해야 한다는 것을 원칙으로 하고 있음을 염두에 둔다면 반드시 보완되어야 할 대목이다. 예컨대 현재 진행되고 있는 점안의식문은 진언이 남아 있으므로 구밀口密은 이루어지고 있지만, 관법인 의밀意密과 수인인 신밀身密이 결여된 상태이다. 다행이 점필 시 관하는 것을 밝히고 있어 그나마 의밀이 존재한다고 할 수 있으나 신밀은 전무하다. 신밀은 다름 아닌 수인으로, 수인을 결해야만 완벽하게 의식의 구성을 갖춘다고 할 수 있다. 그러므로 여러 경전과 도상집圖像集에 남아 있는 도상을 토대로 진언에 맞는 수인을 찾아내고 결인법結印法을 이해함으로써 점안의식의 완성도를 높이고자 한다.

더불어 점안의식을 실제로 거행할 수 있도록 의식 거행 방법도 살펴보고자 한다. 의식 거행 방법은 박송암 스님이 생전에 강의했던 녹음자료를 중심으로 할 것이며, 현재 세계문화유산이며 중요무형문화재 제50호 영산재 보유자 구해 스님과 전수조교 일운 스님, 이수자 인각 스님의 증언을 토대로 의식 진행에 관해 설명하고자 한다. 또한 해동율맥 제11대 율사 도월수진 스님과 춘곡수열 스님의 증언을 비롯하여, 현재까지 점안의식을 집전하고 있는 연구자들의 현장 경험 등으로 보충설명을 하고자 한다.

제5장의 결론에서는 지금까지 살펴보고 연구한 것을 정리하여 나름대로 도출된 점안의식의 중요성 내지는 방향성에 대한 결론적 서술을 할 것이다.

# 제2장 불상점안의식의 배경과 사상

## 1. 점안의식의 사상적 기반

불상의 조성은 초기불교에서는 있을 수도 없었던 일이다. 그런데 불상 조성은 대승불교가 전개되면서 나타난 상황이므로, 그 저변에 어떤 사상을 근간으로 불상이 조성되었고, 점안의식을 거치면 부처로 인정할 수 있는 기반은 무엇인지 살펴보고자 한다. 또한 점안의식의 사상적 특성과 의의를 고찰하고, 점안의식의 메시지는 무엇인지 살필 것이다.

### 1) 초기대승경전의 다불사상

석존의 입멸 후 약 100년간 교단은 별다른 동요 없이 화합하였다. 그러나 점차적으로 교리와 계율에 대한 다양한 견해가 출현하게 된다. 이에 교단은 마침내 과거의 계율을 엄격하게 지켜야 한다는 보수적인 상좌부와 시대적 변화에 따라 융통적으로 대응하고자 하는 진보적인 대중부로 분열한다. 이로부터 다시 분파가 생겨 기원전 1세기경에는 총 20부파가 형성되었다. 이 시대를 부파불교시대라 한다.

부파불교는 출가자와 승원을 중심으로 자기수행의 완성을 목표로 하다 보니 자연히 대중교화는 멀어지게 되었다. 그로 인해 교단으로부터 멀어진 대중들은 교단에 반발하여 불교의 진정한 정신을 되찾으려는 노력과 함께 불탑을 중심으로 붓다에게 복귀하려는 불탑신앙이 확산된다. 이리하여 대승불교가 일어나게 되며, 더불어 이와 관련된 초기대승경전들이 찬술되었다. 이 시기에 찬술된 경전으로는 『반야경』·『법화경』·『십지경』·『무량수경』·『유마경』 등을 들 수 있다. 이들 경전 중에는 석존만이 아닌 여러 불보살이 등장하여 중생구제의 모습을 보인다.

물론 다불多佛의 개념이 시작된 것은 과거칠불過去七佛이라고 할 수 있다. 과거칠불은 『장아함경』 권1 「대본경」[3]을 비롯하여 『잡아함경』과 『증일아함경』 등 초기경전에 나타나고 있다. 이것은 초전법륜지인 사르나트의 다메크 대탑에 새겨진 인도 간다라 조각에 과거칠불과 함께 미륵이 새겨진 것에서도 찾을 수 있다. 또한 기원전 3세기경에 아쇼카왕이 세운 기념석주의 명문 "「천애희견왕天愛喜見王의 관정灌頂 14년 후, 구나함모니탑拘那含牟尼塔을 재도증축再度增築한다. 관정 20년 후, 왕 스스로 공양한다」는 내용에도 과거칠불 중 한 불인 구나함불이

3 『長阿含經』「大本經」(大正藏 1, p.1c), "過去九十一劫時世有佛名毘婆尸如來至眞, 出現于世. 復次比丘! 過去三十一劫有佛名尸棄如來至眞, 出現於世. 復次比丘! 卽彼三十一劫中有佛名毘舍婆如來至眞, 出現於世. 復次比丘! 此賢劫中有佛名拘樓孫, 又名拘那含, 又名迦葉 我今亦於賢劫中成最正覺."

기록되고 있다. 이 같은 내용을 종합해 보면 과거칠불은 상당히 이른 시기에 성립되었음을 알 수 있다."[4] 또한 『본생경』에서의 석존은 붓다가 되기 전 보살의 몸으로 수없는 생을 걸쳐 수행하여 도솔천에 이르렀으며, 다음 지상에 출현하게 된 내력을 설명하고 있다. 이것으로 보아 초기불교에서도 이미 보살사상이 싹텄음을 알 수 있다.

초기불교에서는 불탑에 사리가 내장되었다는 것에 의해 불佛이 영원한 실재로서 존재한다고 믿어졌다. 그렇기 때문에 불은 조형화되지 않았던 것이다. 그러나 이와 같이 석존 한 분이 아닌, 다양한 부처님이 존재한다는 다불사상多佛思想이 대두되면서 불상이 조성될 수 있는 동기와 계기가 되었을 것으로 생각된다.

또한 기원후 1세기경 힌두이즘은 나가Nāga 상 등을 예배 대상으로 서사시 등에서 찬탄하고, 더불어 비슈누Viṣṇu 등의 신들을 직접 경험한다는 종교적 체험이 시작되었다. 그것과 함께 불교에서는 불상이 출현하기 시작하고, 불탑 중심의 예배대상이 점차 불상으로 발전하게 된다. 그 후 마투라와 간다라 지역, 그리고 아마라바티 등의 여러 지역에서 다수의 불상이 출현하게 된다.

이상에서 살펴본 바와 같이 초기대승불교의 사상이 여러 불보살을 등장시켜 중생구제의 모습을 보이게 되었고, 이것은 시공간을 초월하여 부처님이 항상 존재함을 인식하는 계기가 되어 살아 있는 부처, 즉 시방세계에 상주하는 상징적 의미와 존재로서 불상이 조성되었다고 할 수 있을 것이다.

---

4 공유정, 「韓國千佛圖像의 硏究」, 석사학위논문(동국대학교, 2003년), pp.6~7에서 재인용.

### 2) 대승불교의 삼종삼보

불교에서 말하는 삼보三寶란 불·법·승으로, 이는 불교를 구성하는 기본요소일 뿐만 아니라 불교의 정체성을 나타내는 것이라고 할 수 있다. 불교는 삼보에 귀의함으로써 시작되며, 이를 통해서 깨달음을 이룰 수 있기 때문에 삼보를 귀의 대상으로 삼는다. 삼보의 성립은 석가모니의 성도成道를 인정함과 동시에 불보가 되어 귀의의 대상이 되었고 불교의 출발점이 된다. 법은 그가 남긴 가르침, 즉 중도中道와 사제四諦, 팔정도八正道, 연기緣起 등을 말하며 그 법을 통해서 깨달음을 얻을 수 있기 때문에 법보라 한다. 그러나 아무리 진리(불법)라 할지라도 그 가르침을 듣는 자나 실천하는 사람이 없다면 그 법은 사장되고 말 것이다. 그러므로 불법을 듣고 성불하기 위하여 도를 실천하고 수행하는 사람들의 집단을 '승僧'이라 하며, '승'이 있음으로써 불교가 영원히 계승되는 것이므로 승보라 한다.

이와 같이 석가모니의 재세 시 삼보가 형성되었고, 석가모니의 열반 후 사리가 불보를 대신하였다. 이에 관한 내용은 『대반열반경』에서 찾아볼 수 있다.

> 부처님이 반열반하여도 그대들 하늘 사람들은 크게 근심하거나 고뇌하지 말라. 왜냐하면 부처님이 비록 열반할지라도 사리가 있어 항상 공양을 올릴 수 있고 또 위없는 법보인 수다라장과 비나야장, 아비달마장이 있어 이러한 인연으로 삼보와 사제가 세상에 항상 머물러 있어 중생들로 하여금 한마음으로 귀의할 수 있게 하기 때문이다. 왜냐하면 사리에 공양 올리면 곧 이것이 불보이기 때문이

다. 부처님을 보는 것은 곧 법신을 보는 것이고, 법신을 보는 것은 곧 현성을 보는 것이며, 현성을 보는 까닭으로 곧 사제를 보며, 사제를 보는 까닭으로 곧 열반을 본다. 이러한 까닭으로 마땅히 알아야 한다. 삼보는 항상 머물러 변화하거나 바뀜이 없고, 능히 세간을 위하여 귀의할 처소가 되는 까닭이니라.[5]

그러나 초기불교 이후 시간이 경과함에 따라 불신관의 교리는 변천하여 삼보의 구체적인 내용은 달라졌고, 그 결과 삼종삼보설三種三寶說로 종합 정리되었다. 『대승의장』[6]에서는 삼종삼보를 별상삼보別相三寶·일체삼보一體三寶·주지삼보住持三寶로 구분하고 있다.

첫째, 별상삼보는 삼보인 체상體相의 특징이 각각 차별이 있어 일체가 아니기 때문에 별상別相이라고 한다. 불보는 불신佛身을 말하는 것으로 석가모니를 비롯한 시방세계의 모든 부처님, 즉 법신·보신·화신을 말한다. "법보는 부처가 중생의 근기에 따라 오시五時로 나누어 교설한 모든 경전, 즉 삼장三藏 십이부소전교十二部所詮教와 이理·행行·증證·인因·과果·지智·단斷의 정도가 각각 같지 아니함으로 붙인 이름이다."[7] 승보는 부처님의 교법을 의지하여 수행하는 삼현십성三賢

5 『大般涅槃經』(大正藏 12, p.903b), "佛般涅槃 汝等天人莫大愁惱 何以故 佛雖涅槃 而有舍利常存供養 復有無上法寶 修多羅藏 毘那耶藏 阿毘達磨藏 以是因緣 三寶四諦常住於世 能令衆生深心歸依 何以故 供養舍利卽是佛寶 見佛卽見法身 見法卽見賢聖 見賢聖故卽 見四諦 見四諦故卽見涅槃 是故當知三寶 常住無有變易 能爲世間作歸依故."

6 『大乘義章』(大正藏 44, p.654b), "一明別相 二明一體 三明住持."

7 마성, 「상좌불교와 대승불교의 삼보관 비교」, 『교불련논집』 제12집(한국교수불자

十聖을 말한다. 즉 삼현 중 성문은 사제법, 연각은 십이인연법, 보살은 육바라밀을 수행의 방법으로 삼는다. 특히 보살수행의 계위를 52위로 설명하여 증득한 과果가 다름을 나타낸다.

둘째, 일체삼보는 동체삼보同體三寶라고도 하며, 삼보인 불·법·승을 철학적 이론에 입각하여 각각의 별개로 보지 않고 그 본질은 같다고 하여 동체·일체로 보는 것을 말한다. 즉 법은 불이 설한 것이므로 법이 된 것이며, 불은 법을 발견하고 깨달음을 체득하여 불이 된 것이기 때문에 법은 불에 의존하고 법을 떠나서는 불도 존재하지 않는다. 또한 승은 불을 대신하여 대중에게 법을 설하므로 불과 법을 떠난 승은 있을 수 없으며, 불과 법은 승에 의해 가치와 의미가 부여되므로 삼보는 하나라는 것이다. 이것을 달리 표현하면 삼보의 본체인 진여법신에 본래 갖추고 있는 원만한 성품이 영각靈覺한 것을 불보라 하고, 진여의 성품이 본래 고요한 것을 법보라 하며, 서로 다툼이 없는 화합의 덕상德相을 승보라고 한다.

셋째, 주지삼보는 불멸 후 불교가 유지될 수 있었던 바탕이 되는 것을 말한다. 불보는 금·은·동·철·돌·나무·흙·종이 등으로 조성된 등상불과 그림으로 그려 모신 괘불과 탱화 등을 말하며, 법보는 경·율·론 삼장과 대·소승 경전 모두를 말한다. 또한 승보는 체발염의한 승려를 말하는 것으로, 중생을 교화 제도하면서 부처의 종자가 끊어지지 않도록 수행 정진하여 성불을 목적으로 한다.

이상에서 살펴본 바와 같이 삼종삼보는 삼보를 다양한 시각에서

---

연합회, 2006), p.111.

분리 통합시킨 내용이라고 할 수 있다. 특히 점안과 관련된 불보의 경우 불상과 탱화 등을 조성한 후 점안하여 부처로 모신다는 점에서 주지삼보의 입장으로 생각할 수 있다. 그러나 이런 입장에서 불보가 가능할 수 있는 것은 별상삼보 가운데 불보인 법신·보신·화신 삼신이기에 가능한 것임을 간과해서는 안 될 것이다. 그러므로 주지삼보와 별상삼보의 입장에서 불보를 보았기 때문에 불상이 조성될 수 있었던 것으로 보인다.

결국 이상에서 살펴본 삼보에 대한 관념은 불멸 후 중생의 눈에 보이지 않는 법신으로서의 부처만이 아닌, 색신으로서의 불을 모시고자 하는 대중의 갈망에 의해 필연적으로 탄생한 것이라 생각되며, 이 역시 불상을 조성하는 데 영향을 주었을 것으로 여겨진다. 그리고 점안의식은 한낱 조각에 불과한 것을 등상불로 승화시켜 불보로서 우리 곁에 머물 수 있도록 해 주는 원동력이라고 할 수 있을 것이다.

이렇게 조성된 불상은 신앙의 대상이 되어 발원하는 중생에게는 불가사의한 불보의 위신력이 가지加持하게 된다. 이처럼 부처는 중생을 위해 살아 움직이고 그 공덕 또한 중생에게 회향하는 적극적인 존재로 이해되게 되었다. 당나라 도선(道宣, 596~667)이 지은 『집신주삼보감통록』에서는 부처의 불가사의한 내용과 상서로운 영험 등 부처가 감응한 사례[8]들이 잘 나타나 있으며, 이러한 사례들은 대승경전의 곳곳에

---

8 道宣, 『集神州三寶感通錄』(大正藏 52, p.413a-c), "6. 동진의 양양에서 금불상이 산에 돌아다닌 연기(東晋襄陽金像遊山緣六), 9. 동진의 회계에 있는 목불상 앞에서 사른 향이 상서로움을 보인 연기(東晋會稽木像香瑞緣九), 14. 원위의 양주에서 석불상이 산에서 분리되어 출현한 연기(元魏涼州石像山裂出現緣十四), 17. 송나

설해지고 있다. 이와 같이 불상은 부처가 되어 중생 곁에 머물며 가피를 드리운다고 할 수 있다.

### 3) 삼신불 사상

부처가 변신變身하여 현신하였다는 불신관은 이신설二身說, 삼신설三身說, 사신설四身說 등 여러 가지가 있는데, 법신·보신·화신의 삼신설이 가장 보편적으로 설해지고 있다. 법신이란 진리 그 자체를 말하며, 보신이란 중생을 위해 서원을 세워 거듭 수행한 결과 깨달음을 성취한 부처를 말한다. 또한 화신은 응신 또는 응화신이라고 하여 교화 대상에 따라 적절한 모습으로 변화하는 불신을 말한다. 다시 말해 보신처럼 시방삼세에 걸쳐 보편적으로 존재하는 완전 원만한 이상적인 불신이 아니라 특정한 시대와 지역, 그리고 상대에 따라 특정한 중생을 구제하기 위하여 여러 가지 모습으로 이 세상에 출현하는 부처를 말한다. 이와 같이 불신이 삼신설로 발전되면서, 그 중 응신의 개념이 불상을 조성하고 홍포하는 데 윤활유가 되었을 것으로 생각된다.

불신설은 초기불교 시대부터 제기되어 왔다. 초기경전에서는 불타

---

라 도성에서 문수사리보살상이 사라졌다가 나타난 연기(宋都城文殊師利金像緣十七), 19. 송나라 강릉에서 금불상이 나무에서 나와 그 불상이 방광을 한 연기(宋江陵金像出樹光照緣十九), 23. 송나라 강릉의 지강에서 불상에 서원하여 영험을 본 연기(宋江陵小金像誓志緣二十三), 26. 제나라 팽성에 있는 금동불상에서 땀이 흘러내려 상서로운 영험을 보인 연기(齊彭城金像汗出表祥緣二十六), 32. 진나라의 중운전과 그곳에 모셔져 있던 불상이 날아올라 바다로 들어간 연기(陳重雲殿幷像飛入海緣三十二), 49. 당나라 대주의 오대산에 있는 불상이 여러 가지 소리를 낸 연기(唐岱州五臺山像變聲現緣四十九)" 등 총 50종이 기록되어 있다.

의 본질로서의 법신, 현상으로서의 색신이라고 구별하여 법신의 영원성을 강조하는 이신설二身說을 세웠다. 이와 같은 내용은 초기경전인 『증일아함경』에 잘 나타나 있다.

> 나 석가문불은 수명이 무량하다. 왜냐하면 육신은 없어지더라도 법신은 없어지지 않기 때문이다.[9]
> 육체는 비록 사라지더라도 법신은 항상 존재하는 것이다. …… 존자 아난은, 여래법신은 사라지지 않고 영원하며 단절되지 않는다고 염하였다.[10]

이것은 부파불교 시대를 거쳐 초기대승에 이르기까지 계승된다. 물론 같은 이신설이라 할지라도 시대를 달리하면서 그 내용과 사상은 심화되고 발전되었다.

초기대승경전 중 『반야경』과 『유마경』에서는 무상無相과 공空의 입장에서 철저한 법신 중심의 불신론을 제기하고 있으며, 『화엄경』에서는 시방변만十方遍滿의 비로자나 법신사상, 즉 법신의 묘유적 측면을 강조하고 있다. 특히 용수(150~250?)에 이르러서는 진공眞空·묘유妙有의 양면을 강조하는 법·생 이신설이 전개됨은 물론, 『대지도론』에서 "신통변화신"[11]이나 "화신",[12] 법신, 색신, 진신, 법성신, 부모생신 등

---

9 『增一阿含經』 卷44(大正藏 2, p.787b), "我釋迦文佛壽命極長 所以然者 肉身雖取滅度 法身存在 此是其義."

10 『增一阿含經』 卷1(大正藏 2, pp.549c-550a), "肉體雖逝法身在, …… 尊者阿難做是念, 如來法身不敗壞, 永存放足不斷絶."

다양한 불신의 명칭이 거론되고 있는 것으로 보아 불신관이 본격적으로 논의되어진 것으로 보인다.

물론 세친(4~5세기) 이후 정형화된 삼신설과 같이 그 명칭이 일정하지는 않다. 그러나 그 내용 속에는 불신을 법신·보신·화신(응신)으로 생각하는 삼신사상이 나타나 있음을 분명히 알 수 있다. 따라서 삼신설의 교리적 확립은 세친 이후로 볼 수 있으나, 『대지도론』 이전 초기대승불교에 이미 삼신사상이 나타나 있다고 보아야 할 것이다. 이에 마명(馬鳴, 1~2세기)의 『불소행찬』을 살펴보면 "한량없이 몸을 나누었다가 다시 합하여 하나가 되며"[13]라고 기술되어 있으며, 『불설돈진다라소문여래삼매경』에는 "돈진다라는 다시 부처님과 모든 화신 부처님과 보살들과 비구승들 모두를 향산으로 초청하려고 생각하였다"[14]라는 내용이 보인다. 이로 미루어 초기대승불교의 불신관을 어느 정도 대변하고 있음을 알 수 있다.

또한 『대승기신론』에서는 하나의 사물을 삼대三大, 즉 체體·상相·용用 세 가지 면에서 관찰하고 표현하는 새로운 방법을 도입한다. 체란 모든 법 그 자체를 말하며, 상은 그 위에 현현된 특질을 말하고, 용은 그 작용을 말한다.[15] 삼대는 불신에까지 통용되어 진여의 체를 법신으로

---

11 『大智度論』 卷10(大正藏 25, p.131c), "佛身二種 一神通變化身 二父母生身."

12 위의 경전, p.278a, "而佛身有二種 一者眞身 二者化身."

13 『佛所行讚』(大正藏 4, p.37a), "或分身無量, 還復合爲一."

14 『佛說伅眞陀羅所問如來三昧經』(大正藏 15, p.355b), "伅眞陀羅 復念欲請 佛及諸化佛及菩薩比丘僧到香山."

15 『大乘起信論』(大正藏 32, pp.584b~c), "一體大 謂一切法眞如在染在淨性恒平等無增無減無別異故 二者相大 謂如來藏本求具足無量無邊性功德故 三者用大 能生

설명하고, 상은 법신과 보신, 용은 보신과 응신으로 연결하여 설명하고 있다.

이와 같이 "이신설이 삼신설로 발전할 수 있었던 것은 붓다의 보편적 영원상으로서의 법신과 구체적 현실상으로서의 생신生身 이외에 이 양면성을 조화 회통시킬 수 있는 제3신, 즉 보신이 고려되지 않을 수 없었던 것이다."[16] 그러므로 종래의 법·생 이신설은 법·보·응의 삼신설로 분화하고 발전하게 된다.

이기영의 「불신에 관한 연구」에 의하면 삼신설의 이론적 발전은 대략 다음과 같다.

> 인간의 종교적 심정心情의 다양한 단계성의 표현이며, 그것의 체계적 정리라고도 볼 수 있다. 즉 불신이란 단순히 석가모니의 생신이 아니라, 우리 자신이 그 현현顯現의 가능성을 지닌 반야지혜, 우리 마음의 진여 자체로 본 것이다. 그러나 대승불교의 이상이 일반적으로 자리와 이타의 두 가지 성취로 특징지어지듯이, 지智와 비悲의 양자는 떼려야 뗄 수 없는 불가분리의 관계를 지닌 것을 알았으므로, 법신을 말할 때 반드시 비悲를 말하지 않을 수 없었던 표현상의 필요를 느끼게 되었고, 그리하여 체·상·용 삼대로 발전되었으며, 삼신의 명칭이 필연적으로 대두되었다.[17]

---

一切世出世間善因果故一切諸佛本所乘故."

16 노권용, 「三身說의 전개와 그 의미」, 『한국불교학』 제32집(한국불교학회, 2000), pp.51~52.

17 이기영, 「佛身에 관한 研究」, 『불교학보』 제3집(불교문화연구원, 1966), pp.276~277.

이와 같이 확립된 삼신설은 『유가집요염구시식의』에서 다음과 같이 묘사되어 있다.

복덕과 지혜 구족하신 불보님께 믿음 바쳐 예를 올립니다. 삼각이 원만하고 만덕이 구족하시니 하늘과 인간의 조어사이시고 범부와 성인의 자비로우신 어버이십니다. 진법계로부터 오시어 평등하게 응하시며 도우사, 자비하신 화신과 보신은 종으로는 과거·현재·미래 모든 때에 다하시고, 횡으로는 시방의 모든 곳에 두루하사 진리의 우레를 떨치시고 진리의 북을 울리시어 널리 권교와 실교를 펼치사 크게 방편의 길을 여시나이다. 귀의하오면 능히 지옥의 고통을 소멸케 하시옵니다.[18]

또한 『화엄경』에서는 다음과 같이 불타관을 설하고 있다.

여래의 법신은 부사의하고 무색 무상하지만, 중생을 위하여 색신의 몸으로 시방에 나타나시므로 보지 못함이 없다.[19]

더불어 『범망경』에서도 삼신불에 대해 자세히 언급하고 있다.

---

18 『瑜伽集要焰口施食儀』(大正藏 21, p.484a), "志心信禮佛陀耶兩足尊 三覺圓萬德具 天人調御師 凡聖大慈父 從眞界騰應質 悲化 普竪窮三際時橫遍十方處 震法雷鳴法鼓 廣演權實教啞吽 大開方便路若歸依能消滅地獄苦."

19 『大方廣佛華嚴經』(大正藏 9, p.411c), "如來法身不思議 無色無相無倫匹 示現色身爲衆生 十方受化靡不見."

> 나는 이미 백아승지겁에 마음의 본바탕을 닦아 범부를 벗어나 등정각을 이루니 노사나라 부른다. 연화대장세계해에 머무는데 그 대臺 주변에는 천 개의 꽃잎이 있고, 한 잎이 한 세계로 천 세계가 되며, 나는 변화해 천千의 석가가 되고 천 세계에 의거한다. 다시 일엽 세계에 이르면 또한 백억 수미산, 백억 일월, 백억 사천하, 백억 남염부제가 있어 백억 보살과 석가가 백억 보리수 아래 앉아 각각 그대가 물은 바 보리살타심지를 설할 것이며, 나머지 구백구십구 석가도 각각 천백억 석가를 나타내는 것이 또한 이와 같다. 천 개의 꽃 위에 있는 부처는 내 화신이고, 천백억 석가는 천 석가의 화신이라. 나는 이미 본원이 되어 노사나불이라 이름한다.[20]

이와 같이 비로자나불은 석가모니불의 본신불本身佛로 이념화됨을 알 수 있다. 또한 "『화엄경』과 『범망경』에 보이는 화장세계와 삼신불에 관한 내용은 용수보살 이후 꾸준히 발달되어온 응신불 등을 종합적으로 고찰"[21]한 내용이라 하겠다.

이상에서 살펴본 바와 같이 삼신설은 초기대승불교에서부터 제기되

---

20 『梵網經』「盧舍那佛說菩薩心地戒品」第十卷上(大正藏 24, p.997c), "我已百阿僧祇劫修行心地 以之爲因初捨凡夫成等正覺號爲盧舍那 住蓮花臺藏世界海 其臺周遍有千葉 一葉一世界爲千世界 我化爲千釋迦據千世界 後就一葉世界 復有百億須彌山百億日月百億四天下百億南閻浮提 百億菩薩釋迦坐百億菩提樹下 各說汝所問菩提薩埵心地 其餘九百九十九釋迦 各各現千百億釋迦亦復如是 千花上佛是吾化身 千百億釋迦是千釋迦化身 吾已爲本原名爲盧舍那佛."

21 심상현, 「靈山齋 成立과 作法儀禮에 關한 硏究」, 박사학위논문(위덕대학교, 2011), p.204.

었음을 알 수 있다. 이 시기를 용수의 『대지도론』이 성립되기 이전으로 본다면 불상이 출현한 1세기와 연관성이 없다고 할 수는 없을 것이다. 그러므로 삼신설은 부처님을 늘 가까이 모시고자 한 대중들의 신심과 갈망에서 이미 저변으로 확대되었을 것으로 보인다. 이후 이것을 뒷받침하고 타당성을 갖고자 교리적 체계가 정립된 것으로 생각된다. 이와 같이 삼신설은 불상을 조성하여 점안의식을 거치고 나면 응신불로서 현신할 수 있으며, 시공을 초월하여 불보살의 존상들을 모실 수 있는 사상적 기반이 된 것으로 볼 수 있다.

#### 4) 여래와 원생에 나타난 사상

여래십호란 부처님에게 있는 공덕상을 일컫는 열 가지 명호이며, 구체적으로 여래·응공·정변지·명행족·선서·세간해·무상사·조어장부·천인사·불세존으로, 붓다라는 말과 동의어로서 경전에서는 사용되고 있다. 이 중 여래는 붓다가 성도한 이후 스스로 칭할 경우에 주로 쓰였으며, 대승경전에서는 여러 부처님의 이름을 들 경우 '○○여래'라고 한다. 이것은 여래십호의 맨 처음에 나오는 명칭으로서 여러 이름을 대표하는 의미를 갖는다고 볼 수 있다.

여래의 원어는 '타타가타tathā-gata'로 그 뜻은 '그와 같이 가는 자'이다. "인도에서는 일반적으로 '완전한 인격체'를 그렇게 불렀다. 중국에서는 '그와 같이(tathā) 중생들을 구제하기 위해서 오신 분(āgata)'이라고 해석하고 구제자적인 성격을 부여하여 '여래'라고 번역했다."[22] 산스

---

22 이기영, 『반야심경·금강경』(한국불교연구원, 1978), p.360.

크리트를 다시 분석해 보면 다음과 같다.

①tathā + gata: 그 같이 가는 자 "여거如去"
②tatha + āgata: 여실하게 오는 자 "여래如來"
③tathā + āgata: "진리로부터 온 자"

위에서와 같이 타타가타는 '여거'와 '여래', '진리로부터 온 자'라는 세 가지 의미가 있음을 알 수 있다. 즉 ①의 '여거'는 정각에 도달한 자각自覺의 부처 혹은 자내증自內證의 부처로서 일체지자一切知者를 가리키며, ②의 '여래'는 각타覺他의 부처로서 이 세상에 모습을 나투어 제자와 신자들의 스승으로서 교도敎導하는 것을 말한다. ③은 ①과 ②를 종합한 것으로 정각에 도달한 부처가 그 세계에 머무는 것이 아니라, 중생들을 위해 이 세계에 오셔서 진리를 보여주는 것을 의미한다. 여래는 바로 이 의미를 취한 것이라 볼 수 있다.

더불어 『증일아함경』에서는 여래십호의 명호와 함께 '왕래往來'라는 여래의 특징을 설하고 있다. 또한 여래의 형상을 보지 못한 사람들을 위한 방법까지 제시하고 있다. 그 내용을 살펴보면 다음과 같다.

> 무슨 방편으로 내 법을 세상에 오래 머무르게 할 것인가? 여래의 몸은 금강과 같다. 이 몸을 부수어 겨자씨 정도로 만들어서 세상에 널리 펴, 미래 세상에 즐거이 믿는 시주로서 여래의 형상을 보지 못한 사람으로 하여금 취하여 공양하게 하리라.[23]

---

23 『增一阿含經』 卷36(大正藏 2, p.751a), "以何方便 使我法得久存在世 如來身者金

또한 『대승이취육바라밀다경』에 나타난 내용을 살펴보면 다음과 같다.

> 불보는 곧 두 가지가 있으니, 하나는 부처님의 몸이요, 다른 하나는 부처님의 덕이니라. 부처님의 몸이란 여래·응공·정변지·명행족·선서·세간해·무상사·조어장부·천인사·불세존이니라. …… 또한 일겁에서 무량겁에 이르도록 수명이 자재하여 능히 줄어듦이 없고, 신족통으로 왕래하여 변화를 나타내시는 것에 장애가 없어 마음대로 자유롭다.[24]

이상과 같이 여래란 명호 자체에서 나타내고 있듯이 오고 감에 걸림이 없어 언제든 다시 올 수 있는 분이시다. 그러므로 불상을 조성하고 그 불상에 부처님이 강생하길 염원하며 점안의식을 거행한다면 분명 부처로 올 수 있는 이유가 된다. 다만 이때의 부처는 업생業生이 아닌, 중생의 염원과 부처의 자비력의 일환으로 중생을 제도하러 오시는 원생願生의 부처인 것이다.

원생이란, 모든 부처가 그러하듯이 본원 혹은 서원의 실천으로 보다 많은 중생을 구제하려는 의지의 표명이라 할 수 있다. 즉 부처는 서원의

---

剛之數 意欲碎此身如芥子許 流布世間 使將來之世 信樂檀越不見如來形像者 取供養之因."

24 『大乘理趣六波羅蜜多經』(大正藏 8, p.866b), "佛寶者則有二種, 一者佛身二者佛德, 言佛身者所, 謂如來應正遍知明行足善逝世間解無上士調御丈夫天人師佛世尊. …… 又從一劫至無量劫, 壽命自在無能損減, 於神境通往來變現, 無有障礙隨意自在."

주체이며 그 회향처는 바로 중생이기에 다시 중생의 곁으로 오게 되는 것이다. 만약 중생을 회향처로 삼지 않는다면 그 서원은 더 이상 서원이라고 할 수 없으며 부처로서의 삶이 아니라고 할 수 있기 때문이다.

『법화경』에서는 부처가 이 세상에 출현하는 까닭에 대해 다음과 같이 설하고 있다.

> 사리불아, 모든 부처님은 오직 한 가지 위대한 목적의 인연을 이루기 위해 이 세상에 출현하셨느니라. 모든 부처님은 중생들로 하여금 부처님의 지혜를 계발케 하여 청정하고 깨끗한 몸과 마음을 얻게끔 하기 위해 이 세상에 오셨느니라. 중생들에게 부처님의 지견을 보여 주시기 위해 이 세상에 오셨으며, 중생들이 부처님의 지견을 깨닫게 하기 위한 이유로 이 세상에 오셨으며, 중생들로 하여금 부처님 지견의 세계에 들게 하기 위해서 이 세상에 출현하셨느니라.[25]

이와 같이 부처가 이 세상에 온 것은 업생이 아닌, 위대한 목적을 세우고 그 목적의 성취를 위한 원력을 세워 스스로 이 땅에 오셨다는 원생의 내용이 잘 나타나 있다. 즉 원생의 큰 목적을 경전에서는 '일대사인연'이라고 표현하고 있으며 그 목적을 구체적으로 설명하고 있다.

또한 세친이 지은 『무량수경우바제사』의 내용을 살펴보면, 부처는

---

25 『妙法蓮華經』 卷1, 方便品 第2(大正藏 9, p.7a), "舍利弗! 云何名諸佛世尊唯以一大事因緣故出現於世, 諸佛世尊, 欲令衆生開佛知見使得淸淨故出現於世. 欲示衆生佛之知見故出現於世, 欲令衆生悟佛知見故出現於世. 欲令衆生入佛知見道故出現於世."

일체중생을 구제하기 위해 응화신을 나타낸다고 설하고 있다.

> 대자비로써 일체의 고뇌하는 중생을 관찰하여 응화신을 나타내어 생사의 동산, 번뇌의 숲속으로 돌아 들어가 신통으로 유희하여 교화의 땅에 이르러 본원력으로써 회향하는 까닭이다.[26]

위 경문에 의하면, 부처는 "법신에만 머물지 않고 일체중생의 고苦를 자신의 고통으로 알아 대신하고, 중생의 기쁨을 수희하는 응화신이 됨"[27]과 본원력으로써 회향하는 원생의 개념을 잘 나타내고 있다.

이상에서 살펴보았듯이 원생은 부처의 중요한 속성을 표현해 주고 있다. 그 이유는 보살이 반야바라밀다, 즉 지도피안智到彼岸으로 향하고 있는 것에 반해 여래는 차안此岸으로 회향하는 방향을 보여 주고 있어 좋은 대조를 이루고 있기 때문이다. 그러므로 여래는 중생을 위하여 회향하는 원생의 부처인 것이다.

## 2. 불상점안의식의 사상적 특성과 의의

### 1) 태장만다라와 금강계만다라 제존의 의미

점안의식 내용 중 점안이 원만히 이루어질 수 있기 위해 태장만다라와

---

26 『無量壽經優波提舍』(大正藏 26, p.233a), "以大慈悲觀察一切苦惱衆生, 亦應化身迴入生死園煩惱林中, 遊戲神通至教化地, 以本願力迴向故."

27 주명철, 「정토왕생과 보살행 오념문」, 『불교학연구』 제33집(불교학연구회, 2012), p.300.

금강계만다라의 제존을 증명으로 소청한다. 이 중 태장만다라 제존의 소청의식은 '불부소청진언', '연화부소청진언', '금강부소청진언'으로 포괄적이고 전체적인 의미로서 간단하게 구성되어 있다. 이에 반해 금강계의 소청의식은 5부의 37존의 명호를 낱낱이 거명하고 있어 세밀하고 대상이 직접적이다. 언뜻 보기에는 태장보다는 금강계에 무게중심을 두고 있는 것이 아닌가 생각된다. 그러므로 양계兩界의 차이점이 무엇이며, 점안의식의 구성에는 어떤 영향을 미쳤는지 살펴봄으로써 점안의식에 나타난 양계의 특성을 이해하는 데 도움이 되리라 생각된다.

밀교의 특색은 "대승불교가 본래 가지고 있던 신비주의적 경향과 의례적인 요소를 극단적으로 강조하고, 고도로 발달된 대승불교 철학을 독자적으로 실천체계 속에서 구상화했다는 점이다."[28] 이것이 바탕이 되어 『대일경』과 『금강정경』이 성립되었고, 두 경전을 소의경전으로 한 태장만다라와 금강계만다라가 형성되었다.

태장만다라는 "진리 자체의 세계를 도상화한 것으로 대일여래에게 완전하게 구족되어 있는 보리심菩提心·대비大悲·방편方便이 전면적으로 전개된 궁극적 이상의 세계를 나타낸다. 그것을 행자 스스로의 마음에 갖춰져 있음을 알고, 거기에 자기를 투입하는 것이 요청되고 있다."[29] 다시 말해 중생들이 본래 갖추고 있는 보리심을 나타낸 것으로 이법신理法身이라고도 한다.

또한 금강계만다라는 대일여래가 스스로를 일체의성취보살一體義成

28 松長有慶, 『密教歷史』, 허일범 역(경서원, 1990), p.67.

29 染川 英輔, 『曼荼羅圖典』(일본: 대법륜각, 1993), p.27.

就菩薩로서 현현顯現시킨 것으로, 대일여래의 지智가 일체의 무명과 번뇌를 깨고 중생을 제도하는 것을 말한다. 이것은 무명의 상태인 중생이 수행을 하여 그 본성인 보리심을 깨달아 가는 수행 과정을 나타낸 것으로서 지법신智法身이라고도 한다.

그러나 밀교적 교의에 따르면 태장만다라의 이법신과 금강계만다라의 지법신은 서로 다른 별개의 것이 아닌 불이不二의 관계인 것이다. 그 이유는 본체와 현상계가 둘이 아니라고 보기 때문이다. 따라서 색법色法, 즉 오대五大를 나타내고 있는 태장만다라와 심법心法, 즉 식識을 체계화한 금강계만다라가 서로 무관하지 않아 연기적 불이의 관계로 설명된다.

이와 같이 금태불이金胎不二란 태장만다라와 금강계만다라의 양구도를 가지고 태장만다라를 이理, 금강계만다라를 지智로 나누고 이와 지가 불이의 관계에 있음을 설명하고 있다. 이러한 금태불이를 잘 보여주고 있는 의궤로 『삼종실지파지옥전업장출삼계비밀다라니법』을 들 수 있다.

> 대일여래는 이 도리를 지견하기 위하여 두 종류의 법신을 나타내시니, 지법신인 부처는 실상의 이치에 머물고 법락을 스스로 받아 37존을 위하여 나타내며 일체로 하여금 불이의 도에 들어가게 한다. 이법신인 부처는 여여적조에 머물고 법연상주하고 부동하여서 8엽을 나타내고, 자수용과 타수용을 위하여 3종 만다라를 보이고 십계 모두로 하여금 대공을 증득시킨다. 비록 이지의 차이가 자세하고 간략한 다름이 있을지라도 본래 하나의 법으로서 일찍이 다름이

없다. 만법은 하나의 아자에 돌아가고 5부는 동일한 비로자나이다.[30]

위의 내용을 살펴보면 대일여래의 명칭이 보일 뿐만 아니라 지법신과 이법신을 설하고 있다. 내용 중 37존을 나타내는 지법신은 금강계 대일을 말하며, 8엽과 3중 만다라를 설하는 이법신은 태장 대일을 가리킨다. 이러한 금강계와 태장을 이지理智로 보며, 그 이지가 차이가 있고 다를지라도 '만법은 하나의 아자阿字(태장)에 돌아가고 5부(금강계)는 동일한 비로자나'라고 하여 금·태의 교주가 동체이고 본래 하나의 법이라고 하는 불이不二가 설해져 있다.

더불어 본 의궤에서는 "비로자나경과 금강정경에 나오는 요긴하고 오묘한 최상의 복전을 채취함에 오직 이 다섯 글자 진언이다"[31]라고 하여 『대일경』과 『금강정경』의 핵심을 융합하고 있으며, 암밤람함캄 다섯 자에 의하여 금·태가 합일되어진 것임을 알 수 있다.

한국불교에서는 37존이나 5불의 진언은 그 자체가 갖고 있는 이념적인 면보다 신앙 실천적인 면에 활용된 경향이 강하다.[32] 금강의 보살

---

30 『三種悉地破地獄轉業障出三界祕密陀羅尼法』(大正藏 18, p.912a), "大日如來爲令知見此道, 示二種法身, 智法身佛住實相理, 爲自受用現三十七尊, 令一切入不二之道. 理法身佛住如如寂照, 法然常住不動現於八葉, 爲自他受用示三重曼荼羅, 令十界證大空, 雖是理智之殊廣略之異, 本來一法曾無殊異, 萬法歸一阿字, 五部同一遮那也."

31 『三種悉地破地獄轉業障出三界祕密陀羅尼法』(大正藏 18, p.910b-c), "毘盧遮那經 金剛頂經採集 要妙最上福田 唯此五字眞言誦者."

32 김영덕, 「金剛界曼荼羅의 韓國的 變容에 관한 硏究」, 『불교연구』 제34집(불교연구원, 2011), p.162.

유래를 살펴보면 "이미 대승불교에서 대단한 활약을 했던 유명한 보살들이 모두 망라되어 있다. 이들은 이타利他라고 하는 현 대승불교의 보살도를 계승하면서 놀라울 정도로 정연하고 짜임새 있는 체계적 구조를 이루고 있음"[33]을 알 수 있다.

그 중 업·호·아·권 사대보살과 구·색·쇄·령 사섭보살은 분노존의 형상을 한 금강의 보살이다. 이것은 조복하기 어려운 중생을 위하여 자비에 바탕한 분노의 교화행을 보여주는 것으로, "이 금강의 보살에 의해 교화 대상이 정화되고, 교화하는 행자 또한 악의 요소를 극복함에 의해 더욱 굳건한 금강성을 구유하게 되는 것이다."[34] 이와 같이 금강의 보살은 자리와 이타의 정점에 있는 금강살타로 대표되며, 『금강정경』의 십육존, 사바라밀, 팔공양, 사섭보살 사상은 금강살타로 종합·집약되어 있다고 말할 수 있다.

또한 16대보살은 밀교수행자가 실천해야 할 구체적인 수행덕목인 동시에 대승불교 보살도의 핵심이라 할 수 있다. 즉 중생들을 제도하고자 다양한 방편을 펼치므로 인해 보살의 수는 필연적으로 증가될 수밖에 없음을 말하며, 이러한 사상은 『화엄경』「십지품」에서도 찾아볼 수 있다.

> 성문의 몸으로 제도할 사람에게는 성문의 형상을 나타내고, 벽지불의 몸으로 제도할 사람에게는 벽지불의 형상을 나타내며, 보살의

---

33 김영덕, 「金剛頂經의 菩薩思想 硏究」, 『밀교학보』 제2집(밀교문화연구원, 2000), p.99.

34 김영덕, 「金剛頂經의 菩薩思想 硏究」, p.100.

몸으로 제도할 사람에게는 보살의 형상을 나타내고, 여래의 몸으로 제도할 사람에게는 여래의 형상을 나타낸다. 보살은 이와 같이 말할 수 없이 많은 모든 불국토에서 중생들이 믿고 좋아하는 차별에 따라 무수한 몸을 나타낸다.[35]

이상과 같이 "37존은 불佛의 입장에서는 일체중생을 제도하기 위한 구체적 활동내용이며, 중생의 입장에서는 불을 향해 가는 수행의 과정으로 이해할 수 있다. 따라서 37존의 관계는 상호 예배, 상호 공양, 상호 부조의 관계라 할 수 있다."[36]

그렇다면 태장만다라 삼부 제존을 먼저 소청한 다음, 금강계 37존을 소청하는 데는 어떤 특별한 이유가 있는지 살펴볼 필요가 있다. 아마도 그 이유로는 첫째, 태장만다라의 불부, 연화부, 금강부의 삼부에 보부와 갈마부가 더해져 금강계 5부로 전개된 과정과 관계가 있으리라 본다. 즉 37존은 본체인 비로자나불의 윤원구족輪圓具足한 세계를 표현한 것으로 현상계를 말한다. 그러므로 본체인 태장만다라의 제존을 소청한 뒤 현상계인 금강계만다라의 제존을 소청한다고 본다. 다만 본체와 현상계가 서로 다른 것이 아니기 때문에 동체로 본다. 그러므로 37존은 16대보살로, 16대보살은 4불로 집약되며, 4불은 다시 중앙

---

35 『大方廣佛華嚴經』(大正藏 10, p.200a), "又應以聲聞身得度者, 現聲聞形. 應以辟支佛身得度者, 現辟支佛形. 應以菩薩身得度者, 現菩薩形. 應以如來身得度者, 現如來形. 佛子 菩薩如是, 於一切不可說, 佛國土中 隨諸衆生, 信樂差別, 如是如是而爲現身."

36 최성규, 「韓國形 金剛界 37尊 圖像의 形成에 對한 硏究」, 박사학위논문(위덕대학교, 2009), p.49.

비로자나불에 귀일된다.

둘째, 태장만다라의 제존은 대승불교의 불보살과 명칭에 있어서 공유하는 부분이 많다. 예를 들면 관자재보살, 지장보살, 허공장보살 등이 그것이다. 그런데 금강계만다라의 경우 5불과 4바라밀보살을 제외하고는 보살의 명칭이 모두 '금강○○보살'이다. 이것은 금강계 관정을 받은 존격을 의미한다. 따라서 경전의 성립 과정으로 볼 때, 『대일경』의 성립 이후 『금강정경』이 성립되었듯이 태장만다라의 삼부 제존을 소청하고, 금강계 관정을 받은 금강계 5부의 37존을 소청하는 것이라 생각된다.

셋째, 태장 대일은 중생들이 원래 갖추고 있는 맑고 깨끗한 본성을 나타낸 것(이법신理法身)이라면, 금강계는 깨닫지 못한 중생이 무명의 상태에서 수행하여 그 본성인 보리심을 깨달아 가는 수행 과정을 나타낸 것(지법신智法身)을 말한다. 이것은 『대일경』보다 『금강정경』이 더욱 체계화되고 세밀한 실천법을 설하고 있음을 말하는 것으로, 먼저 청정한 이법신을 근간으로 두고 점안의식의 과정을 통해 보리심을 깨닫게 하고자 하는 지법신의 상징적 의미도 포함된 것으로 보인다.

이상에서 살펴본 바와 같이 결국 태장 대일의 전개가 금강계 대일이며, 금강계 대일의 본체가 태장 대일이니 양부가 서로를 보완하고 있다고 볼 수 있다. 또한 점안의식에서 양계의 제존을 소청하는 것은 증명이 목적이기는 하나, 그 이면에는 "불보살들의 다양한 활동상과 의미를 통해 보다 구체적인 신앙적 대상으로 선정하여 수행함으로써 현실적이며 실천적인 수행을 할 수 있음"[37]을 내포한 것이라고 볼 수 있다. 이것은 태장·금강계만다라의 구체적이며 현상적인 수행체계를 통해 각자의 청정심을 회복하는 것, 즉 각자의 불성에 점안하는 의미를 부여한다고 할 수 있다.

### 2) 점필에 나타난 사상[38]

현재 거행되고 있는 불상점안의식은 매우 조심스럽고 치밀하게 거행된다. 그런 가운데서도 가장 핵심적인 부분은 점필點筆이다. 점필이란 새로 조성된 존상의 각 부위에 상응하는 종자를 안치하고 부처의 공능이 성취될 수 있도록 하는 것을 말한다.

점안은 신·구·의 삼밀로 거행하며, 점필 역시 삼밀로써 거행된다. 즉 존상의 각 부위에 상응하는 범자梵字를 붓끝에 모아 불상의 해당 부위에 안치하며 마음으로 그 의미를 관하는 것을 말한다.

점필의식은 크게 두 가지로 분류해 볼 수 있다. 첫째, 신불청新佛請[39] 이전에 거행하는 '옴·아·훔'과 둘째, 신불청 이후에 거행하는 '팔안八眼'의 점필이 그것이다. 이것은 1차적 점필과 2차적 점필로 나누어 이해할 수 있다. 1차적 점필인 옴아훔은 불보살 상에 한정되지 않고 존자나 신중들의 모든 상에 적용된다. 2차적 점필은 새로 모시는 분이 어떤 분이냐에 따라 세 종류로 나눌 수 있다. 각구존상各具尊像의 팔안과 각구통명各具通明의 육통六通, 각구통력各具通力의 오통오력五通五力

---

37 김용주, 「胎·金 兩界蔓荼羅의 신행적 의미의 硏究」, 석사학위논문(동국대학교, 2008), p.113.

38 졸고, 「點眼作法時 點筆法에 대한 硏究」, 『백악논총』 제8집(동방문화대학원대학교, 2013), pp.60~85.

39 "南無 新畵成(鑄成 造成 重修 改金)某佛 某菩薩"로 새로 모시게 될 불·보살의 명호를 창하는 것.

이 그것이다. 각구존상은 불보살 상을 대상으로 하는 점필 방법이고, 각구통명은 십대제자 또는 존자 등의 상을 대상으로 하는 점필 방법이다. 또한 각구통력은 천왕이나 신중 등의 상을 대상으로 하는 점필 방법을 말한다.

여기서 주목해야 할 점은, 현재 진행되고 있는 점안의식은 많은 부분들이 간소화되고 축소되면서 옛 의식문과 차이를 보이고 있다는 것이다. 따라서 점필 방법 또한 여법하게 거행되고 있지 않다. 올바른 점필을 위해 의식문과 경전을 토대로 점필에 내재된 사상이 무엇인지 살펴보고자 한다.

#### (1) 팔안 점필

불·보살 점필 시 삼밀진언인 '옴아훔'과 비밀실지진언인 '암밤람함캄'을 대비하여 점필하게 되는데, 범서에 나타난 사상과 의미를 살펴보면 다음과 같다.

①옴아훔에 나타난 사상

밀교에서 말하는 종자는 단순히 문자가 아니라 종자 각각에는 수많은 정보가 함장된 씨앗과도 같다. 즉 진리의 정보를 함장하고 있는 것으로 간주한 것이다. 특히 '옴아훔'은 가지진언,[40] 총지주,[41] 삼밀진언[42] 등

---

40 『佛說大悲空智金剛大教王儀軌經』(大正藏 18, p.588c), "加持眞言曰 唵阿吽."

41 『密呪圓因往生集』(大正藏 46, p.1008b), "三字總持咒　唵啞吽."

42 『胎藏三密抄』(大正藏 75, p.626b), "有阿嚩羅賀佉五字 是五輪字 有阿娑嚩三字是三部字 又有身口意眞言 故知此中具有三部五輪三密眞言也."

진언의 이름이 여러 가지이다. 본 진언은 진언의 제목에서 알 수 있듯이 삼밀가지를 목적으로 한다. 옴아훔이 내포하고 있는 의미는 무엇인지 그것을 살펴보면 다음과 같다.

첫 번째로 『여의륜보살관문의주비결』에는 다음과 같이 설하고 있다.

> 옴(𑖌𑖼)자, 그 글자를 이루는 것은 삼신을 뜻하는 것이며. '옴(𑖌𑖼)'이라는 한 글자는 이른바 '옴(𑖌𑖼), 아(𑖀), 마(𑖦)' 등의 세 글자로 함께 이루어진 것이다. '옴(𑖌𑖼)'자는 일체법이 생하는 것을 가히 얻을 수 없다는 뜻이다. '아(𑖀)'자는 일체법이 본래 생하지 않는다는 뜻이다. '마(𑖦)'자는 일체법이 자아의 관념에 의해 집착 구속됨이 없다는 뜻이다. 또 해석하여 말하되, '옴(𑖌𑖼)'자는 화신의 뜻이며, '아(𑖀)'자는 보신의 뜻이며, '마(𑖦)'자는 법신의 뜻이다.[43]

두 번째로 『수호국계주다라니경』에 설한 '옴'자의 내용은 다음과 같다.

> 무엇 때문에 '옴'자인가? 세 글자가 화합하여야 '옴(𑖌𑖼)'자가 되기 때문이다. 말하자면 '아(𑖀)'와 '오(𑖌)'와 '마(𑖦)'이다. 첫째 '아'자는

---

43 『如意輪菩薩觀門義注祕訣』(大正藏 20, p.216b), "唵𑖌𑖼其字成於三身義也. 唵𑖌𑖼之一字 所謂唵阿摩𑖌𑖼𑖀𑖦等三字共成. 唵𑖌𑖼字者一切法生不可得義, 阿𑖀字者一切法本不生義. 摩𑖦字者一切法我無所得義, 又釋云 唵𑖌𑖼字化身義, 阿字𑖀者報身義, 摩𑖦字者法身義."

이것이 보리의 마음이며, 이것이 모든 법문의 뜻이며, 또한 두 가지 뜻이 없고 모든 법의 뜻이며, 또한 이 성품의 뜻은 이것이 자재한 뜻이기 때문이다. 마치 저 국왕이 흑과 백, 선과 악이 마음에 따라서 자재한 것과 같다. 또 법신의 뜻이다. 둘째 '오'자는 보신의 뜻이고, 셋째 '마'자는 화신의 뜻이다. 세 글자가 합함으로써 공히 '옴'자가 되는 것이다. 포섭한다는 뜻이 끝이 없는 것이므로 일체 다라니의 우두머리가 되는 것이며, 더불어 모든 글자의 뜻을 선도하는 것이 되는 것이다. 즉 일체법이 생하는 곳이며, 삼세의 모든 부처님이 다 이 글자를 살피고서 보리를 얻는 것이므로 일체 다라니의 어머니가 되는 것이며, 일체보살이 이것으로부터 태어나며, 일체 모든 부처님이 이것으로부터 출현하는 것이다.[44]

세 번째로 『제교결정명의론』에서는 다음과 같이 설하고 있다.

훔자는 곧 법신이고, 아자는 곧 보신이며, 옴자는 곧 화신이니, 이와 같이 세 글자가 삼신을 포섭하고 있다. 저것은 삼승의 해탈도를 분별해서 설명하고 있으니, 이것이 인을 바르게 설하는 것이다. 존재하고 있는 성문과 연각 일체지지들도 이로 말미암아 출현해서

---

44 『守護國界主陀羅尼經』(大正藏 19, p.565c), "唵字所以者何 三字和合爲唵字故 謂婀烏莽一婀字者 是菩提心義是諸法門義 亦無二義亦諸法果義 亦是性義是自在義 猶如國王黑白善惡隨心自在 又法身義 二烏字者卽報身義 三莽字者是化身義 以合三字共爲唵字 攝義無邊故爲一切陀羅尼首 與諸字義而作先導 卽一切法所生之處 三世諸佛皆觀此字而得菩提 故爲一切陀羅尼母 一切菩薩從此而生 一切諸佛從此出現."

일체의 법을 설명하는데, 곧 저 세 글자 역시 금강삼업에 여실하게 편안히 머문다. 옴아훔 이 가운데 옴자는 바로 금강신업이요, 아자는 금강어업이며, 훔자는 금강심업이다.[45]

네 번째로 『유가염구주집찬요의궤』에서는 다음과 같이 설하고 있다.

옴자의 형상은 신금강으로 이루어졌고, 다음 아자의 형상은 어금강으로 이루어지고, 훔자는 심금강으로 이루어졌다.[46]

이상에서 살펴본 바와 같이 옴자는 화신, 아자는 보신, 훔자는 법신을 포섭하고 있다. 또한 옴자는 a·u·m(아阿·우汚·마麽)의 3자로 구성되었으며 생성과 유지와 소멸의 원리가 각각 담겨 있는 신밀身密을 표현한 것으로 간주하였다.

또한 『범자실담자모석의』에 의하면 아阿는 실담 오십자문의 첫 자로써 말의 근본이라 생각하였으며 만유의 근원이라 하였다.[47] 또한 가장

---

45 『諸教決定名義論』(大正藏 32, pp.507c-508a), "吽字卽法身 阿字卽報身 唵字卽化身 如是三字攝此三身 彼分別說三乘解脫道 是爲正說因 所有聲聞緣覺及一切智智由是出現說一切法 卽彼三字 亦是金剛三業如實安住 所謂唵阿吽 此中唵字是名金剛身業 阿字金剛語業 吽字金剛心業."

46 『瑜伽燄口註集纂要儀軌』(卍續藏 59, p.325c), "想有唵字 爲身金剛 次想啊字 成語金剛 吽字成心金剛."

47 『梵字悉曇字母釋義』(大正藏 84, p.362a), "𑖀音阿 訓無也不也非也 阿字者是 一切法教之本 凡最初開口之音皆有阿聲 若離阿聲則無一切言說 故爲衆聲之母 又爲衆字之根本 又一切諸法本不生義."

큰 소리를 낼 수 있는 생명의 소리 아자에 열반점[48]이 붙은 것을 구밀口密의 표현으로 보았다.

훔은 모든 천天의 총 종자種子로 ha·a·u·ma의 네 글자로 이루어져 있다. 이 중 근본이 되는 하(ha)자는 모든 진리의 실상인 인연조작을 말하며, 우(u)는 생生을 나타내고, 마(ma)는 멸滅을 의미한다. 즉 우·마는 인연 속에서 생멸하는 모든 존재들의 현상으로 보았던 것이다. 그리고 아(a)는 본불생本不生의 세계, 즉 생멸의 세계를 떠난 것으로 보았다. 이처럼 훔자는 인因의 뜻이라 하였고, 또 진여 그 자체이며 무수하게 많은 공덕이 모두 여기에서 생긴다고 한다. 즉 힘과 활동을 상징하는 음으로써 지혜의 활동력을 나타내는 의밀意密의 표현으로 인식한 것이다.

이와 같이 삼밀진언인 '옴아훔'은 불의 신밀과 구밀, 그리고 의밀을 표현한 것으로 옴(oṃ)은 신밀, 아(a)는 구밀, 훔(hūṃ)은 의밀을 함축적으로 표현하는 삼종자三種子인 자字이다.[49] 즉 불의 신·구·의 삼밀을 함축하여 문자로 표현한 종자진언으로 불의 신·구·의를 문자로 표현할

---

48 『불교대사전』 下(홍법원, 1994), p.1752. "涅槃聲과 동일. 산스크리트의 비사르가(visarga) 표시를 悉曇에 있어서는 열반점이라 부르고, 문자 오른쪽에 점을 찍음. 두 개의 斜四角形으로 되어 있지만, 그 중 아랫부분을 먼저, 윗부분을 나중에 찍음."

49 『佛說一切如來金剛三業最上秘密大教王經』 卷二(大正藏 18, p.479a), "三金剛字最上大印, 安住大智金剛一切菩提平等, 所謂唵字爲智本, 卽身金剛平等. 阿字法無我, 卽語金剛平等, 吽字不可壞, 卽心金剛平等, 如是三金剛平等堅固而住."; 『瑜伽談口註集纂要儀軌』(卍續藏 59, p.325c), "想有唵字 爲身金剛 次想啊字 成語金剛 吽字成心金剛."

때 이 세 글자를 가지고 나타냈음을 알 수 있다. 그러므로 모든 부처님은 이것으로부터 생하며 출현할 수 있으므로, 새로 조성된 상에 ‘옴아훔’을 점필해야 하는 이유가 성립된다.

②비밀실지진언인 암밤람함캄에 나타난 사상

점필 시 팔안 하나하나에 해당하는 범자를 살펴보면 육안肉眼에는 ‘캄(欠 )’자, 천안天眼에는 ‘함(唅 )’자, 혜안慧眼에는 ‘람(覽 )’자, 법안法眼에는 ‘밤(鍐 )’자, 불안佛眼에는 ‘암(暗 )’자, 십안十眼에는 ‘훔(吽 )’자, 천안千眼에는 ‘아(阿 )’자, 무진안無盡眼에는 ‘옴(唵 )’자를 각각 배대한다. 이 중 ‘옴아훔’에 나타난 의미는 위에서 살펴보았으므로 ‘암밤람함캄’에 내재된 의미를 살펴보면 다음과 같다.

『대일경』에서는 오자진언五字眞言인 아阿(a)·바縛(va)·라囉(ra)·하訶(ha)·카佉(kha)를 강조하여 설명하고 있다. 이것은 제법의 법성, 즉 일체지지一切智智의 구체적 모습으로서 각기 제법본불생諸法本不生·제법언어도단諸法言語道斷·제법이일체진염諸法離一切塵染·제법인불가득諸法因不可得·제법등허공불가득諸法等虛空不可得의 의미를 상징하며 각기 쓰임에 따라 특징을 지니게 된다.[50]

또한 『대일경』은 5불종자인 a·va·ra·ha·kha에 공점(·)[51]을 더하여

---

50 『大日經』(大正藏 18, p.10a), “云何眞言敎法? 謂阿字門一切諸法本不生故 …… 佉字門一切諸法等虛空不可得故 …… 囉字門一切諸法離一切諸塵染故 …… 縛字門一切諸法言語道斷故 …… 訶字門一切諸法因不可得故.”

51 空點: 범자梵字 위에 덧붙이는 원점原點으로 콧소리가 나는 미음(ㅁ, ṁ음)을 내라는 표시. 이 점은 모든 사물은 모두 공空이라는 도리를 나타낸 것으로 공점이라 함.

aṃ·vaṃ·raṃ·haṃ·khaṃ이라는 형태를 설하고 있다.[52] 따라서 앞에서 언급한 5불종자와 비밀실지진언의 경우, 문자는 서로 다르지만 내포하고 있는 의미는 5불과 5부를 나타내는 것이기 때문에 상호 연관성을 가지고 있음은 물론, 각기 특징을 가지고 있다.

암밤람함캄은 법신진언[53]이라고도 한다. 곧 법신진언인 암밤람함캄은 불지의 본체를 의미하며 각각 5지五智와 5불五佛, 5부五部, 그리고 신체의 다섯 부위를 의미하는 것으로 간주되었다. 여기서 5부는 금강계만다라의 5부를 의미하는 것으로 금강부·연화부·보부·갈마부·불부를 의미한다. 또한 각 부의 주존은 5불로 금강부는 아촉불, 연화부는 아미타불, 보부는 보생불, 갈마부는 불공성취불, 불부는 대일여래를 말한다.

5불은 5지에 배대하는데, 동방 아촉불은 대원경지大圓鏡智의 덕德에 주住하면서 중생의 번뇌를 없애 보리심을 발하게 하고, 남방의 보생불은 평등성지平等性智의 덕에 주하면서 여러 가지 보물을 내려 중생을 이익 되게 한다. 서방의 아미타불은 묘관찰지妙觀察智의 덕에 주하면서

---

52 『大日經』(大正藏 18, p.52b), "阿字遍金色 用作金剛輪 加持於下體 說名瑜伽座 鑁字素月光 在於霧聚中 加持自臍上 是名大悲水 囕字初日輝 彤赤在三角 加持本心位 是名智火光 唅字劫災焰 黑色在風輪 加持白毫際 說名自在力 佉字及空點 相成一切色 加持在頂上 故名爲大空."

53 『三種悉地破地獄轉業障出三界祕密陀羅尼法』(大正藏 18, p.910c), "阿鑁覽唅欠右上五字法身眞言."; 『胎藏界大法對受記』(大正藏 75, p.59b), "阿尾覽吽欠是法身眞言 阿鑁覽含欠是報身眞言 阿囉嚩左囉是應身眞言 阿尾覽吽欠是 法身眞言 阿鑁覽含欠是報身眞言 阿囉嚩左囉是應身眞言."; 『佛頂尊勝心破地獄轉業障出三界祕密三身佛果三種悉地眞言儀軌』(大正藏 18, p.912c), "卽時證佛身空寂 是阿鑁覽唅欠五字法身眞言."

근기와 업에 따라 중생을 두루 섭하며, 북방의 불공성취불은 성소작지成所作智의 덕에 주하면서 지은 바에 따라 성취케 한다. 이와 같이 5불은 광대원만하고 무애한 대일여래와 그 구체적 표현인 사불四佛이라 할 수 있으며, 5지 또한 법계체성지法界體性智를 중심으로 그것을 구체화해 놓은 것이 사지四智라고 할 수 있다.

『불정존승심파지옥전업장출삼계비밀삼신불과삼종실지진언의궤』[54]에서는 5부와 다섯 장기를 배대하는 내용이 기술되어 있다. 거기에는 '암'자는 금강부로서 간을 주재하며, '밤'자는 연화부로서 폐를 주재하며, '람'자는 보생부로서 심장을 주재하며, '함'자는 갈마부로서 위장[55]을 주재하며, '캄'자는 불부로서 비장을 주재한다고 하였다.

이와 같이 인간의 신체에 5불의 공능을 배대한 것은 그 가피를 입도록 하기 위함이며, 이 배대 방식은 시륜경時輪經[56] 류類에서 찾아볼 수 있다. "5부, 5불, 5대, 그리고 5장의 상호 배대 방식이 어떤 경로를 통해서 한국불교에 전승되었는지 확실히 알 수는 없지만, 그 원류는 송나라 때 편찬된 『체본금강정경體本金剛頂經』에 설해져 있는 것으로 전해지고 있다."[57] 이것을 표로 정리하면 다음과 같다.

---

54 『佛頂尊勝心破地獄轉業障出三界祕密三身佛果三種悉地眞言儀軌』(大正藏 18, p.912b), "是五字者阿鑁覽唅欠 阿字金剛部主肝 鑁字蓮華部主肺 覽字寶部主心 唅字羯磨部主胃 欠字虛空部主脾."

55 일반적으로 오장은 간, 폐, 심장, 신장, 비장을 말하며, 위는 육부에 해당하나 경전에서는 신장 대신에 위로 표기하고 있다.

56 밀교경전 중 『비밀집회경』, 『호금강경』과 더불어 후기 밀교와 행법을 대표하는 경전. 인도에서 결집된 경전이지만, 중국의 음양오행 사상이 수용된 경전으로 중국의 사상이 인도에 역수입되어 형성된 경전을 말하기도 한다.

| 五種子 | 암(aṃ) | 밤(vaṃ) | 람(raṃ) | 함(haṃ) | 캄(khaṃ) |
|---|---|---|---|---|---|
| 五 部 | 금강부 | 연화부 | 보부 | 갈미부 | 불부 |
| 五 佛 | 아촉불 | 아미타불 | 보생불 | 불공성취불 | 대일여래 |
| 五 智 | 대원경지 | 묘관찰지 | 평등성지 | 성소작지 | 법계체성지 |
| 九 識 | 제8아뢰야식 | 제6의식 | 제7말라야식 | 전오식 | 제9암마라식 |
| 五 方 | 동방 | 서방 | 남방 | 북방 | 중앙 |
| 五 身 | 自性身 | 他受用身 | 自受用身 | 証金剛身 | 常住淨妙法身 |
| 五 大 | 지 | 수 | 화 | 풍 | 공 |
| 五 德 | 智德 | 大悲의 덕 | 福德 | 三密無盡<br>장엄활동 | 理智<br>윤원구족=定 |
| 五 色<br>(티벳만다라) | 적색<br>(청색) | 청색<br>(적색) | 황색<br>(황색) | 흑색<br>(녹색) | 백색<br>(백색) |
| 五種護摩 | 조복법 | 경애법 | 증익법 | 구소법 | 식재법 |
| 五 臟 | 간 | 폐 | 심장 | 위 | 비장 |

〈표 1〉 5불 종자진언에 대비되는 내용[58]

5불의 종자진언은 실지성취悉地成就의 진언으로 가장 많이 표현되었다. 또한 『화엄경』 「입법계품」 '사십이자관문'[59]에서 범자 42자의 관문을 해설하고 그 공덕을 설한 것과도 관계가 있다고 생각된다. 그 가운데 화엄과 밀교의 공통이라고 할 수 있는 '아바라하카' 오대진언은 밀교에서 5불을 나타내는 진언으로도 활용된 것이다.

따라서 점안의식의 팔안 점필 시 '암밤람함캄'이라는 다섯 자를 대입

57 허일범, 「한국밀교전개사 81」, 〈밀교신문〉, 2005. 7. 29.

58 佐和隆研編, 『密教辭典』(일본: 法藏館, 1975), p.220. 〈5지五智〉표 인용.

59 『화엄경』 「입법계품」(大正藏 10), p.707c, "四十二字觀門."

하는 것은 법신 자체의 기운을 불보살 존상에 이입케 하는 것이며, 특히 5부, 5불, 5지의 공능을 성취하기 위한 목적이라 할 수 있다.

### (2) 육통 점필

새로 조성된 존자·나한·십대제자 등에 육신통이 성취될 수 있도록 점필하는 것을 각구통명各具通明이라고 말한다. 육통六通에 각기 범자를 배대하여 점필하게 되는데, 천안통은 '함(唅 )'자, 천이통은 '하(訶 )'자, 타심통은 '사바(娑婆 )'자, 신경통은 '졔(提 )'자, 숙명통은 '쥰(准 )'자, 누진통은 '례(囇 )'자가 그것이다. 천안통의 '함( )'자를 제외한 다섯 자는 준제구성범자準提九聖梵字[60]의 아홉 자 중 례·쥰·졔·사바·하 다섯 자로 구성되어 있다.

팔안에서 이미 설명한 천안통의 '함( )'자를 제외한 준제구성범자에 담긴 의미는 『조상경』[61]과 『오종범음집』 소수 「준제구자겸의해」[62]에서

---

60 준제진언인 '옴 자례 주례 준제 사바하 oṃ cale cule cunde svāhā'를 말함.

61 『造像經』(『한불의서』 제3집), p.356, "准提九聖梵字: 訶하 安兩足 訶字 一切法無因無果義也 解云 訶是如來絶證門 絶證之時 無先後 般若非本亦非末 由是名爲無因無果 娑婆ᄉ바 安兩脛 娑婆字 一切法平等無言說義也 解云 娑婆是如來大定門 大定無相 本無名無相絶比諭 由是名爲無言說 提졔 安兩腋 提字 一切法無取捨義也 解云 提是如來沒量門沒量之心無善惡 無善惡時 無差別 由是名爲無取 准쥰 安臍中 准字 一切法無等義也 解云 准是如來過量門 有何分別 等正中等無等等心本無計 由是名爲無等覺 隸례 安兩肩 隸字 一切法無淨無垢義也 解云 隸是如來本靜門 本靜之心無新靜心 無新靜不見後 由是更稱無無垢."

62 『五種梵音集』(『한불의서』 제2집), pp.206~207, "准提九字兼義解: 訶 安兩足두발 訶字 一切法無因無果義也 解云 訶是如來絶證門 盡證之時 無先後 般若非本亦非末 由是名爲無因無果 娑婆ᄉ바 安兩脛두허티 娑婆字 一切法平等 無言說義也

같은 내용을 기술하고 있으며, 『칠구지불모소설준제다라니경』[63]에서도 간단히 설하고 있다. 오통에 사용되는 다섯 개의 종자에 내포된 의미를 「준제구자겸의해」에 준하여 살펴보면 다음과 같다.

첫 번째로 하訶는 두 발에 안치한다. '하'자는 일체법이 인因도 과果도 없다는 의미이다. 해석하면 '하'는 여래의 절증문絶證門이니, 절증의 때에는 무無선후며 반야는 근본도 아니요 또한 지말도 아니니, 이를 말미암아 무인무과無因無果라 이름한다.

두 번째로 사바娑婆는 두 정강이에 안치한다. '사바'자는 일체법이 평등해서 말이 필요 없다는 의미이다. 해석하면 '사바'는 여래의 큰 선정의 문이며, 큰 선정은 상이 없으며 따라서 이름도 없고 상이 없으므로 비유도 끊어지나니, 이를 말미암아 무언설無言說이라 이름한다.

세 번째로 제提는 양 겨드랑이에 안치한다. '제'자는 일체법이 취하고 버릴 것이 없다는 의미이다. 해석하면 '제'는 여래의 몰량문沒量門으로 헤아림이 없는 마음에는 선악이 없으며 선악이 없으므로 차별이 없나

---

解云 裟婆是如來大定門 大定無相 本無無名無相絶比喩 由是名爲無言說 提뎨 安兩腋두녑 提字 一切法無取捨義也 解云 提是如來沒量門 沒量之心無善惡無善惡時無差別 由是名爲無取捨 准쥰 安臍中빅곱데 准字 一切法無等義也 解云 准是如來過量門 有何分別 等正中等 無等等心本無計 由是名爲無等覺 噤예 安兩肩두어깨 噤字 一切法無淨無垢義也 解云 噤是如來本靜門 本靜之心無新靜 心無新靜不見後 由是更稱無淨無垢."

63 『七俱胝佛母所說准提陀羅尼經』(大正藏 20, p.183c), "次應思惟字母種子義 唵字者是三身義亦是一切法本不生義 者字者一切法不生不滅義 禮字者一切法相無所得義 主字者一切法無生滅義 禮字者一切法無垢義 准字者一切法無等覺義 泥字者一切法無取捨義 娑嚩字者一切法平等無言說義 賀字者一切法無因義."

니, 이를 말미암아 무취사無取捨라 이름한다.

네 번째로 쥰准은 배꼽 가운데 안치한다. '쥰'자는 일체법이 견줄 것이 없다는 의미이다. 해석하면 '쥰'은 여래의 과량문過量門이니 거기에 어찌 분별이 있으리요. 등정각 가운데는 이에 버금갈 만한 것이 없는 것과 같은 것이니 마음은 본디 헤아림이 없으므로, 이를 말미암아 무등각無等覺이라 이름한다.

다섯 번째로 례隷는 두 어깨에 안치한다. '례'자는 일체법이 깨끗한 것도 없고 더러운 것도 없다는 의미이다. 해석하면 '례'는 여래는 본래 고요하다는 문이다. 본래 고요한 마음이란 새로이 고요하게 하는 마음이 없음이니 새로이 고요하게 함이 없음에 뒤에 나타남이 없으므로, 이를 말미암아 무정무구無淨無垢라 칭하는 것이다.

또한 『불설칠구지불모준제대명다라니경』에서도 살펴볼 수 있다.

> 례자는 일체법은 더러움이 없음을 뜻하며, 준자는 일체법 자체에 비견할 만한 동등한 법이 없음을 뜻하고, 제자는 일체법에는 취하고 버림이 없음을 뜻하고, 사바자는 일체법이 평등하여 언설할 바 없음을 뜻하고, 하자는 일체법은 비롯함이 없이 적정하며 머무는 바 없는 열반의 의미를 갖는다는 것이다.[64]

---

64 『佛說七俱胝佛母准提大明陀羅尼經』(大正藏 20, p.177b), "唵字門者是流注不生不滅義 復於一切法爲最勝義 折字門者於一切法是無行義 隷字門者於一切法是無相義 主字門者於一切法是無起住義 隷字門者於一切法是無好義 准字門者於一切法是無等覺義 提字門者於一切法是無取捨義 莎嚩字門者於一切法是平等無言說

이상과 같이 준제구성범자는 '일체법'에 대한 내용을 함장한 범자로 구성되었음을 알 수 있다.

### (3) 오통오력 점필

각구통력各具通力은 새로 조성된 명왕·대왕·천왕·종관 등의 상에 오통五通과 오력五力이 성취될 수 있도록 점필하는 것을 말한다. 오통은 존자 등에 점필하였던 육통 중 누진통을 뺀 나머지를 말한다. 오통은 이미 전 항에서 설명하였음으로 본 항에서는 오력의 점필법에 나타난 사상을 중심으로 살펴보고자 한다.

오력은 각기 범자를 배대하여 점필하게 되는데, 신통력은 '례(㘑 [illegible])'자, 용맹력은 '주(注 [illegible])'자, 자비력은 '례(㘑 [illegible])'자, 보살력은 '자(左 [illegible])'자, 여래력은 '옴(唵 [illegible])'자를 배대한다. 이 다섯 자는 준제구성범자의 아홉 자 중 다섯 자로 구성되어 있다.

오력의 종자자인 옴唵·자左·례㘑·주注·례㘑에 담긴 의미는 『조상경』[65]과 『오종범음집』[66]에서 같은 내용을 기술하고 있으며, 『칠구지불

---

義 訶字門者於一切法是無因寂靜無住涅槃義."

65 『造像經』(『한불의서』 제3집), pp.356-357, "准提九聖梵字: 㘑례 安兩肩 㘑字 一切法無淨無垢義也 解云 㘑是如來本靜門 本靜之心無新靜心無新靜不見後 由是更稱無無垢 注주 安於心 注字 一切法無生無滅義也 解云 注是如來至靜門 此彼虛空不動轉 無動之心無增減 由是名爲無生無滅 㘑례 安於頸 㘑字 一切法無相無所得義也 解云 㘑是如來盡相門 三身永滅同虛空 虛空自性無分別 由是稱名無所得 左자 安兩眼 左字 一切法不生不滅義也 解云 左是如來妙覺門 三身淸淨始生光光明寂照無生滅 由是名爲不生不滅 唵옴 安頂上 唵字 三身意亦一切法本不生義也 解云 唵字是如來極善門 三身圓滿理事淸空 色至眞無起滅 由是名爲本不生."

66 『五種梵音集』(『한불의서』 제2집), p.207, "准提九安兼義解: 㘑예 安兩肩두엇게

모소설준제다라니경』[67]에서도 간단히 설명되어 있다. 오력에 사용되는 례·주·례·자·옴자의 의미를 살펴보면 다음과 같다.

첫 번째로 례隸는 두 어깨에 안치한다. '례'자는 일체법이 깨끗한 것도 없고 더러운 것도 없다는 의미이다. 해석하면 '례'는 여래는 본래 고요하다는 문이다. 본래 고요한 마음이란 새로이 고요하게 하는 마음이 없음이니 새로이 교요하게 함이 없음에 뒤에 나타남이 없으므로, 이를 말미암아 무정무구無淨無垢라 칭하는 것이다.

두 번째로 주注는 가슴 가운데에 안치한다. '주'자는 일체법이 생함도 없고 멸함도 없다는 의미이다. 해석하면 '주'는 여래의 지극한 고요함의 문이니, 피차간에 텅 비어 동전함이 없으니 동전함이 없는 마음에는 증감도 없기에, 이를 말미암아 무생무멸無生無滅이라 이름한다.

세 번째로 례𡃤는 목에 안치한다. '례'자는 일체법이 모양도 없고

---

𡃤字 一切法無淨無垢義也 解云 𡃤是如來本靜門 本靜之心無新靜 心無新靜不見後 由是更稱無淨無垢 注추 安於心무옴 注字 一切法無生無滅義也解云 注是如來至靜門 此彼虛空不動轉 無動之心無增減 由是名爲無生無滅 𡃤례 於頸목 𡃤字一切法無相無所得義也解云 𡃤是如來盡相 三身永滅同虛空 虛空自性無分別 由是稱名無所得左자 安兩眼두눈 左字 一切法不生不滅義也解云 左是如來妙覺門 三身淸淨始生光光明寂照無生滅 由是名爲不生不滅 唵옴 安頂上머리우 唵字 三身意亦一切法本不生義也 解云 唵字是如來極善門 三身圓滿理事淸 空色至眞無起滅由是名爲本不生."

67 『七俱胝佛母所說准提陀羅尼經』(大正藏 20, p.183c), "次應思惟字母種子義 唵字者是三身義亦是一切法本不生義 者字者一切法不生不滅義 禮字者一切法相無所得義 主字者一切法無生滅義 禮字者一切法無垢義 准字者一切法無等覺義 泥字者一切法無取捨義 娑嚩字者一切法平等無言說義 賀字者一切法無因義."

얻는 것도 없다는 의미이다. 해석하면 '례'는 여래의 진상문으로 삼신이 영원히 소멸하여 허공과 같으며 허공은 자성에 분별함이 없을 새, 이를 말미암아 무소득無所得이라 이름한다.

네 번째로 자左는 두 눈에 안치한다. '자'자는 일체법은 생하는 것도 아니고 멸하는 것도 아니라는 의미이다. 해석하면 '자'는 여래의 묘각의 문이다. 삼신이 청정하여 비로소 빛을 발하며 광명이 고요히 비추되 생멸하지 않으니, 이를 말미암아 불생불멸不生不滅이라 이름한다.

다섯 번째로 옴唵은 정상에 안치한다. '옴'자는 삼신의 뜻이며 또한 일체법이 본래 생하지 않는다는 의미이다. 해석하면 '옴'자는 여래의 더할 나위 없는 선의 문이다. 삼신은 원만구족하여 이와 사가 맑으며 공과 색은 참됨에 이르러 기멸이 없음에, 이를 말미암아 본불생本不生이라 이름한다.

또한 『불설칠구지불모준제대명다라니경』에서는 다음과 같이 설해져 있다.

> 옴자는 끊임없이 떠도는 불생불멸의 뜻을 가짐과 동시에 일체법이야말로 제일 으뜸이 된다는 뜻을 지니고 있으며, 자자는 일체법이 행하는 바 없음을 뜻하며, 례자는 일체법에 형상이 없음을 뜻하고, 주자는 일체법이 생겨나고 머무는 바 없음을 뜻하며, 례자는 일체법은 더러움이 없음을 뜻한다.[68]

---

68 『佛說七俱胝佛母准提大明陀羅尼經』(大正藏 20, p.177b), "唵字門者是流注不生不滅義 復於一切法爲最勝義 折字門者於一切法是無行義 隷字門者於一切法是無

이와 같이 범자가 지니고 있는 의미는 일체법의 특성과 삼신을 함장하고 있는 종자자種子字임을 알 수 있다.

### (4) 팔안, 육통, 오통오력 비교

불상점안 시 점필이 거행되는 시점은 두 곳이다. 첫 번째는 '신불창(新佛唱: 나무 신화성新畵成〔주성鑄成, 조성造成, 중수重修, 개금改金〕 모불 모보살)' 이전에 하는 '옴아훔'과 두 번째는 '신불창' 이후에 거행하는 '팔안·육통·오통오력'의 점필로, 이것은 1차적 점필과 2차적 점필로 나누어 이해할 수 있다. 1차적 점필은 포괄적인 점필이라 할 수 있으며, 2차적 점필은 세부적이고 구체적이라고 할 수 있다.

그 중 1차적 점필인 '옴아훔'은 "여래의 진실한 몸과 같이 모든 상이 원만해지도록 옴·아·훔 세 글자를 상의 세 곳에 편안히 있도록 하는데, 옴자는 이마 위에 안치하고, 아자는 입 위에 안치하고, 훔자는 가슴에 안치하는 것이다"[69]라고 했듯이 큰 틀에서 모든 상이 원만하여지기를 위한 점필이라 볼 수 있다. 2차적 점필은 새로 조성된 분이 누구인지를 밝히는 '신불창' 이후에 하는 점필로, 대상이 확실하므로 점필의 방법 또한 구체적이다.

2차적 점필은 크게 세 가지로 분류할 수 있다. 첫째는 불보살 상에

---

相義 主字門者於一切法是無起住義 隷字門者於一切法是無好義 准字門者於一切法是無等覺義 提字門者於一切法是無取捨義 莎嚩字門者於一切法是平等無言說義 訶字門者於一切法是無因寂靜無住涅槃義."

69 『佛說一切如來安像三昧儀軌經』(大正藏 21, p.933c), "復想如來如眞實身諸相圓滿 然以唵阿吽三字安在像身三處用唵字安頂上用 阿字安口上 用吽字安心上 若誦得本尊根本眞言但安心上."

하는 팔안 점필법과 둘째는 존자나 십대제자 등에 하는 육통 점필법, 셋째는 명왕, 신중 등에 하는 오통오력 점필법으로 나눌 수 있다. 이것을 다른 형식으로 표현하면 상단의 부처님은 팔안을 갖추어야 한다는 것이고, 중단의 존자 등은 육신통을 갖추어야 한다는 것이며, 하단의 신중들은 오통과 오력을 갖추어야 한다는 것으로 이해할 수 있다.

종자자를 살펴보면 상단의 팔안 중 육안은 '캄()'자, 천안天眼은 '함()'자, 혜안은 '람()'자, 법안은 '밤()'자, 불안은 '암()'자, 십안은 '훔()'자, 천안千眼은 '아()'자, 무진안은 '옴()'자를 배대한다. 또한 중단의 육통 중 천안통天眼通은 '함()'자, 천이통天耳通은 '하()'자, 타심통他心通은 '사바()'자, 신경통神境通은 '졔()'자, 숙명통宿命通은 '쥰()'자, 누진통은 '례()'자에 배대한다. 또한 하단의 오통 중 천안통은 '함()'자, 천이통은 '하()'자, 타심통은 '사바()'자, 신경통은 '졔()'자, 숙명통은 '쥰()'자를 배대하고, 오력 중 신통력神通力은 '례()'자, 용맹력勇猛力은 '주()'자, 자비력慈悲力은 '례()'자, 보살력菩薩力은 '자()'자, 여래력如來力은 '옴()'자에 배대하여 점필한다.

이 가운데 상단의 팔안 중 천안天眼의 '함()'자는 중단의 천안통의 '함()'자와 범자가 같으며, 중단의 누진통의 '례()'자는 하단의 신통력의 '례()'자와 범자가 같음을 알 수 있다. 이것은 상단의 불보살은 팔안이 구족되었음을, 중단의 존자 등은 육신통을 얻었지만 팔안 중 천안만을 성취하였음을, 그리고 하단의 신중 등은 오통은 얻었으나 누진통은 얻지 못했음을 나타내며, 이는 불보살의 팔안을 얻기 위한 수행의 단계임을 알 수 있다.

결과적으로 상단·중단·하단에 새로 모시는 상들이 갖추어야 하는 특징이 무엇인지는 '존상尊像'과 '통명通明', 그리고 '통력通力'에서 그 답을 찾을 수 있다. 존상이라 함은 부처만이 지닐 수 있는 팔안이 구족되었음을 말하는 것이고, 통명은 아직 성불의 경지에 이르지는 못했지만 수행을 통해 성불 직전의 단계인 것을 나타내고 있다. 또한 통력은 오통은 이미 성취하였으나 아직 수행해야 하는 정진의 단계로 볼 수 있다. 이것을 증명해 주는 것은 오력의 내용 그 자체이다. 오력 중 신통력은 중단에서 구족한 육통 중 누진통을 얻고자 하는 정진력을 말하며, 용맹력·자비력·보살력·여래력은 앞으로 부처가 되기 위한 정진력을 말하는 것이다.

이상에서 살펴보았듯이 점필을 하는 이유와 목적은 뚜렷하다. 그러나 현재 진행되는 점필 방법은 많이 축소되어 제대로 이루어지지 않고 있는 실정이다. 앞으로 경전과 의식문을 토대로 점필에 관한 연구는 계속되어야 하겠으며, 더불어 여법하게 점필을 거행할 수 있도록 자료의 재정비도 이루어져야 할 것이다.

#### 3) 동참 대중의 자성 회복과 보살도

점안의식은 새로 모시는 불상에 점안하여 부처님을 모시는 것이 주된 내용이지만 거기에는 중요한 의미가 내포되어 있다. 그것은 다름 아닌 동참하는 대중들의 본래 자성불을 일깨워 주는 의식으로 대중들의 점안인 것이다. 다시 말해서 점안의식은 외적으로는 새로 조성한 불상을 점안하고, 내적으로는 자성불을 점안하는 의식이다. 후자는 자신에게 내재되어 있는 청정심에 점안하여 자성自性을 회복하는 것이라고 할 수 있다. 이것은 『열반경』에서 설한 "일체중생 실유불성", 즉 모든 중생에게는 불성이 내재되어 있기에 가능한 것으로, 여래장사상의 내재불적 성격을 점안의식을 통해 실현시키는 것이라 할 수 있다.

그러므로 점안의식은 불상점안을 위한 의식이 전부가 아니고, 의식 과정에서 동참 대중들이 함께 의식의 주체가 되어 거행되고 있다. 그렇다면 점안의식의 거행에 있어 어떤 의식들이 불사자의 청정심에 점안한다고 할 수 있는 것인지, 그 과정을 살펴보면 다음과 같다.

첫째, '참회게'와 '연비' 시 이참理懺과 사참事懺의 모든 업장을 참회한다. 모든 집착과 마음을 비워서 다시는 망상분별이 일어나지 않도록 실상의 이치를 관하고(의업意業), 입으로는 '정구업진언'을 지송하며(구업口業), 팔에는 연비를 하며(신업身業) 참회한다. 이것은 불사자 모두가 성스러운 법 도량에 들어가 점안의식을 거행하기 위해 자신의 업장부터 소멸하기 위하여 거행하는 의식이다.

둘째, '정삼업진언' 시 삼업을 정화하고 청정히 한다. '참회게'와 '연비'를 통해서 1차적으로 삼업을 청정히 하였다면, 본 진언에서는 2차적으로 재차 삼업을 정화하여 청정하게 하는 자기정화 의식이라고 할 수 있다.

셋째, '도향진언' 시 향을 바르고 결계를 한다. 향은 청정함을 보호하고 지니게 하는 공능을 가진 것으로, 향을 고루 바른다는 것은 청정함을 유지하기 위함이다. 또한 향을 살라 안과 밖을 훈薰케 하는 것은 결계의 목적이다. 이때 향의 연기가 두루하여 오분법신이 나투어지기를 발원한다.

넷째, '호신피갑진언' 시 피갑으로 몸을 보호한다. 즉 금강불로 둘러 싸서 능히 번뇌와 마군을 깨뜨리고 항복시킬 수 있는 투구와 갑옷, 그리고 부처의 자비로 완벽하게 몸을 보호하여 그 어떤 마군도 침범하지 못하도록 하는 것을 말한다.

다섯째, '발보리심진언' 시 보리심을 발한다. 앞서 의식에서 정보와 의보를 완벽하게 청정히 하였으므로, 그 다음 보리심을 내어 실질적인 의식을 거행할 수 있는 요건을 갖춘다. 보리심을 발한다는 것은 다름이 아니라 청정한 보리의 마음, 즉 지혜가 생겨나서 깨달음을 얻고 뭇 중생들을 제도하고 해탈케 하며, 항상 모든 중생들을 이롭게 하겠다는 서원을 말한다.

여섯째, '오색사진언' 시 불상의 손끝에 매어 둔 오색사, 즉 불성과 5지의 표출인 오색실을 붙잡아 부처의 종자가 불사자에게 전해지도록 한다. 이것은 불성과 5지를 투영시켜 동참 대중에게 내재된 불성을 드러냄으로써 새롭게 태어남을 뜻한다.

일곱째, '시수진언' 시 부처님 관불에 쓰였던 길상수로 동참 대중에게 관정을 한다. 이것은 본래 청정한 자성에 관정하여 불종佛種을 끊지 못하게 하고 불위佛位를 잇게 하는 것으로, 동참 대중들이 보살로 거듭나게 하는 것을 말한다.

이상과 같이 점안의식은 부처님을 모시는 것과 동시에 각자의 자성에 점안하는 일곱 과정을 함께 거행하게 된다. 특히 동참 대중은 부처님의 가르침대로 수행하며, 중생을 이롭게 하고 구제하려는 보살의 뜻을 저버리지 않고 보리심을 잃지 않을 것과 보살도를 행할 것을 다짐하는 장이기도 하다.

그렇다면 우리 모두가 걸어가야 하는 보살도는 무엇인가. 그것은 초기불교의 사성제나 팔정도와 같이 자리自利를 목표로 하는 것을 넘어서 이타利他의 길을 말한다. 그러므로 보살은 삼종심三種心, 사무량심四無量心, 사섭법四攝法, 육바라밀六波羅密을 자리이타의 수행덕목으로 삼는다. 이러한 보살도를 자세히 살펴보면 다음과 같다.

첫째, 삼종심은 『대승기신론』에 나오는 세 가지 마음, 즉 직심直心·심심深心·대비심大悲心을 말한다. 『대승기신론』에 의하면, "다시 다음에 신성취발심이라 함은 어떤 마음을 일으키는 것인가? 간략히 세 가지가 있으니, 무엇이 세 가지인가? 첫째는 직심이니 진여의 법을 똑바로 생각하기 때문이요, 둘째는 심심이니 일체 모든 선행을 즐겨 닦기 때문이요, 셋째는 대비심이니 일체중생의 고통을 건져 주고자 하기 때문이다"[70]라고 하였다.

둘째, 사무량심(cattasso appamaññāyā)의 원래 의미는 '네 가지 거룩한 마음가짐(Brahma-vihāra, 梵住)'이라는 뜻이다. 그런데 대승불교에서는 이것을 '네 가지 한량없는 마음 상태(사무량심)'로 번역했다. 즉 자무량심(mettā-appamāṇa-citta), 비무량심(karuṇā-appamāṇa-citta), 희무량심(muditā-appamāṇa-citta), 사무량심(upekkhā-appamāṇa-citta)이 그것이다. 자慈는 사랑과 우애의 마음이고, 비悲는 연민하는

---

70 『大乘起信論』(大正藏 32, p.580c), "復次, 信成就發心者, 發何等心? 略說有三種, 云何爲三? 一者直心, 正念眞如法故. 二者深心, 樂集一切諸善行故. 三者大悲心, 欲拔一切衆生苦故."

마음이며, 희喜는 남의 성취·행복을 자기의 것처럼 기뻐하는 마음이고, 사捨는 안팎의 경계에 끌리지 않고 항상 평정한 마음, 사랑하되 욕심에 빠지지 않고 연민하되 걱정에 빠지지 않고 기뻐하되 홍소哄笑(입을 크게 벌리고 웃음, 혹은 떠들썩하게 웃어 댐)에 빠지지 않는 중정한 마음을 말한다.[71] 이처럼 사무량심은 모든 생명들에 대하여 사랑하는 마음, 고통을 불쌍히 여기는 마음, 곤란한 처지에 있는 사람을 위로하여 기쁨을 주려는 마음, 그리고 누구나 평등하게 대해 주는 마음을 이 세상 가득히 무량하게 채우도록 실천하는 것을 말한다.[72]

셋째, 사섭법(cattāri sangaha-vatthūni)이란 '네 가지의 섭수하고 애호하는 일'을 의미한다. 보살이 고통받는 중생을 섭수하여 중생에게 친애의 마음을 불러일으키고 보살을 신뢰하게 하며 나아가 부처님의 가르침을 따르게 하는 네 가지 기본적인 실천 방법을 말한다.[73] 이른바 보시섭·애어섭·이행섭·동사섭이다. (1) 보시섭(dāna-saṃgaha)이란 자신이 소유한 것을 남에게 조건 없이 베풀어 주는 것을 말한다. 이른바 가난한 자에게는 재물을 주고 법을 듣고자 하는 사람에게는 법을 시여施與하는 것이다. 시여를 하되 법에 맞게 하며, 준다는 생각도 떠나서 베풀어 주는 것을 진정한 보시라고 한다. (2) 애어섭(peyyavācā-saṃgaha)이란 따뜻하고 사랑스런 말로써 서로 대화하고 서로 위로하며 격려

71 엠오시 월슈 지음, 강대자행 옮김, 『영원한 올챙이』(고요한 소리, 1987), p.51.

72 조준호, 「초기불교의 사회적 실천운동」, 『실천불교의 이념과 역사』(행원, 2002), pp.13~59.

73 이혜숙, 「四攝法의 사회복지실천적 含意」, 『불교학연구』 제20호(불교학연구회, 2008), pp.391~392.

하는 것을 말한다. (3) 이행섭(atthacariyā-saṃgaha)이란 자신의 이익을 뒤로 미루고 남을 먼저 이롭게 하는 이타적인 행위를 일컫는다. (4) 동사섭(samānattatā-saṃgaha)이란 남과 더불어 고락을 함께 나누는 것을 말한다. 다시 말해서 동사란 스스로를 단체에 동화시키는 능동적인 행동을 일컫는다. 부처님은 '법에 있어서의 동사同事'(samānattatā-dhammesu)라 하여, 그 단체의 규칙이나 관습 등이 법에 위배되지 않는다면 자신을 거기에 동화시키고, 만일 법에 위배된다면 거기에서 탈퇴하거나 개혁을 위해 최선을 다해야 한다고 가르쳤다.

앞에서 언급한 사무량심은 자신의 거룩한 마음 상태를 유지하기 위한 자리적인 성향이 강한 반면, 사섭법은 중생과 함께 하겠다는 보다 적극적인 이타적 실천법이라고 할 수 있다.

넷째, 육바라밀은 보살의 대표적인 실천행이다. 바라밀은 산스크리트 파라미타(pāramitā)의 음사로, '피안(pāra)에 이른(i) 상태(ta)' 혹은 '최상(pārami)의 상태(tā)', 즉 '완성(perfection)'을 의미하는데, '도피안到彼岸'으로 번역하기도 한다. 그러나 '도달'이나 '완성'은 결코 도달할 수 없는 도달이고 완성할 수 없는 완성이다. 즉 바라밀은 무차별·공에 입각한 실천이기 때문에 특정한 도달이나 완성을 목적으로 하지 않으며, 따라서 결과에 집착하지 않고 끊임없이 닦아 가야 하는 것이 바라밀의 참뜻이다.

(1) 보시바라밀(dāna-pāramitā)이란 보시를 완전하게 성취함, 즉 보시의 완성을 말한다. 보시의 원어 다나dāna를 '단檀'으로 음역하기도 하는데, 남에게 재물이나 가르침 등의 베풂을 말한다. 『대지도론』 권11에서는 "〔문〕 무엇을 단이라 하는가? 〔답〕 단이란 보시를 말하며,

마음에 상응하는 착한 생각(선사善思)을 일러 단이라 한다. 어떤 사람은 말하기를 '착한 생각으로부터 몸과 입의 업을 일으키면 역시 단이 된다'고 하며, 또한 어떤 사람은 다음과 같이 말한다. 믿음과 복밭과 재물, 이 세 가지 일이 화합할 때 마음에서 희사할 생각이 우러나 능히 인색함을 깨뜨리면 이를 단이라 한다"[74]라고 정의하고 있다.

(2) 지계바라밀(śīla-pāramitā)이란 계율을 완전하게 지킴, 즉 지계의 완성을 말한다. 지계란 계를 받아 지킨다는 뜻이다. 전통적으로 계에는 재가신자들이 지켜야 할 오계가 있다. 오계란 산목숨을 죽이지 마라, 남의 물건을 훔치지 마라, 사음하지 마라, 거짓말을 하지 마라, 술을 마시지 마라 등이다. 그리고 특별한 때(삼장육재일三長六齋日)에는 여덟 가지 계(팔재계八齋戒)를 지켜야 한다. 지계는 신체, 재물, 공덕에 대한 배려 또는 수호이다. 보살이 이러한 배려에 나태하면 이타행은 불가능하다. 지계는 신체의 수호, 마음의 제어, 재물에 대한 배려, 공덕에 대한 배려, 신체의 정화라는 다섯 방면에서 실천되어야 한다.

(3) 인욕바라밀(kṣānti-pāramitā)이란 인욕을 완전하게 성취함, 즉 인욕의 완성을 말한다. 인욕은 자기의 마음에 거슬리는 일에 대하여 노여워하지 않고 참고 견딤을 말한다. 이를테면 모욕을 참고 노여움을 일으키지 않음, 참고 견디어 마음을 움직이지 않음, 마음을 안정시키고 성내지 않음을 뜻한다. 다시 말해서 인욕은 '참고 용서하는 것'이다.

---

74 『大智度論』 권11(大正藏 25, p.140c), "問曰: 云何名 '檀'? 答曰: 檀名布施; 心相應善思, 是名爲檀. 有人言: 從善思起身·口業·亦名爲檀. 有人言: 有信·有福田·有財物, 三事和合時, 心生捨法, 能破慳貪, 是名爲檀. 譬如慈法, 觀衆生樂而心生慈; 布施心數法, 亦復如是, 三事和合, 心生捨法, 能破慳貪."

이 세계는 고해이며, 그러한 세계에 사는 한 괴로움을 참고 견디는 수밖에 없다. 우리가 욕된 일을 당하여 참지 못하는 것은 진실로 '나'가 있다고 하는 에고의식(아상我想) 때문이며, 보살에게는 그러한 마음이 없다. 인욕은 고뇌에 대한 인내, 법을 이해하기 위한 인내, 타인으로부터 받은 해악에 대한 인내 등으로 구분하기도 한다. 그 중에서도 셋째의 인내를 특히 강조하는 것은, 여기서도 타인에 대한 배려를 무엇보다도 중시한 것이라고 할 수 있다. 모름지기 보살은 득과 실, 명예와 불명예, 칭찬과 비방, 즐거움과 괴로움이라는 여덟 가지 세속의 일에 초연해야 한다.

(4) 정진바라밀(vīrya-pāramitā)이란 완전한 정진, 즉 정진의 완성을 말한다. 정진은 힘써 수행함, 선을 행하려고 노력함이라는 뜻이다. 정진이란 나약함이 없는 부동심의 실천이며 불퇴전의 노력이다. 대승의 공관空觀은 결코 허무에 의한 나태가 아니다. 붓다는 입멸하면서 "생겨난 것은 반드시 멸하는 것이니, 게으르지 마라"는 가르침을 남기고 있는데, 선법善法을 증장시키는 데 정진은 필수 불가결한 것이기 때문이다. 그리고 중생의 정진은 본질적으로 자신의 이익을 위한 것이지만, 보살의 정진은 집착함이 없는 이타의 정신에서 비롯된 것이다. 정진은 일차적으로 바른 법을 체득하는 데 노력하는 것이다. 그러므로 모름지기 보살은 먼저 법을 묻는 데 정진해야 한다. 법을 묻는 사람에게는 지혜가 머물고, 지혜가 있는 사람에게는 번뇌가 소멸하기 때문이다.

(5) 선정바라밀(dhyāna-pāramitā)이란 완전한 선정, 즉 선정의 완성을 말한다. 선정은 범어 dhyāna 혹은 빨리어 jhāna를 음사한 선禪과 그 번역인 정定의 합성어이다. 마음을 한곳에 집중하여 산란하지 않는

상태, 마음을 고요히 가라앉히고 한곳에 집중함, 마음의 통일을 의미한다. 선정(dhyāna)의 정은 삼매(samādhi)라는 뜻으로 '산란한 마음을 가라앉히고 고요히 사색하는 것(정려靜慮)'이라고 풀이되며, 세계의 실상이 무자성無自性·공空임을 삼매로써 직관하여 그것에 대한 집착으로부터 벗어나는 수행이라고 할 수 있다.

(6) 지혜바라밀(prajñā-pāramitā)이란 분별과 집착이 끊어진 완전한 지혜를 성취함, 즉 분별과 집착을 떠난 지혜의 완성을 말한다. 지혜는 범어 prajñā 혹은 빨리어 paññā를 의역한 것이다. 지혜는 ① 모든 현상의 이치와 선악 등을 명료하게 판단하고 추리하는 마음 작용, ② 분별하지 않고 대상을 있는 그대로 직관하는 마음 작용, 미혹을 끊고 모든 현상을 있는 그대로 주시하는 마음 작용, 분별과 집착이 끊어진 마음 상태, 모든 분별이 끊어져 집착하지 않는 마음 상태, 모든 분별을 떠난 경지에서 온갖 차별을 명료하게 아는 마음 작용 등으로 풀이한다. 반야(prajñā)란 '수승한(pra) 지혜(jñā)'라는 뜻으로, 이때 지혜는 사유분별의 망상을 떠난 지혜이다. 그렇기 때문에 불가득不可得이며 무소득無所得이다. 즉 우리가 일상적으로 갖는 분별의 지혜가 밤과 낮의 구별이 있는 지구에 비유된다면, 이와 같은 무분별의 지혜는 밤낮의 밝고 어두움의 구별이 없는 태양에 비유되는 것으로, 태양의 밝음은 어두움에 의해 드러나는 상대적 밝음이 아닌 절대적 밝음이기 때문이다. 이와 같이 모든 보살은 보리심을 일으켜 육바라밀을 하나하나 닦음으로써 마침내 붓다의 경지에 이르게 되는 것이다.[75]

---

75 나중에는 육바라밀에 ⑦upāya(方便), ⑧praṇidhi(or praṇidhāna, 願), ⑨bala(力), ⑩jñāna(智)가 더해져 십바라밀(十波羅蜜, daśa-pāramitā)로 확대되었다.

대승불교는 반야의 지혜에 근거하여 자리이타自利利他의 보살행을 무한히 펼쳐 나가는 보살의 불교이다.

이상에서 살펴본 바와 같이 삼종심, 사무량심, 사섭법, 육바라밀은 자리이타적인 수행법을 널리 행함으로써 자신이 받는 모든 공덕과 선근을 타인을 위해 회향하는 것이라고 할 수 있다. 이때의 회향은 모든 집착을 떠난 공의 의미로, 자리이타의 마음과 상통하고 자리이타의 정신은 이 수행법들 속에 녹아 있다.

결국 점안에 내재된 의의는 불상점안을 통해 신앙의 대상인 불보살만이 성상으로 탄생되는 것뿐만 아니라, 동참 대중들까지 자성불에 점안하여 부처님을 등불 삼아 자성을 밝혀 '상구보리 하화중생'하겠다는 서원을 하는 동시에 실천하는 보살로 거듭 태어남을 상징한다. 다시 말해서 보리심을 발하여 보살행을 실천함으로써 반드시 성불하겠다는 것과 중생을 구제하기 위해 보살도를 실천하겠다는 것을 표명한 것이라고 할 수 있다. 이에 부처님은 동참 대중에게 반드시 성불할 것이라는 수기를 베푸는 의식이 곧 점안인 것이다.

# 제3장 불상점안의식의 전개

## 1 불상점안의식

### 1) 불상의 기원과 발전

불상 조성의 유래는 여러 경전에서 나타나는데 대표적인 경전으로 『증일아함경』을 들 수 있다. 이 경전에 의하면 석가모니부처님께서 기수급고독원에서 설법하고 계시다가 석제환인의 청으로 도리천에 올라가 마야부인을 위해 설법하였다고 한다. 그 연유로 지상에서 부처님을 뵐 수 없게 되자 우전왕과 파사익왕은 병이 들게 되었다. 그 때문에 대신들은 지혜를 내어 부처님과 닮은 불상을 조성하여 예배드릴 것을 권한다. 두 왕은 크게 기뻐하고 우전왕은 전단나무로, 파사익왕은 자마금으로 불상을 조성하였다고 한다.[76] 이것은 부처님 재세 시에

76 『增一阿含經』 卷28 聽法品 제36(大正藏 2, pp.705b-706a).

이미 불상이 조성되었음을 의미하는 것으로 대승경전에서 언급되고 있는 보편적인 불상 기원설이다.

또한 『조상경』 소수 「대장일람경조상품십오칙」에서 조상의 연유를 찾을 수 있다. 이 경전에서는 불상이 조성되는 배경부터 조상造像과 조탑造塔을 하여 얻는 여러 공덕과 불상에 대한 선종의 관점, 욕불의 공덕, 복장의식과 관련한 내용이 주를 이룬다. 특히 여러 경전에서 조상과 관련된 내용을 발췌한 것으로 『조상공덕경造像功德經』·『관불삼매경觀佛三昧經』·『화엄경華嚴經』·『죄복결의경罪福決疑經』·『우전왕경優塡王經』·『불재금관경복경佛在金棺敬福經』·『능엄경楞嚴經』·『욕상경浴像經』·『아육왕경阿育王經』·『십이인연경十二因緣經』·『비유경譬喩經』·『출요경出曜經』·『백연경百緣經』·『법원주림法苑珠林』·『서역기西域記』·『제경요집諸經要集』·『전등록傳燈錄』·『통요統要』 등의 경전 및 기록을 인용하고 있다.

15칙의 내용 중 제1칙이 조상의 시초로, 불상의 기원을 불타 재세시에 우전왕이 그를 흠모하여 불상을 조성한 것으로 되어 있다.

> 『관불삼매경』에서 말하기를, 부처님께서 도리천 위에 올라가신 지도 오래되었다. 그때 우전왕은 연모하는 마음을 이기지 못해서 황금을 주조하여 불상을 만들었다. 그리고는 부처님께서 내려오신다는 소식을 듣자, 코끼리에다 불상을 싣고 세존을 우러르기를 마치 살아 있는 부처님을 대하듯 했다. 이에 멀리서 부처님의 발이 허공을 걸으시면서 쌍연화를 딛고 대광명을 놓는 것을 보았다. 부처님께서 불상에게 말씀하셨다. "그대는 내세에 크게 불사를 지으

리라. 내가 멸도한 후에 나의 모든 제자들을 그대에게 부촉하노라. 만약 어떤 중생이 형상을 조성해 세우고 갖가지로 공양하면, 이 사람은 후세에 반드시 염불청정삼매를 얻을 것이다." 부처님께서는 아난에게 말씀하셨다. "내 말을 제자들에게 널리 알려라. 내가 멸도한 후에 부처의 형상을 조성하거나 부처의 행적을 그려서 사람들로 하여금 이것들을 보고 환희하는 마음을 내게 한다면, 능히 항하사겁의 태어나고 죽는 죄를 없앨 수 있느니라."[77]

위 내용은 『증일아함경』의 내용과 크게 다르지 않음을 알 수 있다. 그러나 일반적 의미에서 불상이 출현한 것은 오랜 무無불상 시대를 거친 다음인 서기 1세기, 즉 불멸 후 500년경 쿠샤나(Kuṣānā, 귀상貴霜) 왕조 시대이다. 논지의 전개를 위해 그 대강만 살펴보면 다음과 같다. 처음에는 부처님의 전생을 이야기한 본생담을 묘사한 본생도本生圖와 금생의 일대기를 주제로 하여 그린 불전도佛傳圖가 회화나 조각으로 만들어졌다. 이것이 인도 북서부, 지금은 파키스탄이 된 간다라 지방에서 헬레니즘의 영향을 받아 불상으로 표현되게 되었다. 또한 같은 시기에 인도 중북부 마투라 지방에서도 불상이 조성된다.

간다라와 마투라 지방에서 만든 불상을 비교하면 양식상 큰 차이를

---

77 『大藏一覽經』 卷4(嘉興藏 第21, p.495b), "觀佛三昧經云 佛昇忉利天上既久. 時, 優塡王不勝戀慕 ,鑄金爲像, 聞佛當下, 以象載之仰候世尊 ,猶如生佛. 乃遙見佛, 足步虛空,蹈雙蓮華, 放大光明. 佛語像言: 汝於來世大作佛事, 吾滅度後, 我諸弟子付囑於汝. 若有衆生造立形像, 種種供養, 是人後世必得念佛, 清淨三昧. 佛告阿難: 持我語遍告弟子, 我滅度後, 造佛形像及畫佛迹, 令人見之心生歡喜, 能滅恒河沙劫生死之罪."

보이고 있다. "간다라 지방의 불상은 그리스 신상의 양식을 따른 특성을 보이고, 이에 비해 마투라 지방의 불상은 인도의 토착 문화 속에서 인도 사람을 모델로 하였다"[78]고 한다. 그 뒤 굽타 시대에 이르러 가장 이상적인 형태의 불상 표현이 이루어진다.

중국에 불교가 전래된 것은 대체로 후한後漢 명제明帝, 영평永平 연간(58~75년)이라고 한다.[79] 다만 실크로드와 둔황을 거쳐 이란과 서역 특유의 지역성이 반영되었던 것으로 보인다. 현재 중국의 불상 유물은 대체로 5세기 후반 북위 시대까지는 서역이나 간다라 영향이 많이 나타나며, 6세기에 들어서면서부터는 중국화된 불상이 발달하였다.

우리나라의 경우, 『삼국사기』나 『삼국유사』 등에 나타난 기록을 살펴보면 "고구려 소수림왕 2년(372)에 전진왕 부견이 승려 순도順道를 통해 불경과 불상이 전해진 것"[80]으로 알려져 있다. 이것은 국가 공식적인 불교의 최초의 해라고 할 수 있다. 그러나 "소수림왕 2년(372)보다도 6년 전(366)에 이미 세상을 떠난 지도림支道林이 그 생전에 고구려 도인道人에게 글을 보냈다는 것이다. 이 내용은 동진東晋의 고승이었던 축법심竺法深을 소개한 것인데 『양고승전』과 『해동고승전』에 수록되

---

78 진홍섭, 『불상』(대원정사, 1989), pp.40~43.

79 최완수, 『한국불상의 원류를 찾아서』 제1권(대원사, 2002), pp.91~93. "이 시기는 인도에서도 불상이 막 출현하는 시기이므로 불상이 들어왔다면 초기 사실적인 표현을 한 간다라 불상이었으리라고 생각되는데 그것이 어떤 것이었는지 아직 발견된 예가 없다."

80 『三國遺事』 卷3 「興法」 第3, "小獸林王卽位二年壬申. 乃東晉咸安二年, 孝武帝卽位之年也. 前秦符堅遣使及僧順道. 送佛像經文."

어 있다."[81] 이것으로 보아 이미 372년 이전에 고구려에 불교가 전해졌음을 알 수 있다.

제작 연대가 새겨진 가장 오래된 불상으로는 539년에 고구려에서 조성된 국보 제119호 '연가칠년명延嘉七年銘 금동여래입상金銅如來立像'이다. 불꽃 무늬가 새겨진 광배의 뒷면에 47자의 명문[82]이 새겨져 있어 불상 조성 발원의 배경이 밝혀져 있다. 즉 고구려의 수도였던 평양의 동사東寺라는 절에서 539년에 천 불을 조성하였고, 이 불상은 스물아홉 번째인 인현의불因現義佛이라는 것이다. 그러나 이 불상이 발견된 곳은 신라 의령이다. 이것은 아마도 고구려 사람들이 불교 홍포를 위하여 신라에까지 불상을 전한 것으로 이해할 수 있다.

이상과 같이 불상이 조성된 시기를 간략하게나마 살펴보았다. 불상이 출현한 북서 인도에서 동시대인 쿠샨왕조 시대에 대승불교가 흥기한 점에서 불상의 출현에 대승불교와 연관성이 있다는 설이 제기되고 있는데 이는 타당하다고 생각된다.[83] 초기 불상인 「기원보시도」에서의 부처님은 비구나 일반인과 같은 크기로 표현되고 있는 반면, 「사천왕봉발도」에서는 사천왕이나 보살들이라고 생각되는 부처의 권속들보다 불상의 크기가 배로 더 커져 있다. 이것은 대승경전에서 "부처님의 몸길이가 7주"[84]라든지, "부처님의 열 뼘은 보통사람의 서른 뼘"[85]이라고

81 김영태, 『한국불교사』(경서원, 1986), p.22.

82 "延嘉七年歲在己未高麗國樂浪 東寺主敬弟子僧演師從廿卄人共 造賢劫千佛流布第卄九因現義佛比丘潁所供養."

83 타당성에 대한 내용은 제2장 1절 '점안의식의 사상적 기반'에서 이미 밝힘.

84 『方廣大莊嚴經』(大正藏 3, p.557a), "頰如師子 十四兩肩圓滿 十五身量七肘."

85 『根本說一切有部毘奈耶』(大正藏 23, p.897a), "長佛十張手 當中人三十張手有十

나타나듯, 신비적인 요소를 받아들여 부처를 신격화시킨 것임을 알 수 있다.

### 2) 불상점안의 형성 배경

불멸 후 500여 년간은 불상이 조성되지 않았다. 그것은 두 가지 측면에서 이해될 수 있다. 첫째는 교학적 측면으로, 부처님은 이미 열반에 드셨으므로 눈으로 볼 수 없으며 형태로 파악될 수 없는 존재이기 때문이다. 둘째로는 신앙적 측면에서이다. 부처님은 성스러운 존재로 보통사람들과 동일하게 표현하는 것은 있을 수 없으며, 유형有形의 상에 한정시킬 수 없는 종교적 감성이 불상을 조성하지 않는 이유라 할 수 있다. 그러므로 부처님을 상징하는 것들이 자연스럽게 예배의 대상이 되었다. 즉 부처님의 사리를 봉안한 사리탑과 깨달음을 얻었을 때 앉았던 금강좌金剛座, 보리수 아래서 깨달음을 얻었다 하여 보리수, 설법의 상징으로 법륜法輪 또는 보륜寶輪, 불족적佛足跡 등이 이에 해당된다.

특히 불멸 후 다비식을 통해 수습된 사리는 여덟 왕국으로 배분되었고 각각 사리를 봉안하기 위해 스투파가 건립되었다. 이 당시만 해도 점안이라는 의식이 별도로 필요치 않았다. 그것은 사리 자체가 부처님의 진신이기 때문이었다. 하지만 시대를 거치면서 사리를 봉안하는 것은 한계가 있었을 것이다. 또한 조금 더 가까이 부처님을 모시고 싶은 열망과 신앙심이 불상을 조성하게 된 것으로 보인다. 그러나 이렇게 조성된 불상은 조각품에 불과하므로 부처와 동일시하기 위해서

---

五肘."

는 이에 상응한 의식을 거행하였을 것이며, 이것이 발전 변화되어 점안의식이 형성된 것으로 생각된다.

점안의식의 시원은 정확하게 밝히기는 어렵다. 그러나 『증일아함경』과 『조상공덕경』, 『불설조탑공덕경』에서 불상을 조성하는 공덕을 설하고, 『불설욕상공덕경』, 『욕불공덕경』 등 많은 경전에서 욕상浴像의 공덕까지 아주 성스럽고 조심스럽게 표현하고 있다. 또한 10세기 말 인도 출신의 시호施護가 번역한 『불설일체여래안상삼매의궤경』[86]에서는 실제로 불상을 조성하여 안치하는 방법을 설하고 있다. 그리고 당나라 초기의 승려 도세道世가 편찬한 『법원주림』에 다음과 같은 점안에 관한 내용이 있다.

> 태무황제를 위하여 종남산에 용전사를 지었고, 더불어 무제에게 등신상 여섯 구를 보내 주게 하여 영원히 공양하게 하였다. 또 목태후를 위하여 홍복사를 지었고, 절이 다 된 뒤에는 황제가 몸소 가서 스스로 점안을 하였으며, 극히 많은 재물을 보시하였다.[87]

위와 같이 『법원주림』(668년)에 이미 점안이라는 기록이 나타난 것으로 보아 상당히 이른 시기에 점안의식이 성립된 것으로 보인다. 그 외 『불설일체여래안상삼매의궤경』[88]과 『대장일람집』[89] 등에서도

---

86 『佛說一切如來安像三昧儀軌經』(大正藏 53, p.933b).

87 『法苑珠林』(大正藏 53, p.1027a), "又爲太武皇帝, 於終南山造龍田寺, 并送武帝等身像六軀, 永充供養. 又爲穆太后造弘福寺, 寺成之後, 帝親幸焉, 自點佛睛極隆嚫施."

점안에 대한 내용을 확인할 수 있다.

또한 불상이 조성되기 전 사리탑 등이 예배의 대상이 되었다는 것을 감안한다면 불상을 조성하여 안치하는 과정에서 어떠한 형식과 절차를 갖추었을 것이라는 것은 충분히 짐작할 수 있다. 이런 형식과 절차들이 시간이 지남에 따라 보충 보완되어지고 사상적인 체계도 갖추어져 성스러운 의식으로 봉행되었을 것이다. 특히 점안의식은 신성한 부처로 거듭나 예경의 대상이 되도록 하는 것이기 때문에 불교의식 중 가장 먼저 성립된 것으로 추측된다. 다만 한국의 경우 현존하는 점안의식문 중 1529년(중종 24년)에 간행된 목판본 『청문請文』이 가장 빠른 연대의 것으로, 좀 더 이른 시기의 점안의식문이 발견되지 않아 아쉬움이 남는다.

## 2. 점안의 종류

현존하는 의식문에 보이는 점안의식의 종류는 「조탑점안」·「나한점안」·「시왕점안」·「천왕점안」·「가사점안」·「조전점안」·「신중점안」·「산신점안」·「불상점안」 등 총 아홉 종이 있다. 이들 점안의식은 점안의 대상에 따라서 그 의식의 내용이 달라진다. 이 가운데 가사점안과

---

88 『佛說一切如來安像三昧儀軌經』(大正藏 21, p.934c), "如是供養儀則旣已周備, 復爲佛像開眼之光明, 如點眼相似, 卽誦開眼光眞言二道."

89 『대장일람집』「淸原」第二世㦎(『高麗藏』45, p.620), "石頭頭問甚處來曰巓南頭曰巓頭一尊功德成就也未師曰成就允矣只欠點眼在頭曰莫要點眼麽師曰便請頭乃翹一足師梗禮拜頭曰汝見."

조전점안을 제외한 나머지 점안의식은 거의 같은 형식과 절차로 거행된다. 다만 그 대상이 가지는 특징에 따라 발원이 다르다. 이 중 조탑·불상점안은 상단을, 나한점안은 중단을, 시왕·천왕·신중·산신점안은 하단을, 조전점안은 영단을 대상으로 하는 점안의식이며, 가사점안은 승단을 위한 점안의식으로 각기 다른 특성을 갖고 있다.

### 1) 조탑점안造塔點眼

탑은 범어 스투파stūpa가 중국으로 전해지는 과정에서 솔탑파率塔婆 또는 솔도파率堵婆로 변하게 되었으며, 더 간략하게는 탑파塔婆로 표기하게 되었고 나중에는 탑塔이라 부르게 되었다.

탑의 기원은 부처님 재세 시에도 이미 존재하였음을 경전의 내용을 통해 알 수 있다. 『경률이상』에는 장자 수달이 조탑을 했다는 기록이 있다.

> 부처님께서 오랫동안 여러 나라를 노니시니 장자 수달은 그리움이 간절하여 부처님께 아뢰었다. "원하옵나니 약간의 물건이라도 남겨 두시어 제가 항상 공양할 수 있게 하여 주십시오." 부처님께서 머리카락과 손톱, 발톱을 주시었다. "원하옵나니 탑을 일으키게 하여 주십시오." 부처님께서 허락하시니 사위국에서 가름대와 두공(난공欒栱)을 만들어 채색하고 장엄하였다.[90]

---

90 『經律異相』 제6권(大正藏 53, p.27c), "佛久遊諸國 長者須達思戀渴仰 白佛言 願留少物常得供養 佛與髮爪 願聽起塔 佛乃許之 於舍衛國造作欒栱 彩畫莊嚴(出十誦律善誦第一卷)."

이상에서 보았듯이 부처님 재세 시에 이미 탑이 존재하였음을 알 수 있으며, 불멸 후 사리가 분배되어 탑을 세우게 된 것도 경전에서 찾아볼 수 있다. 대표적인 경전으로는 『보살종도솔천강신모태설광보경』「기탑품」으로 그 내용을 살펴보면 다음과 같다.

> 곧 세 몫으로 나누어 한 몫은 하늘의 신들에게 주었고, 다른 한 몫은 용왕에게 주었고, 또 다른 한 몫은 여덟 왕에게 주되 금독(금옹金瓮)으로 한 섬쯤을 받아가게 했다. 이 대신이 비밀리에 꿀을 독 속에 바르고 그 독으로써 사리를 나누었다. 모든 하늘 사람들은 사리를 얻어 천상으로 돌아가 칠보탑과 투파를 쌓았고, 용들도 사리를 얻어 용궁으로 돌아가 칠보탑과 투파를 쌓았으며, 여덟 왕들도 사리를 얻어 각기 본국으로 돌아가 또한 칠보탑과 투파를 쌓았다.[91]

그러나 현실적으로 불교에서 탑이 조성된 것은 불멸 후 부처님의 사리를 봉안한 것으로, 여덟 나라에 각기 하나씩 탑을 건립하고 그 안에 부처님의 사리를 봉안하였다. 이것이 불탑의 기원이며, 이때부터 사리신앙이 시작된 것으로 보인다. 따라서 불탑의 성격은 처음에는 불신을 모신 무덤이었으나 점차 불교의 홍포를 위한 기념물로 바뀌어

---

91 『菩薩從兜術天降神母胎說廣普經』「起塔品」(大正藏 12, p.1058a), "卽分爲三分, 一分與諸天 一分與龍王, 一分與八王, 金瓮受一石餘. 此臣密以蜜塗瓮裏, 以瓮量卽分舍利, 諸天得舍利還於天上, 卽起七寶塔偸婆, 龍得舍利還於龍宮, 亦起七寶塔偸婆, 八王得舍利各還本國亦起七寶塔偸婆."

갔고, 이후 거대한 탑을 조성하면서 탑을 중심으로 예배하는 숭배신앙이 널리 퍼지게 되었다고 할 수 있다.

이상에서 살펴본 바와 같이 불탑의 건립은 불상의 조성보다 앞서 있었음을 알 수 있다. 또한 불탑조성의 공덕과 예배에 관한 자료나 공양에 관계된 경전[92]들과 조탑법과 관련된 다라니로 탑을 세우고 다라니를 염송하는 공덕을 기록한 경전,[93] 그 밖의 불탑숭배에 관한 경전들은 많이 남아 있다. 이것은 불탑신앙이 그만큼 강했음을 나타내는 것으로 볼 수 있다. 하지만 아쉽게도 이른 시기의 불탑점안문은 아직까지는 발견되지 않았고 기록 또한 많지 않다.

현재 탑점안의식문으로는 1529년(중종 24년)에 간행된 목판본인 『청문』 소수 「탑점안」과, 1694년(숙종 20년)에 개간한 『제반문』 소수 「탑점안문」,[94] 『요집』 소수 「탑점안문」,[95] 『석문의범』 소수 「조탑점

---

92 『佛說一切如來安像三昧儀軌經』, 『佛說造塔功德經』, 『佛說作佛形像經』, 『右繞佛塔功德經』, 『阿含經』, 『涅槃經』 등.

93 『無垢淨光大陁羅尼經』, 『一切如來心祕密全身舍利寶篋印陁羅尼經』, 『百千印陀羅尼經』 등.

홍대한, 「신라와 고려시대 造塔 경전의 역할과 기능」, 『사학지』 제42집(단국대학교사학회, 2010), p.101, "8세기 초엽 『無垢淨光大陀羅尼經』의 전래와 함께 새로운 전환점을 맞이하였다. '무구정탑'이라는 명칭의 사용과 함께 불탑의 형식, 내재적 의미, 예경법 등에서 큰 변화를 가져왔다. …… 『무구정광대다라니경』의 영향이 잔존하는 상황에서 唐 代宗 12년(772) 한역된 『보협인다라니경』이 간행되면서 불탑 건립에 있어 보협인탑의 영향을 직접적으로 수용한 대평리사지 보협인탑, 『보협인다라니경』을 탑에 봉안한 월정사 팔각구층석탑 등 이전과 다른 조탑 사례가 확인된다."

94 박세민, 『한국불교의식자료총서』 제2집(삼성암, 1993), p.667.(차후 본 의식집은

안』[96]에서 찾아볼 수 있다.

본 의식문들은 모두 '유치'만을 기록하고 있다. 다만 '유치'의 서두와 말미에 주註를 달아 불상점안의식과 동일하게 진행됨을 설명하고 있다. 그러므로 탑점안의식은 불상점안의식의 거행 방법과 절차는 동일하며, 앞서 언급하였듯이 '유치'의 내용만 달리한다.

각 의식문에 나타난 주註의 내용을 정리하면 다음과 같다.

| 의식문 | 내용 |
|---|---|
| 『청문』 | 開啓如上 - 유치 - 請詞點眼文請 其後 次第以用 |
| 『제반문』 | 開啓諸眞言如上 - 유치 - 請詞諸餘作法皆如上云 |
| 『요집』 | 開啓諸眞言如上 - 유치 - 請詞及諸餘作法皆佛像點眼同 |
| 『석문의범』 | 諸儀式同前 - 유치 - 請詞諸眞言勸供 一依上壇例 |

〈표 2〉 각종 의식집의 의식문 내용 비교[97]

### 2) 나한점안羅漢點眼

나한은 깨달음을 얻은 아라한에서 비롯한 명칭이다. 이는 "부처님께 무상정법의 진리를 부촉 받아 불법의 멸함을 막고 호지하여 모든 중생들의 복전이 될 임무를 부여받은 불제자를 의미한다."[98] 초기불교에서 아라한이란 불교 수행자들이 지향하는 최고의 단계인 아라한과를 증득

---

약하여 『한불의서』로 표기)

95 『한불의서』 제4집, p.561. 연대미상.

96 안진호, 『釋門儀範』 下卷(법륜사, 1931), p.111.

97 차후 본문에서 설명한 내용을 표로 정리할 경우 특별한 경우를 제외하고는 표 목차를 달지 않도록 하겠다.

98 『大阿羅漢難提蜜多羅所說法住記』(大正藏 49, p.13a).

한 자들을 지칭하는 것으로 응공應供, 무학無學, 불생不生이라고도 의역되었다.

나한이 본격적으로 신앙화되기 시작한 것은 "당나라 현장이 『대아라한난제밀다라소설법주기』(654년)를 번역한 이후이다. 나한신앙이 당말 오대五代부터 성립되기 시작했음은 당시 나한전의 건립 상황과 작품의 제작 사례를 통해서도 잘 알 수 있다."[99] 『대아라한난제밀다라소설법주기』의 기록을 살펴보면 다음과 같다.

> 부처님께서 열반에 드실 즈음 16아라한과 더불어 그들 권속들에게 무상정법의 진리를 부촉하셨는데, 그들 아라한들은 불법의 멸함을 막고 호지하여 모든 중생들의 복전이 되어 줄 것이다.[100]

위 경전의 내용을 근간으로 16나한의 신앙이 일어나고 이어서 18나한과 500나한, 1,250나한까지 발전되게 된다.

이와 같이 중국의 당송唐宋 시대에 유행했던 나한신앙은 우리나라에는 삼국 후기부터 소개되어 고려시대에 성행하였다. 특히 고려시대는 국가적인 행사로 나한재가 많이 거행되었으며, 조선시대에 이르러 나한은 '복전福田'의 의미로 널리 신앙되었다. 더욱이 나한의 모습은 규정된 것이 없기 때문에 불보살 상과는 달리 일정한 틀에 얽매이지 않고 자유스럽고 다양하게 표현하여 조성한 것이 특징이다. 이처럼

---

99 신광희, 『한국의 나한도 연구』, 박사학위논문(동국대학교, 2010), p.44.

100 『大阿羅漢難提蜜多羅所說法住記』(大正藏 49, p.13a), "佛薄伽梵般涅槃時, 以無上法付囑十六大阿羅漢幷眷屬等, 令其護持使不滅沒, 及敕其身與諸施主作眞福田."

나한상은 우리 민족의 소박한 심성을 닮은 모습과 익살스런 얼굴 표정들로 조성되었기 때문에 대중들이 접하기에 부담감이 없었을 것이며, 더욱 친숙한 존재로 여겨져 나한신앙이 성행하였던 것으로 여겨진다. 『삼국유사』에 나타난 나한에 대한 기록을 살펴보면 다음과 같다.

> 당나라 대중 5년 신미, 당나라에 사신으로 갔던 원홍이 부처님 어금니(지금은 있는 곳을 알 수 없으나 신라 문성왕 때이다)와 후당 동광 원년 계미, (곧) 본조 태조 즉위 6년 양나라에 사신으로 갔던 윤질이 가져온 오백나한상은 지금 북숭산 신광사에 있다. 송나라 선화 원년 기묘(예종 15년), 조공을 바치려고 갔던 사신 정극영, 이지미 등이 가지고 온 부처님의 치아는 지금 내전에 모셔 두고 있는 그것이다.[101]

또한 『고려사』에서는 총 29번의 나한재가 거행되었다는 기록이 남아 있으며,[102] 『조선왕조신록』에서도 총 2번의 나한재가 거행되었다는 기록이 보인다.[103] 이것으로 보아 우리나라에서 나한재는 고려시대

---

101 『三國遺事』 卷3, "唐大中五年辛未入朝使 元弘 所將佛牙(今未詳所在新羅文聖王代) 後唐同光元年癸未本朝大 祖卽位六年入朝使 尹質 所將五百羅漢像 今在 北崇山 神光寺大宋宣和元年己夘(睿廟十五年) 入貢使 鄭克永 李之美 等所將佛牙今內殿置奉者是也."

102 『高麗史』 卷七 世家 卷第七, "文宗 5年(1051년), 壬午 幸普濟寺, 設五百羅漢齋."
卷十一 世家 卷第十一, "肅宗 4年(1099년), 4월 18일(음) 庚寅 幸普濟寺. 設五百羅漢齋."
卷十四 世家 卷第十四, "睿宗 16年(1121년), 6월8일(음) 庚子 命百官設羅漢齋, 禱雨" 등등.

때 크게 성행하였음을 알 수 있다.

현재 남아 있는 나한점안의식문은 1529년에 간행된 『청문』을 비롯해서 『권공제반문』(1574년),[104] 『제반문』(1694년),[105] 『제반문』(1719년),[106] 『작법귀감』, 『요집』, 『석문의범』에서 찾을 수 있다.

나한점안 역시 불상점안의식의 절차와 동일하게 진행된다. '유치'의 내용은 불상점안과 다르며, 각 의식문들의 차이는 특별할 것이 없다. 다만 점필법에서 차이를 보이고 있어 살펴보면 다음과 같다.

| 의식집 | 육통六通의 내용 |
|---|---|
| 『청문』(1529) | (三明者 生死智明 宿命智明 漏盡智明是也)<br>過去已說明成就相 過去已說明淸淨相<br>現在今說明成就相 現在今說明淸淨相<br>未來當說明成就相 未來當說明淸淨相<br>天眼通·天耳通·他心通·宿命通·應供通 |
| 『제반문』(1719) | 天眼通·天耳通·他心通·神境通·宿命通 |
| 『권공제반문』<br>『제반문』(1694)<br>『작법귀감』[107]<br>『석문의범』 | 天眼通·天耳通·他心通·神境通·宿命通·漏盡通 |

103 『朝鮮王朝實錄』 太宗 3卷, "2年(1402 壬午/明 建文 4年) 1月 16日(己亥) 상왕이 華藏寺로 행차하였으니, 나한재를 베풀기 위함이었다. 환궁하여서 기르던 매(鷹)를 놓아 주었다.(上王幸華藏寺, 設羅漢齋也. 還宮, 放所畜之鷹.)"
世宗 16卷, "4年(1422 壬寅/명 永樂 20年) 5月 6日(壬戌) 판돈녕부사 권홍을 진관사에 보내어 수륙재를 지내게 하고, 호조판서 신호를 길상사에 보내어 나한재를 지내게 하였다.(壬戌/遣判敦寧府使權弘于津寬寺, 設水陸齋, 戶曹判書申浩于吉祥寺, 設羅漢齋)"

104 『한불의서』 제1집, p.697.

105 『한불의서』 제2집, p.536.

106 『한불의서』 제2집, p.666.

| 『요집』 | 天眼通·天耳通·他心通·神境通·宿命通<br>('나한육통'으로 표기되어 있으나 실제 내용은 오통만을 기록하고 있음) |
|---|---|

이상에서와 같이 대부분 '오통'이 아닌 '육통'의 점필을 말하고 있다. 그 중 『청문』(1529)의 내용을 살펴보면, '삼명자三明者, 생사지명生死智明, 숙명지명宿命智明, 누진지명시야漏盡智明是也'라고 하여 "아라한과를 증득"[108]해야 얻을 수 있는 삼명三明에 생사지명(천안통)·숙명지명(숙명통)·누진지명(누진통)을 설명하고 있으며, '과거이설명過去已說明·현재금설명現在今說明·미래당설명未來當說明'의 내용도 포함되어 있다. 또한 '신경통神境通'이 아닌 '응공통應供通'이 색다르다고 할 수 있다. '응공'이라는 단어 자체가 나한을 뜻하는데, 어떤 의미의 '응공통'인지 연구가 필요한 대목이라 생각된다. 이 외에도 『나암잡저』[109]의 내용 중 "오백나한 탱화를 그리고 『화엄경』을 사경한 후 점안하는 법회의 소"[110]에서도 '육신통구六神通具'로 기록되어 있으며, 『조상경』에서는 나한의 점필법을 '육통삼명六通三明'으로 기록하고 있다.

---

107 『작법귀감』은 2종으로 의식집 뒤에 연도를 표시하지 않는 것은 1827년에 간행된 유점사본이며, 규장각 소장의 『작법귀감』은 연도를 붙여 '『작법귀감』(1929)'로 구분하여 표기하였다.

108 『根本說一切有部毘奈耶』(大正藏 23, p.817c), "證阿羅漢, 三明六通具八解脫."

109 『懶庵雜著』는 조선 중기의 승려 보우普雨의 시문집으로, 1573년(선조 6)에 간행되었다.

110 『한국불교전서』 제7집, p.589. "畫成五百應眞幀及寫華嚴經點眼法會疏."

### 3) 시왕점안十王點眼

시왕은 본래 인도 고대신화에서 사후세계의 지배자인 야마夜摩Yāma왕이 불교에 수용되어 지옥을 다스리게 된 염마왕을 말한다. 염마閻魔(yamarāja)는 저승세계의 왕(rāja)으로 흔히 염라대왕이라 하며 죽은 뒤의 저승세계를 지배한다. 본래는 인도 베다시대의 야마Yama신으로 태양(Vivasvat)의 아들로 있으며 염마후閻魔后(Yami)와 형제자매이다. 염마가 불교에 습합되면서 두 가지로 발달하게 되었는데, 상계上界의 광명세계, 곧 수야마천과 하계下界의 암흑세계인 지옥을 다스리는 염마왕이 되었다. 이것이 중국 도교의 영향을 받아 열 가지 지옥과 그곳의 왕을 설하는 십대왕, 즉 시왕十王사상으로 발전하면서 오히려 그 중의 한 존격으로 변모하였다.

특히 당나라 때 장천藏川에 의해 『불설예수시왕생칠경』[111]이 찬술되면서 원래 현세이익을 위한 지장신앙이었던 것이 지장보살과 시왕은 한 몸이라 하여 내세 구원적인 신앙이 첨가되었다. 또한 시왕 본래의 모습인 명부심판관의 성격이 부각됨에 따라 독립된 신앙으로서 명부전에 지장보살과 함께 모셔지게 되었다.

시왕신앙은 사후 중음中陰 기간 중에 망자가 시왕에게 재판을 받는데 있다. 이것은 일주일 단위로 일곱 번과 백일, 소상, 대상재를 포함하여 열 번의 과정을 말한다. 이와 같은 시왕신앙은 모든 중생이 악을 그치고 선을 행하도록 하는 중생교화의 상징적 신앙으로 볼 수 있다.

그리고 시왕신앙은 지장신앙과 결부되어 있다. 그것은 시왕의 심판

---

111 『佛說豫修十王生七經』(卍續藏 1, p.408a).

결과로 지옥에 떨어진 중생들을 구제하려는 자비화신인 지장보살이 항상 함께 하고 있기 때문이다. 따라서 공포와 두려움의 세계인 명부시왕전冥府十王殿에 지장보살을 봉안하여 자비와 구원의 도량으로 전환한 것이라고 할 수 있다.

시왕에 관계된 의식으로는 『석문의범』의 「각배재」에서 '시왕소十王疏'와 '청사請詞'에서 십대왕과 판관判官 및 제위諸位 등에 대한 내용이 잘 나타나 있다. 또한 『조상경』에서도 '천왕시왕오통오력'의 점필 방법이 설해져 있으며, 『작법귀감』에서는 십대왕에게 공양을 올리는 간략한 예문인 「약례왕공문略禮王供文」과 시왕을 각기 초청하는 의식인 「시왕각청十王各請」이 기술되어 있다. 또한 「예수재」에서는 시왕의 내용이 자세히 나타나며, 『동문선소재려대승려시문』에서도 '시왕소'[112]가 기술되어 있다.

시왕점안의식문은 『권공제반문』,[113] 『제반문』(1694),[114] 『작법귀감』,[115] 『제반문』(1719),[116] 『요집』,[117] 『석문의범』[118] 등에 기술되어 있

---

112 『東文選所載麗代僧侶詩文』(『한국불교전서』 제6집), p.894, "大聖現無邊之身, 遍應塵沙之刹, 列王察所修之業, 平分水鏡之形, 盍締勝緣, 以爲良導弟子, 皇天不祐, 慈母忽亡盡然永慕之懷. 沱若交垂之淚, 生前奉事之未盡禮, 足爲悔焉, 沒後追修之不及時, 偏所恨也. 此豈孝誠之不至, 有如聖心之悉知故, 延百日之期, 今設八齋之供, 事雖闕於四事供養. 念奚遲於一念感通, 伏願云云, 蒙一聖十王之慈悲, 滅千生萬劫之罪障, 娑婆火宅, 廻謝群兒之被燒, 安養金臺親承諸聖之接引, 凡受幽途之苦, 皆蒙朗日之光."

113 『한불의서』 제1집, 「十王點眼文」, p.695.

114 『한불의서』 제2집, 「十王點眼文」, p.534.

115 『한불의서』 제3집, 「十王點眼」, p.422.

116 『한불의서』 제2집, p.66.

다. 그 절차를 살펴보면 불상점안의식의 절차와 같으나, '삼신청'과 '오부청'은 하지 않는다. 본 의식문에서 주의해야 할 점은 '신창불'과 점필법이다. 시왕은 대부분 명부전에 지장보살과 좌우 보처를 모신 후 모시게 됨으로 불보살의 팔안점필도 하고, 시왕에게는 오통오력의 점필을 하여야 한다. 의식문 내용 중 '나무 중수보 유명교주지장보살 도명재수 양대보살마하살南無 重修補 幽明教主地藏菩薩 道明財首 兩大菩薩摩訶薩' 이후에 기록된 각주의 내용을 살펴보면 다음과 같다.

| 의식집 | 각주 내용 |
|---|---|
| 『작법귀감』 | 呼 五眼十眼千眼無盡眼同前 |
| 『권공제반문』, 『제반문』(1694), 『제반문』(1719) | 呼 五眼十眼無盡眼各具三相 |
| 『요집』 | 八眼同前 |

위 내용에서 알 수 있듯이 『작법귀감』과 『요집』을 제외한 나머지 의식문에는 '천안千眼'이 누락된 것으로 보이며, 시왕의 점필은 이상의 모든 의식문에서 오통오력으로 기록하고 있다.

#### 4) 천왕점안天王點眼

우리나라 사찰에는 경내로 들어서는 입구에 천왕문이 있다. 여기에 사천왕 상을 봉안하는 의식을 천왕점안의식이라 한다. 사천왕은 원래 고대 인도에서 숭상했던 신들이었으나 불교에 귀의하여 부처님을 옹호하고 불법을 지키는 수호신이 되었다. 그들은 수미산 중턱에서 그들

117 『한불의서』 제4집, 「十王點眼文」, p.561.

118 『釋門儀範』 下卷, p.109.

각각의 권속들과 함께 동서남북의 네 방위를 지키며 불법을 수호하고 사부대중의 보호를 맡고 있다.

사천왕은 동쪽을 수호하는 지국천왕과 서쪽을 방어하는 광목천왕, 남쪽을 지키는 증장천왕과 북쪽을 지키는 다문천왕을 말하며, 각기 서원에 따라 영역을 달리한다. 대부분 사천왕은 천왕문에 봉안되어 있지만, 불보살의 후불탱화에도 나타난다.

여기서 사천왕과 관련이 있는 경전으로는 『불설사천왕경』[119]이 있다. 이 경전은 5세기 중엽 중국의 학승 지엄과 보은이 공역하였다. 이 경에는 매월 사천왕과 그 권속들이 천하를 두루 돌아다니면서 세간의 선악을 수시로 살펴 그 결과를 제석천왕에게 보고하고, 착한 일에는 선과가 있고 악한 일에는 악과가 있다고 설하고 있다.

천왕점안문은 『권공제반문』,[120] 『제반문』(1694년),[121] 『제반문』(1719년),[122] 『요집』,[123] 『석문의범』[124]에 기록되어 있으며, 의식 절차는 시왕점안의 절차와 동일하다. 또한 『조상경』에서는 '천왕시왕오통오력天王十王五通五力'의 점필법이 설해져 있으며, 천왕점안과 관계된 내용은 『서원덕방화상어록』[125]에도 보인다.

---

119 『佛說四天王經』(大正藏 12, p.118a).

120 『한불의서』 제1집, 「天王點眼文」, p.697.

121 『한불의서』 제2집, 「天王點眼文」, p.535.

122 『한불의서』, 「天王點眼文」, p.669.

123 『한불의서』 제4집, 「天王點眼文」, p.562.

124 『釋門儀範』 下, p.110.

125 『西源德芳和尙語錄』(大正藏 81, p.491c), "觀世音菩薩地藏菩薩多聞天王點眼安座, 拈筆云."

### 5) 가사점안袈裟點眼

가사는 구도求道와 전법傳法을 목적으로 수행자가 착용하는 것으로, 이는 단순히 의복의 개념이 아닌 법의法衣의 개념이다. 그러므로 가사를 수한다는 것은 승가의 일원임을 나타낸다. 또한 가사는 해탈을 목표로 하는 수행자가 입는 것으로 '해탈복解脫服'이라고 하며, 세상의 복전이 되어 공덕을 생성하는 옷이라는 의미로 '복전의福田衣'라고도 한다. 『작법귀감』 소수 「사미십계」에 수록된 내용을 살펴보면 다음과 같다.

> 해탈이라 함은 일체번뇌에서 모두 벗어나기 때문이고, 복전이라 함은 일체복덕이 모두 저절로 생겨나기 때문이다. 사람 사람의 성품 가운데 일체번뇌는 본래 스스로 공적한 것이며, 항하사의 복덕은 본래 구족한데 죄에 덮인 까닭에 번뇌가 치성하여 가난하고 궁색하게 되어 걸식하는 아이가 되었다. 그런데 지금 가사를 입은즉 죄를 짓지 않기 때문에 번뇌는 저절로 해탈되고 복덕은 저절로 나타나는 것이다. 이런 까닭에 '태어나는 세상마다 항상 입게 되어지이다'고 하였다. 그러므로 여래께서 입으시는 최상의 옷이라 하고, 또는 보살께서 입으시는 위대한 옷이라 한다.[126]

---

126 『作法龜鑑』 卷上, 「沙彌十戒」 협주(『한불의서』 제3집), p.408上, "解脫者, 一切煩惱,皆解脫故, 福田者, 一切福德皆自生故也. 盖人人性中, 一切煩惱, 本自空寂, 恒沙福德, 本自具足, 而爲罪所蔽故, 煩惱熾然, 作貧窮乞兒. 今着袈裟則, 不作罪故, 煩惱自解脫, 福德自現出也. 是故, 當世世常被也. 故云如來上服, 菩薩大衣."

이상의 내용에서 살펴보았듯이 가사가 왜 '해탈복'이며 '복전의'인지 잘 알 수 있다. 그러므로 진정한 법복이 되기 위해서는 점안의 중요성을 강조하지 않을 수 없으며, 점안의 필요성을 간과해서는 안 될 것이다.

가사와 관계된 내용으로는 『시사중피가사인연』 소수 「수보살계법」[127]과 『불설가사공덕경』에서 찾아볼 수 있다. 또한 점안문은 『작법귀감』,[128] 『석문의범』,[129] 『요집』[130]에서 찾아볼 수 있다. 본 의식문들을 비교하여 살펴보면 다음과 같다.

첫째, 『작법귀감』은 「가사이운」 후 점안작법을 거행해야 한다는 것을 명시하고 있으며, 『석문의범』에서는 점안의식문 다음에 「가사이운」이 기록되어 있어 차이를 보인다. 그러나 현행 점안의식 절차는 『작법귀감』과 같이 가사이운 후에 점안의식을 거행한다.[131]

둘째, 처음 시작하는 부분에서 『작법귀감』과 『요집』은 '유치'로 기록되어 있으나, 『석문의범』은 '거불'과 '보소청진언' 후에 '유치'를 기록하고 있다. 다만 『요집』은 '유치' 전에 주註를 달아 '대종·전종·명발' 등의 의식 진행에 관한 내용을 담고 있다.

셋째, 상단의 증명청에 관한 것으로 『석문의범』과 『요집』은 여덟

---

127 『示四衆被袈裟因緣』「受菩薩戒法」16장(『한불의서』 제1집), p.220下, "夫袈裟者, 名解脫幢, 十方諸佛依之而得道果. 四衆非人持之而濩安隱, 顯示淸閑, 破除熱惱, 若匪離塵之上服, 安能拯濟於迷途, 功不唐捐 讚不可盡."

128 『한불의서』 제3집, p.435.

129 『釋門儀範』下, p.111.

130 『한불의서』 제4집, p.563.

131 송암 스님의 범음대학 점안의식 강의(1996. 5. 31) 내용에서도 이와 같이 설명하고 있다.

개의 증명청으로 분리하였으나, 『작법귀감』은 하나의 증명청 안에 여덟 개의 내용을 모두 담고 있다.

넷째, 의식 말미에 『작법귀감』과 『석문의범』은 '정대게頂戴偈' 다음 '수가사受袈裟'로 되어 있으나, 『요집』은 이 두 의식 사이에 '표백表白'이 기록되어 있다 또한 의식 말미에 '삼영송三纓頌'이 기록되어 있다. '삼영송'을 살펴보면 다음과 같다.

> 아래 끈을 묶을 때에 중생들은 발원하소. 걱정거리 몸을 벗고 진리법신 이루기를. 중간 끈을 묶을 때에 중생들은 발원하소. 무생법인 증득하여 세존 따라 수행하길. 위쪽 끈을 묶을 때에 중생들은 발원하소. 법운지를 증득하여 물러나지 않게 되길. 가사를 수할 때에 중생들은 발원하소. 무명번뇌 없어지고 부처님 법 갖추옵길.
> 가사를 벗으며 하는 게송. 무량한 죄는 멸해지고 무량한 복은 증득하여 생사고를 벗어나서 열반락을 증득하네.
> 옴자 승가리 사바하 칠 편[132]

위의 내용은 『승가일용식시묵언작법』(1882년 해인사 간행, 목판본)[133]에서 그 내용을 찾아볼 수 있다. 그러므로 『요집』에서는 다른 의식문에 비해 내용이 보완되어 있음을 알 수 있다.

---

132 『한불의서』 제4집, p.566, "下纓結時, 當願衆生, 離怖畏身, 果法身體. 中纓結時, 當願衆生, 得無生忍, 常續佛學. 上纓結時, 當願衆生, 得法雲地, 永不退轉. 着袈裟衣, 當願衆生, 心無所染, 具大仙道. 脫袈裟頌, 滅無量罪, 得無量福, 離生死苦, 得涅槃樂. 옴자 승가리 사바하 七片."

133 『僧家日用食時默言作法』(『한불의서』 제3집), p.547.

### 6) 조전점안造錢點眼

조전점안이란 명부세계에서 사용되는 금은전金銀錢을 점안하는 것을 말한다. 즉 종이로 만든 돈(錢)을 명부세계에서도 통용될 수 있도록 하는 의식[134]으로, "먼저 금전·은전 등을 도량 한 편에 마련하고 향탕수를 준비하여 점안한다."[135]

설판재자의 목적에 따라 조전이 사용되는 대상은 달라진다. 즉 「예수재」를 봉행할 때는 반드시 조전을 점안하는데, 이때는 수생전壽生錢[136]의 개념이다. 또한 「영산재」를 비롯해 기타 큰 재를 베풀 때 영가를 청하여 천도재를 베푸는 경우에도 사용된다. 이때의 조전은 선망부모 내지는 천도재의 당령堂靈의 왕생극락을 발원하는 목적으로 사용된다.

본 의식은 『예수시왕생칠재의찬요』 소수 「조전법」,[137] 『영산대회작법 절차』 소수 「금은전규식」,[138] 『석문의범』 소수 「조전법」[139]에 기록되

---

134 노명열, 「현행 생전예수재와 조선시대 생전예수재 비교 고찰: 의식 절차와 음악을 중심으로」, 박사학위논문(중앙대학교, 2010), p.192.

135 법현, 『한국의 불교음악』(운주사, 2005), p.103.

136 심상현, 『영산재』(국립문화재연구소, 2003), p.186 각주 인용, "남염부제의 중생들은 십이상속十二相屬이라 하여 이 세상에 태어날 때 그해의 간지干支에 따른 중생을 책임진 명부의 관리로부터 이 세상에 살아가는 데 필요한 만큼 빌린 돈을 말하는 것이라 한다. 즉 우리의 삶 자체가 빚이라는 말이며, 「예수재」는 그 빚을 이승에서 미리 갚으려는 목적으로 거행하는 의식이다."

137 『預修十王生七齋儀 纂要』(『한불의서』 제2집), p.91. 본서는 1576년 대혜大惠가 저술하고 안동 광흥사廣興寺에서 간행한 목판본으로 조전법은 부록에 수록되어 있다.

138 『預修十王生七齋儀 纂要』(『한불의서』 제2집), p.148.

139 『釋門儀範』 上, p.234.

어 있다. 절차를 살펴보면, 『석문의범』의 경우 '조전진언'으로 시작하여 '개전진언'으로 기록되어 있으나, 현행 의식 방법은 '조전진언'에 앞서 의식용 「천수경」 '정구업진언'으로부터 '참회진언'까지 독송한 후 '조전진언'을 거행한다. 이에 비해 『영산대회작법 절차』에서는 '조전진언' 전 '향화등촉정엄도량개계여상香花燈燭淨嚴道場開啓如常'이라는 주의 내용에서도 알 수 있듯이 불상점안과 같이 '할향'에서 '개계'까지 거행한다는 것을 말하고 있다. 또한 '각진언백팔편各眞言百八遍'이라 하여 모든 진언은 108편씩 거행해야 하며, 조전점안 시 시수하게 될 물을 월月에 맞는 방위에서 길어올 수 있도록 '월덕방수지법月德方水之法'[140] 도 기록하고 있다.

### 7) 신중점안神衆點眼

신중을 점안하는 의식은 유일하게 『작법귀감』[141]에 수록되어 있다. 내용을 살펴보면, 서두에 '옹호게지소청진언일여상문擁護偈至召請眞言一如上文'이란 주를 시작으로 '유치'부터 기록되고 있으며, 의식절차의 내용은 불상점안의식과 같은 절차로 진행되고 있다. 현행 거행되고 있는 신중점안은 보통 불상점안의식문으로 거행되어 왔었기 때문에 점안의 연유와 목적을 담고 있는 '유치'의 내용이 점안의 주인공과 일치하지 않았다. 하지만 본 의식문을 활용한다면 신중점안을 조금 더 여법하게 거행할 수 있을 것으로 보기에 본 의식문이 갖는 의미는

140 『한불의서』 제2집, p.148. "正月五月九月巳午間丙水汲一升, 二月六月十月寅卯間甲水一升, 四月八月臘月申酉間方水一升, 三月七月十一月亥子間壬水一升."

141 『한불의서』 제3집, p.424.

특별하다고 할 수 있다.

신중점안의식에서 주의해야 할 것은 점필에 관한 것이다. 이 의식문에서의 점필 방법은 '오통'과 '오력'만을 점필하도록 기록하고 있다. 물론 신중만을 점안할 경우에는 타당하겠지만 대부분 신중은 탱화로 그려 모시기 때문에 이때는 조금 달리해야 한다고 본다. 탱화에는 신중과 함께 동진보안보살을 위시하여 4보살을 함께 그려 모시기 때문에 불보살 점필법인 '팔안'도 함께 점필한다. 다만 신중만을 점안할 때는 부처만이 지닐 수 있는 32상 80종호에 관계된 진언, 즉 '삼십이상진언'과 '팔십종호진언'은 거행하지 않는다.

또한 의식 말미에 '보례중위普禮中位'가 기록되어 있다. 그 내용을 살펴보면 다음과 같다.

일심정례 시방예적명왕중一心頂禮 十方穢跡明王衆
일심정례 상방범석제천중一心頂禮 上方梵釋諸天衆
일심정례 하방호법선신중一心頂禮 下方護法善神衆[142]

위의 내용은 불상점안의식의 '보례진언'과 같은 의미와 역할이며, 신중에게 예를 갖추는 것을 나타낸 것이다.

### 8) 산신점안山神點眼

산신은 104위 신중 가운데 한 분이다. 그러므로 포괄적으로 신중점안을

---

142 위의 책, p.425.

하여도 무방하지만 산신의 점안만을 위한 의식이 『요집』[143]에 수록되어 있다. 『요집』의 내용을 살펴보면 다음과 같다.

의식의 절차는 신중점안과 같으며, '유치'의 내용이 점안의 주인공인 산왕을 중심으로 하고 있다. 또한 불상점안 시의 관욕 '여불강생지시如佛降生之時, 구룡토수九龍吐水, 목욕금신沐浴金身, 일체제불一切諸佛, 제대보살諸大菩薩, 역부여시亦復如是, 아금근이我今謹以, 청정향수淸淨香水, 관욕금신灌浴金身'의 내용이 '여불강생지시如佛降生之時, 구룡토수九龍吐水, 목욕금신沐浴金身, 산왕대신山王大神, 역부여시亦復如是, 아금근이我今謹以, 청정향수淸淨香水, 관목산왕대신灌沐山王大神'[144]으로 되어 있다. 그리고 '목욕게'의 내용은 '아금이차향탕수我今以此香湯水 관욕산왕대신중灌浴山王大神衆 신심세척영청정身心洗滌令淸淨 증입진공상락향證入眞空常樂鄕'[145]으로 제2구의 주인공인 '산왕대신중山王大神衆'을 제외하고는 영가의 관욕 시 목욕게의 내용을 담고 있다. 그러면서도 진언 자체는 '나모 사만다 못다남 옴 아아나 사마사마 사바하'로 불상점안의 진언과 일치한다. 또한 점필은 오통오력을 하고, 의식 말미에 '보례'의 내용이 '아금일신중我今一身中, 즉현무진신卽現無盡身, 변재산왕전遍在山王前, 일일무수례一一無數禮, 옴 바아라 믹'으로 되어 있다.

현행 산신점안의식은 보통 불상점안의식문을 사용하였으나, 본 의식문을 활용한다면 산신점안을 조금 더 여법하게 거행할 수 있을 것으로

143 『한불의서』 제4집, p.562.

144 위의 책, p.563.

145 위의 책, p.563.

본다.

### 9) 불상점안佛像點眼

불상점안의식은 새로 조성된 불상에 부처로서의 격이 갖추어지게 하여 신앙의 대상이 되도록 하는 의식이다. 먼저 「복장의식」을 통해 불종자가 되는 여러 복장물을 안치한다. 그런 다음 「삼화상청」과 「신중작법」을 행한 뒤, 본 「점안의식」을 거행한다. 점안의식에 대한 자세한 내용은 제4장에서 다루고자 한다.

# 제4장 불상점안의 작법 절차

이 장에서는 점안의식 집전을 위한 설단 방법과 법구 등의 준비 과정으로부터 점안이 완성되기까지의 실질적인 점안작법 절차에 관해 살펴보고자 한다. 원만한 점안을 위해 거행되어야 하는 「삼화상청」과 「신중작법」을 살펴보고, 본 의식인 「점안의식」을 살펴봄으로써 점안의식 전체에 대한 이해를 돕고자 한다. 또한 점안의식에 쓰이는 범패와 작법무는 물론, 점안에서 사용할 수 있는 수인도 함께 살펴봄으로써 점안의식의 완성도를 높이고자 한다.

## 1. 점안의식을 위한 제반 준비

### 1) 설단장엄設壇莊嚴

#### (1) 불단

복장의식을 마친 불상은 단에 모시고 천이나 종이로 불상 전면을 가린다. 보통 종이를 고깔 형식의 모양으로 접어 불상에 씌우는데, 고깔에는 경면주사로 범서 옴(ॐ)자를 쓴다. 그 다음 불상 위 천장에 못을 박아 오색사와 오색천을 매어 전면으로 내린다. 그 중 오색실에는 팔엽八葉을 종이에 오려 경면주사로 진언문을 범서로 써서 매달고 약 1척 밑에다 금강저를 오려 달고 그 끝 실은 불상에 내린다. 또한 다른 한쪽 실은 불상의 손끝에 맨다. 만약 탱화로 된 부처라면 물그릇에 매어 두어[146] '오색사진언' 시 시주의 손끝에 맬 수 있도록 준비해 둔다. 또한 오색천은 동방은 청색, 남방은 적색, 중앙은 황색, 서방은 백색, 북방은 흑색(녹색)으로 배열하여 5방으로 늘여 길게 매어 놓는다. 더불어 '항마진언'과 '화취진언'은 경면주사로 써서 불단 앞에 붙인다.

이 중 팔엽에 들어갈 범서와 배열에 관해서는 『불설불모반야바라밀다대명관상의궤』에 수록되어 있으며, 관법에 관한 것도 설하고 있다. 그 내용은 살펴보면 다음과 같다.

다음 다시 유가행을 닦는 자가 만약 이 불모반야바라밀다 대명자를

---

146 『한불의서』 제3집, p.159, "法主五色絲眞言時, 畫員以色絲, 作蓮花葉, 貫於五尺竿上, 以五色絲, 係之其竿然後, 引竿絲係佛像手端, 而畫佛則係於水器耳, 又以其絲引係施主手端."

관하여 생각하려 한다면 응당 자세히 살펴서 자기 마음 위에 팔엽 대홍련화를 관하여 생각하고 만다라를 이루어 팔엽을 방위에 분포시키고 대명자를 관하여 생각한다. 이 모든 대명자를 각각의 방위에 서로 섞이지 않게 하고, 동쪽에 연꽃잎을 편안하게 놓는 것을 생각한다.[147]

〈사진 1〉 불단의 모습

이른바 팔엽에 들어갈 '불모반야바라밀다대명주'는 "나모 바가바뎨 아랴바라야 바라밀다예 아바리미 다우나예 박디바라차예 살바다타아다야 나바리 보리다예 살타바차라예 다냐타 옴 뎨소로디 사마리디 미자예 사바하"[148]이다. 진언은 각 방위에 맞게 배열하는데, 각 방위에

147 『佛說佛母般若波羅蜜多大明觀想儀軌』(大正藏 20, pp.614b-615b), "復次修瑜伽行者若欲觀想此佛母般若波羅蜜多大明文字應當諦誠於自心上觀想八葉大紅蓮華成曼拏羅於八葉位分布觀想大明文字是諸文字各於方位不相間雜於蓮華東葉位想安布."

148 namo bhagavati aryaprajñāparamitāya aparimita bhagavati vatsali sarvatathāga-

맞는 진언자가 무엇인지 살펴보면 다음과 같다.

| 방위 | 진언 및 범자 | 범서 수 |
| --- | --- | --- |
| 동엽東葉 | 那謨 | 2字 |
| 동남엽東南葉 | 婆誐嚩帝 | 4字 |
| 남엽南葉 | 阿 哩也 鉢囉 倪也 播囉彌多曳 | 9字 |
| 서남엽西南葉 | 阿波哩彌多虞拏曳 | 8字 |
| 서엽西葉 | 薄 訖底 嚩 蹉邏曳 | 6字 |
| 서북엽西北葉 | 薩 哩嚩 怛他 誐多 倪也 那 波哩布哩多曳 | 14字 |
| 북엽北葉 | 薩埵嚩蹉邏曳 | 6字 |
| 동북엽東北葉 | 怛[illegible](寧也)他 | 3字 |
| 팔엽중심당<br>八葉中心當 | 唵提 | 2字 |
| 연화내위동<br>蓮華內圍東 | 率嚕 | 1字 |
| 연화내위동남<br>蓮華內圍東南 | 底 | 1字 |
| 연화내위남<br>蓮華內圍南 | 娑蜜哩 | 1字 |
| 연화내위서남<br>蓮華內圍西南 | 底 | 1字 |
| 연화내위서<br>蓮華內圍西 | 尾 | 1字 |
| 연화내위서북<br>蓮華內圍西北 | 惹 | 1字 |
| 연화내위북<br>蓮華內圍北 | 曳 | 1字 |
| 연화내위동북<br>蓮華內圍東北 | 莎賀 | 2字 |

〈표 3〉『불설불모반야바라밀다대명관상의궤』의 팔엽 범서 배열

---

ta prajñāparivartaya sarvakārya tad yathā oṃ dhīḥ śrutismṛti bijaye svāhā.

이상과 같이 팔엽에는 '불모반야바라밀다대명주'에 해당하는 범자(63字)를 배열하여야 한다. 본 내용으로 보아 『조상경』에 나와 있는 팔엽대홍련화지도는 본 경전에 의거하여 도형화되었음을 알 수 있다.

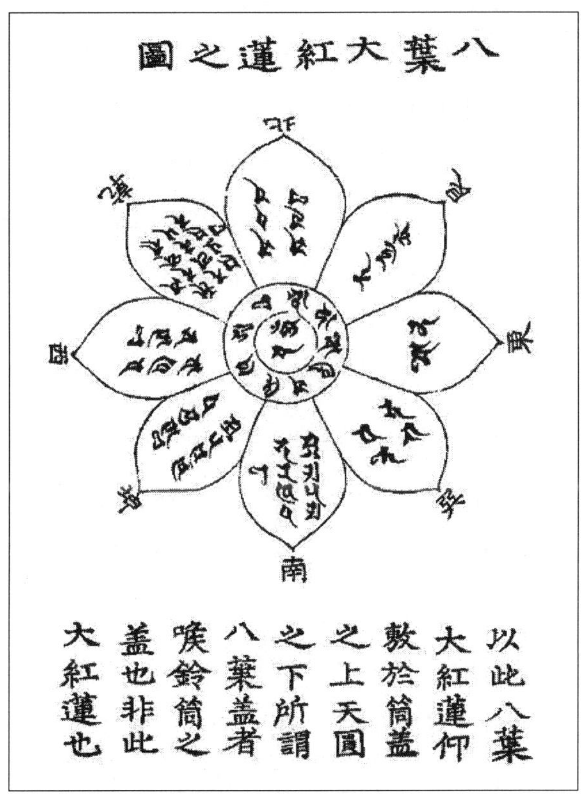


〈그림 1〉 팔엽대홍련지도[149]

더불어 『불설불모반야바라밀다대명관상의궤』에서 설한 대명주의 공덕에 관한 내용을 살펴보면 다음과 같다.

149 『造像經』(『한불의서』 제3집), p.353.

이와 같이 대명자를 관하여 생각하며 각각 편안하게 놓고 나서, 즉 마땅히 법에 의거하여 진리법문의 문자를 자세하게 생각한다. 혹은 다시 법에 의거해 기억해서 지송하며, 매일 세 때에 법에 의거해서 제단에 베푼다. 108번 혹은 1080번을 지송하고, 만약 한 달 혹은 여섯 달 내지 일 년을 끊어짐 없이 하면 곧 최상승의 실지법을 얻게 되고, 또 다시 혹은 듣고 혹은 지니고 혹은 외우는 자, 이 사람은 마땅히 모든 문과 지를 구족하여 공삼마지를 증득한다. 이와 같이 불모반야바라밀다 대명은 최상의 지극히 깊은 대공덕이 있으니, 유가행을 닦는 자는 응당 법에 의거해서 이와 같이 관하여 생각해야 한다.[150]

또한 불단 위에 불기나 발우에 청수를 담아 준비하고 함께 버드나무 가지(양지楊枝)도 준비한다. 이것은 천수를 거행할 때 도량을 정화하기 위해 사용되는 것으로, 자세한 것은 천수 거행 방법 시 설명하고자 한다.

각종 공양물은 점안하기 이전에는 불단 위에 올리지는 않고 권공의식에서 올릴 수 있도록 준비만 해 둔다.[151] 다만 증명다기는 올려야 하며, 점안의식 과정에서 팥죽을 올릴 수 있도록 준비한다.

---

150 『佛說佛母般若波羅蜜多大明觀想儀軌』(大正藏 20, p.615a-b), "如是觀想大明文字, 各安布已, 卽當依法諦想文字眞理法門. 或復依法憶念持誦, 於日三時依法布壇, 持誦一百八遍, 或一千八十遍, 若一月或六月, 乃至一年不間斷者, 卽得最上勝悉地法. 又復若聞若持若誦者, 是人當得聞持具足證空三摩地, 如是佛母般若波羅蜜多大明, 最上甚深有大功德, 修瑜伽者應依法如是觀想."

151 간혹 여러 여건상 미리 진설해 놓는 경우도 있다.

### (2) 신중단

신중작법을 거행하기 위해 다기, 촛대, 향로를 준비한다. 만약 신중탱화가 모셔져 있지 않는 경우에는 신중위목을 모신다.

### (3) 삼화상단

점안의식 전에 삼화상청을 거행하므로 임시로 설단을 하여야 한다. 상단 옆이나 적당한 자리에 증사단을 만들고 삼증사의 위목을 삼척지 위에 써서 벽에 붙인다. 만약 이것이 여의치 않으면 증명창불 끝에 써서 걸 수도 있다. 증사단은 기본적으로 다기, 촛대, 향로를 준비하고 삼화상께 올릴 공양물을 준비하여 올린다. 만약 어느 단이든지 증명청이 들어갈 경우 증명다기는 별도로 준비해서 올린다.

증명위목은 『작법귀감』과 『조상경』, 『석문의범』에 나타나 있으며 그것을 비교하면 다음과 같다.

첫째, 『작법귀감』의 '불상시창불佛像時唱佛'에는 다음과 같이 기록되어 있다.

지심귀명례 서천국백팔대조사 증명위 지공대화상
至心歸命禮 西天國百八代祖師 證明位 指空大和尚

공민왕사보제존자 증명위 나옹대화상
恭愍王師普濟尊者 證明位 懶翁大和尚

태조왕사묘엄존자 증명위 무학대화상
太祖王師妙嚴尊者 證明位 無學大和尚

유원자비 위작증명 성취불사
唯願慈悲 爲作證明 成就佛事[152]

둘째, 『조상경』의 '증명위목證明位目'의 내용은 다음과 같다.

증명법사 보제존자 나옹대화상
證明法師 普濟尊者 懶翁大和尙

증명법사 제납박다존자 지공대화상
證明法師 提納縛多尊者 指空大和尙

증명법사 묘엄존자 무학대화상
證明法師 妙嚴尊者 無學大和尙[153]

셋째, 『석문의범』의 '불상증명창불佛像證明唱佛'의 내용은 다음과 같다.

나무 위작증명법사 서천국 백팔대조사 제라박타존자 지공대화상
南無 爲作證明法師 西天國 百八代祖師 提羅博陀尊者 指空大和尙

나무 위작증명법사 고려국 공민왕사 보제존자 나옹대화상
南無 爲作證明法師 高麗國 恭愍王師 普濟尊者 懶翁大和尙

나무 위작증명법사 조선국 태조왕사 묘엄존자 무학대화상
南無 爲作證明法師 朝鮮國 太祖王師 妙嚴尊者 無學大和尙[154]

---

152 『한불의서』 제3집, p.437.

153 위의 책, p.365.

154 『釋門儀範』 下, p.108.

위와 같이 다소 차이는 있으나 증명단의 주인공인 삼화상의 내용은 동일하므로 어느 것을 거행해도 무방하리라 생각된다.

**2) 증사단 법구 및 지물**

증사단은 먼저 증명법사가 불단을 향하여 앉을 수 있도록 경상과 좌구坐具를 준비한다. 좌구 뒤로 병풍을 쳐 대중들이 증명법사를 볼 수 없도록 한다. 그리고 경탁 위에는 점안의식 시 필요한 법구法具와 지물을 다음과 같이 준비한다.

〈사진 2〉 증명상 법구와 지물들

**(1) 금강저**

범어로 바즈라vajra라고 하는 금강저는 원래 리그베다의 신인 인드라의 무기로서 천둥과 번개를 말한다. 밀교에서 바즈라는 부처님의 견고한 지혜 또는 번뇌를 타파하는 보리심을 상징하는 법구로서 독고獨鈷·삼고三鈷·오고五鈷·갈마저羯磨杵 등으로 나뉜다.

독고저는 일고저라 칭하며, 아직도 무기로서 원형이 남아 있다. 삼고저는 부처와 중생의 신·구·의 삼밀이 서로 평등하다는 것을 나타내며, 시바신이 가지고 있는 삼차극三叉戟(삼지창)과도 깊은 관계가 있으며 항마를 의미한다. 그리고 오고저는 5지·5불을 나타내며, 통상적으로 금강저라고 할 때는 이 오고저를 가리킨다. 갈마저는 12고저, 또는 십자十字금강저라고도 하여 삼고저를 십자형으로 합친 것인데, 불지佛智가 사방팔방으로 전개하여 활동하는 것을 나타낸다.[155]

또한 금강계 5부의 하나이며 태장만다라 삼부의 하나인 금강부의 제존들은 금강저를 가지고 여래의 지혜와 덕을 나타낸다고 한다. 증사단에 금강저를 준비하는 것은 '집저진언執杵眞言'과 '동령진언動鈴眞言' 시 증명법사가 작법을 거행하기 위함이다.

### (2) 금강령

금강령은 금강저의 한쪽에 방울이 있는 것을 말하며 주로 요령이라고 일컫는다. 『도부다라니목』에서는 "금강령이란 바로 반야바라밀의 뜻이다"[156]고 하여 금강령의 공능을 설하고 있다. 이때의 요령은 오금강령을 준비해야 할 것으로 생각한다. 이것은 '집령진언執鈴眞言'과 '동령진언' 시 법구로 사용된다.

---

155 染川英輔 筆著, 『曼荼羅圖典』(東京: 大法輪閣, 1993), p.20.

156 『都部陀羅尼目』 一卷(大正藏 18, pp.899c-900a), "金剛鈴者, 是般若波羅蜜."

### (3) 경면주사

홍색이나 적갈색이 나는 천연 광물의 결정체로 거울처럼 얼굴이 비친다고 하여 경면주사라 한다. 이것의 주성분은 황화수은(HgS)이며 유황과 수은이 합쳐진 물질이다. 한의학에서 유황은 양기가 응축된 극양의 성질로 보고, 수은은 음기가 응축된 극음의 물질로 생각한다. 즉 두 물질이 합해져서 신비로운 음양 변화를 일으킨다고 하며, 효능은 정신을 안정시키고 열을 내리며 경풍을 멈추게 하고 해독의 작용을 한다고 한다.

또한 경면주사는 벽사辟邪의 의미가 함축되어 있다. 그러므로 새로 조성된 불상에 부처 아닌 그 어떤 것도 근접할 수 없도록 하기 위해 사용된다. 증명법사는 삼밀진언인 '옴아훔'을 점필할 때 경면주사를 찍어 점필한다.

### (4) 붓과 벼루

팔안을 점필할 때 증명법사는 붓을 들어 범서를 각기 맞는 위치에 안치하며, '개안광명진언開眼光明眞言' 시에도 붓을 들어 눈동자를 찍는다.

### (5) 향수와 양지楊枝

관불의식에서 필요한 것으로, 바루나 불기에 청수를 반쯤 붓고 거기에 향을 넣어 향수를 만든다. 『욕불공덕경』에서는 "불상을 목욕시킬 때에는 반드시 우두전단·백단·자단·울금향·용뇌향·영릉·곽향 등을 맑은 돌 위에 놓고 갈아서 향니를 만들고, 그것으로써 향수를 만들어"[157]라고 기록되어 있어 향수의 재료를 알 수 있다.

관불의식이 시작되면 부처님을 목욕시켜 드린다는 의미로 '목욕진언沐浴眞言' 시 버드나무 가지에 물을 적시어 불상에 뿌린다. 또한 '시수진언施水眞言' 시 같은 방법으로 시주자와 동참 대중에게 향수를 뿌린다.

### (6) 거울

'개안광명진언開眼光明眞言' 시 거울에 빛이 반사되어 부처님 상호를 비추도록 한다. 이것은 눈을 밝게 뜬다는 의미로, 거울을 통해 빛을 반사하여 부처님의 광명을 설명하고자 한 것으로 이해할 수 있다.

### (7) 팥

팥은 붉은색이 그러하듯 항마의 의미를 지닌다. 팥은 햇볕이 가장 긴 한여름에 태양을 가장 많이 머금은 곡물로서 양陽, 즉 밝음을 상징한다. 또한 이 밝음은 지혜를 상징한다. 그러므로 밝음이 어두움을 몰아내듯이 모든 음陰의 기운과 마군을 항복받는 의미를 지닌다. '항마진언降魔眞言'을 할 때 불상에 팥을 뿌리며, 팔안과 육통, 오통오력을 점필할 때도 각기 세 번씩 팥을 뿌린다.

### (8) 백개자

백개자白芥子[158]는 호마의 목적으로 '화취진언' 시 불상에 약간 던진다.

---

157 『浴佛功德經』(大正藏 16, p.800b), "若浴像時, 應以牛頭栴檀, 白檀紫檀沈水, 熏陸鬱金香, 龍腦香, 零陵藿香等, 於淨石上磨作香泥, 用爲香水."

158 十字花科의 겨자의 씨를 말한다.

『불공견색신변진언경』 권19 「호마성취품」[159]에서는 백개자가 각종 호마의 목적으로 사용되고 있음을 언급하고 있다.

또한 화취진언은 복장의식에서도 거행하는데, 『조상경』에는 "불이 마치 하나의 불덩어리 같다고 관상하고, 화취진언을 일곱 번 외우고 흰 개자를 약간 던진다"[160]라고 설해져 있다.

### 3) 창불방

불상을 조성할 때는 사찰에 불사소佛事所를 따로 만들어 그곳에서 불상을 조성하였다. 불상을 조성하는 불모佛母는 대부분 스님이었으며, 불상 조성 기간은 하루 이틀에 끝나는 것이 아니므로 처음 시작하는 날부터 불상이 완성되는 날까지 불사소에 창불방을 걸어 모시고 조석으로 예불을 모셨다고 한다. 이것은 불상을 조성하는 동안 불보살님의 증명과 가피로 불상이 원만히 조성될 수 있도록 하기 위함이다. 더불어 불모가 불상을 조성함에 있어 몸과 마음가짐을 바로 하여 최고의 신심과 환희심을 발해 불사에 임하고자 함이다.

또한 복장과 점안은 본래 율사스님이나 대덕 큰스님의 증명 하에 거행되어야 한다. 특히 복장의식과 점안의식, 보살계의식 등 각종 의식에 가장 밝은 선지식 중의 한 분으로 알려져 있던 묵담성우 율사[161]는

---

159 『不空羂索神變眞言經』 卷19 「護摩成就品」(大正藏 20, p.325a-c).

160 『造像經』(『한불의서』, 제3집), p.343.

161 묵담대종사문집간행회, 『默潭大宗師文集』(민족사, 1999), p.12. "『석문의범』을 편찬한 안진호 스님도 '사찰창건, 불상, 탱화, 사리탑 봉행, 사십구재, 백일재, 우란분재, 예수재, 수륙재, 나한기도, 용화불사, 방생의식' 등을 묵담 스님께 자문을 구해 실천하였고, 특히 복장, 점안의식, 가사불사와 보살계 의식 등

불사소에서 불보살님께 예불을 모시는 것은 물론, 불모들에게도 조석으로 예를 갖추었다고 한다. 그리고 부득이하게 사찰이 아닌 곳에서 불상이 조성될 경우에도 그곳에 머물면서 불상이 완성되는 날까지 이 같은 방법으로 불사가 원만히 성취될 수 있도록 하였다고 한다.[162] 이와 같이 불상을 조성하기 시작한 날부터 점안의식을 마치는 날까지 금강계 37존의 불보살님과 삼화상, 그리고 율사가 그 불사를 증명하고 있어 성스럽고 여법하게 실행되었다. 그러나 현재는 이러한 여법한 절차는 거의 생략되고 점안 당일에만 창불방을 모시고 있는 안타까운 실정이다.

창불방은 금강계 37존을 창호지에 써서 상단 앞쪽에 걸어 모신다. 또한 삼화상단에 삼화상 위목을 걸어 모시지 않는 경우에는 37존에 이어 적어 모신다. 그리고 『작법귀감』과 『석문의범』의 창불 내용을 비교하여 보면 내용이 크게 다르지 않음을 알 수 있다. 그러나 『작법귀감』에서는 '지심귀명례至心歸命禮'와 '유원자비위작증명성취불사唯願慈悲爲作證明成就佛事'가 함께 기록되어 있어, 앞서 설명하였던 "조석으로 예불을 모셨던 것"을 증명하고 있다. 다만 '중앙적이상조부보법갈마사바라밀보살中央寂而常照部寶法羯摩四波羅密菩薩'이 누락되어 있다. 이에 비해 『석문의범』은 점안문에서 증명으로 청하는 불보살의 명호를 그대로 기록하고 있어, 실제 창불방에 쓸 명호만을 기록한 것으로 보인다. 창불방의 내용을 살펴보면 다음과 같다.

---

특수의식에 가장 밝은 선지식으로 알려져 왔다."

162 춘곡수열 스님 증언(묵담성우 스님의 법손으로 현재 제주 선광사善光寺 주지. 묵담 스님 생존 시 시봉을 하였으며, 묵담 스님의 생존 시 하셨던 방법을 증언).

| 『작법귀감』 | 『석문의범』 |
|---|---|
| 志心歸命禮 | |
| 唵鑁囕唅坎大教主毘盧遮那佛 | 南無 大教主清淨法身毘盧遮那佛 |
| 呵嚩囉賀佉法界主盧舍那佛 | 南無 法界主圓滿報身盧舍那佛 |
| 阿囉跛左曩一代教主釋迦牟尼佛 | 南無 娑婆教主千百億化身釋迦牟尼佛 |
| 東方大圓鏡智加持主阿閦佛 | 南無 東方金剛部大圓鏡智加持主阿閦如來佛 |
| 南方平等性智灌頂主寶生佛 | 南無 南方寶性部平等性智灌頂主寶生如來佛 |
| 西方妙觀察智三摩持主觀自在佛 | 南無 西方蓮花部妙觀察智三摩持主觀自在如來佛 |
| 北方成所作智廣大供養主不空成就佛 | 南無 北方毘首羯磨部成所作智廣大供養主 |
| 東方金愛慈手四大菩薩 | 不空成就如來佛 |
| 南方普光幢笑四大菩薩 | 南無 中央寂而常照部寶法羯摩四波羅密菩薩 |
| 西方法利因語四大菩薩 | 南無 東方金愛慈手四大菩薩 |
| 北方業護牙拳四大菩薩 | 南無 南方普光幢笑四大菩薩 |
| 鉤索鎖鈴四攝菩薩 | 南無 西方法利因語四大菩薩 |
| 喜鬘歌舞內四供養菩薩 | 南無 北方業護牙拳四大菩薩 |
| 燒散燈塗外四供養菩薩 | 南無 鉤索鎖鈴四攝菩薩 |
| 道場教主觀世音菩薩 | 南無 喜鬘歌舞內四供養菩薩 |
| 至心歸命禮 | 南無 燒散燈塗外四供養菩薩 |
| 五部大曼陁羅會上一切諸佛諸大菩薩 | 南無 五部大曼茶羅會上諸大菩薩摩訶薩 |
| 摩訶薩 | 南無 道場教主觀世音菩薩摩訶薩 |
| 唯願慈悲爲作證明成就佛事 | 南無 爲作證明法師西天國百八代祖師 |
| 至心歸命禮 | 提羅博陀尊者 指空大和尚 |
| 西天國百八代祖師證明位指空大和尚 | 南無 爲作證明法師高慮國恭愍王師 |
| 恭愍王師普濟尊者證明位懶翁大和尚 | 普濟尊者 懶翁大和尚 |
| 太祖王師妙嚴尊者證明位無學大和尚 | 南無 爲作證明法師朝鮮國太祖王師 |
| 唯願慈悲 爲作證明成就佛事[163] | 妙嚴尊者 無學大和尚[164] |

〈표 4〉 증명창불과 위목의 내용 비교

또한 『조상경』에서는 삼화상 위목과 함께 「득복장번得福長幡」과 「보고장번普告長幡」을 말하고 있으므로 함께 걸어 모신다. 두 번幡의

163 『作法龜鑑』(『한불의서』 제3집), pp.436~437.

164 『釋門儀範』 下, pp.106~107.

내용은 다음과 같다.

(득복장번得福長幡) 천수보개영성현 지용금연봉지존天垂寶盖迎聖賢 地聳金蓮奉至尊
(보고장번普告長幡) 앙고오부대만다라회상 일체불보살성현등중 강차도량증명공덕仰告五部大曼多羅會上 一切佛菩薩聖賢等衆 降此道場證明功德[165]

이상과 같이 법당에 걸어 모시는 번은 ① 금강계 37존, ② 삼화상, ③ 득복장번, ④ 보고장번 총 4종으로 구성되어 있으며, 순서는 우리가 바라보았을 때 오른쪽에서 왼쪽으로 ③ 득복장번 → ① 금강계 37존 → ② 삼화상번 → ④ 보고장번 순으로 맨다.

그리고 증명상에는 창불방이라는 축문을 쓰고 새로 조성하여 점안하게 될 불상의 명호를 낱낱이 적어 둔다. 본 창불방은 어산단에도 준비한다. 더불어 도량장엄은 보통 법당 앞에 번을 걸어 모시는 것과 서기포를 멘다. 이는 금일 큰 불사가 이루어지고 있음을 나타내는 것이라고 할 수 있다. 각종 번[166]의 규격은 정확히 정해진 바는 없으며, 일반적으로

---

165 『造像經』(『한불의서』 제3집), p.365.

166 (1)삼신번: 南無淸淨法身 毘盧遮那佛, 南無圓滿報身 盧舍那佛, 南無千百億化身 釋迦牟尼佛. (2)오방번: 南無中方 華藏世界 毘盧遮那佛, 南無東方 滿月世界 藥師琉璃光佛, 南無南方 歡喜世界 寶勝佛, 南無西方 極樂世界 阿彌陀佛, 南無北方 無憂世界 不動尊佛(오방불을 모셔 만다라가 건립되었음을 나타낸다). (3)보고번: 普告十方諸刹海 無盡佛法僧三寶 四部衆及群生類 咸赴道場受此供(불사가 거행되고 있음을 널리 알리는 번으로 법당 우측에 위치한다). (4)항마번: 降魔眞

는 법당 어간문 길이보다 조금 더 길게 하여 늘어뜨린다.

## 2. 삼화상청

### 1) 삼화상청의 의의

삼화상청三和尙請은 본래 불사를 시작하는 시점에 삼화상단을 마련하여 불사가 마무리되는 날까지 매일 조석으로 예를 갖추는 의식을 말한다. 이는 의도한 바 불사가 여법하게 진행될 수 있도록 증명해 주실 것을 목적으로 설단하여 예를 갖춘다.[167] 요즘은 「복장의식」을 마치고 난 후 점안의식을 거행하는 당일 본 의식에 앞서 「삼화상청」과 「신중작법」을 먼저 거행한다. 이것에 비하면 불사 기간 내에 삼화상을 증명으로 모신다는 것은 참으로 옳은 방법이 아닌가 생각된다.

그러나 불상을 점안하는 데 삼화상을 증명으로 모신다는 것이 이치에 어긋나는 것이 아닌가 생각할 수 있다. 그러므로 삼화상이 갖는 의미와

---

言 唵 孫婆爾 遜婆爾 吽 仡里孁拏 仡里孁拏 吽 仡里孁拏 阿播耶 吽 阿難耶 斛 薄伽梵 麼折囉 吽 發吒(도량결계를 목적으로 항마진언을 범서로 쓰되 두 줄로 내려써서 법당 좌측에 걸어 맨다). (5)진언집: 진언집이라 하여 신묘장구대다라니를 범서로 쓴 것을 도량의 엄정과 결계의 의미로 법당을 위주로 도량에 사각으로 걸어 맨다. (6)서기포(청황목): 불사 도량에 부처님 가피력이 충만해 있음을 나타내는 것으로 청·황·적·백·흑 등 오방색을 각 방위에 맞게 천을 드리운다. 동쪽은 청색, 남쪽은 적색, 중앙은 황색, 서쪽은 백색, 북쪽은 흑색(녹색)으로, 천의 길이는 도량의 규모에 따라 달리하는데 보통은 법당(대웅전) 처마에서 마당을 지나게 걸어 맨다. 이것은 법당 안 부처님 머리 위인 운각에서 오색천을 걸어 법당 안에 늘어뜨렸듯이, 이것의 확대개념으로 해석할 수 있다.

167 춘곡수열 스님의 증언.(2013년 8월 23일).

삼화상을 모실 수 있는 전거, 증명의 내용, 거행하는 시점, 의식이 만들어진 시기 등에 대한 논의가 필요하다.

첫째, 삼화상이 상징하는 것에 대한 것이다. 그 답은 밀교의 아사리에서 찾을 수 있다. 아사리는 산스크리트 'ācārya'의 음역으로, 본래 제자에게 베다와 같은 의궤를 가르치고 바른 행위와 규범을 실행하도록 지도하는 덕 높은 스승인 바라문을 말한다. 이와 같은 의미는 불교에 수용되어 세분화되는데, 『사분율』[168]에서는 출가, 수계, 교수, 수경, 의지아사리 등 다섯 종류를 언급하고 있다. 그리고 『천태보살계소』[169]에서는 문수보살을 갈마아사리, 미륵보살을 교수아사리라고 하여 보살을 아사리로 모셨다. 밀교에서는 더욱 발전하여 "넓은 의미에서 대일여래를 비롯한 제불보살과 삼밀을 통달한 위대한 스승을 아사리라 하였다. 그리고 좁은 의미에서는 관정을 집행하거나 전법관정을 베풀 때 중심이 되는 자와 작법을 지도하는 자를 교수아사리"[170]라고 하였다.

또한 유나維那의 개념으로 이해할 수 있다. 유나는 산스크리트 'karmadāna'의 음역으로 갈마타나羯磨陀那라 한다. 유나는 사찰의 대강大綱을 통솔하고 법요를 총지휘하는 스님을 말한다. 법요를 거행할 때 삼화상을 유나로 모시는데 이것을 유나소維那所 또는 당사소堂司所라 한다. "당사소란 사무 및 대중을 통솔하는 일종의 지휘본부이다. 즉

---

168 『四分律』(大正藏 22, p.848a), "有五種阿闍梨, 有出家阿闍梨, 受戒阿闍梨, 教授阿闍梨, 受經阿闍梨, 依止阿闍梨."

169 『天台菩薩戒疏』(大正藏 40, p.582b), "文殊師利爲羯磨阿闍梨 彌勒菩薩爲教授師."

170 허일범, 『한국의 진언문화』(진각종 해인행, 2008), p.127.

당사소의 명에 따라 재는 일사불란하게 거행되며, 유나는 진행상의 잘잘못을 감독"[171]하는 것으로, 각종 재와 의식을 여법하게 거행할 수 있도록 하는 데 목적을 두고 있다.

둘째, 삼화상청을 거행한 전례에 대한 것이다. 이것은 점안의식문 내용, 즉 「증명위목」과 「불상증명창불방」에서 그 답을 찾을 수 있다. 증명위목이란 말 그대로 증명으로 모시는 분의 명호를 써서 모시는 것을 말한다. 유점사본 『조상경』의 「증명위목」에서 삼화상을 찾아볼 수 있으며, 『작법귀감』과 『석문의범』 소수 「불상증명창불」에서도 금강계 37존과 더불어 삼화상이 포함되어 있는 것을 확인할 수 있으므로 점안의식 과정에서 함께 거행되었음을 짐작할 수 있다.

셋째, 삼화상이 불상을 점안하는 데 증명할 수 있는 자격의 유무에 관한 것이다. 먼저 '거목'의 내용을 살펴보면 다음과 같다.

> 나무 서천국 백팔대조사 제납박타존자 지공대화상
> 南無 西天國 百八代祖師 提納縛陀尊者 指空大和尙
>
> 나무 고려국 공민왕사 보제존자 나옹대화상
> 南無 高麗國 恭愍王師 普濟尊者 懶翁大和尙
>
> 나무 조선국 태조왕사 묘엄존자 무학대화상
> 南無 朝鮮國 太祖王師 妙嚴尊者 無學大和尙

위와 같이 거목의 내용에 쓰인 '조사', '존자', '화상', '왕사' 등에서 보듯 이미 시대의 검증을 필하신 분들로 충분하다고 할 수 있다.

---

171 심상현, 『영산재』(국립문화재연구소, 2003), p.100.

넷째, 삼화상이 증명하는 내용이 무엇이냐에 대한 것이다. '유치'의 내용을 살펴보면 '불사의 증명'을 말하고 있다. 여기에서 말하는 불사의 내용은 불사를 담당한 자의 청정심, 점안도량의 정비, 무엇보다도 의식을 거행하는 증명법사와 법주, 바라지 등의 의식 진행의 증명이라고 할 수 있다.

다섯째, 거행되는 시점에 관한 것이다. 비유컨대 대통령이 어느 자리에 나타난다고 할 때 먼저 많은 수행원들이 장소를 정리하고 자리를 점검하는 것과 같다. 부처님이 새로 좌정하실 도량에 먼저 삼화상은 점안을 봉행하는 대중을 증명하고, 이어 성중들이 도량을 옹호한 가운데 부처님을 모시기 때문이다.

여섯째, 「삼화상청」이 만들어진 시기에 대한 것이다. '거목'의 내용 가운데 가장 후기라 할 '조선국 태조왕사 묘엄존자 무학대화상'에서 확인할 수 있듯 조선시대에 만들어진 것으로 유추해 볼 수 있다. 그리고 앞에서도 살펴보았듯이 현재 보존되어 있는 점안의식문은 『청문』(1529)이 가장 빠른 연대이다. 그러나 「삼화상청」은 기존의 의식문에서는 찾아볼 수가 없으며, 유일하게 『석문의범』에서만 나타난다. 다만 삼화상에 관계된 기록은 『범음산보집』(1721), 유점사본 『조상경』(1824년), 『작법귀감』(1827)에서 찾아볼 수 있으며 내용을 살펴보면 다음과 같다.

먼저 『범음산보집』 소수 「선문조사예참」의 내용을 살펴보면 다음과 같다.

지극한 마음으로 서천의 백팔대조사이신 제납박타존자님께 예를 올립니다. (지공은 두타행 중에 반야를 보고 홀연히 삼처에서 완전히 형상을 잊었네. 당년에 만약 하늘을 찌르는 의지 저버렸다면 하필 남쪽하늘에서 보명을 보았겠는가.)
지극한 마음으로 용신이 장마와 가뭄에서 보호한 공민왕의 스승이신 보제존자님께 귀명하고 예를 올립니다. (마갈의 천검과 평산의 할을 받고 어전에서 승려들 공부를 시험했네. 최후에는 신비한 사리를 남기시니 삼한의 조실로 만년토록 전해지리.)
지극한 마음으로 조선국 태조 왕사이신 묘엄존자 무학대화상님께 귀명하고 예를 올립니다. (작별에 임하여 헤아릴 것 있는 곳에 누가 알랴. 그 가운데 다시 현묘한 뜻을 사람들이 모두 불가하다고 하더라도 나의 말은 공겁 이전을 꿰뚫고 지나가네.)[172]

또한 유점사본『조상경』소수「증명위목」에서도 삼화상이 나타난다.

증명법사보제존자나옹대화상. 증명법사제납박타존자지공대화상. 증명법사묘엄존자무학대화상.(證明法師普濟尊者懶翁大和尙. 證明法師提納縛他尊者指空大和尙. 證明法師妙嚴尊者無學大和尙)[173]

---

172『범음산보집』「禪門祖師禮懺」(『한불의서』 제3집), p.52, "至心歸命禮, 西天百八代祖師提納縛多尊者(指空陀中看般若 忽然三處頓忘形 當年若負衝天志 何必南天見普明). 至心歸命禮, 龍神護衮漲水旱天恭愍王師普濟尊者(摩竭千劒平山喝選擇工夫對御前 寂後神光遺舍利 三韓祖室萬年傳). 至心歸命禮, 朝鮮國太祖王師妙嚴尊者無學大和尙(分衿別有相量處 誰識其中意更玄 任你諸人皆不可 我言透過空劫前)."

그리고 『작법귀감』 소수 「불상시창불佛像時唱佛」에 나타난 내용은 다음과 같다.

지심귀명례, 서천국백팔대조사, 증명위지공대화상. 공민왕사보제존자, 증명위나옹대화상. 태조왕사묘엄존자, 증명위무학대화상. 유원자비 위작증명 성취불사(至心歸命禮, 西天國百八代祖師, 證明位指空大和尙. 恭愍王師普濟尊者, 證明位懶翁大和尙. 太祖王師妙嚴尊者, 證明位無學大和尙. 唯願慈悲 爲作證明 成就佛事).[174]

이와 같이 삼화상을 비롯해서 역대 선문조사에게 예참을 거행하는 의식이 『범음산보집』에서 이미 등장하고 있음을 알 수 있다.

### 2) 삼화상청의 내용

삼화상청은 직접적으로 점안의식문 안에는 나타나지 않는다. 그러나 현행 의식에서는 점안의식 전에 거행하고 있으며, 점안식 전날 미리 거행하는 경우도 있다고 한다. 『석문의범』에 나타난 「삼화상청」[175]은 거목擧目, 보소청진언普召請眞言, 유치由致, 청사請詞, 가영歌詠, 헌좌게獻座偈, 권공의식勸供儀式의 순으로 일반적인 권공의식의 구성과 똑같이 진행된다. 그 절차는 다음과 같다.

---

173 『한불의서』 제3집, p.365.

174 위의 책, p.437.

175 안진호, 『釋門儀範』 下(법륜사, 1931), pp.117~118.

1. 거목擧目

나무 서천국 백팔대조사 제납박타존자 지공대화상
南無 西天國 百八代祖師 提納縛陀尊者 指空大和尙

나무 고려국 공민왕사 보제존자 나옹대화상
南無 高麗國 恭愍王師 普濟尊者 懶翁大和尙

나무 조선국 태조왕사 묘엄존자 무학대화상
南無 朝鮮國 太祖王師 妙嚴尊者 無學大和尙

본 항은 불사의 증명을 목적으로 삼화상을 청해 모시는 의식이다. 이 의식은 '거불성'으로 대중이 태징과 목탁에 맞추어 함께 거행한다.

2. 보소청진언普召請眞言

나무 보보제리 가리다리 다타 아다야
南無 步步帝里 伽里多里 怛他 誐多野

본 항은 삼화상을 소청하는 의식으로, 법주가 금강령을 울리며 거행한다.

3. 유치由致

앙유위작증명仰惟爲作證明
오직 우러러 증명지어 주실 것을 사뢰옵니다.

삼대법사자三大法師者
삼대화상께옵서는

삼혜구족三慧具足
세 가지 지혜를 모두 갖추시고

이리원성二利圓成
두 가지 이익을 원만히 이루셨으며

역대심인종하歷代心印宗下
역대조사의 심인종 아래

이득밀전지지已得密傳之旨
이미 은밀히 전해오는 뜻을 얻으셨고,

시방불사문중十方佛事門中
시방에 불사의 문중에서는

상작증명지위常作證明之位
항상 증명의 위에 계시오며

유구개수有求皆遂
구하는 일 모두 구해 주시고

무원부종無願不從
원하는 일 다 들어 주시옵니다.

시이是以
하옵기에

사바세계 남섬부주 대한민국 모군모동모산모사 청정도량
娑婆世界 南瞻部洲 大韓民國 某郡某洞某山某寺 請淨道場
(주소 사찰 명) 청정도량

이 금월금일 건설정찬 以 今月今日 虔設淨饌
이 금월 금일 정성어린 공양을 마련하옵고

공양증명공덕供養證明功德
공덕을 증명해 주시는

삼대존자三大尊者
삼대존자 전에 공양하나이다.

잠사어삼관연대暫辭於三關蓮臺
삼관 연대를 잠시 동안 떠나시어

약강어일간난야略降於一間蘭若
이 보잘 것 없는 아란야에 강림하셔서

곡조미성曲照微誠
작은 정성이오나 굽어 살피시고

성취불사成就佛事
불사가 원만히 성취되도록

앙표일심 선진삼청仰表一心 先陳三請
우러러 일심으로 먼저 삼청을 하나이다.

본 항은 삼화상의 덕을 찬탄하고 불사가 원만히 성취될 수 있도록 도량에 강림할 것을 목적으로 아뢰는 의식으로, 내용을 살펴보면 기·서·결의 형태로 진행된다.

'기'는 '앙유仰惟 위작증명爲作證明 …… 무원부종無願不從'으로, 삼화상의 덕을 찬탄하고 있다. 즉 삼화상은 삼혜三慧[176]를 구족하고 이리二利[177]를 이루었으며 종지宗旨를 얻으셨고, 불사의 문중을 항상 증명하심

176 부처의 가르침을 깨달아 얻는 세 가지의 지혜. 경전을 들어서 아는 문혜聞慧, 진리를 생각하여 아는 사혜思慧, 선정禪定을 닦아서 아는 수혜修慧를 말한다.

을 찬탄하고 있다.

'서'는 '시이是以 …… 삼대존자三大尊者'로, 금일 도량에 공양구를 마련하여 삼대존자께 공양하고자 함을 밝히고 있다.

'결'은 '잠사어삼관연대暫辭於三關蓮臺 …… 선진삼청先陳三請'으로, 삼화상을 청하는 목적이 잘 나타나 있다. 즉 삼관三關[178] 연대를 잠시 떠나 아란야에 강림하여 불사가 원만히 성취될 수 있도록 증명해 주실 것을 청하는 내용으로 구성되어 있다.

의식은 법주가 유치성으로 거행한다.

4. 청사請詞

나무일심봉청南無一心奉請
귀의하오며 일심으로 받들어 청하옵니다.

지증무상智證無相
지혜로 무상을 증득하고 나니

총해만류어일진總該萬類於一眞
만유가 일진 가운데 모두 포함되어 있고

비심유정悲心有情
자비로운 마음이 있기 때문에

함탈삼계어구품咸脫三界於九品
모두 삼계에서 벗어나 구품연대 머무시며

---

177 자리自利와 이타利他를 아울러 이르는 말.

178 불도를 깨닫는 세 가지 관문.

왕래무애往來無碍
가고 오는 데 걸림 없고

임운등등任運騰騰
마음먹은 대로 걸림 없이 오갈 수 있습니다.

공화도량空花道場
공화도량이오나

수순응감隨順應感
중생의 뜻에 따라 응하여 감해주시는

제납박타존자 지공대화상提納縛陀尊者 指空大和尙
제납박타존자 지공대화상과

보제존자 나옹대화상普濟尊者 懶翁大和尙
보제존자 나옹대화상,

묘엄존자 무학대화상妙嚴尊者 無學大和尙
묘엄존자 무학대화상께서는

유원자비惟願慈悲
오직 바라옵건대 자비를 베풀어

강림도량降臨道場
도량에 강림하사

수차공양受此供養
이 공양을 받아주소서.

본 항은 삼화상의 덕을 찬탄하고 도량에 강림하여 공양을 받아 주실 것을 청하는 의식이다. 내용을 살펴보면 삼화상의 위位나 존격은 지증智證, 일진一眞, 구품九品으로 표현하고, 중생들은 만류萬類, 삼계三界,

공화도량空花道場으로 표현하여 대비시키고 있다. 또한 삼화상은 자비로운 마음이 있기 때문에(비심유정悲心有情) 가고 오는 데 걸림이 없고(왕래무애往來無碍), 마음먹은 대로 오고갈 수 있기 때문에(임운등등任運騰騰) 중생의 뜻에 따라 응하여 감해주시는(수순응감隨順應感) 분들이므로 도량에 강림하여 주실 것을 청하고 있다.

5. 향화청香華請

향화청香華請
향기로운 꽃을 뿌리오며 청하옵니다.

본 항은 삼화상께서 도량에 강림하심에 꽃을 뿌려 환영하여 법좌에 안내하는 의식이다.

6. 가영歌詠

지공화상서천호指空和尙西天號
서천의 큰스님으로는 지공화상

나옹무학동국명懶翁無學東國名
해동에는 나옹, 무학 양대 화상

유원삼조작증명唯願三祖作證明
오직 원하오니 세 분 조사께서 증명해 주시어

성취불사도중생成就佛事度衆生
불사를 성취하여 중생을 제도케 하십니다.

고아일심귀명정례故我一心歸命頂禮
하옵기로 일심으로 귀명하오며 정례하나이다.

본 항은 '청사'의 내용을 칠언절구의 게송으로 정리하여 삼화상의 증명으로 불사가 원만히 성취될 수 있기를 거듭 기원하고 있다.

7. 헌좌진언獻座眞言

아금경설보엄좌我今敬說寶嚴座
이제 저희들이 경건하게 보배자리 만들어

봉헌삼대화상전奉獻三大和尙前
삼대화상님 전에 드리옵니다.

원멸진로망상심願滅塵勞妄想心
부디 번뇌와 망상의 마음 없애고

속원해탈보리과速圓解脫菩提果
속히 원만한 해탈 보리과를 이루게 하소서.

옴 가마라 승하 사바하唵 伽摩羅 勝訶 娑婆訶

본 항은 삼대화상님 전에 자리를 내어 드리는 의식이다.

'헌좌진언' 이후의 의식은 "여상권공如常勸供 의중단례依中壇例"[179]라 기록하고 있는 것에서 알 수 있듯이 중단의 일반적인 권공의식을 거행하면 된다.

---

179 안진호, 『釋門儀範』 下(법륜사, 1931), p.118.

## 3. 신중작법

### 1) 신중작법의 의의

신중작법은 삼화상청과 달리 점안의식문에 대부분 기록되어 있는 것으로 보아 오래전부터 거행됐으리라 짐작된다. 신중작법을 거행하는 목적은 점안도량을 일차적으로 옹호하기 위한 것이며, 도량결계의 목적도 지닌다고 할 수 있다.

### 2) 신중작법의 내용

신중작법의 절차는 옹호게擁護偈, 거목擧目, 가영歌詠, 다게茶偈, 탄백歎白 순으로 진행된다. 그 절차는 다음과 같다.

1. 옹호게擁護偈

팔부금강호도량八部金剛護道場
팔부신중 금강역사께서는 도량을 옹호하며

공신속부보천왕空神速赴報天王
허공신은 지체 없이 천왕들께 알리심에

삼계제천함래집三界諸天咸來集
삼계의 모든 천신들이 빠짐없이 모이셔서

여금불찰보정상如今佛刹補禎祥
부처님 도량의 상서로움을 도우소서.

본 항은 성중이 강림하여 점안도량을 옹호하여 주실 것을 목적으로 하는 의식이다. 팔부신중이란 부처님의 가르침을 수호하는 신들로서 천·용·야차·아수라·가루라·건달바·긴나라·마후라가를 말한다. 금강金剛은 금강밀적천·집금강신·금강역사·인왕이라고도 하며, 여래의 온갖 비밀 사적事迹을 알고 오백 야차신을 시켜 현겁천불賢劫千佛의 법을 수호한다.

의식은 반짓소리[180]로 대중이 창한다. 소리를 마치고 나면 요잡바라[181]를 거행한다. 다만 약례로 할 경우 반짓소리 대신 탄백성, 즉 쓰는소리로 거행하며 요잡도 생략할 수 있다.

본 항은 『권공제반문』, 『오종범음집』, 『범음산보집』, 『작법귀감』, 『점안작법』, 『요집』에 나타난 게송의 제목과 내용이 일치한다. 다만 『요집』에서는 게송 다음에 '요잡繞匝'을 덧붙이고 있어 현행 거행되고 있는 의식과 같음을 알 수 있다.

2. 거목擧目(禮八金剛四菩薩)

봉청 청제재금강 유원자비옹호도량
奉請 淸除災金剛 唯願慈悲擁護道場

봉청 황수구금강 유원자비옹호도량
奉請 黃隋求金剛 唯願慈悲擁護道場

봉청 벽독금강 유원자비옹호도량
奉請 辟毒金剛 唯願慈悲擁護道場

---

180 반짓소리는 홑소리와 짓소리가 섞여 있는 것을 말함.

181 능화, 『한국의 불교음악』(푸른세상, 2006), p.131, "요잡바라는 가사 없이 일정한 박자로 울리는 태징·목탁·북·호적 등의 장단에 맞추어 2인이나 4인 혹은 그 이상으로 구성된 스님들이 춘다."

봉청 백정수금강 유원자비옹호도량
奉請 白淨水金剛 唯願慈悲擁護道場

봉청 적성화금강 유원자비옹호도량
奉請 赤聲火金剛 唯願慈悲擁護道場

봉청 정제재금강 유원자비옹호도량
奉請 定除災金剛 唯願慈悲擁護道場

봉청 자현신금강 유원자비옹호도량
奉請 紫賢神金剛 唯願慈悲擁護道場

봉청 대신력금강 유원자비옹호도량
奉請 大神力金剛 唯願慈悲擁護道場

봉청 금강권보살 유원자비옹호도량
奉請 金剛眷菩薩 唯願慈悲擁護道場

봉청 금강색보살 유원자비옹호도량
奉請 金剛索菩薩 唯願慈悲擁護道場

봉청 금강애보살 유원자비옹호도량
奉請 金剛愛菩薩 唯願慈悲擁護道場

봉청 금강어보살 유원자비옹호도량
奉請 金剛語菩薩 唯願慈悲擁護道場

나무 옹호회상 성현중
南無 擁護會上 聖賢衆

본 항은 도량을 옹호해 주실 것을 목적으로 팔부금강과 사보살을 청해 모시는 의식이다. 본 항은 의식문들의 차이로 인해 어느 의식문을 기준으로 해야 할지 고심 끝에, 시대적으로 가장 빠른 것과 공통된

내용을 기준으로 '예팔금강사보살禮八金剛四菩薩'을 거목으로 하였음을 밝힌다.[182]

의식집에 나타난 신중거목의 내용을 비교하여 보면 다음과 같다.

| 『권공제반문』, 『범음산보집』, 『요집』 | 『작법귀감』 | 『점안작법』 |
|---|---|---|
| (禮八金剛四菩薩) | | (禮擁護衆) |
| 奉請 淸除灾金剛 | 奉請 守護持呪八大金剛 | 奉請 守護持呪八大金剛 |
| 奉請 黃隋求金剛 | 奉請 護持四方四大菩薩 | 奉請 護持四方四大菩薩 |
| 奉請 辟毒金剛 | 奉請 如來化現十大明王 | 奉請 如來化現十大明王 |
| 奉請 白淨水金剛 | 奉請 娑婆界主大梵天王 | 奉請 娑婆界主大梵天王 |
| 奉請 赤聲金剛 | 地居世主帝釋天王 | 地居世主帝釋天王 |
| 奉請 定除災金剛 | 護世安民四大天王 | 護世安民四大天王 |
| 奉請 紫賢金剛 | 二十諸天諸大天神 | 二十諸天諸大天王 |
| 奉請 大神金剛 | 奉請 護戒大神福德大神 | 護戒大神福德大神 |
| 奉請 金剛眷菩薩 | 內護竈王外護山神 | 內護竈王外護山神 |
| 奉請 金剛索菩薩 | 主執陰陽諸大聖衆 | 主執陰陽造化諸大聖衆 |
| 奉請 金剛愛菩薩 | 南無 擁護會上聖賢衆 | 南無 擁護會上聖賢衆 |
| 奉請 金剛語菩薩 | | |

그리고 『오종범음집』에서도 팔금강과 사보살을 거명하고 있으며, 태징이나 꽹과리 등의 사물과 함께 바라에 대한 내용까지 언급하고 있다.

옛 성현의 모음집을 자세히 살펴보면 기묘한 글을 찾을 수 있다.

정리하면, 여느 때처럼 널리 청할 때는 종을 치면서 팔금강과 사보살

182 다만 의식문에 나타난 적성금강赤聲金剛, 자현금강紫賢金剛, 대신금강大神金剛은 한 자씩 탈자가 된 것으로 보고, 본 항의 본문에는 적성화금강赤聲火金剛, 자현신금강紫賢神金剛, 대신력금강大神力金剛으로 기록하였다.

의 명칭을 사방의 벽에 써놓고 대중이 성심껏 21번 외우면 된다. 종을 일곱 번 치고 바라를 울린다.[183]

또한 『신전대승금강반야바라밀경음석직해』에 수록된 내용 중 "팔금강과 사보살의 명호를 불러 청한다면 머무는 곳에 따라 항상 옹호를 받을 수 있다"[184]고 하여 팔금강과 사보살이 대표적으로 모셔지고 있음을 알 수 있다.

이상의 내용에서 알 수 있듯이 『권공제반문』, 『범음산보집』, 『오종범음집』, 『요집』에서는 팔금강과 사보살을 청하고 있으며, 『작법귀감』과 『점안작법』에서는 팔금강과 사보살 외 십대명왕과 대범천왕, 제석천왕, 사대천왕 등 더 많은 신중을 청하고 있다. 이와 같이 추가로 기록된 창불의 내용은 '신중 104위'의 내용에서 찾아볼 수 있다.

또한 이 중 사보살은 점안의식 중 '오부청사'에서도 나타난다. 금강권보살은 북방 사대보살의 한 분으로 북방을 대표한다고 할 수 있다. 금강삭보살은 사섭보살의 한 분으로 방향은 남쪽을 대표하며, 금강애보살은 동방 사대보살의 한 분으로 동방을 대표하며, 금강어보살은 서방 사대보살의 한 분으로 서방을 대표하여 모신다. 이처럼 사대보살과 사섭보살이 혼합되어 나타나는데, 두 내용을 비교해 보면 다음과 같다.

---

183 『오종범음집』(『한불의서』 제2집), p.206, "詳察古賢之集, 搜得奇妙之文. 書之, 普請如常, 擊金. 八金剛四菩薩名目書之四壁, 大衆, 誠心誦三七偏爲可, 點鍾七槌. 鳴鈸."

184 『新鐫大乘金剛般若波羅蜜經音釋直解』(卍續藏 25, p.167a), "請八金剛四菩薩名號隨所在處常得擁護矣."

| | 四大菩薩 | 四攝菩薩 |
|---|---|---|
| 동방 | 金剛薩·金剛王·**金剛愛**·金剛喜보살 | 金剛鉤보살 |
| 남방 | 金剛寶·金剛光·金剛幢·金剛笑보살 | **金剛索**보살 |
| 서방 | 金剛法·金剛利·金剛因·**金剛語**보살 | 金剛鎖보살 |
| 북방 | 金剛業·金剛護·金剛芽·**金剛拳**보살 | 金剛鈴보살 |

여기서 주목할 부분은 사대보살의 내용이 일관 성이 없다는 것이다. 사방의 사대보살 가운데 한 분씩 청하였거나, 아니면 사섭보살을 배치하여야 하지 않을까 생각된다. 내용의 흐름으로 보아서는 사방 사대보살이 차지하는 비중이 높으므로 남방의 사대보살 중 한 분을 모시는 것이 타당하리라 생각되기 때문이다. 만약 한자에 오자誤字가 있었다면 그 답은 쉽게 풀릴 수도 있다. 사섭보살 중 '금강삭金剛索'과 남방의 사대보살 중 '금강소金剛笑'가 비슷해 보이기 때문이다. 하지만 이것 또한 단정 지을 수 없다. 만약 사섭보살 중 남방에 주하는 금강삭보살이 포함된 것에 또 다른 의미가 있을지도 모르기 때문이며, 이 부분은 앞으로 좀 더 연구가 필요한 대목이다.

의식은 현행 거행하는 방법[185] 중 '신중 104위'를 대입하여 거행하면

185 현행 거행되는 방법은 「거목」의 내용을 세 가지 종류로 분류할 수 있다. 첫째는 '3거목'을 청하는 방법이며, 둘째는 '39위', 셋째는 '104위'로 청하는 방법이다. 이 중 '3거목'은 거불성으로 거행하고 '39위'나 '104위'는 같은 방법으로 거행되며 방법은 다음과 같다. 104위 중 상단의 첫 '봉청'소리는 반짓소리로 짓고 나머지는 홑소리로 경쾌하게 진행한다. 마지막 '봉청'소리에 이르면 장단을 느리게 하고 나머지 소리를 마친다. 이때 소리는 어산단에 스님 한 분이 창화하며, 소리의 끝부분에 이르면 태징을 한 마루 울려주고 '유원신장자비 옹호도량 성취불사'를 대중이 동음으로 창화한 다음 태징을 한 마루 울려준다. 그리고 앞서 소리를

될 것으로 본다. 그러나 각 의식문의 내용 중 일부 차이가 있다. 이를테면 『석문의범』에서는 '유원신장자비 옹호도량 성취불사'의 내용이 『범음산보집』[186]에서는 '각구하 개가유원자비옹호도량운各句下 皆加惟願慈悲擁護道場云'이라 표기되어 있고, 『작법귀감』[187]과 『불상점안작법』에서도 각구各句마다 '유원자비 옹호도량'이라 표기되어 있어 내용과 거행되는 횟수가 다소 차이를 보인다. 이처럼 차이는 있지만 '신중 104위'와 대입하여 먼저 '봉청'은 반짓소리로 한 후 나머지 소리는 홑소리로 거행하며, 소리의 끝 부분에 태징을 한 마루 울려 준 후 '유원자비 옹호도량'을 대중이 창화하면 된다. 이와 같은 방법으로 각구各句를 거행하고, '나무 옹호회상 성현중'은 거불성으로 거행한다.

본 항에서 논의가 필요한 대목은, 앞으로 '거목'을 어떤 형태로 하여야 할 것인가의 문제이다. 이것은 두 가지로 생각해 볼 수 있는데, 먼저 본 항에서와 같이 '팔금강사보살'을 거행하는 방법이다. 점안의식 전 신중작법을 거행할 때 근거 자료가 없다면 몰라도, 분명 대다수의 의식집에서 기록되어 있기 때문이다. 물론 의식문마다 약간의 차이는 있을 수 있지만 의미상 크게 문제가 되지 않는다. 의식집이 아닌 『양조부대사송금강경』에서도 "팔금강과 사보살을 청해서 도량을 깨끗이 하고 항상 보호하여지이다"[188]라고 하여 주로 팔금강과 사보살이 거명되었음

하였던 스님 한 분이 '가영'을 하고 '고아게'는 대중이 거행한다. 이와 같은 방법으로 중단과 하단을 진행한다.

186 『한국불교전서』 권11, p.494.

187 『한불의서』 제3집, p.414.

188 『梁朝傅大師頌金剛經』(大正藏 85, p.1a), "然後啓請八金剛四菩薩名號, 所在之處常當擁護."

을 알 수 있다.

또 다른 방법은 '신중 104위'로 거행하는 것이다. 앞에서 살펴보았듯이 신중의 수가 점점 늘어나고 있으며, 이것은 '104위' 안에 포함되어 있다는 것을 알 수 있다. 『작법귀감』에는 신중에 관계된 의식으로 「신중대례神衆大禮」[189]와 「신중조모작법神衆朝暮作法」[190]이 기록되어 있다. 「신중대례」는 특별히 신중을 청하여 공양 올리는 불공의식으로 104위 신중을 청한다. 그리고 「신중조모작법」은, 제목에서도 알 수 있듯이 아침과 저녁으로 신중님께 예를 올리는 의식으로 팔금강과 사보살을 청하고 있다. 이 시각으로 본다면 특별한 점안의식이니만큼 104위를 모셔도 된다는 결론을 도출할 수 있기 때문이다.

### 3. 가영歌詠

옹호성중만허공擁護聖衆滿虛空
불법을 옹호하시는 성중님 허공에 가득하신데

도재호광일도중都在毫光一道中
모두 다 옥호광명 한 가닥 가운데입니다.

신수불어상옹호信受佛語常擁護
부처님 말씀 믿고 받들어 항상 옹호하시며

봉행경전영류통奉行經典永流通
경전을 봉행하여 길이 유통케 하시옵니다.

---

189 『한불의서』 제3집, p.393.

190 위의 책, p.396.

고아일심귀명정례故我一心歸命頂禮
하옵기로 일심으로 귀명하오며 정례하나이다.

본 항은 불법을 옹호하고 신수봉행信受奉行하여 불법을 유통케 하는 성중을 찬탄하는 의식이다.

본 가영의 내용은 『석문의범』에서 전거를 찾을 수 있으나[191] 기존의 의식집에는 기록되어 있지 않다. 그러나 현행 신중작법 시 거행되고 있으므로 본문의 내용으로 하였음을 밝힌다.

4. 다게茶偈

청정명다약淸淨茗茶藥
청정한 찻잎으로 다린 차는 약과 같아

능제병혼침能除病昏沈
능히 질병과 혼침을 제거하옵니다.

유기옹호성唯冀擁護聖
오직 옹호 성중님께 바라옵나니

원수애납수願垂哀納受
원컨대 애틋이 여기시고 받아 주옵소서.

본 항은 청하여 모신 팔금강 사보살을 비롯한 제성현들께 차를 올리는 의식이다. 의식은, 바라지가 짧은 다게성으로 3구까지 마치고 나면

---

191 『釋門儀範』 上, p.65. 신중작법 104위나 39위는 상·중·하단의 창불을 마칠 때마다 '가영'을 거행하고, 3거목으로 거행 시는 본문의 가영을 거행한다.

대중은 동음으로 '원수애납수'를 거행한다. 바라지는 소리 끝에 태징을 한 마루 울리고, 이어 같은 방법으로 '원수애납수'를 한 번 더 한 뒤, '원수자비애납수'를 한다. 이때도 마찬가지로 태징을 울려주며 요잡바라가 진행된다. 이때 중요한 것은 소리 중간 부분인 '애납수' 시점에서 목탁은 내림목탁을 쳐주며 대중은 오체투지를 하는 것이다. 태징 타법을 정리하면 다음과 같다.

| 소리 | 태징타법 |
|---|---|
| 1차 원수애납수 | o○′ ○ ○ ○ ○ • ○ ○ ○ |
| 2차 원수애납수 | o○′ ○ ○ ○ ○ • ○ ○ ○ |
| 3차 원수자비애납수 | o○′ ○ ○ ○ ○ ○• 몰아띠는 쇠 o○′ ○ ○ ○ ○<br>요잡바라 ~~~~ 바라 마친 후 o○′ ○ ○ ○ ○ ○•<br>○ ○ ○ ○ ○• ○ ○ ○ ○ ○• ○ o○′ ○ ○ ○ |

〈표 5〉 신중작법 다게 태징 타법

### 5. 탄백歎白

옹호회상제성중擁護會上諸聖衆
옹호회상 운집하신 성스러운 성중제위

불법문중서원견佛法門中誓願堅
불법문중에 세운 서원 견고하여

열입초제천만세列立招提千萬歲
천만세 지나도록 도량에 열 지어 머무시며

자연신용호금선自然神用護金仙
자연스런 신통묘용으로 부처님을 옹호하시네.

본 항은 옹호회상의 모든 성중들의 공덕을 찬탄하고, 본 점안의식이 원만히 성취될 수 있도록 도량의 옹호를 부탁드리며 귀의를 표하는 의식이다.

본문의 내용을 살펴보면 기·승·전·결의 형태로 구성되어 있다. 그 중 '승'인 '불법문중서원견佛法門中誓願堅'에서는 옹호성중의 공통점을 찬탄하고 있다.[192] 또한 '결'인 '자연신용호금선自然神用護金仙'에서는 도량을 옹호함은 법보와 승보를 옹호한 것이며, 이는 더 나아가 불보를 옹호하는 것임을 찬탄하고 있다.

의식은 대중이 동음으로 탄백성으로 거행한다. 먼저 첫 구인 '옹호회상제성중'을 한 후 태징 세 망치를 울려주고, 다음 '불법문중서원견'을 한 후 태징 세 망치를 울려준다. 마지막으로 제3구와 제4구를 하고 나서 태징 다섯 망치를 친 후, 몰아띠는 쇠를 치고 마침쇠 세 망치를 울려준다.

## 4. 점안의식

불상점안의식의 작법 절차를 살펴보면 엄정의식, 결계의식, 건단의식, 소청의식, 점필의식, 관불의식, 장엄의식, 공양의식 등 총 여덟 항목으

192 심상현, 『불교의식각론』 Ⅸ(한국불교출판부, 2006), p.81, "『대방광불화엄경』의 「세주묘엄품」을 통해서도 짐작할 수 있듯, 104위 성중은 차원을 달리하는 각기 다른 세간의 주인과 권속이지만 불법에 귀의 및 옹호를 서원함에 있어서는 공감대를 지니고 있다. 따라서 佛道場에 함께 자리한 것이며, '옹호성중'이라는 이름의 성중으로 자리하게 되었고 신앙의 대상이 된 것이다."

로 구성되어 있다.[193] 의식문의 내용을 토대로 사상적 특성과 각 의식문의 차이점을 살펴보고 각기 다르게 나타난 내용은 대장경에 나타난 전거를 위주로 비교 검토하고자 한다. 그리고 실제로 의식집전 방법도 살펴보고자 한다.

### 1) 엄정의식

엄정이란 불국토가 청정한 것을 말하는 것으로, 엄정의식嚴淨儀式은 「상주권공」·「각배재」·「영산재」·「수륙재」·「예수재」 등 큰 재에서 상단에 처음 거행되는 의식이다. 재 도량을 건립하여 결계하고 동참대중 또한 삼업참회를 하는 의식으로 결계의 성격이 강하기는 하나, 삼보에 대한 찬탄과 함께 귀의와 신심을 표방하는 내용이 포함되고 있어 약간의 차이가 있다.

엄정의식은 '도량엄정'과 '업장참회'로 구분하여 진행되며 그 절차는 다음과 같다.

#### (1) 도량엄정道場嚴淨

1. 할향喝香

전단목주중생상栴檀木做衆生像
전단향목 다듬어서 중생 모습 새겨보고

급여여래보살형及與如來菩薩形
불보살님 등 여러 상호 조성하니

193 본 점안의식은 의식의 흐름과 성격에 맞추어 필자가 여덟 항목으로 구분하였음을 밝힌다. 또한 본문의 번호는 각 항에 구애받지 않고 연이어서 기록할 것이다.

만면천두수각리萬面千頭雖各異
모습은 만 가지요 머리 모습 천 가지인데

약문훈기일반향若聞薰氣一般香
풍겨오는 그 내음은 전단향기 한 가지라.

본 항은 재의 시작을 알리는 의식으로 향을 사루어 법계를 청정히 하고자 거행되는 의식이다.

먼저 본 항을 거행하기 전에 선행되어야 하는 의식의 내용을 살펴보면 다음과 같다.

| 의식집 | 내용 |
| --- | --- |
| 『범음산보집』(1721년) | 次轉鐘七搥 鳴螺三旨 鳴鈸一宗 次喝香[194] |
| 『작법귀감』(1827년) | 次大鐘二十八搥 轉鐘七搥 鳴螺三旨 日始向一宗[195] |
| 『점안작법』(1919년) | 次鐘七搥 鳴螺三旨 鳴鈸一宗 |
| 『석문의범』(1931년) | 轉鐘七搥 鳴螺三旨 鳴跋一次[196] |

위와 같이 『범음산보집』, 『불상점안작법』, 『석문의범』의 내용은 '전종 일곱 망치를 치고 소라 삼지三旨를 울리고, 명발 1종 다음에 할향'을 하는 것으로 되어 있다. 그러나 『작법귀감』은 처음 '대종 28추'가 포함되어 있어 차이를 보인다. 그러나 현행 의식에서는 모두 생략되어 거행되고 있지 않다. 본 의식의 차비差備 중 명발은 현행 「영산재」 의식 중 상단을 거행하기 전 거행하는 것으로 그 전거를 찾을 수 있다.

194 『한불의서』 제3집, p.55.

195 『한불의서』 제3집, p.414.

196 『釋門儀範』 下, p.94.

이것에 비추어 보더라도 본 '할향'은 상단의식의 시작이므로 앞으로는 선행되어야 할 것으로 본다.

현행 거행되고 있는 의식을 살펴보면, 먼저 태징으로 시작쇠(거불쇠)를 한 마루 울려주고 나면 한 분의 스님이 향을 손에 받쳐 들고 상단을 향해 서서 '할향'을 홑소리로 거행하며, 소리를 마침과 동시에 향을 상단에 올린다. 이때 바라지가 태징을 세 망치 울려준다. 그러나 대부분 소리를 짓지 않고 탄백성의 형태로 쓸어 젓순는다.[197]

2. 연향게燃香偈

계정혜해지견향戒定慧解知見香
계향, 정향, 혜향, 해탈향, 해탈지견향이

변시방찰상분복遍十方刹常芬馥
시방세계 두루하며 한결같이 향기롭네.

원차향연역여시願此香煙亦如是
원하오니 이 향의 연기도 그와 같아서

훈현자타오분신熏現自他五分身
훈하옴에 우리 모두 오분법신 나투어지이다.

본 항은 앞의 '할향'의 내용에 이어 부처가 갖추고 있는 오분법신을 향에 견주어 그 덕상을 나타내고 있으며, 그 덕용德用으로 중생에게도 본래 갖추어진 오분법신이 나타나도록 하는 의식이다.

『오종범음집』에서는 증명법사의 관상법에 대해 자세히 설명하고

197 송암 스님의 점안의식 강의 내용.(1996년 4월 26일)

있어 본문의 목적을 잘 나타내고 있다.

향게를 거행할 때 증명법사는 향의 연기가 오분법신향으로 변하는 것을 생각한다. 등게를 할 때는 이 등이 자비와 희사를 내어 능히 보리심의 등이 됨을 관상하고, 할화를 할 때는 이 삼밀의 묘력으로 무량한 좋은 일이 모두 원만하여 하나의 향, 하나의 등, 하나의 꽃이 모두 시방에 변만하고 운운.[198]

본 게송의 전거가 되는 경전들의 내용을 살펴보면 다음과 같다.

| 경전 | 내용 |
|---|---|
| 『불설욕상공덕경』 | 戒定慧解知見香 遍十方刹常芬馥 願此香煙亦如是 迴作自他五種身[199] |
| 『욕불공덕경』 | 戒定慧解知見香 遍十方刹常芬馥 願此香煙亦如是 無量無邊作佛事[200] |
| 『신집욕상의궤』 | 戒定慧解知見香 遍十方刹常芬馥 願彼香煙亦如是 無量無邊作佛事[201] |
| 『석씨요람』 | 戒定慧解知見香 遍十方界常芬馥 願此香煙亦如是 無量無邊作佛事[202] |

198 『한불의서』 제2집, p.183, "香偈時, 證明想此香烟, 變成五分法身香. 燈偈時, 觀想此燈 悲捨所出, 能成菩提心. 燈花偈時, 想此三密妙力, 無量善事, 悉今圓滿, 一香一燈一花, 皆遍十方云云."

199 『佛說浴像功德經』(大正藏 16, p.799b).

200 『浴佛功德經』(大正藏 16, p.800c).

201 『新集浴像儀軌』(大正藏 21, p.488c).

202 『釋氏要覽』(大正藏 54, p.276a).

그러나 논의가 필요한 대목은 게송의 내용이다. 위 경전들의 내용과 같이 제4구의 내용이 '회작자타오종신迴作自他五種身'과 '무량무변작불사無量無邊作佛事'로 나뉜다. 그러나 의식집은 대부분 '훈현자타오분신熏現自他五分身'으로 기록되어 있다. 이 중 '회작자타오종신'과 '훈현자타오분신'은 내용상 큰 차이는 없으며, '무량무변작불사'의 내용은 오히려 더 포괄적이라고 할 수 있다. 이와 같이 의식문과 경전의 내용이 다른 경우에 어떤 것을 중심으로 해야 하는지 의문이 들 수 있다. 그러나 의식문의 내용이 경전과 일치하면 좋겠지만 반드시 그렇게 해야 할 이유는 없다. 그것은 경전의 내용을 의식의 주제에 알맞게 활용하여 의식문을 만들었기 때문이다.

의식은 선창자와 대중이 함께 거행하며 소리는 홑소리이다. 제1구와 제3구는 선창자가, 제2구와 제4구는 대중이 거행한다. 즉 제1구는 선창자가 거행하고 제2구는 대중이 기립하여 함께 거행한다. 이와 같은 방법으로 제3구와 제4구를 거행하며 소리 중간 중간에 태징이 함께 한다. 소리를 마치고 나면 마침쇠 세 망치를 울려준다.

### 3. 할등喝燈

달마전등위계활達磨傳燈爲計活
달마께선 전등으로 생활을 삼으셨고

종사병촉작가풍宗師秉燭作家風
종사께선 등을 밝혀 가풍을 지으셨네.

등등상속방불멸燈燈相續方不滅
등과 등이 이어져서 꺼지지 아니하니

대대유통진조종代代流通振祖宗
대대로 유통하여 조사 종지 떨치리라.

등은 무명을 꿰뚫어보는 깊은 지혜인 반야를 상징한다. 그러므로 등을 밝힌다는 것은 부처님의 깨달음이 선조사들을 통해 현재까지 이어지고 있음을 상징하는 것이며, 본 의식은 그것을 찬탄하고 있다.

의식은 홑소리로 독창하며, 소리를 마치고 나면 마침쇠 세 망치를 울려준다.

4. 연등게燃燈偈

대원위주대비유大願爲炷大悲油
큰 원으로 심지 삼고 큰 슬픔으로 기름 삼으며

대사위화삼법취大捨爲火三法聚
큰 희생으로 불을 삼으니 삼법이 모였네.

보리심등조법계菩提心燈照法界
보리심의 등불이 법계를 비추니

阿阿吽 (아아훔)

조제군생원성불照諸群生願成佛
모든 중생 고루 비춰 부처를 이루소서.

본 항은 위의 '할등'의 내용에 이어 대원大願과 대비大悲, 그리고 대사大捨의 삼법三法으로 이루어진 지혜의 등을 밝혀 모두 성불을 이루고자 발원하고 있다.

의식은 대중이 동음으로 창화하며 소리는 탄백성으로 거행한다. 제1구와 제2구를 각각 마치고 나서 태징 세 망치씩을 울려주고, 제3구와 제4구를 연이어 마친 후 다섯 망치의 쇠를 친 후, 몰아띠는 쇠와 마침쇠 세 망치를 울려준다.

5. 할화喝花

모란화왕함묘유牧丹花王含妙有
모란은 꽃 중에 왕이라 묘한 향기 머금었고

작약금예체분방芍藥金蘂體芬芳
작약의 금색 꽃술 그 본체가 향기롭네.

함담홍련동염정菡萏紅蓮同染淨
봉긋한 붉은 연꽃 더러움에 물들지 않고

갱생황국상후신更生黃菊霜後新
다시 핀 노란 국화 서리 뒤에 새로워라.

본 항은 꽃 공양을 올리기에 앞서 꽃을 불법에 대비시켜 찬탄하는 의식이다.

의식은 바라지가 홑소리를 거행하며 소리를 마치고 나면 마침쇠 세 망치를 울려준다.

6. 서찬게舒讚偈

아금신해선근력我今信解善根力
제가 이제 믿고 알게 된 선근력과

급여법계연기력及與法界緣起力
법계의 연기하는 힘과 더불어

불법승보가지력佛法僧寶加持力
불법승 삼보께서 가지하시는 힘으로

소수선사원원만所修善事願圓滿
선행 쌓은 일들이 원만하길 바라나이다.

본 항은 '할화'에 이어 꽃 공양을 올리는 의식이다. 한 송이 꽃이 피기까지 수많은 여건과 조화가 필요하듯, 성불이라는 결과가 있기까지 신信·해解·행行 등 구비해야 하는 많은 여건이 있음을 말하며 원만성취를 발원하고 있다.[203]

의식은 대중이 동음으로 창화하며 소리는 탄백성으로 거행한다. 소리를 마치고 나면 다섯 망치의 쇠를 친 후, 몰아띠는 쇠에 이어 마침쇠 세 망치를 울려준다.

이상과 같이 '할향'에서 '서찬게'까지 여섯 게송을 살펴보았다. 본문의 내용은 『범음산보집』에서 기록된 "삼등게후삼귀의三燈偈後三歸依"와 『작법귀감』에 기록된 "삼등게三燈偈"에 바탕을 두어 의식 내용에 포함시켰음을 밝힌다. 또한 『요집』에서는 "할향, 연향게, 할등, 연등, 할화, 서찬게 불찬"[204]이 모두 기록되어 있어 삼할향과 삼등게를 모두 거행함

203 심상현, 「靈山齋 成立과 作法儀禮에 關한 研究」, 박사학위논문(위덕대학교, 2011), p.200.

204 『한불의서』 제4집, p.554.

을 알 수 있다. 이때 '삼할향', '삼등게'는 세 가지 종류의 할향과 세 가지 종류의 등게라는 뜻으로 삼할향은 할향, 할등, 할화이며, 삼등게는 연등게, 연향게, 서찬게이다. 이 삼할향과 삼등게는 「영산재」에서도 한 세트로 구성되어 있다. 그러므로 위의 의식문에서 비록 '삼등게'만 기록되어 있지만 여기에는 삼할향이 포함된 것으로 보아야 할 것이다. 또한 『석문의범』에서는 '할향'과 '등게'만 기록되어 있다. 이것은 앞서 밝혔듯이 많은 의식문을 수록하고 있어, 생략된 내용이 많은 것을 감안한다면 삼할향과 삼등게의 개념을 축약시켜 표현한 것으로 보인다.

### 7. 삼귀의三歸依

#### (1) 불보찬佛寶讚

##### ① 불찬佛讚

자재치성여단엄自在熾盛與端嚴
자재와 치성과 단엄이며

명칭길상급존귀名稱吉祥及尊貴
명칭과 길상과 또한 존귀함이라.

여시육덕개원만如是六德皆圓滿
이와 같이 여섯 가지 덕이 모두 원만하니

응당총호바가범應當摠號薄伽梵
한마디로 표현하면 바가범이십니다.

② 지심신례志心信禮

지심신례 불타야 양족존志心信禮 佛陀耶 兩足尊
지극한 마음으로 믿음 내어 복덕과 지혜 구족하신 불타께 예를 올립니다.

③ 삼각원三覺圓

삼각원만덕구三覺圓萬德具
삼각이 원만하고 만 가지 덕을 갖추시니

천인아조어사天人阿調御師
하늘과 사람을 지도하시는 스승이십니다.

阿阿吽(아아훔)

범성대자부凡聖大慈父
범부와 성인의 큰 자비의 아버지이시니

종진계 등응지從眞界 等應持
참된 세계로부터 오셔서 평등하게 응하시고,

비화보悲化報
자비의 마음을 지니신 보신으로 화하셨네.

수궁아 삼제시竪窮阿 三際時
종(시간)으로는 과거, 현재, 미래를 다하시고

횡변시방처橫偏十方處
횡(공간)으로는 시방세계에 처하시며

진법뇌 명법고震法雷 鳴法鼓
법을 설하심에 우뢰와 같은 법고를 울리시어

광부아 권실교廣敷阿 權實敎

널리 권교(방편)와 실교(진리)를 펼치십니다.

阿阿吽(아아훔)

대개방편로大開方便路
크게 방편의 길을 여시옵니다.

약귀의若歸依
만약 귀의하오면

능소멸지옥고能消滅地獄苦
능히 지옥의 고통을 소멸하게 될 것입니다.

본 항은 불보를 찬탄하고 예경하며 귀의를 밝히는 것을 내용으로 하고 있다.

의식을 살펴보면, 먼저 '①불찬'은 홑소리로 거행하며 소리를 마치고 나면 마침쇠 세 망치를 울려준다. 다음 '②지심신례'는 짓소리로 대중이 동음으로 창화하고, 바로 이어 '③삼각원'은 홑소리에 맞추어 작법을 행하는데 이것을 '삼귀의작법'이라고 한다. '삼귀의작법'의 소리는 다게성과 오공양성, 짓소리 등으로 구성되어 있으며, 작법을 마치고 나면 몰아띠는 쇠를 울린 후 요잡바라를 거행하고, 요잡바라를 마치고 나면 쇠를 한 마루(거불쇠) 울려준다.

'삼귀의작법'이라고 한다면 불·법·승의 내용이 다 포함되어야 마땅하나 뒤에 이어지는 '법찬'과 '승찬'은 작법을 따로 거행하지 않는다. 그러므로 본 삼귀의작법은 삼귀의를 대표하는 내용으로 이해하는 것이 좋을 것 같다.

### (2) 법보찬法寶讚

#### ① 법찬法讚

계경응송여수기契經應頌與授記
계경이며 응송, 그리고 수기

풍송자설급연기諷誦自說及緣起
풍송과 자설에 연기 더하고

본사본생역방광本事本生亦方廣
본사며 본생, 게다가 방광

미증비유병논의未曾譬喩幷論議
미증과 비유와 논의입니다.

#### ② 지심신례志心信禮

지심신례 달마야 이욕존 志心信禮 達摩耶 離欲尊
지극한 마음으로 믿음 내어 욕심을 여의신 법보께 예를 올립니다.

#### ③ 보장취寶藏聚

보장취옥함축寶藏聚玉函軸
보배 창고에 수납된 옥함 속의 경전은

결집아어서역 아아훔 結集阿於西域 阿呵吽
서역에서 결집되었고(아아훔)

번역전동토飜譯傳東土
이를 번역하여 동토에 전하시니

조사홍현철판祖師弘賢哲判
조사님들이 널리 알리고 명철하게 판단하여

성장소成章疏
장과 소를 이루었습니다.

삼승아분돈점三乘阿分頓漸
삼승을 돈과 점으로 나누시고

오교정종취五教正宗趣
오교의 종취를 결정하시니

귀신흠용천호鬼神欽龍天護
귀신들이 공경하고 용과 천신이 보호합니다.

도미아導迷阿
이 법보는 미혹한 사람을 인도하는 것으로서

표월지 아아훔標月指 阿呵吽
달을 가리키는 손가락 같고(아아훔)

제열침감로除熱斟甘露
열을 식히는 감로수가 담긴 잔과 같으니

약귀의若歸依
만약 귀의하오면

능소멸아귀고能消滅餓鬼苦
능히 아귀의 고통을 소멸하게 될 것입니다.

본 항은 법보를 찬탄하고 예경하며 귀의를 밝히는 것을 내용으로 하고 있다.

법찬은 부처의 일대교설을 경의 성격과 형식으로 구분하여 열두 가지로 나누어 설명하고 있으며, 이 가운데 계경, 응송, 풍송은 경문經文의 형식을, 나머지 아홉 가지는 경문의 내용을 분류한 것이다.

의식을 살펴보면, 먼저 '①법찬'은 현행 거행되고 있지 않아 정확히 알 수는 없지만, 의식의 흐름상 탄백성으로 거행하면 무난할 것으로 생각된다. 또한 '②지심신례'는 짓소리로 대중이 동음창화 하고, '③보장취'는 허덜품, 다비성, 사구성으로 구성된 홑소리로 거행한다. 소리를 마치고 나면 마침쇠 세 망치를 울려준다.

### (3) 승보찬僧寶讚

#### ① 승찬僧讚

등지삼현병사과等地三賢幷四果
등지, 삼현, 사과와

보살성문연각승菩薩聲聞緣覺僧
보살, 성문, 연각승은

무색성중현색성無色聲中現色聲
인연 따라 몸도 받고 소리도 내니

대비위체이군생大悲爲體利群生
대자비로 몸 삼아 중생을 이롭게 하네.

#### ② 지심신례志心信禮

지심신례 승가야 중중존志心信禮 僧伽耶 衆中尊
지극한 마음으로 믿음 내어 대중들 중에 높으신 승보님께 예를 올립니다.

③ 오덕사五德師

오덕사육화려五德師六和侶
오덕을 갖춘 스승님과 육화를 갖춘 도반들이

이생아 위사업利生阿 爲事業
중생을 이롭게 하는 것을 업으로 삼으시고

呵呵吽(아아훔)

홍법시가무弘法是家務
법을 널리 전하는 것을 가업으로 삼아

피요진避擾塵
어지러운 티끌을 여의고

상연좌적정처常宴坐寂靜處
항상 고요하고 적정한 자리에 앉아서

차신아불취의遮身阿拂毳衣
거친 옷으로 몸을 가리고

충장채신우充腸菜莘芋
풀과 나물로 배를 채우십니다.

발항룡鉢降龍
발우로는 용을 항복받고

석해호錫解虎
석장으로는 싸우는 호랑이를 화해시키며

법등아상변조아아훔法燈阿常徧照呵呵吽
법의 등불을 항상 두루 밝히시고(아아훔)

조인상전부祖印相傳敷
조사의 법인을 서로 전하여 부촉하셨으니

약귀의若歸依
만약 귀의하오면

능소멸방생고能消滅傍生苦
축생세계에서 받는 괴로움을 소멸할 수 있을 것입니다.

〈繞匝 鳴鈸〉

승찬은 부처님과 그 가르침을 따라 살고자 하는 선한 모든 이들을 찬탄한 내용이다. 제1구와 제2구는 승보의 종류, 제3구와 제4구는 방편신을 나타내어 세상을 복되게 하는 승보를 찬탄하는 내용으로[205] 구성되어 있다.

다만 본문에서 말하는 '승'은 단순히 출가자를 말하는 것이 아니라 부처님에 버금가는 최고의 수행자를 일컫는다. 그러므로 마땅히 귀의의 대상이 되고 있음을 잘 나타내고 있다.

의식을 살펴보면, 먼저 '① 승찬'은 '법찬'과 마찬가지로 현행 거행되고 있지 않아 정확히 알 수는 없지만, 의식의 흐름상 탄백성으로 거행하면 무난할 것으로 생각된다. 또한 '② 지심신례'는 짓소리로 대중이 동음창화 하고, '③ 오덕사'는 허덜품, 다비성, 사구성으로 구성된 홑소리로 거행한다. 소리를 마치고 나면 다섯 망치의 쇠와 몰아띠는 쇠를 울려 준 후 요잡바라를 거행하고, 바라를 마치고 나면 마침쇠 세 망치를 울려준다.

또한 의식문에서 '요잡' 다음 '명발'이 기록되어 있는데, 명발의 의미가 단순히 '바라를 울리는 것'을 의미하는지, 아니면 바라무의 일종인

---

205 졸고, 「불교의식의 作法舞 연구」, 석사학위논문(동국대학교, 2010), p.43.

'명발'을 의미하는 것인지는 확실하지 않다. 다만 현행 거행되는 모든 의식에서 단순히 바라를 울리는 것이 없는 것에 비추어 보면 바라무의 일종인 명발로 이해할 수 있다.

본 '삼귀의'의 내용에서 논구의 대상이 될 수 있는 부분은 본문의 내용이다. 현행 대부분의 의식문에는 아주 간단하게 기록되어 있어 본 항의 내용과 차이를 보이고 있다. 그러나 본문 전거는 의식문에서 찾을 수 있으며, 그 내용은 다음과 같다.

| 의식집 | 내용 |
|---|---|
| 『오종범음집』 | 時促則三至心 從容則三歸依如法擊象鳴鈸 |
| 『범음산보집』 | 三歸依忙迫則三至心繞匝鳴鈸合掌偈告香偈 |
| 『작법귀감』 | 三歸依忙迫則三至心總匝鳴鈸 |

위와 같이 『오종범음집』에서는 '시간이 촉박하면 삼지심을 하고 삼귀의를 여법히 거행하라'고 하였으며, 『범음산보집』에서는 '삼등게를 한 후 삼귀의를 한다. 바쁘고 시간이 촉박하면 삼지심을 하고 요잡의식을 하며, 명발을 한 후 합장게와 고향게를 한다'고 되어 있다. 두 의식문은 공통적으로 여법하게는 '삼귀의'를, 시간이 촉박하여 약례로 거행할 때는 '삼지심'으로 할 것을 설명하고 있지만 '삼귀의'와 '삼지심'의 내용은 생략되어 있다. 그러나 다행히 『오종범음집』에 수록된 「영산작법절차」[206]에서 삼귀의 내용이 기록되어 있어 본문의 내용으로 옮길 수 있었다. 한 가지 주의할 점은 '삼각원', '보장취', '오덕사'는 각각의 소제목이 아니다. 달리 제목은 없고 내용이 길어서 처음 시작하는

206 『한불의서』 제2집, p.184.

단어만을 취하여 내용을 구분하기 위해 제목처럼 사용하였으며, '지심신례' 또한 편의상 줄여 사용하였음을 밝혀둔다.[207]

또한 관련 자료를 보면 학조 스님이 편찬한 『진언권공』(1496년)[208]에 기록된 '삼귀의'는 불찬, 법찬, 승찬의 게송은 기록되어 있지 않았지만, 『작법절차』[209]에서는 불찬, 법찬, 승찬의 내용이 포함되어 있어 본문과 일치한다.

그리고 약례로 거행할 때의 '삼지심'은 무엇인가이다. 그것은 '지심신례 불타야 양족존至心信禮佛陀耶兩足尊 지심신례 달마야 이욕존至心信禮達摩耶離欲尊 지심신례 승가야 중중존至心信禮僧伽耶衆中尊'이라고 보는 것이 타당하다고 생각된다. 그 이유로는, 「영산재」 의식 중 '삼귀의' 거행 방법을 살펴보면 '지심신례 불타야 양족존, 지심신례 달마야 이욕존, 지심신례승가야 중중존'은 짓소리로 구성되어 있으나, 보통은 '지심신례 불타야 양족존'은 짓소리로 하지만 '지심신례 달마야 이욕존'과 '지심신례 승가야 중중존'은 짧게 쓰는소리로 한다.[210] 그러나 이보다도 더 짧게 거행할 경우에는 세 구절 모두 짧게 쓰는소리로 거행한다. 그러므로 세 구절의 앞 글자 '지심至心'을 따서 '삼지심三至心'으로 표현한 것으로 보인다.

이와 같이 '삼지심'으로 거행할 경우 의식 방법은 대중이 동음으로 창화한다. 첫 번째 '지심신례 불타야 양족존'을 쓰는소리로 한 후 마침쇠

---

207 현행 「영산재」 에서도 이와 같은 제목으로 사용되고 있다.

208 『眞言勸供』(『한불의서』 제1집), pp.444~447.

209 『作法節次』(『한불의서』 제4집), p.164.

210 졸고, 「불교의식의 作法舞 연구」, p.42.

세 망치를 울려주고, 두 번째 '지심신례 달마야 이욕존'은 첫 구와 동일하게 거행한다. 마지막 '지심신례 승가야 중중존'은 쓰는소리로 마친 후 태징을 한 마루 울려준다.

이상과 같이 '삼귀의'의 구성은 각각 불·법·승을 찬탄한 것으로 시작하여 지극한 마음으로 예를 올리고 귀의를 표명하는 내용으로 구성되어 있다. 이것을 표로 구분하여 보면 다음과 같다.

| | 佛 | 法 | 僧 |
|---|---|---|---|
| 찬탄 | 불찬 | 법찬 | 승찬 |
| 예경 | 지심신례 | 지심신례 | 지심신례 |
| 귀의 | 삼각원 | 보장취 | 오덕사 |

〈표 6〉 삼귀의 구성

8. 합장게合掌偈

합장이위화合掌以爲花
두 손 모으니 꽃봉오리 되고

신위공양구身爲供養具
온몸은 공양구가 되네.

성심진실상誠心眞實相
정성스런 이 마음과 진실한 모습으로

찬탄향연부讚歎香烟覆
향 연기 가득한 큰 법회를 찬탄하옵니다.

본 항은 깊은 신심을 바탕으로 능례자 스스로가 공양구임을 말하고 있다. 즉 '합장이위화合掌以爲花'는 신업身業공양이고, '성심진실상誠心眞實相'은 의업意業공양이며, '찬탄향연부讚歎香烟覆'는 구업口業공양을 말한다. 이와 같이 몸과 입과 뜻이 공양구가 되어 소례에 대한 깊은 신심과 찬탄을 표현한 것이라 하겠다.

그러나 본문의 내용은 경전에 나타난 내용과 약간의 차이를 보이고 있다. 제1구의 '합장이위화合掌以爲花'는 '합장이위화合掌以爲華'와 '합장위화만合掌爲花鬘'으로 나타나며, 제3구인 '성심진실상誠心眞實相'이 '선심성실향善心誠實香'과 '선심진실자善心眞實者'으로 나타난다.

| 경전 | 내용 |
|---|---|
| 『대방광불화엄경수소연의초』 | 合掌以爲華 身爲供養具 善心誠實香 讚歎香煙布[211] |
| 『화엄경전기』 | 合掌以爲華 身爲供養具 善心眞實香 讚嘆香烟布[212] |
| 『고청량전』 | 合掌爲花鬘 身爲供養具 善心眞實者 讚歎香烟布[213] |

이와 같이 경전에서는 각기 다르게 기록하고 있으나, 점안의식문에는 대부분 본문의 내용과 일치한다. 그러나 이러한 글자의 변화는 시대적인 사상들이 적용되어 변화할 수 있으므로 그 변화에 대한 연구도 하여야 할 것으로 보며, 이는 앞으로의 과제로 남긴다.

의식은 홑소리로 거행되며, 소리를 마치고 나면 마침쇠 세 망치를 울려 준다.

---

211 『大方廣佛華嚴經隨疏演義鈔』(大正藏 36, p.180b).

212 『華嚴經傳記』(大正藏 51, p.169b).

213 『古淸涼傳』(大正藏 51, p.1096a).

### 9. 고향게告香偈

향연변부삼천계香烟遍覆三千界
향 연기 두루하여 삼천세계 덮었으며

정혜능개팔만문定慧能開八萬門
선정과 지혜로 팔만법문 여옵나니

유원삼보대자비唯願三寶大慈悲
바라오니 삼보님이시여, 대자비로

문차신향임법회聞此信香臨法會
신향임을 헤아리사 법회에 임하소서.

본 항은 '연향게燃香偈'에서 오분법신향五分法身香이 시방에 두루하며 모두에게 오분법신이 나투어지기를 이미 발원하였듯이, 법계에 두루한 향이 능례자의 신향信香임을 헤아려 소례이신 삼보님께서 강림해 주실 것을 아뢰는 의식이다.

의식은 법주와 대중이 함께 하는 것으로 제1구와 제3구는 법주가, 제2구와 제4구는 대중이 함께 거행한다. 제1구를 거행할 때 법주는 금강령을 울리며 거행한다. 이때 금강령의 방법은 두 가지로, 7언 중 앞의 두 자는 보통의 금강령 방법을 사용하며, 뒤의 다섯 자는 금강령을 거꾸로 들어 가슴 위에서 좌우로 흔들며 거행한다. 제1구의 마지막 글자를 소리할 때에는 바라지가 태징을 울려주며, 제2구는 대중이 함께 거행하고 부분 부분에 태징을 울려준다. 이와 같은 방법으로 제3, 4구를 거행한다. 소리를 마치고 나면 마침쇠 세 망치를 울려 준다.

10. 상부개계詳夫開啓

상부詳夫
자세히 살펴보건대

수함청정지공水含淸淨之功
물에는 만물을 청결하게 하는 공이 있고,

향유보훈지덕香有普熏之德
향에는 널리 냄새를 배게 하는 덕이 있습니다.

고장법수故將法水
그런 까닭에 법의 물을

특훈묘향特熏妙香
특별히 미묘한 향에 훈하여

쇄사법연灑斯法筵
이 법회의 자리에 뿌려

성우정토成于淨土
정토를 이루나이다.

본 항은 법수法水로써 도량을 청정하게 하고 장엄하고자 하는 의식이다. 그동안 도량을 청정 장엄코자 향, 화 등이 사용되었다면, 본 항에서는 처음으로 물이 등장한다. 본문에서도 알 수 있듯이 물에는 자체만으로도 청결하게 하는 공이 있으며, 향 또한 그 공능에 대해 이미 이전의 의식에서 찬탄한 바 있다. 이 두 가지를 합하여 얻어지는 것이 법수이니 그 공능을 짐작하고도 남을 것이다. 그러나 본 항은 법수에 대한 내용과 찬탄에 관한 것이지, 직접 물을 뿌리지는 않는다.

의식은 어산 중 일인이 홑소리로 거행하며 소리를 마치고 나면 마침쇠 세 망치를 울려준다.

11. 쇄수게灑水偈

관음보살대의왕觀音菩薩大醫王
관음보살님은 의사 중에 의사이며

감로병중법수향甘露瓶中法水香
감로병에 향기로운 법수 가득하니

쇄탁마운생서기灑濯魔雲生瑞氣
뿌리면 마의 구름 씻겨내고 서기 나타나며

소제열뇌획청량消除熱惱獲淸凉
온갖 열뇌 사라지고 청량함을 얻습니다.

본 항은 '상부개계'에 이어 법수를 지니신 관세음보살님과 법수의 공능을 찬탄하는 의식이다.

의식은 어산 중 일인이 홑소리로 거행하며 소리를 마치면 마침쇠 세 망치를 울려준다.

12. 복청게伏請偈

복청대중伏請大衆
엎드려 대중들께 청하옵건대

동음창화同音唱和
동음으로 창화하십시오.

신묘장구神妙章句
신비하고 묘한 글

대다라니大陀羅尼
대다라니를.

본 항은 대중들이 함께 '신묘장구대다라니'를 창화할 것을 청하는 의식이다.

현행 '복청게'는 두 가지로 구분된다. 첫째는 '복청대중伏請大衆 동음창화同音唱和 신묘장구神妙章句 대다라니大陀羅尼'이며, 둘째는 '복청대중伏請大衆 용의엄정用意嚴淨 광대원만廣大圓滿 무애대비심無礙大悲心 신묘장구神妙章句 대다라니大陀羅尼'로 구성되어 있는 '별복청게'이다. 이 명칭의 구분은 현행 대부분의 의식에서 주로 사용되는 앞의 것을 '복청게'라 하였고, 그것과 내용이 다르며 「영산재」, 「수륙재」, 「예수재」 등의 특별한 재에서 사용되는 것을 구분하기 위하여 뒤의 내용을 '별복청게'라고 부른다.

의식문에 나타난 복청게의 내용을 살펴보면, 『청문』(1529년)에서는 "대비신주일편大悲神呪一遍"으로 나타나 있으며, 『영산대회작법절차』(1634년)에서는 "복청대중송 대비동음창화 중동송伏請大衆誦 大悲同音唱和 衆同誦"[214]으로 기록되어 있다. 또한 『제반문』(1694년)에서는 "복청대중 용의엄정 신묘장구다라니"[215]로 기록하였고, 『작법귀감』에서는 "복청대중 용의엄정 신묘장구대다라니"[216]로 기록되어 있다. 또한

214 『한불의서』, 제2집, p.132.
215 『한불의서』, 제2집, p.479.

규장각 소장의 『작법귀감』(1929)에서는 "복청대중 용의엄정 광대원만 무애대비심 신묘장구 대다라니"[217]로 기재되어 있다. 이것을 표로 정리하여 보면 다음과 같다.

| 의식집 | 내용 |
|---|---|
| 『청문』 | 大悲神呪 一遍 |
| 『영산대회작법절차』 | 伏請大衆誦 大悲同音唱和 衆同誦 |
| 『제반문』(1694) | 伏請大衆 用意嚴淨 神妙章句陀羅尼 |
| 『작법귀감』 | 伏請大衆 用意嚴淨(或云同音唱和) 神妙章句大陀羅尼 |
| 『점안작법』 | 伏請大衆 用意嚴淨 神妙章句大陀羅尼 |
| 『작법귀감』(1929) | 伏請大衆 用意嚴淨 廣大圓滿 無礙大悲心 神妙章句大陀羅尼 |
| 『석문의범』 | 伏請大衆 同音唱和 神妙章句 大陀羅尼 |

이상과 같이 현재 '복청게'라고 하는 내용은 『석문의범』에서 나타나며, 그 외 『요집』 소수 「상주권공」에서 '복청대중 동음창화 신묘장구대다라니'[218]로 나타난다. 그러나 본문의 내용 중 '동음창화'라는 내용보다는 대부분 '용의엄정'으로 더 많이 사용되었음을 알 수 있다. 아마도 '동음창화'는 의식 진행을 위한 법주의 지시어가 본문으로 삽입된 것으로 생각된다.

그리고 '별복청게'는 '복청게'처럼 「영산재」, 「수륙재」, 「예수재」 등에서 두루 쓰여 용도는 별 차이가 없지만, 별칭대로 장엄한 의식에서 좀 더 '특별하게' 사용하기 위해 마련되었던 것으로 보이나,[219] 현행

216 『한불의서』, 제3집, p.376.

217 1827년 필사본. 규장각 소장.

218 『한불의서』 제4집, p.523.

의식에서는 많이 사용하고 있지 않는 실정이다. 그러나 별복청게의 내용은 이상적인 문구로 완성된 것으로 보인다. 그 이유는 경전의 이름에서 답을 찾을 수 있다. 『천수경』의 본 이름은 가범달마본 『천수천안관세음보살광대원만무애대비심다라니경』[220]이며, 그 외에도 몇 가지가 더 있다. "경전의 제목을 구분하면 '설주說主'이신 천수천안관세음보살과 '경명經名'인 광대원만 무애대비심 다라니경으로 나누어 볼 수 있다."[221] 『작법귀감』(1929년)에서 기록된 내용은 이와 같이 경명을 포함하고 있어 현재 전승되고 있는 '별복청게'의 전거가 되기도 한다.

의식은 어산 중 일인이 홑소리로 거행한다.

### 13. 천수千手

신묘장구대다라니神妙章句大陀羅尼

본 항은 실제로 앞서 찬탄하였던 법수를 시수하는 것으로 관세음보살의 위신력에 의해 도량이 청정해지는 것을 목적으로 거행되는 의식이다.

'천수'라는 의식이 처음 기록된 것은 『진언권공』 소수 「작법 절차」[222]

219 손인애, 「경제 〈복청게〉 계통 소리의 음악사적 연구」, 『한국음악사학보』 제48집(한국음악사학회, 2012), p.170.

220 『千手千眼觀世音菩薩廣大圓滿無礙大悲心陀羅尼經』(大正藏 20, p.106a).

221 심상현, 『함께 공부하는 千手經』(로터스, 2012), p.56.

222 손인애, 『京山制 불교음악』 I 개성지역 불교음악과의 관련성(민속원, 2013), pp.74-75. "이 의식집에는 '천수'라는 곡명의 소리가 〈쇄수게〉 다음에 나온다. …… 당시에도 지금과 같은 형태의 바라춤이 수반되었는지는 모르겠다. 그러나

이다. '천수'를 거행할 때의 의식을 살펴보면 『오종범음집』에서는 다음과 같이 설명하고 있다.

> 대중은 엎드려 청한다. 증명하시는 관음대사를 생각하면서 단정하게 도량에 처해서 미간에 광명을 놓고, 물속으로 들어가 성스러운 쓰임으로 두드러져서 법의 물에 이르러서 모두 다 청정함을 이루는 것이다. 그런데 반드시 물을 세 번 뿌리는 것은 왜 그런 것인가. 도량을 세 번 정화한 후 능히 불사를 짓는 것으로, 한 번은 전각 가운데에서 중생의 오염된 업을 멸하는 것이고, 한 번은 정원 가운데에서 식이 마음에 장애되는 것을 보내는 것이며, 한 번은 행랑 바깥에서 법계의 참된 경계를 넓힌 후에 모든 불보살님이 강림하시기를 바라는 것이다.[223]

또한 『작법귀감』에서는 다음과 같이 설명하고 있다.

> 법회에 모인 대중들은 다 같이 세 편 풍송하고, 다른 한쪽에서는 범음이 탁자 앞에 진입하여 향을 꽂는다. 왼손은 물에 담긴 그릇을 들고, 오른손으로는 버드나무 가지를 잡고 물을 찍어 떨어뜨리고 향에 훈 하는 의식을 세 번 한다. 그리고는 그 물을 세 번 저어서

---

늦어도 15세기 말에는 현행과 연계되는 〈천수바라〉가 존재했던 것으로 보인다."

223 『오종범음집』 소수 「영산작법」(『한불의서』 제2집), p.185, "伏請大衆云云. 證明想觀音端處道場, 放眉間光, 入水中以彰聖用, 法水所至, 皆成清淨. 洒水必限三回者, 何也. 三淨道場後, 能作佛事, 殿中一回, 滅衆生染緣. 庭中一回, 遣識心限碍, 廊外一回, 廓法界眞境後, 諸佛菩薩, 無不降臨, 云云."

뿌린다. 그런 다음 법당 안(堂內)을 한 바퀴 돌고, 그 다음에는 정중庭中을 한 바퀴 돌며, 마지막으로는 낭외廊外를 한 바퀴 돈다. 그리고 삼변정토에 비교하여 법당 안을 세 바퀴 도는 것도 가능하다. 천수주를 반드시 세 번 독송해야 하는 것은, 첫째는 온갖 더러운 인연을 멸하는 것이고, 그 다음은 식심의 제한과 장애를 제거하는 것이며, 맨 마지막은 법계를 넓혀 널리 퍼지게 하기 위해서다.[224]

이 중 물을 뿌리는 장소가 『오종범음집』에서는 '전중殿中, 정중庭中, 낭외廊外'로 기록되고 있다. 그러나 『작법귀감』에서는 '당내堂內, 정중庭中, 낭외廊外'로 기록되어 있어 '전중'과 '당내'가 차이를 보이나 의미는 같다. 또한 "삼변정토三變淨土에 비교하여 법당 안을 세 바퀴 도는 것도 가능하다"라고 하였는데 여기서 "삼변정토란 『법화경』「보탑품」에서 나오는 것으로, 시방세계에서 찾아오는 화신불을 수용하기 위해 세 번에 걸쳐 국토를 청정하게 하시고 늘리신 사실을 가리킨다."[225]

의식을 살펴보면, 먼저 천수를 세 편 거행하는 것을 원칙으로 하며,[226] 그 방법은 세 가지로 구분하여 거행할 수 있다.

---

224 『作法龜鑑』(『한불의서』 제3집), p.376, "法衆同諷三遍, 一邊梵音進入卓前揷香, 左手執水盂, 右手執楊枝, 滴水熏香三度, 因攪其水三度而灑之, 始匝堂內一巡, 次匝庭中一巡, 終匝廊外一巡, 以擬三變淨土. 或堂內三巡, 亦可千手, 必須三遍者, 初滅諸染緣, 次去識心限碍, 後擴周法界也."

225 백파긍선, 『작법귀감』, 김재두 역(동국대학교출판부, 2010), p.25. 각주 인용.

226 『불교의식각론』 V(한국불교출판부, 2001), p.82. "대비주는 반드시 세 편을 모시도록 하는데 그 이유는 '멸제염연滅諸染緣 거식심한애去識心限碍 확주법계擴周法界'이다."

①천수를 세 편 모두 평염불로 독송하는 방법.

②천수 두 편은 평염불로 독송하고, 한편은 범음으로 소리 지으며 바라무(천수바라)를 거행하는 방법.

③천수 세 편 모두 범음으로 소리 지으며 바라무(천수바라)를 세 번 거행하는 방법.

현행 의식 방법으로는 이 중 주로 ②의 방법을 취하고 있다. 앞서 『작법귀감』에서 "천수주를 반드시 세 번 독송해야 하는 것은"이라고 하여 진언의 횟수를 정확하게 할 것을 강조하고 있다. 이를테면 약례로 거행하는 것과 관련하여 『작법귀감』에서는 다음과 같이 부정적인 시각을 나타내고 있다.

> 또 혹자는 천수를 세 번 독송하는 것에 첫 번째는 주문 전체를 다 독송하고, 나중 두 번은 다만 마지막 구절만 독송한다고 하는데, 그래도 옳은 것인지 알지 못하겠다. 또 마지막 세 번째 독송할 때에 거듭해서 '신묘장구대다라니'라는 제목을 거론하는 것은 잘못이다. 잘 생각하도록 하라.[227]

천수바라[228]를 거행할 때는 태징, 북, 목탁, 호적이 함께 사용되며

---

227 『作法龜鑑』(『한불의서』 제3집), p.376, "又或有三遍, 而初遍通誦一呪, 後二遍, 但誦末后一句, 未知其可. 又終遍時, 更擧神妙章句大陁羅尼題者, 非也, 思之."

228 법현, 『불교무용』(운주사, 2002), p.53. "대중 스님들의 홋소리로 대비신주를 사물 가락에 맞추어 소리하고 이에 맞추어 바라무를 한다."

주로 두 명이 거행한다. 천수바라 태징 타법과 무보舞譜를 살펴보면 다음과 같다.

〈표 7〉 천수바라 태징 타법과 동작[229]

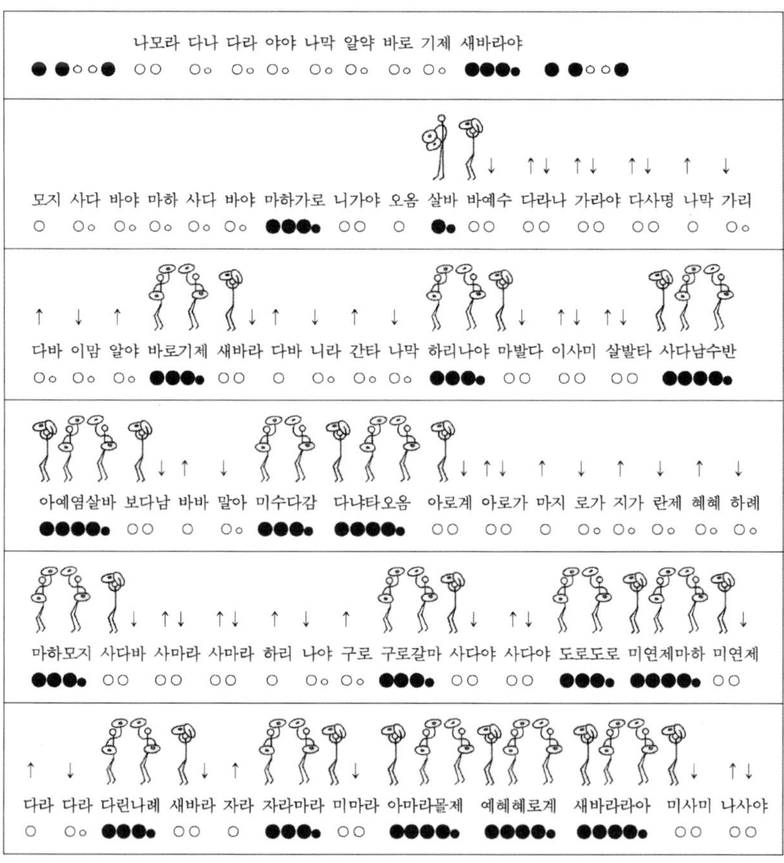


229 졸고, 「불교의식의 作法舞 연구」, pp.75~76.

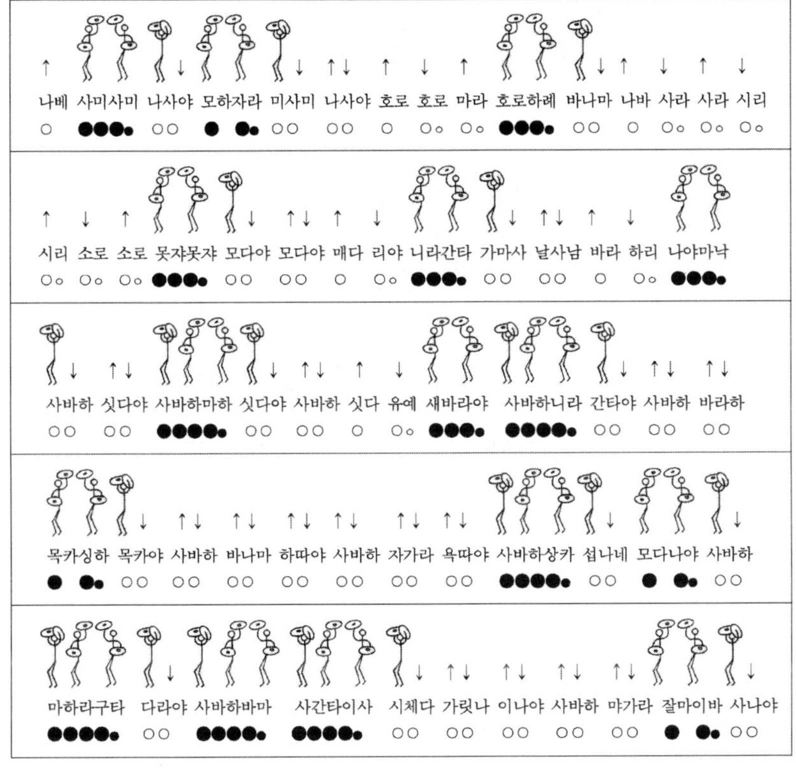


그리고 천수를 거행할 시 어산 중 범음은 불단으로 나아가 향을 올린 후 청수와 버드나무 가지를 들고 『오종범음집』과 『작법귀감』에서 밝히고 있는 방법으로 도량을 돌며 쇄수한다.

### 14. 사방찬四方讚

일쇄동방결도량一灑東方潔道場
동방에 물을 뿌려 청정도량 이루었고

이쇄남방득청량二灑南方得清涼
남방에 물을 뿌려 청량함을 얻었으며

삼쇄서방구정토三灑西方俱淨土
서방에 물을 뿌려 정토세계 이루었고

사쇄북방영안강四灑北方永安康
북방에 물을 뿌려 영원토록 편안하네.

본 항은 관세음보살님의 가지加持로 조성한 청정한 법수를 도량에 뿌림으로써 도량을 결계하여 정토화(삼변정토)되었음을 찬탄하는 의식이다.

『오종범음집』 소수 「영산작법」에서 기록된 사방찬의 내용을 소개하면 다음과 같다.

일쇄동방결도량(3만 8천 유순 안이 청유리세계로 변화되고 그 가운데 모든 경계가 다 청색 보배가 되어지이다.) 이쇄남방득청량(2만 7천 유순의 땅이 적유리세계로 변화되고 그 가운데 모든 경계가 다 적색 보배가 되어지이다.) 삼쇄서방구정토(4만 9천 유순의 땅이 백유리세계로 변화되고 그 가운데 경계가 다 백색 보배가 되어지이다.) 사쇄북방영안강(1만 6천 유순의 땅이 흑유리세계로 변화되고 그 가운데 모든 경계가 다 흑색 보배가 되어지이다.)[230]

---

230 『한불의서』 제2집, p.185, "一洒東方潔道場(三萬八千由旬之內 變爲青瑠璃世界 其中諸境 盡作青色珎寶云云) 二洒南方得淸涼(二萬七千由旬之地 變爲赤琉璃世界 其中諸境 盡作赤色珎寶云云) 三洒西方俱淨土(四萬九千由旬之地 變作白琉璃世界 其中諸境 盡爲白色珎寶云云) 四洒北方永安康(一萬六千由旬之地 變爲

의식은 어산 중 한 사람이 홑소리로 거행하며, 소리를 마치고 나면 마침쇠 세 망치를 울려준다.

15. 엄정게嚴淨偈

도량청정무하예道場淸淨無瑕穢
온 도량이 청정하여 더러운 것 없사오니

삼보천룡강차지三寶天龍降此地
삼보님과 천룡님은 이 도량에 내려오소서.

아금지송묘진언我今持誦妙眞言
제가 이제 묘한 진언 받아 지녀 외우오니

원사자비밀가호願賜慈悲密加護
바라건대 큰 자비로 가호하여 주옵소서.

본 항은 '사방찬'에서 찬탄하였듯이 도량이 청정해졌음을 알려 삼보와 천룡이 도량에 강림하여 줄 것을 아뢰며, 더불어 '묘진언'인 '대비주'를 전제로 가호해 주시길 기원하며 거행하는 의식이다.

또한 본 항의 제목은 보통 '도량게'라고도 하는데, 여기에서 '엄정게'라고 한 것은 대부분의 점안의식문에 '엄정게'로 수록되어 있기 때문이다.[231]

의식은 대중이 홑소리를 동음으로 창화하며 태징 소리에 맞추어

---

黑琉璃世界 其中諸境 盡作黑色珎寶云云)."

231 『청문』(1529)에는 '도량엄정道場嚴淨'으로, 『범음산보집』, 『작법귀감』, 『점안작법』에는 '엄정게嚴淨偈'로 수록되어 있다.

착복무를 거행한다. 이때 대중은 목탁의 인례로 착복을 중심으로 합장하여 우요右繞한다.

### (2) 업장참회

업장참회는 참석대중 모두가 성스러운 법 도량에 들어가 점안의식을 거행하기 위해 자신의 업장부터 소멸하여 청정한 상태로 돌아가기 위하여 거행된다. 의식은 참회게懺悔偈, 연비燃臂의 순으로 진행되며 절차는 다음과 같다.

16. 참회게懺悔偈

아석소조제악업我昔所造諸惡業
저희들이 과거부터 지어온 모든 악업

개유무시탐진치皆由無始貪瞋癡
모두 다 시작 없는 탐진치가 원인으로

종신구의지소생從身口意之所生
몸과 입과 뜻을 따라 끊임없이 지었기에

일체아금개참회一切我今皆懺悔
저희 이제 이 모두를 참회하옵니다.

본 항은 내결계內結界에 해당되는 것으로 그동안 지어 왔던 모든 죄업을 참회하여 정보正報의 청정을 목적으로 하는 의식이다. 본 의식은 『범음산보집』과 『작법귀감』에서는 '차참회게연비次懺悔偈然臂'로, 『석문의범』에서는 '참회게'로 제목만 보이나, 『점안작법』에서는 게송이 수록되어 있어 전거가 된다.

본 게송은 이참理懺을 수행하는 의식이다. 참회에는 이참과 사참事懺이 있다. 이참은 죄의 본성과 마음은 본래 공한 것이므로 죄에 대한 집착과 마음도 비워서 다시는 망상분별이 일어나지 않는 것, 즉 실상의 이치를 관하여 죄를 멸하게 하는 참회로 관찰실상참회觀察實相懺悔라고도 한다. 또한 사참이란 참회한다는 것을 생각이나 말로만 하는 것이 아니라 참회의 표현을 보이는 것, 즉 예불, 송경 등 신·구·의 행위로써 참회하는 것을 말한다. 이를 수분별참회隨分別懺悔라고도 한다. 본 내용은 『천태사교의』와 『불광대사전』에서 찾아볼 수 있다.

> 참회에는 두 가지가 있다. 하나는 이참이고 두 번째는 사참이다. 이참이란, 만약 참회하고자 하면 단정하게 앉아서 실상을 생각하는 것이다. 여러 가지 죄는 서리나 이슬과 같아서 지혜의 광명이 능히 녹여버린다는 것이 곧 이 뜻이다. 사참이란 주야 6시에 삼업을 청정히 함을 말한다.[232]

> 참회에는 이참과 사참 두 가지가 있다. 이참은 사참과 대칭되는 것으로서 또한 관찰실상참회라고도 한다. 즉 과거·현재에 지은 일체의 죄업은 마음으로부터 일어난다. 그러므로 만약 자기 마음의 본성이 공적함을 안다면 곧 일체의 죄와 복의 모습도 역시 모두 공적하다. 이와 같이 실상의 이치를 관찰함으로써 그 죄를 멸하는

---

232 『天台四教儀』(大正藏 46, p.779a), "悔者, 有二, 一理二事, 理懺者, 若欲懺悔者, 端坐念實相. 衆罪如霜露, 慧日能消除, 卽此義也. 言事懺者, 晝夜六時三業淸淨."

것을 이참이라 부른다. 사참은 또 수사분별참회라고도 한다. 몸으로는 예배하여 우러러 존경하고, 입은 곧 찬송하고 부르며, 마음은 곧 성스러운 용모를 생각하며, 과거와 현재에 삼업으로 지은 죄를 일반에게 널리 알린다. 작법과 취상참회는 사참에 속하고, 무생참회는 곧 이참에 속한다.[233]

이상과 같이 이참과 사참에 대해 살펴보았다. 다만 이참과 사참을 서로 분리하여 차별이 있는 각각의 개념으로 보아서는 안 되며 서로 상응한다는 것을 알아야 한다. 즉 이참에는 사참의 행위가 수반되어야 하고, 사참에는 이참의 정신이 전제되어야 한다.

의식은 '참회게성'으로 거행된다. 제1구와 제3구는 선창자가, 제2구와 제4구는 대중이 태징의 신호에 맞추어 동음으로 창화한다.

17. 연비燃臂

백겁적집죄百劫積集罪
긴긴 세월 쌓여 모인 태산 같은 많은 죄업

일념돈탕진一念頓蕩盡
참회하는 일념 중에 씻은 듯이 사라짐이

---

233 『佛光大辭典』(佛光大藏經編修委員會, 1989), p.4723中, "懺悔分事·理二種. 「理懺」爲「事懺」之對稱. 又作觀察實相懺悔 卽過去·現在所作之一切罪業皆由心起, 故若了知自心本性空寂, 則一切罪福之相亦皆空寂, 如是觀察實相之理以滅其罪, 稱爲理懺. 事懺, 又作隨事分別懺悔, 以身禮拜瞻敬, 口則稱唱讚誦, 意則存想聖容, 披露過去·現在三業所作之罪. 作法·取相懺悔屬事懺, 無生懺悔則屬理懺."

여화분고초如火焚枯草
한 점 불이 마른 섶을 순식간에 태움 같아

멸진무유여滅盡無遺餘
모두모두 사라져서 흔적조차 없어지네.

참회진언懺悔眞言

옴 살바몯다 모지 사다야 사바하
oṃ sarva buddha bodhi sattvāya svāhā
〈法主說示 造像緣起云〉

본 항은 진언과 연비를 통한 사참事懺을 거행하여 정세간(중생의 마음)을 청정히 하는 의식이라 할 수 있다.

본 진언의 전거는 『점안작법』에서 찾을 수 있다. 이 의식문에서는 본 항과 같이 '연비'를 제목처럼 사용한 다음 게송과 참회진언, 그리고 '대중일동 연비야 삼칠편大衆一同 燃臂也 三七遍'이라는 주를 달아 진언을 21편 거행할 것을 지시하고 있다. 이런 전거로 제목을 '연비'로 구분하였다. 또한 '연비'가 본 항의 제목으로 가능한 것은 게송의 내용과 참회진언이 모두 연비에 관계하고 있기 때문이다. 즉 '여화분고초如火焚枯草'는 연비의 공능을 시사하며, 참회진언은 연비를 하는 동안 지송해야 하는 진언이기 때문이다.

본 진언은 『진언권공』(1496년)[234]과 『진언집』(15세기말~16세기 초)에 기록되어 있다. 이것에 비추어 보면 기타 점안의식문에서 '연비'라고

234 『한불의서』 제1집, p.488.

기록된 내용에는 이미 '참회진언'을 포함하고 있는 것으로 생각된다.

의식은 평염불로 거행되며 대중이 동음으로 창화한다. 이때 대중은 호궤하고 팔뚝에 밀을 먹인 삼베로 된 심지를 세우고 불을 붙인 후 그 심지가 다 탈 때까지 진언을 지송한다.

또한 연비를 마치고 나면 법문을 할 수도 있다. 『범음산보집』에서는 '법주설시 조상연기운法主說示 造像緣起云'이라 주를 기록하고 있으며, 『작법귀감』에서는 '차 회주증시 조상연기 급 공덕次 會主證示 造像緣起 及 功德', 『석문의범』에서는 '법주설시 조상연기法主說示 造像緣起'라고 주를 달아 법문의 시점임을 확인할 수 있으며, 법주나 회주의 법문 내용은 조상의 연기와 공덕에 관한 것임을 짐작할 수 있다.

### 2) 결계의식

결계의식結界儀式은 시방의 삼보님과 천지 일체 허공계의 현성께 점안할 도량을 세우고자 함을 밝히고, 본격적인 점안에 앞서 결계를 목적으로 거행한다.

앞서 거행하였던 엄정의식은 일반 권공의식에서도 흔히 거행되는 의식이었음에 반해, 본 결계의식은 실질적인 점안을 위한 의식의 시작이라고 할 수 있다. 그러므로 점안을 성취하기 위한 진언들을 사용하기 위해 먼저 법장을 여는 진언을 거행하는 것으로 시작한다.

18. 개법장진언開法藏眞言

옴 아라남 아라다

oṃ āranam ārāt

본 항은 진리의 곳간인 법장을 열기 위한 의식이다. 아무리 훌륭한 보배가 있는 창고를 가지고 있더라도 스스로 그 문을 열고 그 보배를 꺼내 쓰지 않으면 그것은 쓸데없는 물건이 된다.[235] 그러므로 본 게송을 시점으로 하여 실질적인 점안을 위한 제 진언들을 본격적으로 사용하게 된다.

본 항의 전거는 『점안작법』(1919년)이며, 그 외의 점안의식문에서는 기록되어 있지 않다. 그러나 본 진언을 본문으로 포함한 것은 첫째, 경전을 독송하는 경우 사전에 '개법장진언'을 거행하는 것에서도 알 수 있듯이, 점안에 필요한 모든 진언들을 사용하기 위해서는 먼저 법장을 열어야만 가능하기 때문이다. 둘째, 의식집 자체가 갖는 가치이다. 즉 『점안작법』은 근세 세 분의 율사[236]로 이어져 실행되고 있는 의식집으로 가장 여법한 절차를 갖추고자 찬술된 것으로 생각되기 때문이다.

의식의 진행은 흐름상 법주가 거행할 것으로 생각된다. 제 진언들과 같은 방법으로 제목만 소리로 짓고, 진언을 지송할 때에는 금강령을 울려가며 거행한다. 다만 현행 거행되고 있는 의식 중 홑소리나 짓소리를 가지고 있는 게송이나 진언들은 재의 성격이 다르다고 하더라도 똑같은 방법으로 거행한다. '개법장진언' 역시 설법 시 거행되며 소리와

---

235 이성운, 『천수경, 의궤로 읽다』(정우서적, 2011), p.63.

236 해동율맥 제7대 율사이신 금해관영(錦海瓘英; 1856~1937년) 스님이 사서하여 소장하였던 것이 제9대 율사이신 묵담성우(默潭聲祐; 1896~1981) 스님으로 내려왔고, 이후 제11대 율사인 도월수진道月守眞 스님으로 전승된다. 현재 담양 용화사 소장.

작법무 모두 전승되고 있다.[237] 그러므로 법주가 거행하는 전자의 방법과 대중이 함께 거행하는 후자의 방법 중 어느 것이 타당한지 이견이 있을 수 있겠으나, 의식의 흐름상 법주가 거행하는 것이 더 타당하다고 생각된다.

### 19. 화취진언火聚眞言

옴 살바바바 보타나 하나 바아라야 사바하
oṃ sarvā pāpasphutada hana vajraya svāhā

본 '화취진언'은 복장의식에서 일차적으로 거행되었던 것으로, 불상에 삿된 기운이나 더럽혀진 모든 것을 소멸시키고 여래의 진실한 몸과 모든 상이 원만해지기를 바라면서 거행하는 의식이다.

『불설일체여래안상삼매의궤경』에서는 다음과 같이 설하고 있다.

> 만약 조성한 불상의 겉모습이 부족하거나 하면 불상을 경찬할 수 없고, 만약 상이 원만하지 못하면 저 중생들은 현재나 미래에 큰

---

237 졸고, 「불교의식의 作法舞 연구」, p.53. "설법의식 중 거행되는 개법장진언의 방법을 소개하면 다음과 같다. 먼저 청법게請法偈와 개경게開經偈 다음 개법장진언이 진행되는데, 이 개법장진언의 '옴 아라남 아라다'를 작법으로 하는 것을 '삼남태작법三喃呔作法'이라고 하고 짓소리와 다게성으로 구성되어 있다. 보통 진언은 3회 반복하게 되는데, 삼남태작법은 첫 번째 '옴 아라남 아라다'와 두 번째 '옴 아라남'까지는 짓소리로만 짓고, 두 번째 끝 부분인 '아라다'와 세 번째 '옴 아라남 아라다'는 다게성으로 구성되어 있으며 이 부분에서 착복무가 진행된다."

> 괴로움과 공포를 겪게 된다. 이렇기 때문에 일심으로 원만하게 조성하기를 구한다. …… 만약 조성을 마치고 나서도 오랜 기간이 지나도록 봉안하여 경찬하지 않으면 그 후에는 도리어 불길함을 얻는다. 설사 다시 어떤 사람이 공양 예배하여도 종래는 복과 이익이 없다. 마치 지혜 없는 사람이 사람의 모습을 갖추지 못하여 세상 사람들이 업신여기는 것과 같다. …… 이런 까닭으로 불상을 조성할 때에는 상호를 원만하게 갖추게 하여 모든 유정들로 하여금 큰 복과 이익을 얻도록 해야 한다. …… 조성된 불상을 동쪽을 향하여 안치하고 황의로 덮어씌우고 아사리는 관상한다. 불佛이 마치 하나의 불덩이 같다고 생각하고 화취진언을 일곱 번 외우며 백개자 약간을 던진다. '옴 살리부파파사 보타나 하나 바아라야 사바하.' 이 진언을 지송하고 나서 다시 여래의 진실한 몸과 모든 상이 원만함을 관상한다.[238]

이와 같이 화취진언의 성격과 방법을 잘 나타내고 있다. 그 중 백개자는 주로 호마의식에서 사용되는 것으로, 『소실지갈라경』에서는 "호마를 할 때는 백개자를 사용하고,"[239] "성취물은 두 가지 법으로 호마를

---

238 『佛說一切如來安像三昧儀軌經』(大正藏 21, p.933b-c), "若所造佛像儀相闕少不得安像慶讚 若儀相不圓 令彼衆生現世未來得大苦怖 是故一心求造圓滿 …… 若造像畢已經久時 而不行安像慶讚 於其後時反獲不吉 設復有人供養禮拜 終無福利 如無智人人相不具 令彼世間而生輕慢 …… 是故造像須具相圓滿 令安像慶讚儀軌具足 令諸有情得大福報 …… 所有佛像面東安置 用黃衣蓋覆 阿闍梨作觀想 想佛如一聚火 誦此眞言七遍擲白芥子 唵 薩哩嚩播波娑 普吒那 賀曩 嚩日囉野 薩嚩賀 誦此眞言已 復想如來如眞實身諸相圓滿."

행한다. 첫째는 수인이요, 둘째는 백개자로 한다"[240]고 기록하고 있다. 또한 『천수천안관세음보살광대원만무애대비심다라니경』에서는 "혹은 백개자를 가져 이 다라니 21편을 외우고 사방 상하로 흩어서 경계를 삼기도 하며"[241]라고 하여 백개자를 사용하는 목적을 잘 나타내고 있다.

이와 같이 백개자는 주로 호마의식에 사용되는데, 밀교의 호마작법은 내호마와 외호마의 두 종류가 있다. 내호마는 심중의 지화智火를 가지고 일체의 번뇌와 무지를 태워 없애는 정신적인 호마를 의미한다. 이에 반해 외호마는 의례적인 호마로, 실제 불을 지피기 위해서 단과 화로를 설치하고, 그 앞에서 진언을 지송하며, 공양물을 화로 속에 던져서 천신과 불보살을 공양하는 것을 말한다. 외호마 작법에는 식재법, 증익법, 항복법, 경애법 등으로 나뉘어져 있다.

또한 호마에서 화염은 처음부터 끝까지 불기운이 꺼지지 않도록 해야 하고 의식이 끝난 뒤에도 불씨가 완전히 소화될 때까지 인위적으로 소화시키지 않는다.[242]

이상의 내용을 종합하여 보면, 본 화취진언은 불상의 결계를 목적으로 거행되는 것임을 확인할 수 있다. 즉 "불이 마치 하나의 불덩이 같다"고 관하는 것은 화취진언 자체가 불을 모아 큰 불덩이를 만드는 것이며, 백개자를 그 불에 던지는 것은 호마의 기능을 배가시키는

---

239 『蘇悉地羯囉經』(大正藏 18, p.613b), "護摩之時, 用白芥子."

240 『蘇悉地羯囉經』(大正藏 18, p.630c), "成就之物, 用兩種法爲作護, 一謂手印, 二白芥子, 令成就物速有驗故."

241 『千手千眼觀世音菩薩廣大圓滿無礙大悲心陀羅尼經』(大正藏 20, p.109b), "或取白芥子呪二十一遍, 擲著四方爲界."

242 허일범, 『密敎의 護摩와 灌頂』(대한불교진각종, 2004), p.99.

것으로 이해할 수 있다. 『일화자본초日華子本草』[243]에 의하면 백개자를 태워서 연기를 피우거나 복용하면 귀신이 붙는 것을 피할 수 있다고 하였듯이, 불상에 그 어떤 삿된 것도 남김없이 소멸시키고 또 다른 마魔의 기운이 침범하지 못하도록 하기 위함이다.

의식은 대중이 평염불로 지송한다. 다만 『불설일체여래안상삼매의궤경』에서는 일곱 번을 지송하라 하였고, 본 의식의 전거인 『점안작법』에서는 108편으로 기록되어 있어 차이를 보인다. 그러나 현행 의식에서는 주로 108편[244]을 지송한다. 이때 증명법사는 불상이 마치 하나의 불덩이 같다고 관상하고 백개자 약간을 던진다.

## 20. 도량결계道場結界

앙고仰告
우러러 고하옵니다.

시방 무진삼보十方 無盡三寶
시방의 다함없는 삼보님과

천지일체허공현성天地一切虛空賢聖
천지 일체 허공계의 현성께서는

불사자비不捨慈悲
자비심을 일으키어

---

243 북송北宋 때인 서기 968년과 975년 사이에 편찬된 것으로 원명은 『오월일화자집吳越日華子集』이며 총 20권임. 본서에서는 600여 종의 약초가 수록되어 있다.

244 송암 스님도 108편으로 거행하라고 하였다.

허수낭감許垂朗鑑
밝은 지혜를 드리워 주소서.

금차지자 시금강지今此地者 是金剛地
이제 이 땅은 금강지로서

아금욕립 점안도량我今欲立 點眼道場
제가 이제 점안할 도량을 세우고자

개비밀교 난사의법문開秘密教 難思議法門
헤아려서는 알 수 없는 비밀교를 열어서

고아결계故我結界
저희는 결계를 지어

호지불법護持佛法
불법을 보호하고 지키고자 하오니

선신왕등 급여일체善神王等 及與一切
천지의 선신왕들과 일체

천지영기天地靈祇
하늘과 땅의 모든 신은

수의이주隨意而住
뜻에 따라 머물러 주시옵소서.

본 항은 점안하기에 앞서 시방의 삼보님과 천지 일체 허공계의 현성께 점안할 도량을 세우고자 함과 점안하는 방법과 이유를 밝히고, 도량을 결계하여 점안이 성취될 수 있도록 증명하고 도와주실 것을 청하는 의식이다.

의식은 법주가 고하자에 맞추어 소리를 짓는데, 이때 소리는 안채비

소리 중 유치성으로 거행한다.

논의가 필요한 대목은 본 항의 제목에 관한 것이다. 각종 의식문에 나타난 내용은 같으나 제목을 달리하고 있기 때문이다. 의식문의 내용을 비교해 보자.

①『권공제반문』 소수 「점안문」에서는 '도량결계道場結界'로 되어 있다.

②『범음산보집』 소수 「불상점안작법」에서는 '앙고시방편仰告十方篇'으로 되어 있다.

③『작법귀감』 소수 「불상점안」에서는 '도량결계'로 되어 있다.

④『요집』 소수 「불상점안작법」에서는 별도의 제목이 보이지 않는다.

⑤『점안작법』 소수 「불상점안작법」에서는 '도량결계'로 되어 있다.

⑥『석문의범』 소수 「불상점안」에서는 '앙고편仰告篇'으로 되어 있다.

위의 제목들 중 '앙고편'이나 '앙고시방편'은 목적을 같이 하는 의식의 묶음을 의미하며, '도량결계'는 목적에 해당한다. 본 항의 제목을 '도량결계'로 한 것은 '앙고편'이나 '앙고시방편'과 같이 '~편'에서 "'편'은 대체로 제목, 지문, 게송, 진언 등을 합한 개념"[245]이기 때문에 '~편'보다는 '도량결계'가 제목으로 마땅할 것으로 생각된다.

또한 본 항이 거행되는 순서에도 차이점을 보이고 있다. 『범음산보

245 심상현, 『불교의식각론』 II(한국불교출판부, 2000), p.156.

집』, 『요집』, 『점안작법』, 『석문의범』에서는 '참회게' 이후에 거행하도록 되어 있고, 『권공제반문』과 『작법귀감』에서는 '도향진언' 이후에 거행하도록 되어 있다. 이것을 다시 정리하면 다음과 같다.

| 의식문 | 제목 | 의식순서의 차이 |
|---|---|---|
| 『권공제반문』 | 道場結界 | '도향진언' 이후 |
| 『범음산보집』 | 仰告十方篇 | '참회게' 이후 |
| 『작법귀감』 | 道場結界 | '도향진언' 이후 |
| 『요집』 | | '참회게' 이후 |
| 『점안작법』 | 道場結界 | '참회게' 이후 |
| 『석문의범』 | 仰告篇 | '참회게' 이후 |

위 도표와 같이 『권공제반문』과 『작법귀감』은 일치하지만, 대부분의 의식문에서는 '참회게' 이후에 '도량결계'가 진행되어야 한다고 되어 있다. 후자가 더 타당한 것으로 보인다.

### 21. 정지진언淨地眞言

결정기세간潔淨器世間
깨끗하고 정갈하온 산하대지 기세간은

적광화장인寂光華藏印
상적광토 화장세계 그대로의 모습이니

즉이정혜수卽以定慧水
선정과 지혜의 물 이 도량에 뿌리오며

관념이진법觀念離塵法
모든 티끌 여의게 할 참된 진리 관합니다.

唵 那唯婆阿多 薩婆達摩
옴 나유바아다 살바달마
oṃ rajopagatāḥ sarva-dharmāḥ

본 항의 전거는 『금강정일체여래진실섭대승현증대교왕경』[246]에서 찾을 수 있으며, 의보인 도량을 청정하게 하기 위한 의식이다.

'도량결계'에서 점안도량의 건립의지를 삼보님과 일체현성께 아뢴 만큼 남은 일은 실천으로 옮기는 것이다. 본 '정지진언'은 그 첫걸음이라 할 수 있다. 한 가지 눈길을 끄는 것은 진언의 힘에만 의지하는 것이 아니라, 여행을 준비하는 사람이 자신의 위치와 목적지를 확인하듯 방법을 거듭 확인하고 있다는 사실이다.

의식은 법주가 먼저 금강령을 한 번 흔들어 놓고 '정지진언'을 독창하고 나면 바라지가 태징을 세 번 울린 후 게탁성으로 거행한다. 소리를 마치고 나면 다시 태징을 세 번 울린다. 법주는 태징 소리에 이어 금강령을 흔들며 진언을 지송한다. 이것을 표로 정리하면 다음과 같다.

---

246 『金剛頂一切如來眞實攝大乘現證大教王經』(大正藏 18, p.311a), "結淨器世間 寂光華藏印 即以定慧手 觀念離塵法 眞言如是稱 唵(引)囉儒波誐怛薩嚩 達摩(引)."

| 순서 | 내용 | 의식방법 |
|---|---|---|
| 1 | 진언 제목 | 법주가 금강령을 한 번 흔들어 놓은 후 '정지진언' 독창. |
| 2 | 게송 | 바라지가 태징 세 망치 울린 후 게탁성으로 게송,<br>소리 마친 후 태징 세 망치. |
| 3 | 진언 내용 | 법주가 금강령 울려가며 진언을 지송. |

〈표 8〉 정지진언 의식 방법

이어지는 의식 중 본 항과 같은 현밀의식[247]의 형식, 즉 진언 제목과 게송, 그리고 진언으로 구성된 항의 의식은 이에 준한다.

## 22. 해예진언解穢眞言

唵 穌里摩里 摩摩里 穌穌摩里 娑婆訶
옴 소리마리 마마리 소소마리 사바하
oṃ śurimari mamari mari śuśuri svāhā

본 항은 도량을 청정하게 하기 위한 의식으로, 일정한 도량을 정리하면 부산물이 생기는데 이것까지 완전히 정리하는 의미를 담고 있다.

의식은 법주가 진행한다. 진언의 제목은 소리로만 짓고, 진언을 지송할 때에는 금강령을 울려가며 진행한다.

## 23. 정삼업진언淨三業眞言

쌍슬장궤이雙膝長跪已
두 무릎을 땅에 대고 장궤한 후

---

247 현교의 방식으로 아뢰고(게송), 밀교의 방식으로 염송하는 것(진언).

합장허심주合掌虛心住
두 손바닥 마주하고 빈 마음으로 머물면서

성심진진설誠心盡陳說
정성스러운 마음으로 진언을 베풉니다.

삼업일체죄三業一切罪
삼업으로 지은 일체의 죄 때문에

아종과거세我從過去世
이내 몸은 아득한 예로부터 시작하여

유전어생사流傳於生死
나고 죽는 물결 속을 이리저리 유전타가

금대대성존今對大聖尊
제가 이제 위대하고 존귀하신 성현님께

진심이참회盡心而懺悔
마음 다해 뉘우치고 반복 않길 다짐하며

여선불소참如先佛所懺
옛날 옛적 부처님께서 참회하신 것처럼

아금역여시我今亦如是
저도 지금 이와 같이 참회하고 있나이다.

원승가지력願承加持力
원컨대 부처님의 가지에 힘을 입어

중생실청정衆生悉淸淨
중생들도 모두 청정하여져서

이차대경고以此大敬故
이리하여 누구라도 크게 공경하게 되어

자타획무구自他獲無垢
모두 함께 무구청정 얻어지게 됩니다.

唵 娑縛婆縛 修多薩娑達摩 娑婆婆婆 修度哈
옴 사바바바 수다살바달마 사바바바 수도함
oṃ svabhāva śuddhā sarvadharma svabhāva śuddhohaṃ

본 항은 정보를 청정하게 하기 위한 의식이다. 즉 삼업을 정화하여 청정하게 하는 자기정화 의식이라고 할 수 있다.

본 의식문의 전거는 『관자재보살여의륜유가』[248]와 『십팔계인』[249]에서 찾아볼 수 있다. 또한 의식문인 『권공제반문』, 『작법귀감』, 『요집』, 『점안작법』은 모두 내용이 동일하나, 『석문의범』에서는 '삼업일체죄三業一切罪'와 '금대대성존今對大聖尊'의 내용이 '삼업일체중三業一切衆'과 '금아대성존今我大聖尊'으로 표기하고 있어 차이를 보인다.

의식은 '정지진언'과 같은 방법으로 거행한다.

## 24. 도향진언塗香眞言

진언행보살眞言行菩薩
진언을 수행하는 보살은

---

248 『觀自在菩薩如意輪瑜伽』(大正藏 20, p.207a), "雙膝長跪已 合掌虛心住 誠心盡陳說 三業一切罪 我從過去世 流轉於生死 今對大聖尊 盡心而懺悔 如先佛所懺 我今亦如是 願承加持力 衆生悉清淨 以此大願故 自他獲無垢."

249 『十八契印』(大正藏 18, p.781c), "雙膝長跪已 合掌虛心住誠心 盡說陳三業一切罪 我從過去世流轉於生死 今對大聖尊盡心而懺悔 如先佛所懺我今如亦是 願垂加持力衆生悉清淨 以此大願故自他獲無垢."

응당선수습應當善修習
당연커니 정성 다해 배워 익혀 행할지라.

도향편도수塗香遍塗手
양손 위엔 분말청향 고루고루 바른 뒤에

부용소향훈復用燒香熏
다시 향을 살라 안과 밖을 훈 하라.

唵 婆阿羅 彥諸或
옴 바아라 언제혹

본 항은 정보를 청정하게 하기 위한 의식이다. "도향은 예로부터 체취를 없앰을 목적으로 사용되어 오다가 신체를 청정하게 한다는 의미가 첨가되었다. 지금도 일본에서는 불교의식 전에 분말로 된 향을 '청향淸香'이라 하여 이것을 손에 바르고 손에 입을 댄 채 깊이 숨을 들이켜 몸속까지 깨끗이 한다."[250]

본 내용은 『금강정일체여래진실섭대승현증대교왕경』에서 찾아볼 수 있다.[251] 또한 『약사여래관행의궤법』에 이와 관계된 내용이 있는데, 소개하면 다음과 같다.

다음 도향을 봉헌할 때 이와 같은 말로 서원한다. "이 향이 매우 향기로워 하늘의 묘한 향과 같사와 청정함을 보호하고 지니게 하옴

250 심상현, 『佛教儀式各論』 V(한국불교출판부, 2001), p.58.

251 『金剛頂一切如來眞實攝大乘現證大教王經』(大正藏 18, p.311a), "成三密三身眞言行菩薩 應當善修習 塗香遍塗手 復用燒香熏."

에, 제가 지금 봉헌하오니 오직 받아 들이사 원을 원만하게 하소서." 도향진언 왈 …… 이 진언을 외우며 향을 바른다. 진언을 외운 다음 깨끗하게 지녀서 여법하게 존상에 봉헌하고 "저도 도향으로 말미암아 다섯 가지 법신을 얻고, 원컨대 이와 같은 흐름에 들어서 오분법신과 같은 도향으로 극심한 괴로운 것을 갈아서 빛나게 하고, 모든 지옥을 파괴하여 없어지게 하며, 일체가 순일함에 이르게 하소서."[252]

의식은 '정지진언'과 같은 방법으로 거행한다.

### 3) 건단의식

본 건단의식建壇儀式에서는 정단淨壇을 건립하고자 재차 법계를 청정케 하기 위해 작단의식作壇儀式과 수법단을 결계하는 단상결계壇上結界가 진행된다. 또한 정보와 의보를 완벽하게 청정히 한 다음 보리심을 내어 삼보의 제존을 모시기 위한 실질적인 의식을 거행할 수 있는 요건을 갖추는 호신작법護身作法 등으로 진행된다.

252 『藥師如來觀行儀軌法』(大正藏 19, p.26c), "次獻塗香時 誓如是言 此香芬馥 如天妙香 淸淨護持 我今奉獻 唯垂納受 令願圓滿 塗香眞言曰 …… 誦此眞言塗香後誦所持眞言 淨持如法 奉獻於尊 我由獻塗香 當獲五法身 願從此等流 五無漏塗香 磨瑩熱惱者 奪破諸地獄 一切到炎蒸."

### (1) 작단의식作壇儀式

#### 25. 정법계진언淨法界眞言

라자색선백羅字色鮮白
범서 '라'자 그 빛깔은 곱고 깨끗한데

공점이엄지空點以嚴之
글자 위에 점을 찍어 이 글자를 장엄하니

여피계명주如彼髻明珠
저 계명주와 같아

치지어정상置之於頂上
정상에 있는 것과 같다.

진언동법계眞言同法界
'람'자 진언 지송하여 법계와 같아지면

무량중죄제無量衆罪除
한량없는 많은 죄업 남김없이 제거되니

일체촉예처一切觸穢處
일체 모든 더러운 곳 어느 곳을 막론하고

당가차자문當加此字門
마땅히 이 글자를 놓아두라.

南無 三滿多 沒多喃 覽
나무 사만다 못다남 람
Namo samanta-buddhānām raṃ

본 항은 정단淨壇을 건립하고자 재차 법계를 청정케 하는 의식이다.

본 항은 이중구조를 띠고 있다. 전반부는 주로 진언 '라'자의 외적인 범서의 모양새에 중점을 두고 있으며, 후반부는 내적인 공능功能에 중점을 두고 있다.

먼저 전반부에서는 법계를 깨끗이 하는 방법으로 오대종자[253] 중 하나인 '라羅'자를 문門으로 선택하였음을 말하고 있다. 이와 관련하여 『대일경』에서는 라자문에 대해 다음과 같이 설하고 있다.

> 일체제법은 일체의 온갖 티끌과 더러움을 떠나 있기 때문에 라자문이라 한다.[254]

> 진언행자는 마땅히 깨끗한 흰색을 우선으로 해야 한다. 경전에서 말하기를, 이 정법계로써 모든 중생을 청정하게 하는데 스스로의 몸은 여래와 같아 모든 허물을 떠나 있다. 이와 같이 관상하여 라자문을 사유하라. 고요하며 불꽃의 장식이 있는 맑은 달과 상카의 색이다.[255]

후반부에서는 '람'자의 내적인 공능을 말하고 있다. 수행자와 진언이 합일되어 법계를 정화한다면 원만히 성취될 수 있음을 말하고 있다.

---

253 『大毘盧遮那成佛經疏』(大正藏 39, p.586b), "卽是發起下文五字義也. 𑖀阿字門爲地 𑖪嚩字門爲水 𑖨囉字門爲火 𑖮訶字門爲風 𑖏佉字門爲空."

254 『大日經』(大正藏 18, p.10b), "囉字門, 一切諸法, 離一切諸塵染故."

255 『大日經』(大正藏 18, pp.22c-23a), "眞言者應以潔白爲先 說伽陀曰 以此淨法界 淨除諸衆生 自體如如來 遠離一切過 如是而觀想 思惟囉字門 寂然光焰鬘 淨月商佉色."

즉 한량없는 온갖 죄업들을 다 소멸시켜 청정하게 하고, 일체 모든 더러운 곳 어느 곳을 막론하고 '람'자의 공능이 적용됨을 주지시키고 있다. 또한 모든 진언이 각기 해탈을 향한 길이며 해탈로 통하는 문의 역할이 있듯이, '정법계진언'의 '람'자 또한 문으로 하여 법계를 청정히 할 것을 말하고 있다.

또한 『대일경』에서는 본문보다 좀 더 많은 내용이 기록되어 있어 살펴보면 다음과 같다.

> 囉字色鮮白, 空點以嚴之, 如彼髻明珠, 置之於頂上. 設於百劫中 所積衆罪垢由是悉除滅, 福慧皆圓滿彼眞言曰: 南麽三曼多勃馱喃覽. 眞言同法界, 無量衆罪除, 不久當成就, 住於不退地, 一切觸穢處, 當加此字門, "赤色具威光, 焰鬘遍圍繞."[256]
> …… 설령 백겁 중에 쌓은 온갖 죄의 더러움일지라도 이로 말미암아 모두 없어져서 복과 지혜가 모두 원만하게 되리라. …… 오래지 않아 불퇴지에 머물게 하니 …… 붉은색이 위광과 불꽃을 갖추고 두루 둘러싸리라.(밑줄 친 부분의 해석)

이와 같이 본 경전에 비해 의식문에서는 많은 내용이 누락되었으며, 게송 중간에 진언이 나타나 있음을 알 수 있다.

논의가 필요한 대목은 '정법계진언'이 어떤 위치에 있는지, 왜 이곳에 들어와 있는지, 전체적인 구성은 어떤지에 관한 문제이다. 「상주권공」이나 일반의식에서 '정법계진언'은 '개단진언'과 '건단진언' 뒤에 거행된

256 『大日經』(大正藏 18, p.47b-c).

다. 하지만 점안의식에서는 두 진언보다 먼저 거행한다. 이것은 「상주권공」이나 일반 의식에서 '개단진언'과 '건단진언' 후 '정법계진인'을 거행하는 것은, 단을 먼저 세우고 그 단을 청정히 하기 위한 마무리 단계로 뒤에 거행하는 것으로 이해할 수 있다. 그러나 점안의식에서는 '정지진언'과 '해예진언'에서 1차적으로 도량을 정비한 상태이므로 '정법계진언'에 의해 2차적 도량 재정비(준비의 단계)의 의미로 거행한다. 이어 '개단진언'에서 단의 문을 열고 '건단진언'에서 단을 설치한 후 그 뒤의 의식들이 진행되는 것으로 이해할 수 있다. 결국 '정법계진언'은 경우에 따라 앞에 나올 수도 있으며 뒤에 나올 수도 있는 것으로 볼 수 있다.

의식은 '정지진언'과 같은 방법으로 거행한다.

## 26. 개단진언開壇眞言

唵 跋折囉 糯嚧 特伽吒耶 三摩耶 八囉吠 舍耶吽
옴 바아라 노아로 다가다야 삼마야 바라베 사야훔
oṃ vajra dvārodghātāya sammaya pravesāya hūṃ

본 항은 "장차 태장에 이르는 관문격인 최외원最外院 외금강부원外金剛部院을 열고 들어가는 의식이다."[257] 본 진언에 관계된 내용은 『불설일체여래진실섭대승현증삼매대교왕경』에서 찾아볼 수 있다.

그 가운데 자리를 나누어 안포하고 나서 작법자는 평등함에 머물러

---

257 심상현, 『함께 공부하는 千手經』(로터스, 2012), p.154.

마음을 거둔다. 법에 의지해 주의하여 단문을 여는데, 단의 문을 열면 저 네 개의 금강문이 열리리라. 곧 개단문에 필요한 진언을 설하니, 옴 바아라 눌가 타야 삼마야 바라볘 사야훔.[258]

의식은 '정지진언'과 같은 방법으로 거행한다.

### 27. 건단진언建壇眞言

唵 難多難多 那地那地 難多婆里 沙縛訶
옴 난다난다 나지나지 난다바리 사바하
oṃ nanda nanda nati nati nanda-bhari svāhā

본 항은 태장만다라의 단을 설치하는 의식이다. 앞서 '개단진언'이 태장만다라 최외원을 열어 놓았다면, 본 진언은 불부, 금강부, 연화부인 태장 삼부의 단을 세우는 것을 목적으로 하고 있다.

태장만다라와 금강계만다라는 어떤 차이가 있는지 표를 통해 간단히 비교해 보면 다음과 같다.

---

258 『佛說一切如來眞實攝大乘現證三昧大教王經』(大正藏 18, p.376b), "其中分位安布已, 作法者住等引心, 依法注意開壇門, 彼金剛門開其四, 卽說開檀門所用大明曰: 唵嚩日嚕訥伽吒野三摩野鉢囉吠舍野吽."

| | 태장만다라 | 금강계만다라 |
|---|---|---|
| 소의경전 | 『대일경』 | 『금강정경』 |
| 밀교의 진리론 | 진리의 觀相 | 진리의 觀想 |
| 도시한 만다라 | 蓮華胎藏生만다라 | 金剛界만다라 |
| 기반 사상 | 여래장, 중관, 유식 | 여래장, 중관, 유식 |
| 세계관 | ・理의 세계(體)<br>이성이 모든 것에 내재하여 대비의 힘으로 잘 지켜져서 잘 자라게 되어, 마치 태아가 모태 안에서 자람과 같고 연꽃 씨가 꽃에서 자라는 것과 같은데 비유하여 理因, 本覺, 化他 등의 뜻을 나타냄.<br><br>・空性般若의 開示 | ・智의 세계(用)<br>지혜가 완벽하여 모든 번뇌를 쳐부술 수 있는 것을 금강에 비유하여 智・果・始覺・自證 등의 뜻을 나타냄.<br><br>・大悲方便의 具現 |

〈표 9〉 태장만다라와 금강계만다라 간략 비교[259]

그리고 『북방비사문다문보장천왕신묘다라니별행의궤』에 '건단진언'에 관계된 내용이 있어 살펴보면 다음과 같다.

> 작단진언 왈, 옴 난타난타 나지나지 난타파리 사바하. 만약 진언법을 수지하고 단을 짓게 될 때는 먼저 이 진언을 백팔 번을 지송하라. 대지와 토석이 있는 곳에도 가지하여 지송하고 일체 충의지류에도 미치게 하면 모두 이 땅으로부터 이주하게 되리니, 그리하면 그 땅은 청정함을 얻게 되고 단을 설치하는 도량이 되게 된다.[260]

---

259 심상현, 『佛敎儀式各論』Ⅴ(한국출판부, 2001), p.141; 金剛秀友 저, 원의범 역, 『密敎哲學』(경서원, 1982), pp.121~124 참고.

260 『北方毘沙門多聞寶藏天王神妙陀羅尼別行儀軌』(大正藏 21, p.230b-c), "作壇眞言曰: 唵 難馱 難馱 娜智 娜智 難馱 婆里薩嚩賀. 若有受持眞言法, 作壇時, 先誦此

논의가 필요한 대목은 진언의 제목이다. 본 진언의 출처는 『대비로자나성불신변가지경연화태장보리당표치보통진언장광대성취유가』[261]에서 찾아볼 수 있다. 이 경에는 진언의 제목이 '작단진언'으로 되어 있다. 또한 『청룡사궤기』[262]에도 '작단진언'이라는 제목이 보인다. 의식문에서도 진언의 이름을 다르게 표현하고 있는데, 비교해 보면 다음과 같다.

| | | |
|---|---|---|
| 경전 | 『대비로자나성불신변가지경연화태장보리당표치보통진언장광대성취유가』 | 作壇眞言 |
| | 『청룡사궤기』 | 作壇眞言 |
| | 『북방비사문다문보장천왕신묘다라니별행의궤』 | 作壇眞言 |
| 의식문 | 『권공제반문』 소수 「點眼文」 | 建壇眞言 |
| | 『작법귀감』 소수 「佛像點眼」 | 建壇眞言 |
| | 『요집』 소수 「佛像點眼作法」 | 入壇眞言 |
| | 『점안작법』 소수 「佛像點眼作法」 | 入壇眞言 |

이상에서 살펴본 바와 같이 진언의 제목이 세 가지로 달리 나타나고 있다. 경전에서는 주로 '작단진언'이라 하였고, 의식문은 '건단진언'과 '입단진언'으로 나뉜다. 우선 단을 건립하는 입장에서는 '작단진언'이나 '건단진언'이 제목으로 적합하다고 생각되어지지만 경전을 위주로 할

眞言一百八遍. 加持地及土石處, 所有一切蟲蟻諸類, 皆移避不在此住, 其地卽得淸淨, 堪置壇場."

261 『大毘盧遮那成佛神變加持經蓮華胎藏菩提幢標幟普通眞言藏廣大成就瑜伽』(大正藏 18, p.145c), "作壇眞言曰: 唵 難馱難駝 娜智娜智 難馱婆哩入 娑縛二合賀引."

262 『青龍寺軌記』(大正藏 18, p.172c), "次作壇眞言(如來拳印三轉加持壇)."

것인지, 아니면 의식문을 위주로 할 것인지가 문제가 된다. 이 부분은 앞으로 심도 있는 연구를 통해 보다 적합한 것으로 통일되어야 할 것이다.

의식은 법주가 진행한다. 진언의 제목은 소리로만 짓고, 진언을 지송할 때에는 금강령을 울려가며 진행한다.

### (2) 단상결계壇上結界

28. 결계진언結界眞言

唵 摩尼尾野曳 多羅多羅 吽吽娑婆訶
옴 마니미아예 다라다라 훔훔사바하
oṃ mani vijāye dhara dhara hūṃ svāhā

본 항은 단상결계를 목적으로 하는 의식이다. 결계의 종류에는 수법을 행하는 도량을 결호結護하는 도량결계道場結界가 있고, 수법단을 결계하는 단상결계壇上結界가 있다. 본 항은 '개단진언'과 '건단진언'을 통해 형성된 단을 결계하는 목적으로 거행되므로 단상결계라 할 수 있다.

그러나 본 항이 거행되는 시점은 의식문마다 차이를 보이고 있다. 그것을 살펴보면 다음과 같다.

| 의식집 | 의식순서 |
|---|---|
| 『권공제반문』 | 건단진언-도향진언-도량결계-결계진언-부동존진언 |
| 『작법귀감』 | 건단진언-도향진언-도량결계-결계진언-부동존진언 |
| 『점안작법』 | 도량결계-결계진언-정지진언-해예진언-부동존진언 |
| 『요집』, 『석문의범』 | 도량결계-건단진언-결계진언-부동존진언 |

이상에서와 같이 『요집』과 『석문의범』에서는 '건단진언' 다음으로 '결계진언'이 배치되었으나, 그 외의 『권공제반문』, 『작법귀감』, 『점안작법』에서는 모두 '도량결계' 후 '결계진언'이 배치되었고 보통 '건단진언' 다음에 거행하도록 되어 있다. 그렇다면 앞서 행했던 '도량결계'가 어느 시점으로 배치되어야 하는가라는 의문이 생긴다. 그러나 도량이 결계된 상태에서만 단을 세울 수 있으므로 『요집』과 『석문의범』의 구성이 적절하다고 생각된다.

의식은 법주가 진행한다. 진언의 제목은 소리로만 짓고, 진언을 지송할 때에는 금강령을 울려가며 진행한다.

### 29. 부동존진언不動尊眞言

혹이부동존或以不動尊
부동명왕께서는

성변일체사成辨一切事
일체의 모든 일을 성취하고 이루어

호신처영정護身處令淨
점안도량을 청정하게 하시고

결제방등계結諸方等界
반듯하고 평등한 불세계를 맺으시게 하시옵소서.

南謨三滿多 縛日羅南 戰那 摩訶盧舍那 薩婆多那吽 多羅陀 咸鍐
나모사만다 바아라남 전나 마하로사나 살바다야훔 다라다 함맘
Namaḥ samanta-vajrānaṃ caṇḍa-mahā-roṣaṇa sphāṭaya hūṃ traka hāṃ māṃ

본 항은 부동존진언에 의거하여 도량을 청정케 하는 의식이다. 다시 말해 부동존의 위신력으로 모든 일을 이뤄내며 호신처, 즉 점안도량을 청정하게 하여 결계가 완성됨을 목적으로 하는 의식이라 할 수 있다.

그렇다면 부동존의 어떤 모습이 도량을 청정히 할 수 있는 것인지에 대하여 경전에 보이는 부동존의 역량과 모습을 살펴보자. 『부동사자다라니비밀법』에는 다음과 같이 설하고 있다.

> 주呪의 공덕이 아직 성취되지 않아 다른 것에 의해 손괴될까 두려우면 마땅히 결계해야 한다. 만약 항상 공능을 가지하여 지송하면 부동사자가 몸을 나타내니 그 힘으로써 일체 귀신을 속박할 수 있고, 또한 일체 수목을 꺾어 부러뜨릴 수 있으며, 또한 공중에서 나는 새를 생각에 따라 떨어뜨릴 수 있고, 또한 용이 사는 소(용소龍沼)를 말려 고갈시킬 수 있다. 만약 외도와 논쟁하거나 악인들을 대적하면 모두 항복받을 수 있다.[263]

또한 『성무동존일자출생팔대동자비요법품』에서도 다음과 같이 설하고 있다.

> 부동존명왕진언을 송하고 이 법을 지어서 저 도적이 스스로 당연하게 다 멸해 버리고, 결정코 의심이 없게 하고, 곧 성부동명왕진언을

---

263 『不動使者陀羅尼祕密法』(大正藏 21, p.23a), "恐咒功未成爲他物所損, 耳當須結界 若常加功持誦, 不動使者現身, 力能縛一切鬼神, 亦能摧折一切樹木, 亦令空中飛鳥隨念而墜, 亦能乾竭龍湫, 若論議及對外道惡人皆能降伏."

설하여 밝게 송하라.[264]

본 게송의 전거는 다음 경전에서 찾아볼 수 있다.

| 경 전 | 내용 |
|---|---|
| 『대비로자나성불신변가지경』 | 或以不動尊 成辨一切事 護身處令淨<br>結諸方界等[265] |
| 『대일경지송차제의궤』 | 或以不動尊 成辨一切事 護身處令淨<br>結諸方界等 不動尊種子心曰[266] |
| 『대일경소묘인초』 | 或以不動尊 成辨一切事 護身處令淨<br>結諸方界等 不動尊種子心曰[267] |
| 『대일경공양차제법소사기』 | 或以不動尊 成辨一切事 護身處令淨<br>經諸方界等[268] |

그러나 위의 내용은 의식문에 나타나 있는 게송과 차이를 보이고 있다. 의식문인 『청문』, 『권공제반문』, 『작법귀감』, 『점안작법』, 『요집』에서는 '혹이부동존或以不動尊 성변일체사成辨一切事 호신처영정護身處令淨 결제방등계結諸方等界'로 제4구에서 글자가 바뀌어 있음을 알 수 있다. 이와 같은 경우 의미상 큰 차이는 없지만, 경전의 내용이

264 『聖無動尊一字出生八大童子祕要法品』(大正藏 19, p.30c), "誦不動尊明王眞言, 若作此法, 彼賊自當殄滅決定無疑, 卽說聖不動明王眞言, 明曰: 曩莫 三滿多 縛日囉赧 戰荼摩訶 嚕灑拏(發願某甲軍衆摧彼逆賊 願彼逆賊大敗 仍稱逆人名) 沙頗吒野吽怛囉吒 憾鉿."

265 『大毘盧遮那成佛神變加持經』 第七(大正藏 18, p.50a).

266 『大日經持誦次第儀軌』(大正藏 18, p.184b).

267 『大日經疏妙印鈔』(大正藏 58, p.227c).

268 『大日經供養次第法疏私記』(大正藏 60, p.777c).

일치하므로 경전의 내용인 '계등界等'으로 하는 것이 정확하다고 생각된다.

의식은 '정지진언'과 같은 방법으로 거행한다.

### (3) 호신작법護身作法

30. 호신피갑진언護身被甲眞言

용시엄신고用是嚴身故
갑옷을 입어 몸을 견고하게 장엄하니

제마위소장諸魔爲所障
모든 마군에게는 장애로운 바가 되고

급여악심류及與惡心類
내지는 나쁜 마음의 무리들이

도지함사산覩之咸四散
도망쳐 사방으로 달아나게 하옵소서.

唵 婆阿羅 阿尼婆羅 尼鉢多野 娑婆訶
옴 바아라 아니바라 닙다야 사바하
oṃ vajrāgni-pradiptāya svāhā

본 항은 법주를 위시하여 동참한 모두를 청정케 하는 의식이다. 호신이란 호신가지護身加持의 뜻으로, 밀교에서는 부처님의 자비가 사람의 마음에 전해져 사람이 그 자비를 깨닫는(가지加持) 법에 의해 몸을 지키는 것을 말한다. 피갑이란 투구와 갑옷을 걸치는 것을 말하고, 또한 보살의 수행에 대해 말하는 것으로 '금강불로 둘러싸서 능히 번뇌와 마군을 깨뜨리고 항복시킨다(금강화극위요金剛火極威耀 능최파번뇌지마군能摧破煩惱之魔軍)'는 의미를 지니고 있다. 또한 『섭대승론석』에서는 정진精進의 내용으로 피갑정진을 설명하고 있다.[269]

본 '호신피갑진언'의 전거는 『대비로자나성불신변가지경』에 다음과 같이 나타난다.

용시엄신고 제마위장자 급여악심류 도지함사산
用是嚴身故 諸魔爲障者 及餘惡心類 睹之咸四散[270]

더불어 『섭대비로자나성불신변가지경입연화태장해회비생만다라광대염송의궤공양방편회』[271]와 『대비로자나성불신변가지경연화태장비생만다라광대성취의궤공양방편회』[272]에서도 찾아볼 수 있다. 그러나 위 경전의 내용은 의식문과 다소 차이를 보이고 있다. 의식집 『요집』, 『점안작법』, 『석문의범』에서는 '용시엄신고用是嚴身故, 제마위소장諸魔爲所障, 급여악심류及與惡心類, 도지함사산覩之咸四散'으로 표기되어 있어 제2구인 '제마위소장諸魔爲所障'이 '제마위장자諸魔爲障

269 『攝大乘論釋』 卷7(大正藏 31, p.356c), "三諦察法忍, 精進三品者, 一被甲精進, 二加行精進 三無怯弱無退轉無喜足精進."

270 『大毘盧遮那成佛神變加持經』(大正藏 18, p.47b), "用是嚴身故, 諸魔爲障者, 及餘惡心類, 覩之咸四散."

271 『攝大毘盧遮那成佛神變加持經入蓮華胎藏海會悲生曼荼攞廣大念誦儀軌供養方便會』(大正藏 18, p.66c), "用是嚴身故, 諸魔爲障者, 及餘惡心類, 覩之咸四散."

272 『大毘盧遮那成佛神變加持經蓮華胎藏悲生曼荼羅廣大成就儀軌供養方便會』(大正藏 18, p.128b).

者'과 차이를 보이고 있음을 알 수 있다.

의식은 '정지진언'과 같은 방법으로 거행한다.

31. 항마진언降魔眞言

아이금강삼등방편我以金剛三等方便
내가 이제 금강 같은 세 가지 방편으로

신승금강반월풍륜身乘金剛半月風輪
몸은 금강 같은 반월풍륜에 오르고

단상구방남자광명壇上口放喃字光明
단 위에서 입으로 '남'자 광명을 놓아

소여무명소적지신燒汝無明所積之身
무명으로 만들어진 너의 몸을 태우리라.

역칙천상공중지하亦勅天上空中地下
또한 천상이며 공중이며 지하의

소유일체작제장난所有一切作諸障難
있는바 모든 장애 어려움을 없애리니

불선심자개래호궤不善心者皆來胡跪
착하지 않은 자는 모두 와서 무릎 꿇고

청아소설가지법음聽我所說加持法音
내가 설한 가지법음 들으라.

사제포악패역지심捨諸暴惡悖逆之心
포악하고 패역하는 마음 모두 버리고서

어불법중함기신심於佛法中咸起信心
불법 가운데서 모두 함께 신심을 일으켜

옹호도량역호시주擁護道場亦護施主
도량을 옹호하고 시주를 보호하여

강복소재降福消災
복을 내리고 재앙을 소멸하리.

唵 素摩尼 素摩尼 吽 紇里恨那 紇里恨那 吽 紇里恨那 跛那野 吽 阿那耶 斛 婆誐鑁 縛日羅 吽 發吒
옴 소마니 소마니 훔 하리한나 하리한나 훔 하리한나 바나야 훔 아나야 혹 바아밤 바아라 훔 바탁
oṃ sumbha nisumbha hūṃ gṛhna gṛhna hūṃ gṛhnapaya hūṃ anaya hoḥ bhagavan vajra hūṃ phat

본 항은 삼밀, 즉 손으로는 항마인降魔印을 맺고 입으로는 항마진언을 지송하며 마음으로는 자신을 본존이라 관한다. 이렇게 함으로써 행자와 본존의 삼밀이 가지하여 무명의 소산인 마군을 비롯하여 도업에 장애가 되는 모든 존재를 항복받고, 동시에 마군을 제도하게 된다. 퇴치의 대상은 무명일 뿐 그들 자체는 아니기 때문이다. 그러므로 그들로 하여금 불법 가운데 신심을 일으켜 지비천선知非遷善케 하여 도량과 불자를 옹호하는 호법선신으로 거듭나 자타이리自他二利의 길을 가도록 하려는 것이다.

본 내용은 경전에서는 나타나지 않으며 의식문에서만 보인다. 보통의 게송은 글자 수를 맞추어 구성되어 있는데 '항마진언'의 게송은 8언 12구로, 마지막 12구의 글자 수가 여덟 자가 아닌 네 자로 구성되어 있다. 이것은 매우 드문 경우로 글자가 빠진 것인지, 아니면 11구에

네 글자가 더한 것인지 조금 더 살펴보아야 할 것으로 생각된다. 그러나 『불교의식각론』 Ⅵ에서는 12구에서 네 글자가 탈락된 것으로 보고 네 글자를 보충하고 있다. 내용은 '여의성취如意成就'를 덧붙여 '강복소재여의성취降福消災如意成就'[273]로 의식을 베푸는 목적이 원만히 성취되기를 염원하는 의미를 담고 있다.

의식은 '정지진언'과 같은 방법으로 거행한다. 또한 의식이 집전되는 동안 증명법사는 새로 조성된 불상에 항마를 위해 팥을 뿌린다.

### 32. 발보리심진언發菩提心眞言

묘보리심여의보妙菩提心如意寶
미묘한 보리심 여의보와 같아

능만제원멸진로能滿諸願滅塵勞
능히 모든 원을 채워주고 티끌번뇌 없애주네.

삼매지념유차생三昧智念由此生
삼매와 지혜가 이로부터 생겨나니

시고아금근수호是故我今勤守護
그러므로 내가 이제 정성 다해 수호하리.

능발소발병발사能發所發幷發事
보리심을 내는 이와 받는 이, 그리고 원하는 일

여시삼발여향염如是三發如響焰
이와 같은 세 가지는 메아리 같은 불꽃이라.

---

273 심상현, 『의식각론』 Ⅵ(한국불교출판부, 2001), p.68.

원공법계제중생願共法界諸衆生
바라건대 이 법계의 모든 중생

동발무상보리심同發無上菩提心
한가지로 위없는 보리심을 내어지이다.

唵 母地地多 母多婆那野 美
옴 모디짓다 모다바나야 믹
oṃ bodhicitta bodha bhānayami

본 항은 정보와 의보를 완벽하게 청정히 한 다음 보리심을 내어 불부·연화부·금강부 등 삼부의 제존을 모시기 위한 실질적인 의식을 거행할 수 있는 요건을 갖추는 의식이다.

본 항에서는 보리심을 여의주에 비유하고 있다. 그 이유는 삼매의 지혜가 보리심으로부터 생겨나기 때문이며, 그러므로 수호해야 하는 이유를 밝히고 있다. 더불어 이 법계의 모든 중생이 위없는 보리심을 내기를 발원하고 있다.

본 항의 전거는 『대비로자나성불신변가지경연화태장보리당표치보통진언장광대성취유가』에서 찾아볼 수 있다.

정보리심여의보 능만제원멸진로 삼매지념유차생 시고아금근수호
淨菩提心如意寶 能滿諸願滅塵勞 三昧智念由此生 是故我今勤守護[274]

274 『大毘盧遮那成佛神變加持經蓮華胎藏菩提幢標幟普通眞言藏廣大成就瑜伽』(大正藏 18, p.144a).

그러나 의식문에 나타난 '발보리심진언'은 진언을 뺀 게송이 7언 8구로 되어 있는 반면, 위의 경전은 전4구의 내용만을 보이고 있다. 이와 같은 경우는 경전의 내용이 의식의 성격에 맞도록 보완되어 의식문으로 완성된 것으로 이해할 수 있다.

또한 『대일경』에서는 다음과 같이 설하고 있다.

> 청정한 보리의 마음, 뛰어난 보배의 서원을 제가 지금 일으켜서 뭇 중생들을 제도하겠나이다. 태어나는 괴로움 등에 얽매이고 무지하기 때문에 몸을 해치는 바 되니, 이들을 구제하고 귀의하면 받아들여 해탈케 하며 항상 마땅히 모든 중생들을 이롭게 하겠나이다.
> 발보리심방편진언 왈, 옴 모디짓다 모다바나야미.[275]

더불어 『섭대비로자나성불신변가지경입연화태장해회비생만다라광대염송의궤공양방편회』[276]와 『대비로자나경광대의궤』[277]에서도 같은 내용을 보이고 있다. 다만 위의 세 경전은 진언의 내용은 같으나

---

275 『大毘盧遮那成佛神變加持經』 卷七(大正藏 18, p.46b), "淨菩提心勝願寶 我今起發濟群生 生苦等集所纏繞 及與無知所害身 救攝歸依令解脫 常當利益諸含識. 發菩提心方便眞言曰 唵菩提質多母多播娜夜弭."

276 『攝大毘盧遮那成佛神變加持經入蓮華胎藏海會悲生曼荼羅廣大念誦儀軌供養方便會』(大正藏 18, p.65c), "淨菩提心勝願寶 我今起發濟群生 生苦等集所纏身 及與無知所害身 救攝歸依令解脫 常當利益諸含識 發菩提心方便眞言曰(縛印) 唵 冒地喞多 母怛播娜夜弭."

277 『大毘盧遮那經廣大儀軌』(大正藏 18, p.91a), "淨菩提心勝願寶 我今起發濟群生 生苦等集所纏繞 及與無知所害身 救攝歸依令解脫 常當利益諸含識 發菩提心眞言曰(用金剛縛印) 唵 冒地質多 母怛播娜夜弭."

진언 제목이 '발보리심방편진언'과 '발보리심진언'으로 차이가 있다.

또한 『금강정경유가관자재왕여래수행법』에서는 진언은 같으나 게송의 내용이 다르게 나타나 있다. 이 경전에는 '발보리심진언'을 독송해야 하는 이유에 대해 다음과 같이 설하고 있다.

> 우리의 본마음을 보니 깨끗한 달과 같이 원만하여서 다시 이렇게 사유하나니, 이 마음은 어디서 생겨나는가. 번뇌와 습기의 종자와 선악은 다 마음으로 말미암은 것이니, 마음은 아뢰야가 되어 청정하게 닦아서 인을 삼아도 객진이 가린 바가 되어서 능히 보리를 이루지 못하는 것이니, 곧 이 진언을 지송한다. 옴 모디짓다 모다바나야미.[278]

의식은 '정지진언'과 같은 방법으로 거행한다.

### 4) 소청의식

소청의식召請儀式은 태장만다라 삼부 소청의식, 금강계만다라 5부 소청의식, 신불新佛 소청의식, 옹호청擁護請, 강생降生과 예경禮敬 등으로 구분할 수 있다.

#### (1) 태장만다라 삼부 소청의식

본 항은 태장만다라의 삼부인 불부, 연화부, 금강부의 모든 제존들을

---

278 『金剛頂經瑜伽觀自在王如來修行法』(大正藏 19, p.77c), "當念須見心 圓滿如淨月 復作是思惟 是心從何生 煩惱習種子 善惡皆由心 心爲阿賴耶 修淨以爲因 爲客塵所翳 不能成菩提 卽誦此眞言 唵菩提質多母怛婆娜耶弭."

청하는 의식으로 집저진언, 집령진언, 동령진언, 불부소청진언, 연화부소청진언, 금강부소청진언 순으로 진행된다. 그 절차는 다음과 같다.

33. 집저진언執杵眞言

唵 婆阿羅 建帝彧
옴 바아라 건제혹

본 항은 금강저를 잡으며 지송하는 진언이다. 이것은 태장만다라의 삼부주존을 모실 때 마군을 비롯한 일체 저해되는 요소를 부수기 위해 금강저를 쓰는 것이다.

밀교의 수행법에서 금강저의 용도는 항마, 삼독 제거, 지혜 발현을 위한 행법에 쓰인다. 이와 같이 금강저가 지니고 있는 공능에 대해 경전에서 그 의미를 찾아보면 다음과 같다.

먼저 『수능엄경』에서 금강저에 대해 설하고 있다.

세존이시여, 이러한 악마와 악마의 권속들이 이 훌륭한 사람을 침범하여 흔들려고 한다면, 저희들은 보배의 금강저로 그 머리를 쳐부수어 가루(미진微塵)처럼 만들고 항상 이 사람이 닦는 일이 원대로 이뤄지게 하겠습니다.[279]

279 『大佛頂如來密因修證了義諸菩薩萬行首楞嚴經』 卷7(大正藏 4, p.138a), "世尊如是惡魔若魔眷屬, 欲來侵擾是善人者, 我以寶杵殞碎其首猶如微塵, 恒令此人所作如願."

그리고 『도부다라니목』에서는 금강저의 종류와 함께 5불, 5지, 십바라밀 등을 나타내고 있음을 설하고 있다.

> 금강저란 바로 보리심의 뜻이다. 능히 단斷과 상常의 두 극단적인 견해를 부수고 중도에 계합하여 십육 보살의 지위가 있으며, 또한 십육 공관의 중도를 나타내고 양변이 각각 오고저가 있고, 5불과 5지의 뜻과 또한 십바라밀을 나타낸다. 능히 열 가지 종류의 번뇌를 깨뜨려서 열 가지의 진여를 이루며, 문득 십지를 증득하여 금강의 삼업을 증득하고 금강지를 획득하며, 금강좌에 앉는다. 또한 이것은 일체지지이다.[280]

이 외에도 『대방광불화엄경』[281]과 『대장엄론경』[282]에서도 금강저의

---

280 『都部陀羅尼目』一卷(大正藏 18, p.900a), "金剛杵者是 菩提心義. 能壞斷常二邊, 契合中道, 有十六菩薩位, 亦表十六空爲中道, 兩邊各有五股, 五佛五智義, 亦表十波羅蜜, 能摧十種煩惱, 成十種眞如, 便證十地, 證金剛三摩地獲金剛智, 坐金剛座, 亦是一切智智."

281 『大方廣佛華嚴經』卷36(大正藏 4, p.830c), "善男子, 如金剛杵, 諸大力士, 皆不能持, 唯除有大那羅延力, 菩薩摩訶薩菩提心杵, 亦復如是, 一切二乘, 雖有大力, 皆不能持, 唯除菩薩, 廣大因緣堅固善力. 善男子, 譬如金剛一切諸物無能壞者, 而能普壞一切諸物, 無有障礙, 然其體性, 亦不損減, 菩薩摩訶薩菩提之心, 亦復如是. 普於三世無數劫中, 教化衆生. 修行苦行, 一切世間, 聲聞獨覺, 所不能及, 咸能作之, 然一切智, 大心金剛, 畢竟堅固, 無有損減, 不生疲厭, 亦無障."

282 『大莊嚴論經』卷14(大正藏 4, p.335a), "如來功德過於大地 …… 智金剛杵摧滅一切, 外道邪論, 能示解脫涅槃妙方, 得法自在不着世間, 於諸入處及諸煩惱能說對治, 得勝辯才善能分別一切諸 耘除諂僞幻惑之事."

공능에 관한 내용을 찾아볼 수 있다.

〈사진 3〉 '집저진언' 시 금강저를 들어 올리는 모습

의식은 법주가 진행한다. 진언의 제목은 소리로만 짓고, 진언을 지송할 때에는 금강령을 울려가며 진행한다. 이때 증명법사는 금강저를 들어 올린다.

34. 집령진언執鈴眞言

唵 婆阿囉 建陀吽
옴 바아라 건다훔

금강령은 밀교에서 사용하는 법구 중의 하나로 금령金鈴이라고 한다. 또한 소사물 가운데 하나로 건추의 본래 역할은 소청에 있다. 여기에서 금강령은 태장만다라의 삼부주존을 청하는 의미가 담겨 있고, 집령진언은 그 금강령을 집어 듦에 따른 의식이다.

의식은 법주가 진행한다. 진언의 제목은 소리로만 짓고, 진언을 지송할 때에는 금강령을 울려가며 진행한다. 이때 증명법사는 금강령을 집어 든다.

35. 동령진언動鈴眞言

이차진령전법어以此振鈴傳法語
금강령 울려 진리의 말씀 전하오니

시방불찰보문지十方佛刹普聞知
시방 불국토에 널리 두루 퍼져가네.

원차영성변법계願此鈴聲徧法界
바라오니 금강령 소리 온 법계에 두루하여

무변불성함래집無邊佛聖咸來集
가없는 부처님과 성현님은 이 법회에 오소서.

唵 婆阿囉 建多都 婆野吽
옴 바아라 건다도 샤야훔
oṃ vajra-ghaṇṭā tuṣya hoḥ

본 항은 금강령을 울려 태장만다라의 삼부주존과 성현들을 청하는 의식이다.

『불설최상근본대악금강불공삼매대교왕경』에서는 금강저와 금강령의 공능을 다음과 같이 묘사하고 있다.

금강저는 진실한 이치를 나타내고 금강령을 흔드는 것은 법음이 되며 삼매는 바로 대인大印이니, 편히 머무르면서 심명을 송한다.

이 금강령과 금강저를 지닌 자는 곧 금강수를 이루게 되며, 이 큰 아사리는 금강수와 다름이 없다.[283]

의식은 '정지진언'과 같은 방법으로 거행한다.

36. 불부소청진언佛部召請眞言

불지광대동허공佛智廣大同虛空
부처님의 지혜는 허공과 같이 크고 넓어

보변일체중생심普徧一切衆生心
중생들의 마음에 두루하시고

실요세간제망상悉了世間諸妄想
세간의 헛된 생각 모두 아시지만

불기종종이분별不起種種異分別
여러 가지 다른 분별 일으키지 않으시네.

南謨三滿多 沒多南 唵 多陀阿多 那婆婆野 娑婆訶
나모사만다 못다남 옴 다타아다 나바바야 사바하
Nama samanta-buddhānām oṃ tathāgata udbhavāya svāhā

본 항은 이치와 지혜를 모두 갖추고 수도를 완성하여 원만한 덕을 지닌 불부의 모든 제존들을 청하는 의식이다. 본 항의 전거는『화엄

283『佛說最上根本大樂金剛不空三昧大教王經』卷5(大正藏 8, p.812c), "杵表眞實理, 振鈴爲法音, 三昧是大印, 安住誦心明. 持此鈴杵者, 即成金剛手, 是大阿闍梨, 金剛手無異."

경』[284]에서 찾아볼 수 있다.

논지의 전개를 위해 태장만다라와 금강계만다라에 나타난 불보살들의 배치를 살펴보면 태장은 삼부, 금강계는 5부로 대비된다. 『대일경』을 소의경전으로 하여 도형화된 태장만다라는 십이대원十二大圓으로 구성되어 있다. 이 만다라의 내부에는 사백십사존이 묘사되어 있는데, 이 사백십사존은 삼부인 불부·연화부·금강부에 배치하여 제 각각의 기능을 부여하고 있다. 또한 대일여래의 삼덕三德인 대정大定을 불부, 대비大悲를 연화부, 대지大智를 금강부로 분류하였다.

금강계만다라는 부처의 실재세계를 그 내용에 따라 분류하여[285] 삼부에다 보부, 갈마부를 덧붙인 것이다. 금강계만다라는 『금강정경』을 소의경전으로 하여 묘사된 구회만다라九會曼荼羅 속에 불佛과 삼매야의 상징으로 일천사백육십일존으로 묘사되고 있다. 이것을 다시 5부, 즉 불부, 연화부, 금강부, 보부, 갈마부로 배치하여 제 각각의 기능을 부여하고 있다. 이 5부는 5불五佛의 5지五智를 표현한 구별이기도 하다.

본 '불부소청진언'의 게송은 『기신론』에서 말하는 삼대三大[286]의 형태로 설명하고 있다. 먼저 지혜의 본 모습이 허공과 같다고 하여 체대體大

---

284 『大方廣佛華嚴經』 卷80(大正藏 10, p.442c), "佛智廣大同虛空, 普遍一切衆生心, 悉了世間諸妄想, 不起種種異分別."

285 김용주, 「胎·金 兩界蔓荼羅의 신행적 의미의 硏究」, 석사학위논문(동국대학교, 2008), p.47.

286 삼대: 체대體大·상대相大·용대用大로 체體는 바탕(근본), 상相은 모양(모습, 현상), 용用은 작용(쓰임)을 말함. 또 삼대는 법신·보신·화신의 세 가지 부처님으로 표현된다. 마음, 즉 일심의 본체와 상은 법신이며 그 마음의 기능은 보신이며 화신이다.

로 삼고 있으며, 부처님의 지혜 공능을 상대相大의 입장에서 말하고 있다. 이것은 마치 빛이 문틈으로 들어올 때 그 빛과 먼지가 섞이는 것처럼 부처님의 지혜 또한 이와 같음을 말한다. 또한 용대用大의 입장, 즉 지혜의 칼로 중생의 번뇌를 제거할 수 있음을 말하고 있다. 다시 말해 화광동진和光同塵처럼 빛과 먼지가 섞이지만 그 빛이 먼지에 오염되지 않는 것처럼, 부처님 지혜 또한 이와 같음을 설명하고 있다.

그러나 논의가 필요한 부분은 의식문에서 진언의 내용이 각기 다르게 나타나 있는 부분이다. 『석문의범』 소수 「수륙무차평등재의」에서는 불부소청진언, 연화부소청진언, 금강부소청진언[287]의 내용 모두가 본 점안의식의 진언과 다르게 나타나고 있다. 이와 같이 진언의 제목은 같으나 내용이 다른 이유는 무엇인지 조금 더 살펴보아야 할 과제로 남는다.

의식은 '정지진언'과 같은 방법으로 거행한다.

37. 연화부소청진언蓮華部召請眞言

인이대비청정수仁以大悲清淨手
어지시다. 대자대비 청정한 손으로써

섭취억념제중생攝取憶念諸衆生
모든 중생 거두시며 잊지 않고 기억하사

287 安震湖 編, 『釋門儀範』 上(법륜사, 1931), pp.245~246. "불부소청진언 나무 사만다 못다남 옴 이나이까 이혜이혜 사바하, 연화부소청진언 나무 사만다 못다남 옴 아로륵가 이혜혜 사바하, 금강부소청진언 나무 사만다 못다남 옴 바아라 다록가이혜혜 사바하."

영어일체액난중令於一切厄難中
그들로 하여금 일체의 액난 가운데

획득금강안온락獲得金剛安穩樂
금강 같은 안온함을 얻게 하십니다.

南謨三滿多 沒多南 唵 婆那摩 婆婆野 娑婆訶
나모사만다 못다남 옴 바나마 바바야 사바하
Nama samanta-buddhānām oṃ padmodbhavāya svāhā

본 항은 진흙 속의 연꽃처럼 더럽힘에 물들지 않는 연화부의 모든 제존들을 청하는 의식이다.

본 게송은 연화부 제존들의 상징인 청정한 자비의 모습과 모든 중생을 단단히 기억하여 마음속에 간직하는 자비 실천의 한 형태를 보이고 있다. 또한 중생이 액난 속에 머물고 있는 현실을 말하고 있으며, 진흙 속의 연꽃이 더럽힘에 물들지 않듯 금강안온, 즉 열반락을 얻을 수 있게 하는 대비를 찬탄하고 있다.

본 진언의 전거는 『대방광불화엄경』에서 찾아볼 수 있다.

인이대비청정수 섭취억념제중생 영어일체액난중 획득무우안은락.
仁以大悲淸淨手 攝取憶念諸衆生 令於一切厄難中 獲得無憂安隱樂.[288]

위의 내용을 살펴보면 1, 2, 3구는 본 게송과 내용이 일치하고 있으나, 4구는 "획득금강안온락獲得金剛安穩樂"이 "획득무우안은락獲得無憂安隱樂"으로 표기되어 있음을 알 수 있다. 그리고 「가사점안의식」의 '차가

288 『大方廣佛華嚴經』 卷16(大正藏 10, p.735b).

사정대게次袈裟頂戴偈'[289]에도 본 게송이 보인다.

의식은 '정지진언'과 같은 방법으로 거행한다.

## 38. 금강부소청진언金剛部召請眞言

묘색담연상안락妙色湛然常安樂
묘색에다 담연하여 항상 안락하시옴은

불위시절겁소천不爲時節劫所遷
한 시절이 아니오라 무량겁을 옮겨가며

대성광겁행자비大聖曠劫行慈悲
대성께서 광겁토록 대자비를 실행하사

획득금강불괴신獲得金剛不壞身
금강 같은 불괴신을 얻었기 때문입니다.

南謨三滿多 沒多南 唵 婆阿羅 那婆婆野 娑婆訶
나모사만다 못다남 옴 바아라 나바바야 사바하
Nama samanta-buddhānām oṃ vajrodbhavāya svāhā

본 항은 금강부의 제존들을 청하여 부르는 의식이다.

본 '금강부소청진언'은 금강부 제존들의 외적 모습(묘색妙色)과 주관적(담연湛然)인 마음의 상태(상안락常安樂)를 나타내고 있으며, 무량겁 동안 변하지 않는 금강부 제존들의 신심을 표현하고 있다. 즉 중생의 자심慈心의 이치이며 본래 갖추고 있는 지혜이므로 움직임이 없는

---

289 安震湖 編, 『釋門儀範』 下, p.115. "仁以大悲清淨手, 攝取憶念諸衆生, 令於一切厄難中, 獲得無憂安穩樂."

견고함을 설명하고 있다. 또한 금강부의 모든 제존들의 자비행을 찬탄하고 있다.

경전에서 원문의 전거는 찾지 못했으며, 제4구의 내용인 "획득금강불괴지신獲得金剛不壞之身"이란 구절은 「다비작법」의 '목욕편'[290]에 실려 있다.

의식은 '정지진언'과 같은 방법으로 거행한다.

### (2) 금강계 5부 소청의식

본 항은 금강계 5부의 제존을 소청하는 의식으로 보소청진언, 유치, 삼신청, 오부청으로 진행된다. 그 절차는 다음과 같다.

39. 보소청진언普召請眞言

南無 步步帝里 伽里多里 但他 誐多野

나무 보보제리 가리다리 다타 아다야

namo bhū-pūteri kāritāri tathāgatāya

본 항은 금강계 5부의 제존들을 도량에 청하는 의식이다. 태장 삼부 제존을 소청하기 전에 거행하였던 '집령진언'과 '동령진언'에 상응하는 의식으로 이해할 수 있다.

본 항은 현행 점안의식 시 거행되고 있지 않으나 『청문』(1529년), 『권공제반문』(1574년), 『제반문』(1694년), 『작법귀감』(1827년), 『점안작법』(1919년) 등에서 기록되어 있으므로 본 의식은 거행되어야

---

290 安震湖 編, 『釋門儀範』下, p.136.

할 것으로 본다.

의식은 법주가 거행한다. 법주는 금강령을 흔들어 놓고 합장을 한 후 '보소청'을 소리로 하고, '진언'에서 절을 한 후 일어서면서 금강령을 울리며 진언을 지송한다. 진언을 마치고 나면 반배를 하며 금강령을 길게 한 번 흔들어 놓는다.

40. 유치由致

봉불제자奉佛弟子
부처님을 받드는 제자로

남섬부주 해동 대한 모도 모처 거주南贍部洲 海東 大韓 某道 某處 居住
남섬부주 해동 대한민국에 거주하는

모인복위 위모사某人伏爲 爲某事
모인 복위 등이 존상을 모시고자

경청양공敬請良工
삼가 어진 장인을 청하여

신조성 모불모보살존상新造成 某佛某菩薩尊像
새로이 불보살 존상을 조성하였나이다.

금기필공今旣畢功
지금 이미 공을 들여 마쳤기로

안우모산모사 청정진계安于某山某寺 淸淨珍界
모산 모사 청정진계에 안치하오려

이 금월모일以 今月某日
이 금월 모일에

특배점안법연特排點眼法筵
특별히 점안법연을 배설하옵고

근비향등공구謹備香燈供具
삼가 향이며 등이며 공양구를 갖추어

훈근작법勳懃作法
정성 다해 의식을 거행하오며

점개오안십안천안무진안자點開五眼十眼千眼無盡眼者
오안, 십안, 천안, 무진안을 점안하여 개안코자 하나이다.

우복이右伏以
참석하온 저희들은 삼가 깊이 생각하옵니다.

진체지체 담연무형眞體之體 湛然無形
참 몸인 몸은 담연하여 형상이 없고

법신지신 소연이상法身之身 蕭然離相
법신의 몸은 텅 비어 모습을 여의였습니다.

담연무형고 포함법계湛然無形故 包含法界
담연하여 형체가 없기에 법계를 포함하며

소연이상고 변만태허蕭然離相故 徧滿太虛
텅 비어 모습을 여의였기에 허공에 두루 가득합니다.

기포법계이위형旣包法界以爲形
이미 법계를 포함한 것으로 모양을 삼았으니

언유근진지상호焉有根塵之相好
어찌 육근·육진의 상호가 있으며

역변태허이작체亦徧太虛而作體
또 허공에 두루함으로 몸을 지으니

본무안이지명언本無眼耳之名言
본래 눈·귀 등 이름조차 없나이다.

연욕제사계지미륜然欲濟沙界之迷倫
하오나 무량한 세계의 미혹 중생을 구제하고

구진방지고류救塵邦之苦類
티끌 같은 세계의 고통받는 중생을 구제하시려

내시현어삼십이상乃示現於三十二相
이에 삼십이상을 보이시고

역장엄어팔십종호亦莊嚴於八十種好
또한 팔십종호로 장엄하셨나이다.

가위 삼신구이사지성可謂 三身具而四智成
가히 삼신을 갖추시고 사지를 이루었으며

오안명이십호족五眼明而十號足
오안을 밝히시고 십호를 구족하셨습니다.

복원伏願
엎드려 바라옵나이다.

삼신사지오족여래三身四智五族如來
삼신사지 등 오족 여래시여

운무연지대자運無緣之大慈
무연자비를 운영하시어

민유정지미간愍有情之微懇
유정들의 작은 정성들을 어여삐 여기시어

함강향연咸降香筵
모두 함께 향연에 강림하사

증명공덕證明功德
공덕을 증명하여 주시옵소서.

근병일심 선진삼청謹秉一心 先陳三請
삼가 마음을 가다듬고 먼저 삼청을 하나이다.

본 항은 신앙의 대상이 되는 소례의 이력과 덕을 열거하고 치성을 올리는 연유를 설명하고 있는 부분이다. "즉 소례의 성스러움과 위대함을 동참 대중에게 확인시켜 금일 점안도량에 모심에 있어서 일체감을 유발시키고, 이런 일체감을 근거로 모시고자 하는 대중의 뜻을 소례에게 전하는 것이다."[291]

'유치'의 전문全文은 서론·본론·결론으로 나누어 볼 수 있다. 서론인 "봉불제자奉佛弟子 …… 점개오안십안천안무진안자點開五眼十眼千眼無盡眼者"에서는 불사자 등이 어진 장인을 청하여 새로이 불보살 존상을 조성[292]하였음과 금일 점안법연을 배설하여 점안하여 개안코자 하는 연유를 소례께 아뢰는 내용을 담고 있다.

본론인 "우복이右伏以 …… 오안명이십호족五眼明而十號足"은 소례의

291 심상현, 『佛敎儀式各論』 V(한국불교출판사, 2001), p.160.

292 조성造成: 새로 만들어 모신 것을 말한다. 한편, 화성畵成은 주로 채색으로 그려 모신 탱화를 말하고, 중수重修는 기존에 모셨던 존상에 개금改金(금을 입힌 것), 개분改粉(분을 입힌 것), 개채改彩(채색)하는 것을 일컫는다.

대상이 되는 분의 이력과 덕을 열거하여 찬탄함을 주제로 하고 있다. 이 내용은 다시 체體·상相·용用에 견주어 기·서·결로 설명하고 있다. 즉 '허공에 두루 가득하다' 함은 법신인 체대體大에 견주었고, '이미 법계를 포함한 것으로 모양을 삼았으니 육근·육진의 상호가 있을 수 없음과 허공에 두루함으로 몸을 지으니 눈, 귀 등 이름조차 없다' 함은 상대相大에 견주었다. 더불어 '무량한 세계의 미혹중생을 구제하고 티끌 같은 세계의 고통받는 중생을 구제하시려'는 용대用大에 견주고 있어 부처님의 대자비심을 확인할 수 있다.

결론인 "복원伏願 …… 선진삼청先陳三請"에서는 삼신사지 등 오족여래께 무연자비[293]를 운영하시어 이 향연에 내려오셔서 공덕을 증명하여 주시기를 간청하는 내용을 담고 있다. 즉 서론에서는 연유를, 본론에서는 소례에 대한 찬탄을, 결론에서는 목적을 밝히고 있는 것이다.

의식은 법주가 고하자에 맞추어 안채비 중 유치성由致聲으로 소리를 지어가며 점잖고 그윽하게 애원성으로 진행한다.

### 41. 삼신청三身請

청사란 불보살의 덕德과 용用을 찬탄하는 내용과 도량에 강림을 청하는 내용으로 구성되어 있다. 즉 청사는 신앙의 대상을 청함을 주제로

---

293 무연자비無緣慈悲: 삼연자비三緣慈悲 중 하나. 온갖 차별된 견해를 여의고 모든 법의 실상實相을 아는 부처님만이 있는 자비. 이미 물심物心 제법의 부실허광不實虛誑한 모양을 알고, 마음에 소연所緣이 없는 부처님이 일체중생에 대하여 고통을 없애 낙을 주려는 힘이 있음을 말한다. 무연無緣이란 것은 마음에 진여를 관하지도 않고, 평등 제일의第一義 중에서 자연히 안주安住함을 말한다.

하고 있으며, 보통 삼청三請으로 모신다. 또한 '청사'에 이어 거행되는 의식이 '향화청'과 '가영'이다. '향화청'은 말 그대로 향을 사르고 꽃을 뿌리며 청한다는 것이며, '가영' 역시 소례所禮이신 불보살의 공덕을 찬탄하는 것을 내용으로 한다. 결국 '향화청'과 '가영'은 '청사'의 목적을 더욱 보강하고 능례자의 확고한 신심을 나타내는 것이라고 할 수 있다.

점안의식문의 청사는 총 열 개로 구성되어 있다. 먼저 삼신을 청해 모시고, 그 다음 금강계 5부, 신성부新成部, 천중부天衆部의 순으로 구성되어 있다. 이와 같이 모든 불보살을 청해 모시는 것은 증명을 위함이다. 점안의식에서 사용되는 청사의 대상을 간략하게 구분해 보면 다음과 같다.

| | |
|---|---|
| 三 身 | 暗鑁喃含坎大敎主毘盧遮那佛<br>阿婆羅賀佉法界主 盧舍那佛<br>阿羅縛左那一代敎主釋迦牟尼佛 |
| 五 部 | 東方金剛部大圓鏡智 加持主 阿閦佛等 一切諸佛<br>南方寶性部平等性智 灌頂主 寶生佛等 一切諸佛<br>西方蓮花部妙觀察智 三摩地主 阿彌陀佛等 一切諸佛<br>北方毘首竭摩部成所作智 廣大供養主 不空成就佛等 一切諸佛<br>中央寂而常照部寶法羯摩 四波羅密菩薩 五部大曼茶羅會上<br>一切菩薩摩訶薩 |
| 新 成 部 | 新造成(新畵成) |
| 天 衆 部 | 대범천왕·제석천왕·사천왕 |

〈표 10〉 증명청사의 구성

① **법신청**法身請

나무 일심봉청南無 一心奉請
귀의하오며 일심으로 받들어 청하옵니다.

상주법계 진언궁중常住法界 眞言宮中
(당신께선) 그 언제나 법계의 진언궁전에 자리한

반야해회般若海會
반야회상에 계시옵나이다.

최상무변 불가사의最上無邊 不可思議
(그곳은) 최상이고 무변이오며 불가사의한

오륜보망세계五輪寶網世界
오륜으로 이루어진 보망세계이옵고

청정무염淸淨無染
(당신께선) 청정하고 물듦이 없으시며

법성해신法性海身
법성해를 몸으로 하신

암밤람함캄대교주 비로자나불暗鑁喃含坎大敎主 毘盧遮那佛
암밤람함캄 대교주 비로자나부처님이시옵니다.

유원자비惟願慈悲
오직 바라옵건대 자비로

강림도량 증명공덕降臨道場 證明功德
도량에 강림하사 공덕을 증명하여 주옵소서.

향화청香華請
향기로운 꽃을 뿌리오며 청하옵니다.

본 항은 법신의 덕을 찬탄하고 도량에 강림하여 증명해 주실 것을 청하는 의식이다.

의식은 법주가 거행한다. 법주는 금강령을 흔든 후 '나무 일심봉청'을 소리로만 짓고, 그 다음 '상주법계'부터는 금강령을 울리며 진행한다. 이때 바라지는 청사의 시작 부분인 '나무● 일심● 봉청 ㅇ○′ ●'[294]에서 표시와 같이 태징을 찍고 울려준다. 또한 청사 끝 부분인 '유원'에서 법주가 금강령으로 신호하면 바라지는 태징을 한 마루(ㅇ○′ ○ ○ ○ ○ ● ○ ○ ○) 울린 후 '향화청'을 홑소리로 받는다. 법주는 청사를 마치고 나면 금강령을 놓고 '나무 일심봉청'을 소리로만 지으며 상단을 향해 오체투지를 한 번 하고 일어서서 두 번째로 청사를 거행한다. 이때 두 번째와 세 번째의 방법은 첫 번째와 마찬가지로 법주와 바라지가 동일하게 진행한다. 다만 세 번째에서는 '향화청' 소리를 바라지가 받은 후 바로 이어 '가영'을 홑소리로 거행한다.

가영歌詠

법신성해초삼계法身性海超三界
법신체성 광대하사 삼계를 초월하니

묘용하방구오근妙用何妨具五根
묘용으로 오근 갖춤 그 무엇이 어려울까

담적응연상각요湛寂凝然常覺了
담담하고 고요해서 항상 깨달아 있으니

인간무수총점은人間無數總霑恩
한량없는 중생들이 모두 은혜를 입습니다.

---

294 ● : 태징을 가만히 눌러 찍어주는 표시, ㅇ○′ : 앞의 태징은 짧게 치고 바로 이어 태징을 한 번 쳐 주되 약간 길게 치는 표시.

고아일심귀명정례故我一心歸命頂禮
하옵기로 일심으로 귀명하오며 정례하나이다.

본 가영은 청사와 마찬가지로 소례이신 법신의 공덕을 찬탄하는 내용으로 되어 있다.

의식은 바라지와 대중이 거행한다. 먼저 바라지가 제4구까지 홑소리로 거행하는데 이때의 소리는 '가영성'이라 한다. 다음 이어지는 '고아일심 귀명정례'는 '고아게'라 하여 태징을 정해진 위치에서 중간 중간 쳐 주며 대중이 동음으로 창화한다. 차후의 청사와 가영은 본 '법신청'과 의식 방법이 같으므로 설명을 생략한다.

② 보신청報身請

나무 일심봉청南無 一心奉請
귀의하오며 일심으로 받들어 청하옵니다.

상주법계 진언궁중常住法界 眞言宮中
(당신께선) 그 언제나 법계의 진언궁전에 자리한

반야해회般若海會
반야회상에 계시옵나이다.

금강연화장세계金剛蓮華藏世界
금강연화장세계

불가설 불가설不可說 不可說
가히 말할 수 없고 가히 말할 수 없어서

구경원만 무애대장究竟圓滿 無碍大藏
구경에는 원만하고 장애가 없는 큰 장경의

아바라하카법계주 노사나불阿婆羅賀佉法界主 盧舍那佛
아바라하카 법계의 주인이신 노사나불이시여

유원자비惟願慈悲
오직 바라옵건대 자비로

강림도량 증명공덕降臨道場 證明功德
도량에 강림하사 공덕을 증명하여 주옵소서.

향화청香華請
향기로운 꽃을 뿌리오며 청하옵니다.

본 항은 보신의 덕을 찬탄하고 도량에 강림하여 증명해 주실 것을 청하는 의식이다.

가영歌詠

인원과만증여여因圓果滿證如如
갖춘 인행 좋은 결과 여여함을 증득하시고

의정장엄상호수依正莊嚴相好殊
의보·정보 장엄하시여 상호 또한 남다르시며

구경천중등보좌究竟天中登寶座
가장 높은 하늘의 보좌에 오르시더니

보리수하현금구菩提樹下現金軀
보리수 아래 금빛 몸을 나투시옵니다.

고아일심귀명정례故我一心歸命頂禮
하옵기로 일심으로 귀명하오며 정례하나이다.

본 항은 보신의 덕을 찬탄하고 강림해 주실 것을 염원하는 의식으로 '고아게'를 제외하면 칠언절구의 게송으로 전2구와 후2구가 선경후정先境後情의 관계를 보이고 있다.

내용을 살펴보면 중생이 성불하기까지 삼아승지겁이 필요하다고 한다. 이처럼 아승지겁만큼 닦았다는 뜻으로 '인원과만因圓果滿'[295]이라 하였고, 또한 그때에 닦은 내용이 '증여여證如如'임을 말하고 있다. 이 결과로 의보정보依報正報가 장엄하여 32상 80종호를 얻었음을 찬탄하고 있다.

또한 '구경천究竟天'은 무색계를 뛰어 넘은 불세계를 말하며 '보좌寶座'는 묘각위(제52위), 곧 최상의 깨달음을 성취한 것을 말한다. 이와 대비하여 중생들을 위해 지상에 나투신 모습을 '현금구現金軀'라 하여 보신의 덕상을 찬탄하고 있다.

③ 화신청化身請

나무 일심봉청南無 一心奉請
귀의하오며 일심으로 받들어 청하옵니다.

상주법계 진언궁중常住法界 眞言宮中
(당신께선) 그 언제나 법계의 진언궁전에 자리한

반야해회般若海會
반야회상에 계시옵나이다.

사바세계娑婆世界
사바세계에

295 因圓果滿: 불도수행을 원만히 완성하여 부처를 이룸.

화현무변 불가칭수化現無邊 不可稱數
화신으로 나투심이 헤아릴 수 없으사

오탁겁중 감수백세五濁劫中 減壽百歲
오탁 겁 가운데 백년의 수명조차 줄이신

아라바차나일대교주 석가모니불阿羅縛左那一代敎主 釋迦牟尼佛
아라바차나 일대교주 석가모니부처님이십니다.

유원자비惟願慈悲
오직 바라옵건대 자비로

강림도량 증명공덕降臨道場 證明功德
도량에 강림하사 공덕을 증명하여 주옵소서.

향화청香華請
향기로운 꽃을 뿌리오며 청하옵니다.

본 항은 화신의 덕을 찬탄하고 도량에 강림하여 증명하여 주실 것을 청하는 의식이다.

가영歌詠

도솔야마영선서兜率夜摩迎善逝
도솔천 야마천에서 맞이한 부처님을

수미타화견여래須彌他化見如來
수미산 타화자재천에서 뵈옵니다.

동시동회동여차同時同會同如此
같은 시간 같은 모임, 동일함이 이러하니

월인천강불가시月印千江不可猜
달이 천강에 비추는 것을 가히 시샘할 일 없습니다.

고아일심귀명정례故我一心歸命頂禮
하옵기로 일심으로 귀명하오며 정례하나이다.

본 항은 화신의 덕을 찬탄하고 화신께서 강림해 주실 것을 염원하는 의식이다.

'고아게'를 제외한 내용을 살펴보면, 시공간을 초월하여 법문을 설하시는 부처님의 모습을 찬탄하고 있다. 다시 말해 '도솔야마兜率夜摩'나 '타화자재천他化自在天'은 공간을 초월함을 말하는 것이며, '동시동회同時同會'는 시간을 초월함을 말한다. 이것은 『화엄경』을 요약한 「법성게」에서 '일미진중함시방一微塵中含十方 일체진중역여시一切塵中亦如是'는 공간을, '일념즉시무량겁一念卽是無量劫'은 시간을, '구세십세호상즉九世十世互相卽'은 공간과 시간을 초월한다는 내용과 일맥상통한다고 볼 수 있다. 더불어 하나의 달이 일천 강을 비추듯 불법의 위대함은 모든 법계의 중생들에게 두루 비추지 않는 것이 없음을 찬탄하고 있다.

이상과 같이 삼신청을 살펴보았다. 본 삼신청은 청사 내용 중에 진언 자체가 포함되어 있는 특징을 지니고 있다. 즉 법신청의 '암밤람함캄'은 법신주法身呪이며, 보신청의 '아바라하카'는 보신주報身呪, 화신청의 '아라바차나'는 화신주化身呪[296]로, 많은 경전에서 삼신진언으로

---

296 『金剛界大法對受記』(大正藏 75, p.189b-c), "阿尾囕尊勝破地獄軌云吽欠印作內縛二空竝立去風, 亦羯磨印, 阿囉嚩左那, 名出悉地, 是化身眞言, 阿未囉吽欠,

사용되고 있다.

## 42. 오부청

본 오부청五部請은 금강계만다라 5부를 중심으로 각 부의 주主인 제존을 청하는 의식이다. 5부에 대한 설명과 주존에 대한 내용은 경전 『도부다라니목』에서 찾아볼 수 있다.

> 유가본경은 모두 십만게로서 18회가 있으며, 초회 경의 이름은 일체여래진실섭이라 한다. 그 경에서는 5부를 설하는데 불부(비로자나불이 이 부의 주이다), 금강부(아촉불이 이 부의 주이다), 보부(보생불이 이 부의 주이다), 연화부(아미타불이 이 부의 주이다), 갈마부(불공성취불이 이 부의 주이다)이다. 이 5부의 주에 각각 4보살이 있어 이로써 권속으로 삼으며, 전후좌우에 편안히 줄지어 있다. 안의 4공양은 각각 4부에 속한다. 차제대로 마땅히 알아야 한다. 4문에는 구·삭·쇄·령이 있다. 4부의 차제대로 마땅히 알아야 한다. 또 사방에 현겁 가운데 16대보살이 있다. 현겁 가운데의 일체의 보살을 나타낸다.[297]

---

名入悉地, 是報身眞言, 阿鑁覽憾欠, 名祕密悉地, 是法身眞言."

297 『都部陀羅尼目』一卷(大正藏 18, p.898c), "瑜伽本經都十萬偈, 有十八會, 初會經名一切如來眞實攝. 其經說五部, 佛部(毘盧遮那佛以爲部主), 金剛部(阿佛阿閦爲部主), 寶部(寶生佛以爲部主), 蓮花部(阿彌陀佛以爲部主), 羯磨部(不空成就佛以爲部主). 彼五部主, 各有四菩薩以爲眷屬, 前右左背而安列, 四內供養, 各屬四部, 次第應知. 四外供養亦屬四部, 四門鉤索鎖鈴, 四部次第應知又有四方賢劫中十六大菩薩, 表賢劫中一切菩薩."

또한 『삼종실지파지옥전업장출삼계비밀다라니법』[298]에서도 동방에 아촉불, 서방에 아미타불, 남방에 보생불, 북방에 불공성취불, 상방에 비로자나불로 5방을 제시하고 있다. 각 부의 청사를 살펴보면 다음과 같다.

① 동방부(대원경지)

나무 일심봉청南無 一心奉請
귀의하오며 일심으로 받들어 청하옵니다.

상주법계 진언궁중常住法界 眞言宮中
(당신께선) 그 언제나 법계의 진언궁전에 자리한

반야해회般若海會
반야회상에 계시옵나이다.

동방금강부 대원경지東方金剛部 大圓鏡智
동방 금강부 대원경지에

금강견고자성신金剛堅固自性身
금강처럼 견고하신 자성의 몸이시며

가지주 아축불등 일체제불加持主 阿閦佛等 一切諸佛
가지주이신 아촉불 등 일체 모든 부처님이시여

유원자비惟願慈悲
오직 바라옵건대 자비로

---

298 『三種悉地破地獄轉業障出三界祕密陀羅尼法』(大正藏 18, p.910b), "阿字是東方阿閦如來, 鑁字西方阿彌陀如來, 藍字是南方寶生如來, 哈字北方不空成就如來, 欠字是上方毘盧遮那大日如來也."

강림도량 증명공덕降臨道場 證明功德
도량에 강림하사 공덕을 증명하여 주옵소서.

향화청香華請
향기로운 꽃을 뿌리오며 청하옵니다.

본 항은 5부 중 동방세계의 주존이신 아촉불의 덕을 찬탄하고 더불어 일체제불 등이 도량에 강림하여 증명하여 주시길 청하는 의식이다.

본 청사의 내용을 살펴보면, '대원경지大圓鏡智'라는 내적인 모습과 '금강견고金剛堅固'라는 외적인 모습을 들어 아촉불을 찬탄하고 있다. 또한 '가지주加持主'라고 하여 아촉불의 역할과 특징을 잘 나타내고 있다.

가영歌詠

동방아축무군동東方阿閦無群動
동방 아촉불의 세계에는 중생들은 없고

반야궁중자성지般若宮中自性持
반야지혜 궁중에서 자성을 지키셨네.

상주안심환희국常住安心歡喜國
마음 편안한 환희국에 항상 머무시니

금강경지사수미金剛鏡智似須彌
금강 같은 대원경지 수미산과 다름없네.

고아일심귀명정례故我一心歸命頂禮
하옵기로 일심으로 귀명하오며 정례하나이다.

본 항은 금강처럼 견고한 아촉불의 세계를 찬탄하고 있다. 더불어 아촉불이 환희국에 상주한다는 주처住處와 대원경지를 수미산과 견주어 비유함으로써 찬탄하고 있다.

② 남방부(평등성지)

나무 일심봉청南無 一心奉請
귀의하오며 일심으로 받들어 청하옵니다.

상주법계 진언궁중常住法界 眞言宮中
(당신께선) 그 언제나 법계의 진언궁전에 자리한

반야해회般若海會
반야회상에 계시옵나이다.

남방보성부 평등성지南方寶性部 平等性智
남방세계 보성부 평등성지이시고

복덕장엄취신福德莊嚴聚身
복덕으로 장엄하신 몸이시며

관정주 보생불등灌頂主 寶生佛等
관정의 주인공이신 보생여래 등

일체제불一切諸佛
일체 모든 부처님이시여

유원자비惟願慈悲
오직 바라옵건대 자비로

강림도량 증명공덕降臨道場 證明功德
도량에 강림하사 공덕을 증명하여 주옵소서.

향화청香華請

향기로운 꽃을 뿌리오며 청하옵니다.

본 항은 5부 중 남방세계의 주존이고 관정의 주인공이신 보생불의 덕을 찬탄하고, 더불어 일체제불 등이 도량에 강림하여 증명하여 주시기를 청하는 의식이다.

보부는 금강계 5부의 하나로, 부처님의 자리自利가 원만하여 한없는 복과 덕을 갖춘 방면을 말한다. 5불 가운데는 남방 보생불에 해당하며, 5지로는 평등성지平等性智에 해당한다.

가영歌詠

남방보성여래불南方寶性如來佛
남방세계 보성여래께서는

상주보광반야궁常住寶光般若宮
보배광명 반야궁에 항상 머무시며

복덕장엄개구족福德莊嚴皆具足
복덕으로 장엄하사 부족함이 없으시며

원명성지접군몽圓明性智接群蒙
원만하고 밝은 평등성지로 중생들을 이끄시네.

고아일심귀명정례故我一心歸命頂禮
하옵기로 일심으로 귀명하오며 정례하나이다.

본 항은 청사와 마찬가지로 남방 보성여래의 공덕을 찬탄하는 것을 내용으로 한다. 내용을 살펴보면, 보성여래불의 체體와 거주하는 장소, 소례의 주처와 소례의 평등성지 및 자비 활동을 차례대로 찬탄하고 있다.

③ 서방부(묘관찰지)

나무 일심봉청南無 一心奉請
귀의하오며 일심으로 받들어 청하옵니다.

상주법계 진언궁중常住法界 眞言宮中
(당신께선) 그 언제나 법계의 진언궁전에 자리한

반야해회般若海會
반야회상에 계시옵나이다.

서방연화부 묘관찰지西方蓮花部 妙觀察智
서방 연화부 묘관찰지로

연화경애취신蓮花敬愛聚身
연꽃처럼 경애로움을 한몸에 지니고 있는

삼마지주 관자재불등三摩地主 觀自在佛等
삼마지의 주인이신 관자재부처님 등

일체제불一切諸佛
일체 모든 부처님이시여

유원자비惟願慈悲
오직 바라옵건대 자비로

강림도량 증명공덕降臨道場 證明功德
도량에 강림하사 공덕을 증명하여 주옵소서.

향화청香華請

향기로운 꽃을 뿌리오며 청하옵니다.

본 항은 금강계만다라 5부 중 서방세계의 주존이신 관자재불의 덕을 찬탄하고 일체제불 등과 함께 도량에 강림하여 증명하여 주실 것을 청하는 의식이다.

연화부는 금강계만다라 5부와 태장만다라 삼부의 하나이다. 연화부는 중생의 심중에 있는 정보리심淨菩提心, 즉 청정한 이치가 육도생사의 진흙 속에 돌아다니면서도 물들지도 않고 더럽히지도 않는 것이, 마치 연화가 진흙 속에 나면서도 물들지 않고 더럽지 않음과 같음을 말한다. 5불 가운데는 서방에 아미타불에 해당하고, 5지로는 묘관찰지에 해당한다.

내용을 살펴보면, '묘관찰지'라는 내적인 모습과 '연화경애취신'이라는 외적인 모습을 들어 관자재불을 찬탄하고 있다. 또한 '삼마지주'는 관자재불의 특성을 말한다.

논의가 필요한 대목은, '서방연화부묘관찰지西方蓮花部妙觀察智 연화경애취신蓮花敬愛聚身 삼마지주三摩地主 관자재불觀自在佛'이라 하였는데, '관자재불'이라기보다는 '아미타불'이 적절치 않을까 생각된다. 물론 밀교에서 '아미타불'을 '관자재불'로 일컫고 있지만[299] 5불, 5지와

299 『大佛頂如來密因修證了義諸菩薩萬行首楞嚴經』(大正藏 19, p.133b), "及諸菩薩所有形像, 應於當陽張盧舍那, 釋迦彌勒阿閦彌陀, 諸大變化觀音形像."; 『首楞嚴義疏注經』(大正藏 39, p.916b), "釋迦彌勒阿閦彌陀諸大變化觀音形像兼金剛藏."; 『大佛頂如來放光悉怛多般怛羅大神力都攝一切呪王陀羅尼經大威德最勝金輪三昧呪品』(大正藏 19, p.181b), "所有形像, 應於當陽, 張盧舍那, 釋迦, 彌勒,

관련하여 밀교의 경전에서는 주로 '아미타불'로 나타나 있기 때문이다. 관련된 경전을 살펴보면 다음과 같다.(밑줄 친 부분)

『금강정유가삼십칠존출생의』

東阿閦如來也 由平等性智 厥有義平等現等覺身 卽塔中方之南寶生如來也 由妙觀察智 厥有法平等現等覺身 卽塔中方之西阿彌陀如來也[300]

『금강정유가략술삼십칠존심요』

次禮西方阿彌陀如來 表一切如來三摩地智 由初發心便能轉法輪 辯無言說理無 涯際 語部所收 能令衆生聰明利智 此乃西方法部所攝也 卽妙觀察智也[301]

『금강정경일자정륜왕의궤음의』

次一句妙觀察卽阿彌陀佛也[302]

『금강정유가삼십칠존례』

南慕清淨法身毘盧遮那佛 南慕金剛堅固自性身阿閦佛 南慕功德莊嚴聚身寶生佛 南慕受用智慧身阿彌陀佛 南慕作變化身不空成就佛[303]

---

阿閦, 彌陀, 諸大變化觀音形像."

300 『金剛頂瑜伽三十七尊出生義』(大正藏 18, p.298a).

301 『金剛頂瑜伽略述三十七尊心要』(大正藏 18, p.292a).

302 『金剛頂經一字頂輪王儀軌音義』(大正藏 19, p.327a).

303 『金剛頂瑜伽三十七尊禮』(大正藏 18, p.337b).

이상에서 살펴보았듯이 경전에 근거한다면 '아미타불'이 더 적절할 것으로 생각된다. 물론 '아미타불'과 '관자재불'은 동명同名이다. 그러나 일반적으로 사용되는 불명으로 통일하는 것이 이해하는 데 도움이 되리라 생각된다.

그리고 '향화청'에 관련하여 『보현보살설증명경』과 『불설관정칠만이천신왕호비구주경』에서는 "소향산화가영찬탄燒香散華歌詠讚歎"[304] 이라고 되어 있기 때문에 '향화청'은 '소향산화'의 약칭이라는 것을 알 수 있다. 또한 '향화청' 다음에 '가영'을 기록하고 있어 현행의 의식 거행 방법과 일치한다.

가영歌詠

위기미타반야궁位寄彌陀般若宮
아미타의 반야궁전에 계시면서

묘관자재방신통妙觀自在放神通
묘한 관찰력이 자재하사 신통을 놓으시지만

수연상주삼마지雖然常住三摩地
비록 항상 삼마지에 머물러 계실지라도

운지흥비일체동運智興悲一體同
지혜를 모으고 자비를 일으키시니 모두 한가지이시라.

---

304 『普賢菩薩說證明經』(大正藏 85, p.1368b), "不如破魔屬佛懸繒幡蓋燒香散華歌詠讚歎."; 『佛說灌頂七萬二千神王護比丘呪經』(大正藏 21, p.533c), "發心造立藥師瑠璃光如來形像 供養禮拜懸雜色幡蓋 燒香散華歌詠讚歎."

고아일심귀명정례故我一心歸命頂禮
하옵기로 일심으로 귀명하오며 정례하나이다.

본 항은 '청사'에 이어 아미타불의 공덕을 찬탄하는 의식이다. 구성과 내용을 살펴보면, '아미타의 반야궁전'은 의보를 설명하고 있다. 또한 아미타불의 자비심을 신통력으로 대비시켰으며 지혜를 삼마지에 비유하고 있다. 이것은 자비(덕德)와 지혜(지智) 등을 모두 갖추고 있음을 말하고 있어, 부처님이 갖추고 있는 양족兩足의 모습을 잘 표현한 것이라고 생각된다.

④ 북방부(성소작지)

나무 일심봉청南無 一心奉請
귀의하오며 일심으로 받들어 청하옵니다.

상주법계 진언궁중常住法界 眞言宮中
(당신께선) 그 언제나 법계의 진언궁전에 자리한

반야해회般若海會
반야회상에 계시옵나이다.

북방비수갈마부 성소작지北方毘首竭摩部 成所作智
북방세계 비수갈마부 성소작지

해운취신海雲聚身
바다 위에 이는 구름 같은 몸이시며

광대공양주廣大供養主
넓고 큰 공양의 주인이신

불공성취불등不空成就佛等
불공성취부처님 등

일체제불一切諸佛
일체 모든 부처님이시여

유원자비惟願慈悲
오직 바라옵건대 자비로

강림도량 증명공덕降臨道場 證明功德
도량에 강림하사 공덕을 증명하여 주옵소서.

향화청香華請
향기로운 꽃을 뿌리오며 청하옵니다.

본 항은 금강계만다라 5부 중 북방세계의 주존이신 불공성취불의 덕을 찬탄하고, 더불어 일체제불 등과 함께 도량에 강림하여 증명해 주실 것을 청하는 의식이다.

비수갈마부는 금강계 5부의 하나로, 5불 가운데는 북방에 불공성취불에 해당하며, 5지로는 성소작지에 해당한다. 내용을 살펴보면, '성소작지成所作智'라는 깨달음의 내적 모습인 지성智性과, '광대공양주廣大供養主'라는 외적 모습을 들어 불공성취불의 덕성德性을 나타내고 있다.

가영歌詠

진중북방지해운珍重北方智海雲
진중하온 북방세계 지혜바다 구름이여

운용장우이군생雲龍長雨利群生
거룩하신 많은 비로 온갖 중생 이롭게 하며

해함제보심무애海含諸寶深無碍
바다는 모든 보배 깊이 머금어도 장애 없고

반야궁중지월명般若宮中智月明
반야궁전 가운데는 지혜의 달이 밝습니다.

고아일심귀명정례故我一心歸命頂禮
하옵기로 일심으로 귀명하오며 정례하나이다.

본 항은 '청사'에 이어 북방세계 제존들의 공덕을 찬탄하는 의식이다. 구성과 내용을 살펴보면, '진중북방지해운珍重北方智海雲'에서는 북방세계의 지혜, 즉 불공성취불의 지성智性을 찬탄하고 있으며, '운용장우이군생雲龍長雨利群生'에서는 자비 실천, 즉 비수갈마부의 보살행을 말하고 있다. 또한 '해함제보심무애海含諸寶深無碍'에서는 앞의 두 구를 재차 설명하고 있다. '바다'는 '해운'과 대비시켜 불공성취불의 지성智性을 나타내며, '모든 보배를 깊이 머금었다'라는 것은 '중생을 이롭게 한다'는 것과 대비시켜 불공성취불의 덕성을 나타내고 있다. 더불어 '반야궁중지월명般若宮中智月明'에서는 다시금 불공성취불의 지성을 찬탄하고 있다.

⑤ 중앙부(사대보살)

나무 일심봉청南無 一心奉請
귀의하오며 일심으로 받들어 청하옵니다.

상주법계 진언궁중常住法界 眞言宮中
(당신께선) 그 언제나 법계의 진언궁전에 자리한

반야해회般若海會
반야회상에 계시옵나이다.

중앙적이상조부 금강보법갈마中央寂而常照部 金剛寶法羯摩
중앙의 적이상조부 금강·보·법·갈마

사바라밀보살四波羅密菩薩
사바라밀보살과

동방금애자수사대보살東方金愛慈手四大菩薩
동방의 금강 금·애·자·수 사대보살

남방보광당소사대보살南方寶光幢笑四大菩薩
남방의 금강 보·광·당·소 사대보살

서방법이인어사대보살西方法利因語四大菩薩
서방의 금강 법·이·인·어 사대보살

북방업호아권사대보살北方業護牙拳四大菩薩
북방의 금강 업·호·아·권 사대보살

구색쇄령사섭보살鉤索鏁鈴四攝菩薩
금강 구·삭·쇄·령 사섭보살

희만가무내사공양보살喜鬘歌舞內四供養菩薩
금강 희·만·가·무 내사공양보살

소산등도외사공양보살燒散燈塗外四供養菩薩
소·산·등·도 외사공양보살과

오부대만다라회상五部大曼荼羅會上
오부의 대만다라회상의

일체보살마하살一切菩薩摩訶薩
일체보살마하살이시여

유원자비惟願慈悲
오직 바라옵건대 자비로

강림도량 증명공덕降臨道場 證明功德
도량에 강림하사 공덕을 증명하여 주옵소서.

향화청香華請
향기로운 꽃을 뿌리오며 청하옵니다.

본 항은 5부 중 중앙세계의 모든 보살들과 5부의 대만다라회상의 일체보살마하살 등이 도량에 강림하여 증명해 주실 것을 청하는 의식이다. 본 의식은 금강계 37존을 모두 청해 모시고 있으며 『금강정유가37존례』[305]에서 불보살 명호를 확인할 수 있다.

본문의 내용 중 '보법갈마 사바라밀보살'과 '금애자수 사대보살'의 명호가 각 의식문에서 다소 차이를 보이고 있다. 그것을 살펴보면 다음과 같다.

| 의식문 | 내용 |
|---|---|
| 『석문의범』 | 一心奉請 常住法界眞言宮中 般若海會 中央寂而常照部 寶法羯摩 四波羅密菩 薩 東方金愛慈手 四大菩薩 |
| 『작법귀감』 | 一心奉請 常住法界眞言宮中 般若海會 中央寂而常照部 法界羯摩 四波羅密菩薩 東方金愛慈手 四大菩薩 |
| 『요집』 | 一心奉請 常住法界眞言宮中 般若海會 中央寂而常照 金剛寶法羯摩 四波羅密菩薩 東方薩王愛善 四大菩薩 |

305 『金剛頂瑜伽三十七尊禮』(大正藏 18, p.337b-c).

이상에서 살펴본 결과, 『요집』의 내용이 그 중 가장 적절하지 않는가 생각된다. 왜냐하면 사바라밀보살의 명호는 금강바라밀·보바라밀·법바라밀·갈마바라밀이기 때문이다. 청사 지문의 형태를 보면 중복된 칭호는 생략하고 명호만 표기하고 있는데, 이것을 대입시켜 보면 '금강보법갈마'가 올바르기 때문이다. 또한 사대보살의 명호는 금강살타金剛薩埵·금강왕金剛王·금강애金剛愛·금강희金剛憙보살이다. 같은 원리를 적용한다면 '살왕애희薩王愛憙'가 맞는 표기일 것이라 생각된다. 그러나 주로 '금애자수金愛慈手'로 기록되어 있고, 『요집』에는 '살왕애선薩王愛善'로 되어 있다. 아마도 '희憙'자가 '선善'자로 잘못 기재되지 않았을까 생각된다. 더불어 기타 명호 또한 경전과 비교하여 살펴보면 다음과 같다.

㈀ 동방금애자수東方金愛慈手 사대보살

위에서 살펴보았듯이 '금애자수金愛慈手'는 '살왕애희薩王愛憙'로 유추해 보았으나, 『금강정유가37존례』에서는 사대보살의 명호가 금강살타보살金剛薩埵菩薩·금강왕보살金剛王菩薩·금강욕보살金剛欲菩薩·금강선재보살金剛善哉菩薩[306]로 되어 있다. 그렇다면 앞 자를 따서 '살왕욕선薩王欲善'으로 표기되어야 하겠으나, 이 중 '금강선재보살'은 『제불경계섭진실경』과 기타 경전[307]에서 그 명호를 찾아볼 수 있다. 그러나 '금강욕

306 앞의 각주 참고.

307 『諸佛境界攝眞實經』(大正藏 18, p.270a), "多百千菩薩眷屬俱, 其名曰金剛藏菩薩, 金剛弓菩薩, 金剛善哉菩薩, 金剛胎菩薩, 金剛威德菩薩, 金剛幢菩薩, 金剛笑菩薩, 金剛眼菩薩."; 『佛說祕密三昧大教王經』(大正藏 18, p.446a), "其名曰金剛

보살'의 명호는 『금강정유가37존례』에서만 나타나고 있어 이것 또한 명확하다고 할 수 없으므로, 이 부분은 좀 더 연구가 필요하다.

(ㄴ) 남방보광당소南方普光幢笑 사대보살

보광당소 사대보살은 금강보金剛寶·금강광金剛光·금강당金剛幢·금강소金剛笑이다. 대부분의 의식문에서는 '보광당소普光幢笑'로 표기하고 있으나 '보普'자는 오자誤字인 듯하고, '보寶'자가 올바른 표기라 생각된다. 그것은 『금강정유가37존례』에서 '금강보보살金剛寶菩薩'로 표기되어 있기 때문이다.

(ㄷ) 소산등도燒散燈塗 외사공양보살外四供養菩薩

외사공양보살은 향보살香菩薩·화보살華菩薩·등보살燈菩薩·도향보살塗香菩薩이다. 이와 마찬가지로 같은 존칭을 뺀 사대보살의 명호만 쓴다면 '향화등도香華燈塗'가 맞을 것이다. 그러나 '소산등도燒散燈塗'로 뒷부분의 '등도燈塗'는 같지만, 앞부분의 '소산燒散'과 '향화香華'가 다르게 나타나고 있다. 또한 『금강정유가37존례』에서는 금강분향보살金剛焚香菩薩·금강화보살金剛華菩薩·금강등보살金剛燈菩薩·금강도향보살金剛塗香菩薩[308]로 나타나 있는데, 이곳에서도 '향화香華'와 연관된

---

手菩薩摩訶薩金剛鉤菩薩摩訶薩, 金剛弓菩薩摩訶薩, 金剛善哉菩薩摩訶薩, 金剛藏菩薩摩訶薩, 金剛光菩薩摩訶薩, 金剛幢菩薩摩訶薩.";『一切如來大祕密王未曾有最上微妙大曼拏羅經』(大正藏 18, p.549a), "金剛王菩薩, 金剛愛菩薩, 金剛善哉菩薩, 又於福德聚三摩地, 生金剛寶菩薩, 金剛光菩薩, 金剛幢菩薩, 金剛笑菩薩, 又復於智慧門三摩地."

308 앞의 각주 참고.

명호를 찾아볼 수가 없다. 아마도 이것은 금강분향보살金剛焚香菩薩의 '분향焚香'의 의미로 '소산燒散'이라 하지 않았을까 유추해 볼 수 있다.

이상에서 살펴보았듯이 증명청의 청사의 대상은 금강정유가37존임을 알 수 있다. 이것의 근거는 『금강정유가37존례』에서 찾아볼 수 있으며, 『석문의범』의 청사 대상과 비교하여 보면 다음과 같다.

| | 『釋門儀範』 | 『金剛頂瑜伽三十七尊禮』 |
|---|---|---|
| 三身 | 大敎主 毘盧遮那佛<br>法界主 盧舍那佛<br>一代敎主 釋迦牟尼佛 | 淸淨法身毘盧遮那佛 |
| 五部 | 加持主阿閦佛<br>灌頂主寶生佛<br>三摩地主觀自在佛<br>廣大供養主 不空成就佛<br>寶法羯摩 四波羅密菩薩<br>東方金愛慈手 四大菩薩<br>南方普光幢笑 四大菩薩<br>西方法利因語 四大菩薩<br>北方業護牙拳 四大菩薩<br>鉤索鏁鈴 四攝菩薩<br>喜鬘歌舞 內四供養菩薩<br>燒散燈塗 外四供養菩薩 | 金剛堅固自性身阿閦佛<br>功德莊嚴聚身寶生佛<br>受用智慧身阿彌陀佛<br>作變化身不空成就佛<br>金剛波羅蜜, 寶波羅蜜, 法波羅蜜, 業波羅蜜<br>金剛薩埵, 金剛王, 金剛欲, 金剛善哉菩薩<br>金剛寶, 金剛光, 金剛幢, 金剛笑菩薩<br>金剛法, 金剛利, 金剛因, 金剛語菩薩<br>金剛業, 金剛護, 金剛牙, 金剛拳菩薩<br>金剛鉤, 金剛索, 金剛鎖, 金剛鈴菩薩<br>金剛嬉戲, 金剛鬘, 金剛歌, 金剛舞菩薩<br>金剛焚香, 金剛華, 金剛燈, 金剛塗香菩薩 |
| 天衆部 | 上方大梵天王 帝釋天王<br>東方提頭賴吒天王<br>南方毘盧勒叉天王<br>西方毘盧博叉天王<br>北方毘沙門天王<br>下界當處 土地護法善神<br>山川嶽瀆 一切靈祇等衆 | 梵釋四王<br>天龍八部 |

〈표 11〉 『석문의범』의 청사 대상과 『금강정유가37존례』의 37존 비교

위에서 살펴보았듯이 삼신의 경우, 『석문의범』에서는 법신·보신·화신을 나누어 놓았지만 『금강정유가37존례』에서는 법신만 기록되어 있다. 그러나 5부 제존의 명호는 일치함을 알 수 있다.

또한 청사에서 거명하였던 37존이 주하는 곳은 성신회로 금강계만다라의 근본을 이루며 금강계 구회만다라의 중앙에 위치한다.

가영歌詠

사방사대제보살四方四大諸菩薩
사방사대 모든 보살은

상주금강반야궁常住金剛般若宮
금강 반야궁전에 항상 머무시며

오부다라제성사五部多羅諸聖士
오부 만다라에 자리하신 제 성현

상지불법증원통常持佛法證圓通
불법을 항상 지녀서 원통을 증험하시네.

고아일심귀명정례故我一心歸命頂禮
하옵기로 일심으로 귀명하오며 정례하나이다.

본 항은 5부의 사방사대보살의 공덕을 찬탄하고 보살들의 활동 영역을 설명하고 있다.

### (3) 신불新佛 소청의식

여기서의 소청의식은 새로 조성하여 모시게 될 불보살님께 도량에 강림하여 주실 것을 아뢰는 것으로, 점안을 증명하기 위해 본 불사의 핵심인 신조성新造成의 주인공을 청하는 것이다. 의식은 신불청新佛請과 증명다게證明茶偈 순으로 진행된다.

### 43. 신불청新佛請

나무 일심봉청南無 一心奉請
귀의하오며 일심으로 받들어 청하옵니다.

신조성 모불모보살新造成 某佛某菩薩
새로 조성한 부처님과 보살님께서는

유원자비惟願慈悲
오직 바라옵건대 자비로

강림도량 증명공덕降臨道場 證明功德
도량에 강림하사 공덕을 증명하여 주옵소서.

향화청香華請
향기로운 꽃을 뿌리오며 청하옵니다.

본 신불청[309]은 새로 조성하여 모시는 불보살들께 도량에 강림하여 주실 것을 청하는 의식이다. 또한 점안의 주인공을 확실히 밝히는 것으로, 본 점안의식의 방향을 제시하고 있기도 하다.

'신조성新造成'은 새로 모신다는 의미로 쓰이며 '모불모보살某佛某菩薩'은 모시고자 하는 분의 명호이다. 여기서 살펴보아야 할 것은, 한

---

309 『作法龜鑑』(『한불의서』 제3집), p.418. 청사의 제목이 '新佛請'이라 표기되어 있다.

분만을 모실 수도 있으며 여러분을 모실 수도 있기에 '몇 분'이라는 것을 '모불모보살' 뒤에 붙인다. 모시는 분에 따라 일위一位, 일좌一坐, 각위各位로 하며 탱화를 점안할 때는 일축一軸으로 한다. 예를 들면 다음과 같이 창불한다.

신조성 아미타불존상 일위, 또는 일좌
신조성 아미타불존상, 관세음보살존상, 대세지보살존상 각위
신화성 후불탱화 일축, 또는 각위

논의가 필요한 대목은 증명청으로써 '신불청'이 가능한 것인가이다. 다시 말해 아직 점안의식이 끝나지 않았는데 새로 모시는 분이 어떻게 증명을 할 수 있는가이다. 이와 관련하여 『입당구법순례행기』의 내용을 살펴보면 다음과 같다.

보살당원을 참배하다. (840년 5월 17일 음력)
이번에 이 상을 만드는 데는 지극한 마음으로 재계하고 기술의 오묘함을 다하여 천하 사람들로 하여금 우러러 예배하게 하며, 특히 발심의 경지에 이르도록 하고자 했다. 그런데 지금 이미 여섯 번을 만들어 여섯 번 모두 부서졌다. 이는 대성의 마음에 합치하지 않기 때문일 것이다. "만약 진실로 그러하다면 엎드려 바라옵건대 대성 문수보살께서는 저를 위하여 친히 그 참모습을 나타내 주십시오. 직접 금빛 얼굴을 목도하고 곧 그 모습대로 조성하겠나이다"라고 하였다. 잠깐 동안 발원을 마치고 눈을 뜨니 문수보살이 금빛 사자를

타고 그 사람 앞에 나타났다. 오랜 후에 오색구름을 타고 하늘로 올라 날아갔다. 박사는 참모습을 볼 수 있어 기뻐서 눈물을 흘렸다. 그리고 앞서 만들었던 것이 잘못되었다는 사실을 비로소 알았다. 곧 본래 모양을 고쳐 길고 짧고 크고 작은 모습을 현신했던 형상과 아주 흡사하게 하여 일곱 번째로 이 상을 만들었더니, 다시는 파손되지 않고 모든 일이 쉬워져 하고자 하는 대로 잘 이루어졌다. 그 사람이 이 상을 만들어 이 전각에 안치했더니 눈에서 빛이 났다. 눈물을 흘리며 말하기를 "참으로 기이하나이다. 지금까지 일찍이 보지 못한 것을 지금에야 볼 수 있게 되었습니다. 바라건대 영원토록 문수사리의 제자가 되겠나이다"라는 말을 마치고 죽었다. 그 후 이 상은 때때로 빛을 발하여 신령한 상서를 자주 나타내었다.[310]

이상의 내용은 불상을 조성할 때 주인공이 현신現身하므로 인해 그 모습을 보고 같은 모습으로 조성할 수 있었다는 내용을 담고 있다. 이는 점안의식의 증명청과도 관련이 있다고 생각된다. 왜냐하면 본 증명청은 점안의 대상이 되는 불보살이 새로 조성된 불상을 증명해

---

310 『入唐求法巡禮行記』 卷三, "開成五年 五月 十七日將延曆寺未決 作佛像不曾見裂損之今時作此像齊戒至心盡自工巧之妙欲使天下人瞻礼特爲發心之境今旣六遍造六遍皆摧裂的應不稱大聖之心若實然者伏願大聖文殊爲我親現眞容親覩金顔卽倣与而造纔發願了 開眼 見文殊騎金色師子現其人前良久乘五色雲騰空飛去博士淂見眞容歡喜悲泣方知先所作不是也便改夲樣長短大小容貌髣取所現之相弟七遍担作此像更不裂損每事易爲所要者皆應矣其人造此像了安置此殿露光眼中注淚乃云大奇曾來未曾見者今淂見也願刧々生々常爲文殊師利弟子言竟身亡向後此像時々 放光."

주는 의미도 포함되어 있기 때문이다. 예를 들어 우리가 어떤 인물의 동상을 만들 때 "그 사람과 모습이 똑같다"라고 증명해 주듯이, 당신 모습을 스스로 증명해 주는 의미로 이해할 수 있을 것이다. 또한 증명청을 통해 새로 모실 불보살이 점안도량에 강림해 있어야만 기타 점안의식을 통해서 새로 조성된 불상에 좌정할 수 있기 때문이다. 그러므로 '신불청'을 모셔야 하는 분명한 이유가 성립되는 것으로 볼 수 있다.

가영歌詠

자재치성여단엄自在熾盛與端嚴
자재와 치성과 단엄이며

명칭길상급존귀名稱吉祥及尊貴
명칭과 길상과 또한 존귀함이라.

여시육덕개원만如是六德皆圓滿
이와 같이 여섯 가지 덕이 모두 원만하니

응당총호바가범應當摠號薄伽梵
한마디로 표현하면 바가범이십니다.

고아일심귀명정례故我一心歸命頂禮
하옵기로 일심으로 귀명하오며 정례하나이다.

본 항은 새로 모시게 되는 불의 덕을 찬탄하는 의식이다. 즉 부처님의 명호 가운데 하나인 '바가범Bhagavat'이 내포하고 있는 의미인 자재·치성·단엄·명칭·길상·존귀 등을 나열하고 있다. 이 여섯 가지에 대한 구체적인 내용은 『불지경론』에 다음과 같이 자세히 기술되어 있다.

이런 까닭에 여래는 바가범이라고 이름하였는데, 그 뜻은 무엇인가? 이른바 모든 여래는 영원히 온갖 번뇌에 매여 있거나 속해 있지 않으니 자재의 뜻을 갖추었고, 지혜의 불길이 맹렬하게 타올라 태우고 단련하므로 치성의 뜻을 갖추었으며, 미묘한 삼십이상 등으로 장엄되었으므로 단엄의 뜻을 갖추었다. 온갖 뛰어난 공덕이 원만하여 알지 못하는 자가 없으므로 명칭의 뜻을 갖추었고, 온 세상이 가까이하며 공양하고 함께 찬탄하므로 길상의 뜻을 갖추었으며, 온갖 덕을 갖추고 항상 방편의 이익을 일으켜서 모든 유정을 안락하게 하되 게으르거나 그만두지 않으므로 존귀의 뜻을 갖추었다.[311]

여기에서 유의할 점은 '가영'의 내용이다. 의식문에 나타난 내용을 살펴보면 다음과 같다.

| 의식문 | 내 용 |
|---|---|
| 『오종범음집』 | 其時爲造新佛請下 願降云其佛歌咏爲可 |
| 『작법귀감』 | 自在熾盛與端嚴 名稱吉祥及尊貴 如是六德皆圓滿 應當摠號薄伽梵 |
| 『점안작법』 | 自在熾盛與端嚴 名稱吉祥及尊貴 如是六德皆圓滿 應當摠號薄伽梵 |
| 『석문의범』 | 歌詠隨時爲可 |

311 『佛地經論』(大正藏 26, p.292a-b), "是故如來名薄伽梵其義云何? 謂諸如來永不繫屬諸煩惱故, 具自在義 焰猛智火所燒煉故, 具熾盛義, 妙三十二大士相等所莊飾故, 具端嚴義, 一切殊勝功德圓滿無不知故, 具名稱義. 一切世間親近供養咸稱讚故, 具吉祥義. 具一切德常起方便利益, 安樂一切有情無懈廢故, 具尊貴義."

위의 내용에서 살펴보았듯이 『작법귀감』과 『점안작법』에서 나타난 가영의 내용은 일치한다. 본 가영은 「영산재」에서 '불찬佛讚'이란 제목으로 거행된다. 본 점안의식이 불상점안의식임을 참작한다면 불의 공덕을 내용으로 하는 것이기에 가영으로서의 특징을 갖는다고 할 수 있다. 즉 가영의 특징은 소청하는 불보살들의 각기 특징이 되는 덕을 찬탄하는 것을 내용으로 하고 있기 때문이다.

그러나 부처님을 찬탄하는 내용이라 할지라도 표현하는 방법이 다르기 때문에 하나만이 아니라 여러 가영으로 나타나며, 그 중 관계되는 가영을 선택하여 사용하여도 무방하다고 할 수 있다. 그러므로 현행의식에서는 보통 「상주권공재」에서 사용되는 '불신보변시방중佛身普遍十方中, 삼세여래일체동三世如來一體同, 광대원운항부진廣大願雲恒不盡, 왕양각해묘난궁汪洋覺海渺難窮, 고아일심귀명정례故我一心歸命頂禮'를 가영으로 거행[312]하기도 한다.

또한 『오종범음집』과 『석문의범』은 점안 대상이 어느 분인가에 따라 그 내용을 달리함을 말하고 있다. 즉 부처님을 모실 경우에는 불찬탄가영, 관세음보살의 경우에는 관음가영, 지장보살을 모실 경우에는 지장가영을 거행하는 것을 말한다. 이것은 소청하는 대상에 맞는 가영을 거행한다는 것을 말해주는 것으로, 실제 의식에서 바로 적용되는 중요한 내용이라고 할 수 있다.

---

312 박송암 스님, 범음대 점안의식 강의(1996년).

44. 증명다게證明茶偈

금장묘약급명다今將妙藥及茗茶
이제 묘약과 같은 차를 마련하여

봉헌대만다라회奉獻大曼茶羅會
대만다라회에 올리오니

무량무변증명전無量無邊證明前
헤아릴 수 없고 끝없이 많은 증명께서는

원수자비애납수願垂慈悲哀納受
대자비를 드리우사 애틋이 여기시고 받아 주옵소서.

본 항은 그동안 증명으로 청하여 모신 삼신, 5부제존, 신불보살님께 차 공양을 올리는 의식이다. 더불어 점안을 증명하기 위한 의식이 완료되었음을 말한다.

일반 의식에서 그렇듯이 증명청을 한 뒤에는 분명 증명다게가 이어진다. 이 증명다게는 의식문 『불상점안』에 수록된 내용이며 기타 의식집에는 내용이 생략되어 있다. 그러나 현행 의식에서 거행되고 있으며, 그 내용은 '금장감로다今將甘露茶, 봉헌증명전奉獻證明前, 감찰건간심鑑察虔懇心, 원수애납수願垂哀納受'로 내용을 달리한다. 이 증명다게 역시 불보살을 증명으로 청한 이후에 거행하는 의식문으로 내용은 틀림없겠으나, 본 증명다게는 점안의식문에 나타난 내용을 우선으로 하였음을 밝힌다. 또한 본 항의 내용 중 '봉헌대만다라회奉獻大曼茶羅會 무량무변증명전無量無邊證明前'에서 알 수 있듯이 점안의식의 증명다게 내용으로도 조금 더 정확하고 직접적이라고 할 수 있다.

의식은 바라지가 짧은 다게성으로 3구까지 마치고 나면 대중은 동음으로 '원수애납수'를 거행하는데, 이때 바라지는 소리 끝에 태징을 한 마루 울린다. 이어서 같은 방법으로 '원수애납수'를 한 번 더 한 뒤 '원수자비애납수'를 한다. 이때도 마찬가지로 태징을 한 마루 울린다. 이때 중요한 것은 소리 중간 부분인 '애납수' 시점에서 목탁은 내림목탁[313]을 쳐 주며 대중은 오체투지를 한다는 것이다.

| 소리 | 태징 타법 |
|---|---|
| 1차 원수애납수 | 태징 ○○′ ○ ○ ○ ○ • ○ ○ ○ |
| 2차 원수애납수 | 태징 ○○′ ○ ○ ○ ○ • ○ ○ ○ |
| 3차 원수자비애납수 | 태징 ○○′ ○ ○ ○ ○ • ○ ○ ○ |

〈표 12〉 증명다게 태징 타법

### (4) 옹호청

본 항은 점안도량을 옹호하여 주기를 바라는 마음으로 성중들을 청하는 의식이며, 옹호청擁護請과 다게茶偈로 진행된다.

#### 45. 옹호청擁護請

나무 일심봉청南無 一心奉請
귀의하오며 일심으로 받들어 청하옵니다.

상어일체 작법지처常於一切 作法之處
항상 일체의 법을 짓는 곳에서

313 목탁을 큰 소리부터 점점 작아지게 치는 방법(○○○○◦◦).

자엄등시 위작옹호慈嚴等施 爲作擁護
자비와 엄숙함을 평등하게 베푸시고 옹호하시는

상방대범천왕 제석천왕上方大梵天王 帝釋天王
상방의 대범천왕님과 제석천왕님

동방제두나타천왕東方提頭賴吒天王
동방의 제두나타천왕님과

남방비로늑차천왕南方毘盧勒叉天王
남방의 비로늑차천왕님

서방비로박차천왕西方毘盧博叉天王
서방의 비로박차천왕님과

북방비사문천왕北方毘沙門天王
북방의 비사문천왕님

하계당처 토지호법선신下界當處 土地護法善神
하계 이 자리의 토지신과 호법선신

산천악독 일체영지등중山川嶽瀆 一切靈祇等衆
산과 강의 일체 신령들이시어

강림도량 옹호법연降臨道場 擁護法筵
도량에 강림하사 법의 자리 옹호하여 주옵소서.

향화청香華請
향기로운 꽃을 뿌리오며 청하옵니다.

본 청사를 '옹호청'이라 한 것은 『오종범음집』과 『작법귀감』[314]에서

314 『한불의서』 제3집, p.418.

청사의 제목을 '옹호청'이라 표기하고 있기 때문이다.

본문의 내용을 살펴보면, 상방의 대범천왕과 세석천왕, 중앙의 사천왕을 비롯한 하방의 일체 호법선신들을 낱낱이 거명하고 있다. 이렇듯 상·중·하로 구분하여 그들의 역할인 도량에 강림하여 점안이 거행되고 있는 법의 자리를 옹호하여 줄 것을 간청하는 것으로 구성되어 있다.

가영歌詠

범왕제석사천왕梵王帝釋四天王
범왕제석 사천왕은

불법문중서원견佛法門中誓願堅
불법문중에 세운 서원 견고하여

열입초제천만세列立招提千萬歲
천만세 지나도록 도량에 열 지어 머무시며

자연신용호금선自然神用護金仙
자연스런 신통묘용으로 부처님을 옹호하시네.

고아일심귀명정례故我一心歸命頂禮
하옵기로 일심으로 귀명하오며 정례하나이다.

본 항의 내용을 살펴보면 '범왕제석사천왕梵王帝釋四天王'에서는 모시고자 하는 대상을 말하고 있으며, '불법문중서원견佛法門中誓願堅'에서는 범왕제석 사천왕이 불법문중을 옹호하겠다는 굳은 서원을 찬탄하고 있다. 또한 '열립초제천만세列立招提千萬歲'에서는 전前 구의 결과로서 범왕제석과 사천왕의 서원이 완성되어 그 힘을 발하는 원력을 말하고 있으며, '자연신용호금선自然神用護金仙'에서는 범왕제석과 사천왕의 원력의 결과로서 불법문중에 항상 머무름과 동시에 부처님을 옹호하는 모습을 나타내는 것이라 생각된다.

『작법귀감』의 가영 내용은 '옹호회상성현중擁護會上聖賢衆, 불법문중서원견佛法門中誓願堅, 열립초제천만세列立招提千萬歲, 자연신용호금선自然神用護金仙'[315]으로 표기되어 있어 첫 구절인 '옹호회상성현중擁護會上聖賢衆'이 차이를 보인다. 본 항의 '범왕제석사천왕梵王帝釋四天王'은 대상을 명확히 밝히고 있으며, '옹호회상성현중擁護會上聖賢衆'은 대상을 통칭하는 것의 차이라 할 수 있다. 그러나 의미는 크게 다르지 않음을 알 수 있으며, 앞에서 설명하였듯이 가영의 내용은 하나가 아니고 여러 가지로 사용된다는 것의 일례이기도 하다.

46. 다게茶偈

금장감로다今將甘露茶
이제 감로다를

봉헌성현전奉獻聖賢前
성현 전에 받들어 올리오니

감차건간성鑑此虔懇誠
정성스럽고 간절한 마음 살피사

원수애납수願垂哀納受
애틋이 여기시고 받아주소서.

---

315 『한불의서』 제3집, p.419.

본 항은 '옹호청'에서 모셨던 모든 성현님께 차를 올리는 의식이다.

본 항의 출처는 『점안직법』에 나타나 있다. 기타 의식집에는 보이지 않으며 현행 진행되는 점안의식에서도 '다게'는 생략하고 있다. 그러나 기존 의식집의 흐름을 보면 '청사' 뒤에는 어김없이 '다게'가 나타나므로 이곳에서도 '다게'가 분명히 거행되어야 한다고 본다. 또한 이것의 뒷받침으로 송암 스님은 "증명청을 거행할 때는 증명다게를 하고, 옹호청을 거행할 때는 중단 다기茶器를 열라"고 하였다. 그러므로 앞으로는 이곳에서 분명 다게를 거행하는 것이 옳다고 생각된다.

본 항에서 논의의 대상은 '증명청'에서 이미 불보살님을 모셨고, '신불청'에서 새로 모시는 불보살님을 청하였는데 굳이 '옹호청'이 필요한가이다. 잘못 이해하면 불보살님을 성중이 증명하는 것으로 이해될 수 있기 때문이다. 하지만 이것은 성중이 불보살을 증명한다고 이해해서는 안 되며 점안도량을 옹호하는 것으로 보아야 할 것이다. 점안의식 이전에 「신중작법」에서는 1차적으로 도량결계를 목적으로 도량을 옹호하였으며, 본 항은 2차적으로 점안을 목전에 두고 도량을 옹호하는 것으로 보아야 할 것이다.

의식은 '44. 증명다게'의 방법과 동일하게 한다.

### (5) 강생과 예경

강생降生과 예경禮敬에서는 새로 조성된 불보살 상에 5불과 5지를 투영시켜 '신불청'으로 모신 불보살이 새로 조성된 불보살 상에 강생하도록 하는 의식이며, 더불어 귀의를 표명하는 것을 내용으로 한다. 의식은 강생게, 오색사진언, 5불례, 동락게 순으로 진행된다. 그 절차는 다음과 같다.

## 47. 강생게降生偈

아불석사자我佛釋獅子
우리들의 부처님 석가모니불께서는

종도솔천궁從兜率天宮
도솔천궁으로부터

강신하염부降神下閻浮
염부제에 강림하시어

입마야태장入摩耶胎藏
마야부인의 태내에 드셨습니다.

원금역여시願今亦如是
원컨대 지금 또한 그와 같이

입차공상중入此空像中
이 텅 빈 상에 들어가서

심심적연정甚深寂然定
매우 깊고 고요한 선정으로

구주어세간久住於世間
이 세간에 오래도록 머무소서.

복자제중생福資諸衆生
모든 중생에게 복을 내리시고

발무상도심發無上道心
위가 없는 도의 마음을 발하시며

시작대불사施作大佛事
큰 불사를 베풀어서

자타공성불自他共成佛
너와 나 모두 함께 불도를 이루게 하옵소서.

본 항은 게송의 제목에서도 알 수 있듯이 금일 점안하여 모시게 될 불보살님께서 새로 조성된 불보살 상에 강생하시길 염원하고, 동시에 능례能禮의 원이 성취되기를 발원하는 의식이다.

구성과 내용을 살펴보면, 강생게는 크게 기·서·결의 형태로 구성되어 있다. '기'인 '아불석사자我佛釋獅子, 종도솔천궁從兜率天宮, 강신하염부降神下閻浮, 입마야태장入摩耶胎藏'에서는 과거 석존께서 도솔천궁에서 호명보살로 계시었다가 염부제에 내려오시고자 마야부인의 태중에 드신 것을 나타내는 것으로, 이것은 팔상八相 중 '강도솔상'과 '탁태상'의 모습을 잘 표현하고 있다.

'서'인 '원금역여시願今亦如是, 입차공상중入此空像中, 심심적연정甚深寂然定, 구주어세간久住於世間' 중 '원금역여시願今亦如是'는 '기'의 '종도솔천궁 강신하염부'의 내용과 상응되는 내용으로 점안도량에 강림하여 주시기를 발원하고 있으며, '입차공상중入此空像中'은 '기'의 '입마야태장'의 내용과 상응되는 내용으로 새로 조성된 불상에 안주하시길 바라는 내용이다. 또한 '심심적연정甚深寂然定'은 부처님의 변함없으신 마음을, '구주어세간久住於世間'에서는 점안의 목적을 성취하기 위하여 세간에 머물러 주시길 발원하고 있다.

'결'인 '복자제중생福資諸衆生, 발무상도심發無上道心, 시작대불사施

作大佛事, 자타공성불自他共成佛'에서 '복자제중생福資諸衆生'은 부처님의 양족 중 복덕에 해당되는 것으로 자비심을 발하여 주실 것을 말하고 있으며, '발무상도심發無上道心'에서는 양족의 모습 중 지혜의 모습을 말하고 있다. 또한 '시작대불사施作大佛事'는 위의 두 구에서 말하였던 지와 덕의 활동과 작용을 말하며, '자타공성불自他共成佛'에서는 점안의 목적이 잘 나타나 있다. 즉 점안의 목적은 자각각타 대불사를 시행하여 나와 남이 모두 성불에 있음을 말하고 있다.

이상에서 살펴보았듯이 '기'에서는 강생하게 되는 배경 내지는 석존의 과거의 모습을 표현하고 있으며, '서'에서는 점안과 동시에 사바세계에 머무는 현재의 모습을, '결'에서는 지혜와 자비를 베풀어 결국 중생들이 성불을 이룰 수 있도록 염원하는 내용으로 미래의 모습을 담고 있다.

본 게송의 '기'인 '아불석사자, 종도솔천궁, 강신하염부, 입마야태장'의 내용은 경전에서 찾아볼 수 있으며,[316] 그 외의 내용은 나타나지 않는다. 이것 역시 경전의 내용에 의식의 성격에 맞게 내용을 추가하여 의식문으로 완성한 것으로 볼 수 있다.

의식은 법주와 바라지가 맞물리는 듯 소리를 주고받는다. 5언 12구로 이루어진 본 게송은 홀수 구는 법주가, 짝수 구는 바라지가 소리를 주고받는다. 법주가 첫 구를 시작할 때 바라지는 태징을 한 번 울려준다. 그리고 첫 구의 끝 글자에서 태징을 한 번 울려주고 바라지가 둘째 구를 받는다. 또한 둘째 구의 끝 글자에서 태징을 한 번 울려주면

316 『方廣大莊嚴經』(大正藏 3, p.548c); 『大日經住心品疏私記』(大正藏 58, p.800c); 『大乘起信論裂網疏』(大正藏 44, p.454b); 『大乘寶要義論』(大正藏 32, p.74b).

법주는 3구를 받는다. 이와 같은 방법으로 진행하다가 마지막 구에 이르면 바라지가 소리를 마친 후 마침쇠 세 망치를 울려준다.

### 48. 오색사진언五色絲眞言

唵 婆阿羅 三昧野 素多南 阿里摩里 娑婆訶
옴 바아라 삼매야 소다남 아리마리 사바하
oṃ vajra samaiya sutarāṃ ariamri svāhā

앞서 '청사'에서 5불과 5지, 5방의 내용을 확인할 수 있었다. 본항은 이 내용(교의)을 다시 한 번 함축하여 새로 조성된 불보살 상에 투영시키는 의식이다.

오색사는 오색선五色線이라고도 하며 밀교에서 관정에 쓰는 금강선金剛線·단선壇線·결선 등을 짓기 위하여 쓰는 청·황·적·백·흑의 색실을 말한다. 이 5색은 5불, 5지, 5자五字, 5전五轉 등의 표치로 사용되는 중요한 것이다.[317]

의식은 법주가 진행한다. 진언의 제목은 소리로만 짓고, 진언을 지송할 때에는 금강령을 울려가며 진행한다. 이때 화원이 해야 할 일이 있다.

먼저 『오종범음집』에 수록된 내용을 살펴보면 다음과 같다.

> 오색사진언을 할 때 색화지를 고루 갖춰서 연꽃잎을 만들고 다섯 자의 장대 끝에 이어서 오색실로 묶고 그 장대로 불상, 즉 손에

---

317 『佛光大辭典』(佛光大藏經編修委員會, 1989), p.1084下.

바르게 걸고, 탱화는 물그릇에 매고 시주가 손에 잡고 당겨 손끝에 걸고 나머지 실은 도량에 두루하게 하고 오불례를 한다.[318]

또한 『범음산보집』에서도 수록되어 있는데, 그 내용은 다음과 같다.

법주가 오색사진언을 외우면 그때 화원이 오색실로 연꽃잎을 만들어 다섯 자쯤 되는 장대의 끝에 꿰어서 오색실을 그 장대에 매고 난 뒤에 장대의 실을 잡아당겨 불상의 손끝에 매고, 만약 탱화로 된 부처라면 물그릇에 맨다. 그리고 그 실을 잡아당겨 시주의 손끝에 매고 그 다음에는 인도자가 오불게를 한다.[319]

이상의 내용에서 밝힌 바와 같이 '오색사진언' 시 오색사를 불상의 손끝에 매고 그 실을 끌어다 시주자의 손끝에 매어 점필의식을 마칠 때까지 쥐고 있도록 한다. 또한 『작법귀감』[320]과 『석문의범』[321]에서도

---

318 『한불의서』 제2집, p.206, "五色絲眞言時, 畫員以有色花紙, 作蓮花葉, 貫五尺竿頭, 以五色絲係之, 其竿像佛, 則掛之手端, 而畫佛則係於水器耳, 引取施主手端掛之, 餘絲偏界道場, 而唱五佛禮云云."

319 『한불의서』 제3집, p.55, "法主五色絲眞言時, 畫員以色絲, 作蓮花葉, 貫於五尺竿上, 以五色絲, 係之其竿然後, 引竿絲係佛像手端, 而畫佛則係於水器耳, 又以其絲引係施主手端, 次咽導唱五佛偈云."

320 『한불의서』 제3집, p.419, "時畫員以色絲作, 蓮華葉貫於, 五尺竿上, 以五色絲係之, 其屛後, 引竿絲係, 佛手端若化佛則係於水呪."

321 『釋門儀範』 下, p.102. "法師唱, 五色絲呪時, 畫員以色絲, 作蓮花葉, 貫於五尺竿上, 以色絲係之右, 現水器耳又以其絲, 引佛手端, 以若畫佛則係之右, 現其竿後, 引竿絲係, 施主手端, 次引導, 唱五而佛禮可也."

같은 의미의 내용이 수록되어 있다. 다만 연꽃잎을 만드는 재료에 있어 차이를 보이는데, 『범음산보집』 등에서는 오색사로 만든다고 하였으나 현행은 대부분 오색지로 하고 있다.

### 49. 오불례五佛禮

나무 청정법신비로자나불 南無 淸淨法身毘盧遮那佛

나무 원만보신노사나불 南無 圓滿報身盧舍那佛

나무 천백억화신석가모니불 南無 千百億化身釋迦牟尼佛

나무 당래하생미륵존불 南無 當來下生彌勒尊佛

나무 동방만월세계약사유리광불 南無 東方滿月世界藥師琉璃光佛

본 항은 증명으로 모신 다섯 부처님께 예를 갖추는 의식이다.

본 항에서 논의가 필요한 부분은 5불에 관한 것이다. 오불례에 나타난 5불 중 청정법신비로자나불, 원만보신노사나불, 천백억화신석가모니불은 청사에서 모신 바 예를 갖춤은 맞겠으나 '당래하생미륵존불'과 '동방만월세계약사유리광불'이 갑자기 출현하고 있기에 이에 대한 연구가 필요하다고 생각된다.

먼저 5불의 예를 살펴보면, 금강계만다라의 5불이다. 증명청에서 모셨던 부처님은 비로자나불, 동쪽의 아촉불, 남쪽의 보생불, 서쪽의 관자재불, 북쪽의 불공성취불을 말할 수 있으며, 태장만다라 5불은 중앙에 대일여래, 동쪽의 보당불, 남쪽의 개부화왕불, 서쪽의 아미타불, 북쪽의 천고뇌음불이다. 기타 「다비문」에서 나타난 오방불[322]이나

322 『釋門儀範』 下, p.133. "나무중방화장세계비로자나불, 나무동방만월세계약사유

「관음시식」에 나타난 5불[323] 등 어느 것과도 일치하지 않는다. 또한 의식문도 차이를 보이고 있어 살펴보면 다음과 같다.

| 의식집 | 오불례 내용 |
|---|---|
| 『권공제반문』<br>『범음산보집』<br>『요집』<br>『석문의범』 | 南無 淸淨法身 毘盧遮那佛<br>南無 圓滿報身 盧舍那佛<br>南無 千百億化身 釋迦牟尼佛<br>南無 當來下生 彌勒尊佛<br>南無 東方滿月世界 藥師琉璃光佛 |
| 『작법귀감』<br>『점안작법』 | 南無 東方金剛部 加持主阿閦佛 拜<br>南無 南方寶性部 灌頂主寶生佛 拜<br>南無 西方蓮花部 三摩地主觀自在佛 拜<br>南無 北方毘首竭摩部 廣大供養主不空成就佛 拜<br>南無 中央寂而常照部 諸大菩薩摩訶薩 拜 |

〈표 13〉 의식문에 나타난 5불 비교

이상에서 살펴보았듯이 점안의식문에서는 두 가지 방법이 사용되고 있음을 알 수 있다. 그 중 『작법귀감』과 『점안작법』의 내용은 증명청사에서 모셨던 부처님과 일치한다. 특히 '오불례'는 '오색사진언' 다음 거행되는 것으로, '오색사진언'이 갖는 의의와 상통해야 된다고 본다. 그러므로 청사에 등장하는 5불과 오색사에 투영된 5불이 본 '오불례'의 주인공으로 거명되어야 한다고 본다. 이와 관련하여 『작법귀감』의 주를 살펴보면 다음과 같다.

---

리광불, 나무남방환희세계보승여래불, 나무서방극락세계아미타불, 나무북방무우세계부동존불."

323 『釋門儀範』 下, p.74. "나무다보여래, 나무묘색신여래, 나무광박신여래, 나무이포외여래, 나무감로왕여래."

옛날에는 법신, 보신, 화신, 미륵불, 약사불을 5불의 근본으로 해서 실을 펴 늘어뜨렸다. 지금 말하는 오색사진언 끝에 다섯 부처님께 예를 올리는 것은, 반드시 우러러 오방부처의 대자대비한 힘의 가호를 바라는 것이니 새로운 부처님이라는 뜻이다. 오방부처님을 다시 정한다고 하니, 혹 다른 뜻이 있는 것인지 지혜가 있는 자는 다시 자세히 살필 것이다.[324]

위의 내용은 『작법귀감』 이전의 의식문에서 거명하였던 5불을 설명하고 있으나, 오색사진언을 언급하며 본 『작법귀감』에서 거명한 5불에 대한 설명을 보충하고 있음을 알 수 있다. 또한 망월사본 『진언집』에서는 "아촉여래가 바로 동방유리광불의 본신이다"[325]고 하였다. 그러므로 "우리나라 진언집 류에서는 종종 아촉여래를 약사여래로 대체하고 있다. 대개의 경우 대중들의 요구에 맞추어, 동체존의 경우 대중들과 보다 친숙한 명칭으로 교체한 것"[326]으로 볼 수 있다. 그러나 미륵존불은 점안의식 구성상 어떤 의미로 포함되어 있는지 연관을 지을 수 없어 그 뜻을 헤아리기가 어렵다.

이상에서 살펴 본 바와 같이 현행 거행되고 있는 '오불례'의 5불은 정확한 출처를 밝히기가 어렵다. 다만 약사신앙과 미륵신앙이 강한

324 『한불의서』 제3집, p.419, "放絲舊本以, 三身佛, 彌勒佛, 藥師佛, 爲五佛而. 今謂五色絲眞言末禮五佛者必是仰冀, 五方佛加持, 新佛之意故, 以五方佛, 改定而或有他意耶, 智者更詳."

325 『한불의서』 제3집, p.272, "阿閦如來卽, 東方琉璃光佛本身."

326 김영덕, 「金剛界曼荼羅의 韓國的 變容에 관한 硏究」, 『불교연구』 제34집(한국불교연구원, 2011), p.165.

우리나라의 정서가 가미된 5불이 아닌가 유추해 볼 뿐이다.

의식은 먼저 바라지가 태징 세 망치를 울려 주고 나면 대중은 '나무청정법신비로자나불'을 동음으로 창화한다. 소리를 마친 후 바라지는 다시 태징 세 망치를 울려준다. 이와 동일한 방법으로 각각 다섯 부처님께 예를 올린다. 보통은 짧은소리로 하나 상황에 따라서는 거불쇠와 거불성으로 거행하기도 한다.

50. 동락게動樂偈

혁혁뇌음진赫赫雷音振
혁혁한 우뢰 음성 떨침에

군롱진활개群聾盡豁開
모든 귀머거리들의 귀가 열렸어라.

불기영산회不起靈山會
늘 영축산에 계시면서

구담무거래瞿曇無去來
고오타마께서는 오고 감이 없으셨네.

본 항은 일신과 삼신과 사지를 모두 갖추신 불보살님을 찬탄함과 동시에 유有와 공空에 치우침이 없는 교의를 내용으로 하고 있다.

의식문의 전거는 『오종범음집』, 『작법귀감』, 『점안작법』으로 제목과 함께 같은 내용이 수록되어 있다. 다만 제2구의 내용이 모두 '군롱진활개羣聾盡豁開'로 동일하게 기록되어 있어 『석문의범』의 '군롱진활개群聾盡豁開'와 차이를 보이나 의미상 큰 차이는 없다.

내용을 살펴보면, '혁혁뇌음진赫赫雷音振'에서는 부처님의 설법을 사자후에 비유하듯 부처님의 음성을 천둥소리에 비유하고 있으며, '군롱진활개羣聾盡豁開'에서는 설법을 들은 중생들이 귀가 열림을 비유하고 있다. 또한 '불기영산회不起靈山會 구담무거래瞿曇無去來'에서는 앞의 2구와 차원을 달리하는 내용으로 설법이 이루어지지 않음을 말하고 있으며 부처 또한 오고 감이 없음을 말하고 있다.

이상에서 살펴보았듯이 전2구는 유有의 입장에서 말하고 있다. 이것은 불상을 조성하여 새로 점안한다는 의미에서 '있음'을 강조하는 것이리라 생각된다. 또한 후2구는 전2구와 달리 공空의 입장에서 말하고 있다. 이것은 상相에 집착함을 견제하기 위해 공을 강조한 것으로 생각된다.

의식은 대중이 쓰는소리, 즉 탄백성으로 거행한다. 제1구와 제2구를 각각 마치면 태징 세 망치를 치고 나서, 제3구와 제4구를 마친 후 다섯 망치의 쇠에 이어 몰아띤 다음 마침쇠로 마친다.[327]

### 5) 점필의식

본 항은 점안의식의 핵심이라고 할 수 있는 점필의식點筆儀式이다. 그동안 거행되었던 의식들은 점안의 1차적 의식으로 새로 조성된 불상에 부처의 종자를 불어 넣었던 의식이라면, 점필은 2차적 의식으로 부처의 눈을 뜨게 해 드리는 의식이라고 할 수 있다. 다시 말해 완벽한

327 송암 스님, 옥천범음대 점안의식 강의(1996년 5월 10일자), "법주가 제1구를 마치면 바라지가 제2구를 받고, 다시 법주가 제3구를 하고 나면 바라지가 제4구를 받는다"고 하였으나, 현행의식에서는 대부분 탄백성으로 거행한다.

부처로 현신함을 말한다.

의식은 삼신진언, 삼밀진언, 귀의례, 팔안, 육통, 오통오력, 개안광명진언, 안불안진언 순으로 진행되며 그 절차는 다음과 같다.

### 51. 삼신진언三身眞言

삼신진언은 법신, 보신, 화신진언으로 삼밀진언인 '옴아훔'을 점필하기 위해 삼신을 청하는 의식이다.

본 진언의 전거는 『진언집』(15세기말), 『대다라니진언집』(1688년), 『진언집』(1800년)에서 찾을 수 있다. 이들 진언집은 불상점안 시 필요한 진언들만 수록하고 있으며, "상문서진언불번재서上文書眞言不煩再書"라고 하여 불상점안 시 거행되는 진언일지라도 앞의 여타 의식에서 사용되었던 진언들은 생략되어 있다. 그러므로 정확히 어떤 진언이 생략되었는지 밝히기는 어렵다.

다만 본 진언이 거행되는 시점을 '옴아훔'의 점필 전에 넣는 이유는 '옴아훔'이 갖는 의미에서 찾아볼 수 있다. 뒤에서도 설명하겠지만 '옴아훔'은 삼신, 즉 훔자는 곧 법신, 아자는 곧 보신, 옴자는 곧 화신을 포섭하고 있기 때문이다. 그러므로 삼신진언은 삼신을 불상에 안치하기 위한 것으로 삼신을 청한 다음, 그 삼신의 종자인 '옴아훔'을 불상에 안배하여 점필하는 것이 순서상 옳다고 생각된다.

삼신진언의 전거는 『태장계대법대수기』[328]와 『금강계대법대수기』[329]에서 찾을 수 있으며, 삼신진언을 각기 살펴보면 다음과 같다.

---

328 『胎藏界大法對受記』(大正藏 75, p.59b), "阿尾囕吽欠是法身眞言 阿鍐囕含欠是報身眞言 阿囉嚩左囉是應身眞言."

① 법신진언法身眞言

暗鑁喃含坎

암밤람함캄

aṃ vaṃ raṃ haṃ khaṃ

본 항은 법신을 청하는 의식이다.

의식은 법주가 진행한다. 진언의 제목인 '법신진언'은 짓고 진언은 금강령을 울려가며 지송한다.

② 보신진언報身眞言

阿婆羅賀佉

아바라하카

a va ra ha kha

본 항은 보신을 청하는 의식이며, 의식은 '법신진언'과 동일하다.

③ 화신진언化身眞言

阿羅縛左那

아라바차나

a ra va ca na

---

329 『金剛界大法對受記』(大正藏 75, p.189b-c), "阿囉嚩左那 名出悉地 是化身眞言 阿未囉吽欠 名入悉地 是報身眞言 阿鍐囕憾欠 名祕密悉地 是法身眞言."

본 항은 화신을 청하는 의식이며, 의식은 '법신진언'과 동일하다.

## 52. 삼밀진언三密眞言

唵阿吽
옴아훔
oṃ a hūṃ

본 항은 불의 신·구·의 삼업과 삼신을 투영하는 의식이다. 즉 옴(唵, oṃ)은 의밀, 아(阿, a)는 구밀, 훔(吽, hūṃ)은 신밀을 나타내는 종자이다. 또한 법신·보신·화신인 삼신을 포섭하고 있다. 이 종자자인 범서를 불상에 투영하여 불신을 안치하는 의식이다. 이로써 개괄적인 1차적 점안이 완성되었다고 말할 수 있다.

옴아훔의 점필 방법은 증명법사가 붓에 경면주사를 찍어 해당 위치에 범서로써 안치한다. 이때 경면주사를 찍는 이유는 벽사의 공능이 있어 새로 모시는 존상에 다른 삿된 기운이 머물지 않게 하기 위함이다. '옴( )'은 정상에 안치하고, '아( )'는 입안에 안치하며, '훔( )'은 가슴에다 안치한다. 이와 같은 점필의 전거는 경전과 의식문에서 확인할 수 있다.[330]

---

330 『佛說瑜伽大教王經』(大正藏 18, p.580b); 『佛說一切如來安像三昧儀軌經』(大正藏 21, p.933c); 유점사본 『조상경』; 『勸供諸般文』(『한불의서』 제1집, p.694); 『五種梵音集』(『한불의서』 제2집, p.206); 『梵音刪補集』(『한불의서』 제3집, p.159).

| 삼밀진언 | 옴(唵) | 아(阿) | 훔(吽) |
|---|---|---|---|
| 안치하는 곳 | 정상(頂上; 정수리) | 구중(口中; 입안) | 심(心; 가슴) |
| 범서 | (oṃ) | (a) | (hūṃ) |

〈표 14〉 옴아훔의 점필법

〈사진 4〉 옴아훔 점필

의식은 대중이 우물을 짜고[331] 어장의 선창과 함께 짓소리로 거행한다. 만약 짓소리로 하지 않을 경우 대중은 평염불[332]로 108편[333]을 지송한다. 이때 증명법사는 점필한다.

---

331 짓소리로 거행할 때의 좌립 방법으로, 대중이 동그랗게 둘러서서 원을 만드는 것.

332 염불의 하나. 평조로 된 염불이라는 뜻.

333 『造像經』, "又想安布然後持 須念各眼一百八遍可也"; 『諸般文』(『한불의서』 제2집), p.663, "梵字腹藏經云 …… 各各百八遍."

### 53. 팔안점필八眼點筆

본 항은 불보살님께 팔안을 점필하는 의식으로 귀의례歸依禮와 팔안점필 순으로 진행되며 그 절차는 다음과 같다.

① 귀의례歸依禮

각구존상 나무 신화성(주성 조성 중수 개금)모불모보살
各具尊像 南無 新畵成(鑄成 造成 重修 改金)某佛某菩薩
각각 존상을 구족하신 새로 조성된 불보살께 귀의하옵니다.

본 항은 앞서 행한 '옴아훔'의 점필과 더불어 팔안의 점필로 인해 새로 조성된 불보살 모두 존귀한 상호를 구비하여 예경의 대상인 소례의 위의를 갖추신 바 귀의를 표명하는 의식이다. 본 항의 제목은 의식문에 나타나지 않지만 본 의식의 의미를 담아 '귀의례'라는 제목을 임의로 붙여 보았음을 밝힌다.

'존상'이란 불보살 등의 존귀한 형상形像이란 뜻이다. 또한 '각구존상'이란 내용은 『석문의범』을 포함한 대부분의 의식문에는 나타나지는 않으나, 현행 의식에서도 거행되고 있으며 『범음산보집』[334]에는 기록되어 있다.

주의할 점은 본 항과 다음 항에서 소개될 '팔안'을 연결 지어 거행해야 한다는 것이다. 이는 내용을 파악하기 위해 본 항과 분리하였으나, 결국 '각구존상'이 될 수 있는 이유는 '팔안'을 성취하였기 때문이므로

334 『梵音刪補集』(『한불의서』 제3집), p.159, "法主一唱 則咽導和之 再唱則咽導和 各具尊相 末南無新畫成云云 此下 諸眼皆倣此."

의미상 분리되어서는 안 된다는 것이다. 의식 거행에 관한 것도 본 항에서는 따로 밝히지 않고 다음 항에서 함께 다루고자 한다.

② 팔안八眼

육안성취상 육안청정상 육안원만상 肉眼成就相 肉眼清淨相 肉眼圓滿相
천안성취상 천안청정상 천안원만상 天眼成就相 天眼清淨相 天眼圓滿相
혜안성취상 혜안청정상 혜안원만상 慧眼成就相 慧眼清淨相 慧眼圓滿相
법안성취상 법안청정상 법안원만상 法眼成就相 法眼清淨相 法眼圓滿相
불안성취상 불안청정상 불안원만상 佛眼成就相 佛眼清淨相 佛眼圓滿相
십안성취상 십안청정상 십안원만상 十眼成就相 十眼清淨相 十眼圓滿相
천안성취상 천안청정상 천안원만상 千眼成就相 千眼清淨相 千眼圓滿相
무진안성취상 무진안청정상 무진안원만상 無盡眼成就相 無盡眼清淨相 無盡眼圓滿相

본 항은 새로 모시는 상단의 불보살존상에 팔안이 성취될 수 있도록 점필하는 의식이다. '옴아훔'에서 1차적으로 개괄적인 점필을 하였다면, 이것은 2차적인 점필로 '팔안'이라는 구체적인 점필의 완성으로 보아야 할 것이다. 즉 여타의 상호는 이미 완성되었음을 간주하고 마지막이 점안인 만큼 화룡점정의 뜻을 나타내고 있다. 팔안은 불보살만이 가질 수 있는 눈으로, 그 내용을 살펴보면 다음과 같다.

첫째, 육안은 오안의 하나로 중생의 육신에 갖추어 있는 눈이다. 범부의 눈이며 불안佛眼에 대한 인간의 눈을 말한다. 이것은 범부가 갖추고 있는 눈을 가리킨다.

둘째, 천안天眼은 초인적인 눈으로 모든 것을 꿰뚫어보는 신성한 눈이며, 신통을 얻는 눈, 신통력에 의해 모든 것을 간파하는 지혜의 기능을 가졌으며 초자연적인 눈을 말한다. 이것은 천인이 갖추고 있는 눈을 가리킨다.

셋째, 혜안은 지혜의 눈으로 사물을 바르게 관찰하는 눈이다. 즉 여러 사물이 공空이라는 것을 보는 지혜의 눈으로, 모든 차별과 망집을 버리고 진리를 통찰하는 눈을 말한다. 이것은 이승二乘이 갖추고 있는 눈을 가리킨다.

넷째, 법안은 법에 대한 밝은 눈으로 제법을 비추어 보는 눈을 말한다. 또한 진실을 보는 지혜의 눈으로, 보살은 이것으로 모든 사상事象의 진상을 알고 중생을 제도한다고 한다. 이것은 보살이 갖추고 있는 눈을 가리킨다.

다섯째, 불안은 부처님의 눈으로 깨달음을 얻은 주인공의 식견, 모든 것을 멀리 바라보고 모든 것을 아는 눈을 말한다. 이것은 부처가 가지고 있는 눈을 가리킨다.

여섯째, 십안은 앞의 오안과 더불어 지안智眼, 광명안光明眼, 출생사안出生死眼, 무애안無碍眼, 보안普眼(일체지안一切智眼)을 말한다.

일곱째, 천안千眼은 천수천안千手千眼의 줄임말로 자비 광대하사 일체의 중생을 제도하시는 불보살님의 위대한 모습을 형상으로 나타내는 것을 말한다.

여덟째, 무진안은 108삼매의 하나인 무진삼매無盡三昧로 무진의 법, 즉 무위법을 아는 선정禪定을 말한다.

경전에 나타난 팔안에 대해 살펴보면, 먼저 『금강반야바라밀경』에는 여래가 오안을 갖추고 있는 것을 설하고 있다.

"수보리야, 너는 어떻게 생각하느냐. 여래에게 육안이 있느냐?" 수보리가 아뢰었다. "세존이시여, 그렇습니다. 여래에게는 육안이 있습니다." 부처님께서 수보리에게 말씀하셨다. "수보리야, 너는 어떻게 생각하느냐? 여래에게 천안이 있느냐?" "세존이시여, 그렇습니다. 여래에게는 천안이 있습니다." "수보리야, 너는 어떻게 생각하느냐? 여래에게 혜안이 있느냐?" "세존이시여, 그렇습니다. 여래에게는 혜안이 있습니다." "수보리야, 너는 어떻게 생각하느냐? 여래에게 법안이 있느냐?" "세존이시여, 그렇습니다. 여래에게는 법안이 있습니다." "수보리야, 너는 어떻게 생각하느냐? 여래에게 불안이 있느냐?" "세존이시여, 그렇습니다. 여래에게는 불안이 있습니다."[335]

또한 『불설무량수경』에는 오안이 갖는 공능에 대해 설하고 있어 살펴보면 다음과 같다.

육안이 명철하니 분명히 알지 못할 바가 없고, 천안을 통달하였으니

---

335 『金剛般若波羅蜜經』(大正藏 8, p.751b), "須菩提 於意云何 如來有肉眼不 如是世尊 如來有肉眼 須菩提 於意云何 如來有天眼不 如是世尊 如來有天眼 須菩提 於意云何 如來有慧眼不 如是世尊 如來有慧眼 須菩提 於意云何 如來有法眼不 如是世尊 如來有法眼 須菩提 於意云何 如來有佛眼不 如是世尊 如來有佛眼."

한량이 없으며, 법안으로 관찰하니 모든 도에 이르게 되고, 혜안으로 진면목을 보니 능히 피안에 이를 수 있으며, 불안을 구족하였으니 법의 성품을 깨달아 알았느니라. 걸림이 없는 지혜로 사람을 위해 연설하고 삼계가 공하여 있을 바가 없음을 평등하게 관찰하며, 지성으로 불법을 추구하고 모든 변재를 갖추어 중생의 번뇌 병을 없애느니라.[336]

또한 『묘법연화경현찬』에는 십안에 대해 설하고 있다.

『화엄경』에 십안을 설하기를, 첫째로 육안은 일체의 색을 보는 눈이고, 둘째로 천안은 이생의 죽음과 저 생의 삶을 보는 것이며, 셋째로 혜안은 모든 중생의 근기에 차별을 보는 것이고, 넷째로 법안은 일체법의 제일의를 보는 것이며, 다섯째로 불안은 부처님의 십력을 보는 것이고, 여섯째로 지안은 일체의 종법을 분별하여 요달해 아는 것이며, 일곱째로 광명안은 일체 부처님의 광명을 보는 것이고, 여덟째로 출생사안은 열반법을 보는 것이며, 아홉째로 무애안은 일체법이 장애가 없음을 보는 눈이고, 열째로 보안은 법계평등법문을 보는 것을 말함이라.[337]

---

336 『佛說無量壽經』(大正藏 12, p.274a), "肉眼淸徹靡不分了 天眼通達無量無限 法眼觀察究竟諸道 慧眼見眞能度彼岸 佛眼具足覺了法性 以無礙智爲人演說 等觀三界空無所有 志求佛法具諸辯才 除滅衆生煩惱之患."

337 『妙法蓮華經玄贊』(大正藏 34, p.728c), "華嚴經說十眼 一肉眼見一切色 二天眼見死此生彼 三慧眼見諸衆生諸根差別 四法眼見一切法第一義 五佛眼見佛十力 六智眼分別了知一切種法 七光明眼見一切佛光明 八出生死眼見涅槃法 九無礙眼

그리고 『천수천안관세음보살광대원만무애대비심다라니경』에는 천수천안에 대해 설하고 있다.

제가 그때 처음 초지에 머물렀는데, 이 주문을 한번 들은 까닭에 8지에 오르게 되었습니다. 저는 그때 환희로운 마음에 서원을 발하였습니다. "제가 만약 당래에 일체중생을 안락과 이익을 감당할 수 있다면 제 몸에 즉시 천수천안이 갖추어지이다." 발원을 마치자마자 즉시 몸에 천수천안이 모두 다 갖추어졌습니다.[338]

『법화경안락행의』에는 무진안을 다음과 같이 설하고 있다.

무진안은 이미 다함이 아님을 응당 알라. 오고 감이 없으니 또한 머무름도 없다. 무진안이 즉 부처이니라. 보살이 금강지혜로 모든 법의 여여함을 알고, 무생과 무진안 등은 모든 법과 같고, 곧 부처님인 까닭으로 여래라 이름한다. 금강의 몸은 모든 법의 여의함을 안 까닭으로 이름하여 여래라 부른다. [339]

---

見一切法無有障礙 十普眼謂見法界平等法門."

338 『千手千眼觀世音菩薩廣大圓滿無礙大悲心陀羅尼經』(大正藏 20, p.106c), "我於是時始住初地 一聞此呪故超第八地 我時心歡喜故卽發誓言 若我當來堪能利益安樂一切衆生者 令我卽時身生千手千眼具足 發是願已 應時身上千手千眼悉皆具足."

339 『法華經安樂行義』(大正藏 46, p.699b), "當知無盡眼旣非盡 無來無去亦無住處眼無盡卽是佛 菩薩以是金剛智慧知諸法如 無生無盡眼等諸法如卽是佛故名如來 金剛之身覺諸法如故名爲如來."

다음은 팔안의 점필 방법에 대해 살펴볼 필요가 있다. 팔안 하나하나에 해당하는 각각의 종자인 범자를 배대하여 점필하게 되는데 그 종자자는 비밀실지진언秘密悉地眞言인 '암밤람함캄'과 삼밀진언인 '옴아훔'이다. 즉 육안에는 캄자坎字, 천안天眼에는 함자唅字, 혜안에는 람자覽字, 법안에는 밤자鑁字, 불안에는 암자暗字, 십안에는 훔자吽字, 천안千眼에는 아자阿字, 무진안에는 옴자唵字를 배대한다.

'암밤람함캄' 다섯 자의 진언종자를 안치하는 방법은, 육안을 부를 때 눈 아래에 '캄(𑖏𑖽)'자를 안치하고, 천안을 부를 때 '함(𑖮𑖽)'자를 눈동자에 안치하며, 혜안을 부를 때 '람(𑖨𑖽)'자를 눈 위에 안치하고, 법안을 부를 때 '밤(𑖪𑖽)'자를 눈썹 위에 안치하고, 불안을 부를 때 '암(𑖀𑖽)'자를 미간에 안치한다. 또한 십안을 부를 때 '훔(𑖮𑖳𑖽)'자를 가슴에 안치하며, 천안을 부를 때 '아(𑖀)'자를 입속에 안치하고, 무진안을 부를 때 '옴(𑖌𑖽)'자를 정상에 안치한다. 이와 같은 내용의 전거는 경전[340]과 의식문[341]에서 찾아볼 수 있는데, 표로 정리하면 다음과 같다.

---

340 『造像經』 소수 「佛菩薩點筆方 八眼」(『한불의서』 제3집), p.356, "ᄏᆞᆷ呼 肉眼時安眼下 ᄒᆞᆷ呼 天眼時安眼睛 ᄅᆞᆷ呼 慧眼時安眼上 ᄇᆞᆷ呼 法眼時安眉上 ᄋᆞᆷ呼 佛眼時安眉間 훔呼 十眼時安胸中 ᄋᆞ呼 千眼時安口中 옴呼 無盡眼時安頂上."

341 『勸供諸般文』(『한불의서』 제1집), p.694, "옴安頂上 ᄋᆞ安口中 훔安心上 暗字唱佛眼時 書眉間白毫 稷字 唱法眼時 書兩眉上 覽字 唱慧眼時 書兩眼上 唅字唱天眼時 書兩眼睛 坎字 唱肉眼時 書兩眼下."; 『五種梵音集』(『한불의서』 제2집), p.206, "唵옴呼無盡眼時安頂上 阿ᄋᆞ呼 千眼時安口中 吽훔呼十眼時安胸中 坎ᄏᆞᆷ呼肉眼時安眼下 唅ᄒᆞᆷ呼天眼時安眼睛 覽ᄅᆞᆷ呼慧眼時安眼上 鑁ᄇᆞᆷ呼法眼時安眉上 暗ᄋᆞᆷ呼佛眼時 安眉間白毫上."

| 八眼 | 범서 | 입 안 |
|---|---|---|
| 肉眼 | 캄 खं(khaṃ) | 眼下(눈 아래) |
| 天眼 | 함 हं(haṃ) | 眼睛(눈동자) |
| 慧眼 | 람 रं(raṃ) | 眼上(눈 위) |
| 法眼 | 밤 वं(vaṃ) | 眉上(눈썹 위) |
| 佛眼 | 암 अं(aṃ) | 眉間(눈썹 사이) |
| 十眼 | 훔 हूं(hūṃ) | 胸中(가슴 안) |
| 千眼 | 아 अ(a) | 口中(입 속) |
| 無盡眼 | 옴 ॐ(oṃ) | 頂上(정수리) |

〈표 15〉 팔안 점필법

그리고 '암밤람함캄'의 진언종자는 지·수·화·풍·공의 오대에 배대하여 각기 주재하는 힘이 있다고 한다. 즉 '암'자는 산과 바다 대지를 주재하는 힘, '밤'자는 강과 하천의 만 가지 흐름을 주재하는 힘, '람'자는 불기운을 가진 금옥진보 일월성상을 주재하는 힘, '함'자는 오곡백과를 주재하는 힘, '캄'자는 인간의 부귀복덕을 가져다주는 힘이 있는 것으로 간주되었다.[342]

또한 『오종범음집』에서는 증사證師의 관법과 더불어 점필 방법이 자세히 설명되어 있다.

---

342 『佛頂尊勝心破地獄轉業障出三界祕密三身佛果三種悉地眞言儀軌』(大正藏 18, p.912b), "山海大地從阿字出 江河萬流從鑁字出 金玉珍寶日月星辰火珠光明從覽字成 五穀五果衆花開敷因唅字結也 秀香美人天長養顔色滋味端正相貌 福德富貴從欠字莊嚴."; 『三種悉地破地獄轉業障出三界祕密陀羅尼法』(大正藏 18, p. 910b), 내용 동일.

'귀의하옵니다. 새롭게 조성한 주물과 그림과 보수한 모불과 모보살을 각각 갖춘 존상이시여!'라 하고, 다음 법주가 오안을 칭함에 무진안에 이르면 증명은 정신 차려 관하며 마음으로 붓을 움직여 여법하게 쓰되, 옴부터 암까지 여덟 자를 쓴다. 또 준제의 아홉 자와 또 금강왕여래 등 22자를 낱낱이 쓰고, 무진안 이후 중단위에서는 명목과 더불어 오통오력을 자세하게 칭하는데, 중단 점안의식문을 사용하지 않아야 한다. 어산에서 '나무 신모성, 모왕, 모종관' 등 각구 존상을 운운하면 개안광명진언을 함께 칭하면 된다. 혹 수륙재 시에 사용할 때는 다섯 단위를 겸하여 갖춘다. 즉 점안례를 하되 상단 부처님께 하듯 하면 안 되고 오직 단독으로 중단과 분별하며, 혹은 그림 혹은 보수한 것으로, 즉 상단 의식문은 제하고 마땅히 중단의 의식문으로 하는 것이 옳다.[343]

이상에서 살펴본 바와 같이 현재 진행하고 있는 점필법과 차이가 있음을 알 수 있다. 보통 팔안에 여덟 종자를 배대하여 점필하는 것이 지금까지의 통례[344]였지만, 『오종범음집』에서는 여덟 종자 외에 준제구

---

343 『五種梵音集』(『한불의서』 제2집), p.207, "南無新造成鑄成畫成修補某佛某菩薩各具尊相 次法主唱五眼 至無盡眼時 證明 不昧觀想 心中弄筆 如法書之 自唵至暗八字 又准提九字 又金剛王如來等二十二字 一一書之 無盡眼下 入中壇位名目與五通五力 仔細稱之 則不用中壇點眼儀文爲可 魚山 南無新某成某王某從官等 各具尊相云云 開眼光明眞言 兼稱可也 或水陸齋時用之之 使五壇位具兼 則爲點眼禮亦可 不爲上壇佛相 而唯獨辨中壇 或畫或修補 則除上壇儀文而宜用中位儀文爲之可也."

344 현행 점안의식은 『석문의범』을 근거하여 거행하고 있는데, 본 『석문의범』 〈점필법〉에는 '옴아훔'과 팔안에 배대하는 종자자만이 기재되어 있으므로 그 외의

성범자準提九聖梵字와 금강왕여래金剛王如來 등 22자를 낱낱이 쓰라고 되어 있다. 이와 같은 내용은 『조상경』에서도 찾아볼 수 있다.

『조상경』 소수 「불보살점필방」에서는 팔안(8자)의 점필과 더불어 준제구성범자準提九聖梵字(9자), 오여래종자五如來種子(5자), 사바라밀보살종자四波羅密菩薩種子(4자), 내팔보살종자內八菩薩種子(8자), 외팔보살종자外八菩薩種子(8자), 구색쇄령종자鉤索鎖鈴種子(4자), 십대명왕종자十大明王種子(10자), 열금강왕列金剛王(24자)의 점필 방법이 기술되어 있다. 이것은 증명청에서 모셨던 금강정유가37존의 내용과 흡사하지만, 현재는 대부분 이것을 거행하지 않고 있다. 이로 미루어 점필의 방법이 얼마나 축소되었는지를 알 수 있는 단적인 예라 할 수 있다.

또한 『조상경』에서도 증사가 점필할 때의 방법을 상세히 기술하고 있다.

증사가 점필할 때 먼저 입정하고 관상하며 결인하여 의궤와 같이 한다. 그러한 이후 붓을 잡아 입안하는데, 여법하게 입안하는 법에는 세 절차가 있다. 첫째, 팔안에 범자를 문文처럼 안치한다. 반드시 붓을 고요히 하고 마음을 움직여야 한다. 마음은 체體이고 붓은 용用이다. 즉 이것은 용을 섭하여 체에 돌아가 이理를 나타내는 것이다. 둘째, 준제구자와 육종자구자는 범자를 문文과 같이 안치한다. 육종자는 모두 불신을 향하게 하여 범자를 안치하는데 모두 마음과 붓을 함께 움직인다. 이는 체와 용을 겸비하여 사事와 이理를

---

점필은 대부분 행하지 않는 실정이다.

쌍으로 닦는 것을 말한다. 셋째, 열금강왕 악( )자로부터 매( )까지의 열두 자는 불신의 왼쪽에 안치하고, 아( )자로부터 밤( )까지의 열두 자는 불신의 오른쪽에 안치한다. 역시 마음과 붓을 함께 움직인다. 모두 먹을 사용하여 붓을 적시지 말라. 이것이 입안하는 세 절차이다. 만약 세 분의 증사가 갖추어지면 각 세 절차의 범자를 종이에 써서 동시에 각각 안치하면 더욱 좋다. 또한 부처님을 입안하면 나머지 불도 동시에 입안하는 것은, 마치 달이 하나의 강에 비추면 천 개의 강 또한 그러한 것과 같다. 이렇게 하면 원만한 관상이라 할 수 있는데, 어찌 반드시 한 부처님을 입안하고 나서 다시 두 번째 불을 향해 세속의 차례가 있는 것처럼 하겠는가.[345]

여기에서 한 가지 생각해야 할 것은, 『조상경』 소수 「불보살점필방」에서 말하는 점필의 종류는 ① 팔안(8자), ② 준제구성범자(9자), ③ 오여래종자(5자), ④ 사바라밀보살종자(4자), ⑤ 내팔보살종자(8자), ⑥ 외팔보살종자(8자), ⑦ 구색쇄령종자(4자), ⑧ 십대명왕종자(10자), ⑨ 열금강왕(24자) 등 총 아홉 종이라는 것이다.

그리고 범자를 어디에다 안치해야 하는지를 명확히 밝힌 것은 『조상

---

345 『한불의서』 제3집, p.365, "證師點筆時 先入定觀想結印 如儀軌 然後執筆入眼如法入眼法有三節 一八眼梵如文 須靜筆而動心 心是體筆是用 則此乃攝用歸體現理也 二准提九字及六種子九字 安梵如文 六種子都向佛身安梵 皆心筆竝動 此是體用兼備事理雙修也. 三列金剛王自 至 十二字 安佛體左 自 至 十二字安佛體右 亦心筆竝動 皆莫用墨濡筆 是謂入眼三節也 若具三證師 各寫三節梵字於紙 同時各安甚宜 且入眼一佛餘佛同入 如月照一江而千江亦然 方可謂圓觀 何必入一佛了 更向二佛 如世諦之有次也."

경』「불보살점필방」의 팔안과 준제구성범자[346]뿐이다. 그나마 바로 위의 인용문에서 찾을 수 있는 것은 "육종자는 모두 불신을 향하게 하여 범자를 안치한다"는 것과 "열금강왕 악()자로부터 매()까지의 열두 자는 불상의 몸 왼쪽에 안치하고, 아()자로부터 밤()까지의 열두 자는 불의 몸 오른쪽에 안치한다"는 내용이다. 이로써 육종자구자와 열금강왕의 점필 방법은 어느 정도 확인되었으나, 팔안과 준제구성범자를 제외한 나머지 사바라밀보살종자, 내팔보살종자, 외팔보살종자, 구색쇄령종자, 십대명왕종자 등의 범자는 불신의 어느 부위에 안치해야 하는지가 명확하지 않으며 그 내용을 찾아보기도 어렵다. 이 부분에 대한 내용은 앞으로 더 연구해야 할 과제로 남긴다.

『조상경』에 수록된 내용 중 앞서 설명한 ① 팔안八眼의 점필법을 제외한 나머지 점필종자자를 살펴보면 다음과 같다.

② 준제구성범자準提九聖梵字(9자)[347]

옴 정수리(頂上) 자 두 눈(兩眼) 례 목 줄기 위(頸上)

주 가슴(心) 례 양 어깨(兩肩) 준 배꼽 가운데(臍中)

---

346 준제진언準提眞言인 '옴唵·자左·례嚟·주注·례嚟·준准·제提·사바娑婆·하訶'를 말한다.

347 유점사본 『조상경』에서는 옴 자 례 주 례 준 제 사바 하, 『行林抄』(大正藏 76, p.101a), "頂唵 兩目 頸上隷 心祖 兩肩隷 齊中准 兩髀胝 兩脛 莎縛 兩足.", 『七俱胝佛母所說准提陀羅尼經』(大正藏 20, p.183a-b), "唵字 者字 禮字 主字 禮字 准字 泥字 娑嚩字 賀字"로 각기 범서가 다르게 나타남. 본문의 범서는 기본 실담자를 중심으로 발췌하였음.

제 양 겨드랑이(兩腋) 사바 양 정강이(兩脛) 하 양쪽 발(兩足)

③ 오여래종자五如來種子(5자)

밤 비로자나불 훔 아촉여래 타락 보생여래

흐리 무량수여래 악 불공성취불

④ 사바라밀보살종자四波羅密菩薩種子(4자)

훔 금강바라밀보살 트라 보바라밀보살

흐리 법바라밀보살 악 갈마바라밀보살

⑤ 내팔보살종자內八菩薩種子(8자)

ㄱ리 으랑 카 앙 쌍 삼 훔 명

⑥ 외팔보살종자外八菩薩種子(8자)

악 훔 혹 카 람 밤 랑 함

⑦ 구색쇄령종자鉤索鎖鈴種子(4자)

약 금강구보살 훔 금강색보살 밤 금강쇄보살 혹 금강령보살

⑧ 십대명왕종자十大明王種子(10자)

약 ㅂ라 ㅂ다 미 닥 네 마 악 ㄷ레 바

⑨ 열금강왕列金剛王(24자)

((金剛王如來)악자로부터 (彌勒菩薩)미까지의 열두 자는 불신의 왼쪽에 안치하고 (慈惠菩薩)아자로부터 (最精進菩薩)밤까지의 열두 자는 불신의 오른쪽에 안치한다.)

악 金剛王如來 밤 普賢菩薩 작 日精菩薩 바 金剛藏菩薩

참 文殊菩薩 잠 月精菩薩 밤 釋迦如來 샹 盧舍那佛

캄 虛空藏菩薩 흐릭 阿彌陀佛 부 藥師如來 미 彌勒菩薩

아 慈惠菩薩 빙 精進菩薩 잉 出現知菩薩 아 光網菩薩

악 堅固力菩薩 람 金剛鎖菩薩 함 寶印手菩薩 ㄱ심 地藏菩薩

삭 觀世音菩薩 삼 大勢至菩薩 수 禪定菩薩 밤 最精進菩薩

팔안의 점필 시 의식은, 먼저 법주가 금강령을 한 번 흔들어준 후 '각구존상'을 게탁성으로 하고 나서 '나무 신화성(주성 조성 중수 개금)모불(모보살)(각위)'을 한다. 그런 다음 '육안성취상 육안청정상 육안원만상'을 법주가 선창하고 바라지가 받는다. 먼저 법주가 '육안성취상'을 마치고 나면 바라지는 태징 한 망치를 울려주며 '육안성취상'을 받고, 소리 끝부분에 태징 한 망치를 울려준다. 이어서 법주가 '육안청정상'을 하고 나면 바라지는 태징 한 망치를 울려주며, '육안청정상'을 한 후 소리 끝부분에 태징 한 망치를 울려준다. 또 다시 이어서 법주가 '육안성취청정원만상'을 마치고 나면 바라지는 태징 한 망치를 울려주고 '육안성취청정원만상'을 받으며, 소리를 마친 후에는 태징 세 망치를 울려준다. 이와 같은 방법으로 각각의 팔안을 거행한다. 이것을 다시 정리하면 다음과 같다.

① 법주-육안성취상(태징 한 망치), 바라지-육안성취상(태징 한 망치)
② 법주-육안청정상(태징 한 망치), 바라지-육안청정상(태징 한 망치)
③ 법주-육안성취청정원만상(태징 한 망치), 바라지-육안성취청정원만상(태징 세 망치)

그리고 이때 증명법사는 붓을 들어 안하眼下(눈 아래)에 '캄'자를 안치하고 팥을 세 번 뿌린다. 위와 같은 방법으로 천안·혜안·법안·불안·십안·천안·무진안 등을 거행하며, 증명법사는 각각에 맞는 범서를 입안하여 점필을 한다. 그때마다 팥을 세 번씩 뿌리게 되니 총 24번(8안×3번=24)을 뿌리는 것이 된다. 다만 『조상경』에서도 밝혔듯이 한 부처님을 입안하면 나머지 불도 동시에 입안하는 것과 같으므로, 여러 부처님을 점안한다고 하더라도 주불이 되는 한 분만 입안한다.

〈사진 5〉 팔안 점필

『범음산보집』의 내용 중 육안肉眼 이후에 나타난 협주를 살펴보면 "법주가 먼저 창하면 인도는 화답하여 재창한다. 법주가 재창하면 인도는 화답하여 각각 존상이 갖추어졌음을 창한다. 마지막에 '나무 신화성 운운' 하고, 이하 모든 눈에 이것과 같이 본을 떠서 거행한다"[348]고 하였다. 또한 마지막 무진안 후에 나타난 협주에서는 "모든 불보살은 즉 이와 같이 하면 된다. 그리고 만약 중단이면 다만 오통오력만 부르고 그 끝에 인도가 '나무 모대왕 모종관'이라고 하면 가하다"[349]고 밝히고

---

348 『한불의서』 제3집, p.56, "法主一唱 則咽導和之 再唱則咽導和 各具尊相 末南無新畫成云云 此下諸眼皆倣此."

있다. 이것은 현재 진행되고 있는 의식 방법의 근간이 되고 있음을 알 수 있다.

### 53-1. 육통점필六通點筆

본 항은 새로 조성된 나한, 존자, 10대 제자 등에 육신통이 성취될 수 있도록 점필하는 의식으로 귀의례, 육통으로 거행된다.

본 의식인 '육통점필법'과 뒤이어 나오는 '오통오력 점필법'을 다룬 이유는 대부분의 불상점안의식문에서 불보살점필법과 함께 내용이 기록되어 있기 때문이다. 또한 불상이라고 해서 조각상의 형태만을 말하는 것이 아니며, 부처님을 그려 모신 탱화도 있다. 이와 같은 경우에는 대부분 부처만이 아닌 여러 존자나 천왕 등을 함께 그려 모시기 때문에 '육통'과 '오통오력'을 함께 점필해야 하므로 본 점필법을 다루게 되었다.

본 의식에서 주의할 점은, 후불탱화의 점안인 경우에는 팔안점필에 이어서 육통과 오통오력의 점필을 해야 한다는 것이다. 만약 별도로 존자나 나한 등의 상에 점필하는 경우에는 불상점안의 진행 방법과 같으며 팔안점필이 거행되는 시점에서 육통점필로 대신하면 된다.

①귀의례歸依禮

각구통명 나무 신화성 존자(나한·십대제자)
各具通明 南無 新畵成 尊者(羅漢·十大弟子)

---

349 『한불의서』 제3집, p.56, "諸佛菩薩則如上 而若中壇則但呼五通五力 末咽導唱南無某大王某從官爲可."

각각의 신통이 밝으신 새로 조성된 존자께 귀의하옵니다.

본 항은 새로 조성된 존자나 나한 등 각각 모두 신통이 밝아 소례의 대상이 되었음으로 귀의를 표명하는 의식이다.

'통명'이란 신통이 밝음을 말하며, 부처님이 팔안을 구족하였다면 존자나 나한, 십대제자 등은 육신통을 성취하였음을 말한다.

②육통六通

천안통성취상 천안통청정상 天眼通成就相 天眼通淸淨相

천이통성취상 천이통청정상 天耳通成就相 天耳通淸淨相

타심통성취상 타심통청정상 他心通成就相 他心通淸淨相

신경통성취상 신경통청정상 神境通成就相 神境通淸淨相

숙명통성취상 숙명통청정상 宿命通成就相 宿命通淸淨相

누진통성취상 누진통청정상 漏盡通成就相 漏盡通淸淨相

본 항은 새로 조성된 중단의 존자, 나한, 십대 제자 등의 상에 육신통이 성취될 수 있도록 점필하는 의식이다. 육신통은 천안통·천이통·타심통·신경통·숙명통·누진통을 말한다. 육신통의 내용은 다음과 같다.

첫째, 천안통은 초자연적인 눈을 말한다. 사후의 세계를 꿰뚫어보며 천계와 지옥을 보고, 세간 일체의 멀고 가까운 모든 고락의 모양과 가지가지의 형形과 색色을 밝혀 내다볼 수 있는 자유자재한 작용력을 말한다. 곧 자유자재하여 장애되는 일 없이 환하게 꿰뚫어볼 수 있는 역용力用을 말한다.

둘째, 천이통은 자유자재하게 언어와 음성을 들을 수 있는 통력通力을 말한다. 또한 사람이나 사람 아닌 것들의 말까지 그 모든 말소리를 들을 수 있는 자재한 작용으로, 어떠한 말이나 소리를 하나도 듣지 못할 것이 없는 불가사의한 신통력을 말한다.

셋째, 타심통은 타인의 마음 상태, 즉 마음으로 생각하는 것을 완전히 자유자재하게 아는 부사의한 심력心力으로 지타심통知他心通, 타심지통他心智通이라고도 한다.

넷째, 신경통은 신경지증통神境智證通이라고도 한다. 신변부사의神變不思議한 경계를 만들어 내는 신통력으로 스스로의 뜻대로 자유롭게 사물에 대처하고 행동할 수 있는 능력을 말한다.

다섯째, 숙명통은 과거에 일어난 일을 아는 초인적인 지혜를 말한다. 즉 자신과 타인의 과거세의 수명이나 생존이 어떠하였는지를 전부 다 아는 능력을 말한다.

여섯째, 누진통은 누진지증통漏盡智證通이라고도 한다. 번뇌를 끊음이 자유자재하며 사제四諦의 이치를 여실하게 증證하여 다시 삼계에 미하지 않는 부사의한 힘, 즉 번뇌를 끊는 지혜를 체득하는 신통을 말한다. 육통 중 앞의 다섯은 누구나 얻을 수 있으나, 이 여섯 번째 신통은 성인만이 얻을 수 있는 것이라고 한다.

경전에 나타난 육신통을 살펴보면 다음과 같다.

『장아함경』에는

이른바 육신통이란 첫째 신족통을 증하고, 둘째 천이통을 증하며, 셋째 지타심통을 증하고, 넷째 숙명통을 증하고, 다섯째 천안통을 증하며, 여섯째 누진통을 증함이다.[350]

라고 설해져 있고, 『대살차니건자소설경』에는

"대사여, 무엇이 여래의 신통지행입니까?" 답하여 말씀하시길 "대왕이여, 사문 구담의 신통지행에는 여섯 가지가 있습니다. 하나는 천안통, 둘은 천이통, 셋은 타심통, 넷은 숙명통, 다섯은 여의통, 여섯은 누진통입니다."[351]

라고 설해져 있으며, 『대승보운경』에는

이와 같이 보살은 수행에 대한 믿음으로 다시 이같이 생각했다. '보살이 도량에 앉아 얻은 막힘이 없고 걸림이 없고 장애가 없는 청정은 천안통 내지 천이통, 타심지통, 숙명통, 여의신통, 누진통이니, 집착이 없고 막힘이 없으며 걸림이 없고 장애가 없다.'[352]

---

350 『長阿含經』(大正藏 1, p.54b), "謂六神通. 一者神足通證, 二者天耳通證, 三者知他心通證, 四者宿命通證, 五者天眼通證, 六者漏盡通證."

351 『大薩遮尼乾子所說經』(大正藏 9, p.351c), "大師, 何者如來神通智行? 答言: 大王, 沙門瞿曇神通行有六種, 一者天眼通, 二者天耳通, 三者他心通, 四者宿命通, 五者如意通, 六者漏盡通."

352 『大乘寶雲經』(大正藏 16, p.258b), "如是菩薩信於修行, 復作是念, 菩薩坐於道場所得無滯無障無礙清淨, 眼通乃至耳通他心智通, 宿命通如意神通漏盡通, 無著

라고 설해져 있다. 또한 『대화엄경략책』에는

육통이란 하나는 신경통이요, 둘은 천안통이요, 셋은 천이통이요, 넷은 타심통이요, 다섯은 숙명통이요, 여섯은 누진통을 말한다.[353]

라고 설해져 있다. 나아가서 그 외 경전[354]에서도 찾아볼 수 있다.

이상에서 살펴본 바에 의하면 육신통의 내용 중 천안통·천이통·타심통·숙명통·누진통은 같으나, 신족통과 신여의통, 신경통이 차이가 있음을 알 수 있다. 신여의통은 신족통을 말하므로 신경통과의 차이점이 무엇인지 살펴볼 필요가 있다. 신족통은 시기時機에 응하여 크고 작은 몸을 나타내어 자기의 생각대로 다니는 통력을 말하며, 신경통은 신변부사의한 경계를 만들어 내는 통력으로 스스로의 뜻대로 자유롭게 사물에 대처하고 행동할 수 있는 능력을 말한다. 결국 두 가지 모두 자유자재하다는 것이다. 그렇다면 신족통과 신경통을 하나로 보아야 할 것이다. 그 이유는 대략 다음과 같다.

첫째, 경전 가운데 육통의 내용 중 오통의 내용은 같으며, 신족통과 신경통이 겹쳐서 나오는 경우가 없기 때문이다. 둘째, 『조상경』에 나타난 육통 점필법의 내용에서도 신경통으로 나타나 있기 때문이다.

---

無滯無障無礙."

353 『大華嚴經略策』(大正藏 36, p.708b), "言六通者 一神境通, 天眼通, 三天耳通, 四他心通, 五宿命通, 六漏盡通."

354 『菩薩善戒經』 卷第二(大正藏 30, p.971b); 『法界次第初門』(大正藏 46, p.678 b-c).

셋째, 의식문 『요집』,[355] 『불상점안작법』, 『석문의범』의 내용도 『조상경』의 내용과 일치하기 때문이다. 그러나 혹시 다른 이유로 신족통과 신경통을 달리 사용한 것인지, 이 부분은 앞으로 조금 더 연구가 필요하다고 본다.

육통의 점필 방법은 각기 범자를 육통에 배대한다. 천안통은 '함()'자, 천이통은 '하()'자, 타심통은 '사바()'자, 신경통은 '졔()'자, 숙명통은 '쥰()'자, 누진통은 '례()'자가 그것이다. 천안통의 '함()'자를 제외한 다섯 자는 준제구성범자의 아홉 자 중 례隷·쥰准·졔提·사바娑婆·하訶 다섯 자로 구성되어 있다.

이와 같이 육통에 각기 범자를 배대하여 점필하게 되는데, '함'자는 안정眼睛(눈동자)에 안치하고, '하'자는 양족兩足(양쪽 발)에 안치하며, '사바'자는 양경兩脛(양 정강이)에 안치한다. 또한 '졔'자는 양예兩腨(양 겨드랑이)에 안치하고, '쥰'자는 제중臍中(배꼽 가운데)에 안치하며, '례'자는 양견兩肩(양 어깨)에 안치한다.

본 점필 방법은 『행림초』,[356] 『칠구지불모소설준제다라니경』,[357] 『불설칠구지불모준제대명다라니경』[358]에서도 범자를 어디에 안치하여야

---

355 『한불의서』 제4집, p.556.

356 『行林抄』(大正藏 76, p.101a), "頂唵 兩目 頸上隷 心祖 兩肩隷 齊中准 兩髀胝 兩脛 莎縛 兩足."

357 『七俱胝佛母所說准提陀羅尼經』(大正藏 20, p.183a-b), "唵字安於頂以大母指觸頭上 次想 左字兩目童人上俱想 者字復以大母指觸右左眼上 次想 禮字安於頸上用大母指觸 次想 主字當心以大母指觸 次想 禮字安左右肩以大母指觸 次想 准字安臍上以大母指觸 次想 泥字安右左兩髀上以小指觸 次想 娑嚩字安右左兩髀上以小指觸 次想 賀字安右左二足掌用小指觸."

하는지를 밝히고 있으며, 안치하는 곳의 내용은 위의 내용과 동일하게 나타나고 있다.

| 六通 | 범서 | 점필안치 |
|---|---|---|
| 天眼通 | 함 (haṃ) | 眼睛(눈동자) |
| 天耳通 | 하 (hā) | 兩足(양쪽 발) |
| 他心通 | 사바 (svā) | 兩脛(양 정강이) |
| 神境通 | 제 (nde) | 兩腨(양 겨드랑이) |
| 宿命通 | 쥰 (co) | 臍中(배꼽 가운데) |
| 漏盡通 | 례 (le) | 兩肩(양 어깨) |

〈표 16〉 육통 점필법

간혹 본 항을 '오통'이라 하여 누진통을 빼는 경우가 있는데, 여러 경전과 의식문에서 보았듯이 '육통'을 거행함이 적절하다고 생각된다. 오통과 누진통의 차이를 살펴보면, 오통은 누구나 얻을 수 있으나 누진통은 성불의 경지에서만 얻을 수 있는 것이다. 그러므로 존자나 나한 등은 부처님만 얻을 수 있는 팔안은 성취하지 못했지만, 그 중 누진통은 성취한 단계로 보아야 할 것이다.

358 『佛說七俱胝佛母准提大明陀羅尼經』(大正藏 20, p.176c), "唵想安頭上 其色白如月 放於無量光 除滅一切障 卽同佛菩薩 摩是人頂上 折字安兩目 其色如日月 爲照諸愚 隷字安頸上 色如紺琉璃 能顯諸色相 漸具如來智 主字想安心 其色如皎素 猶心淸淨 故速達菩提路 隷字安兩肩 色黃如金色 猶觀是色相 能被精進甲 准字想齊中 其色妙黃白 速令登道場 不退菩提故 提字安兩髀 其色如淺黃 速證菩提道 得坐金剛座 莎嚩字兩脛 其狀作赤黃 常能想是字 速得轉法輪 訶字置兩足 其色猶滿月 行者作是想 速得達圓寂."

의식은 팔안 점필법과 크게 다르지 않으며 전체적인 흐름은 똑같이 진행된다. 다만 팔안의 경우 '③법주–육안성취청정원만상(태징 한 망치), 바라지–육안성취청정원만상(태징 세 망치)'의 거행 방식이 아닌, '③법주–천안통성취청정상(태징 한 망치), 바라지–천안통성취청정상(태징 세 망치)'으로 '원만'이 들어가지 않는 차이만 있을 뿐이며, 증명법사가 각각에 맞는 방법으로 점필함도 마찬가지이다.

53-2. 오통오력 점필

오통오력五通五力의 점필법은 새로 조성된 시왕, 명왕, 천왕, 종관 등의 상에 오통오력이 성취될 수 있도록 점필하는 의식으로 귀의례歸依禮와 오통오력으로 거행된다. 여기서 주의할 점은, 후불탱화의 점안일 경우에는 팔안과 육통점필에 이어 오력을 점필하면 된다. 만약 불상점안과 별도로 시왕 등을 점안할 때에는 오통오력을 점필하면 된다. 본 의식은 육통의 점필 방법과 동일하며, 누진통을 뺀 나머지 오통은 이미 전 항에서 언급한 바와 같다. 따라서 본 항에서는 오력을 위주로 살펴보고자 한다.

①귀의례歸依禮

각구통력 나무 신화성 모대왕모종관各具通力 南無 新畵成 某大王某從官
각각의 신통력이 갖춰진 새로 조성된 대왕 종관께 귀의하옵니다.

본 항은 새로 조성된 시왕·종관·명왕·천왕 등은 각각의 정진력을 구족하여 소례의 대상이 되었음으로 귀의를 표명하는 의식이다.

②오통오력五通五力

천안통성취상 천안통청정상 天眼通成就相 天眼通淸淨相

천이통성취상 천이통청정상 天耳通成就相 天耳通淸淨相

타심통성취상 타심통청정상 他心通成就相 他心通淸淨相

신경통성취상 신경통청정상 神境通成就相 神境通淸淨相

숙명통성취상 숙명통청정상 宿命通成就相 宿命通淸淨相

신통력성취상 신통력청정상 神通力成就相 新通力淸淨相

용맹력성취상 용맹력청정상 勇猛力成就相 勇猛力淸淨相

자비력성취상 자비력청정상 慈悲力成就相 慈悲力淸淨相

보살력성취상 보살력청정상 菩薩力成就相 菩薩力淸淨相

여래력성취상 여래력청정상 如來力成就相 如來力淸淨相

본 항은 새로 조성된 명왕·시왕·천왕·종관 등에 오통과 오력이 성취될 수 있도록 점필하는 의식이다.

앞서 언급한 바와 같이 중단의 존자 등이 얻는 '육통'은 아직 성불의 경지에 이르지는 못했지만 수행을 하여 성불 직전의 단계를 나타낸다. 그러나 '오통'은 그 중 누진통을 얻지 못한 상태이다. 또한 '통력'은 목적한 일을 원만히 성취할 수 있는 불가사의한 힘 또는 능력을 말하는 것이다. 그러므로 '오력'은 수행해야 하는 정진의 단계로 볼 수 있다. 즉 오력 중 신통력은 중단에서 구족한 육통 중 누진통을 얻고자 하는 정진력을 말하며, 나머지 용맹력·자비력·보살력·여래력은 앞으로 성불하기 위한 정진력으로 이해할 수 있다.

오력에 각기 범자를 배대하여 점필하게 되는데, 신통력은 '례嚟([illegible])'

자, 용맹력은 '주注( )'자, 자비력은 '례𡃤( )'자, 보살력은 '자左( )'자, 여래력은 '옴唵( )'자를 배대한다. 이 다섯 자는 준제구성범자의 아홉 자 중 다섯 자로 구성되어 있다. 점필 방법은 '례'자는 양견兩肩(양 어깨)에 안치하고, '주'자는 흉중胸中(가슴 가운데)에 안치하며, '례'자는 경상頸上(목줄기 위)에 안치한다. 또한 '자'자는 양안兩眼(두 눈)에 안치하고, '옴'자는 정상頂上(이마 위)에 안치한다.

본 점필 방법은 육통의 점필법과 같이 『조상경』, 『오종범음집』, 『행림초』, 『불설칠구지불모준제대명다라니경』, 『칠구지불모소설준제다라니경』에서 그 전거를 찾을 수 있으며, 의식 방법은 육통점필과 동일하다. 이것을 표로 정리하면 다음과 같다.

| 五力 | 범서 | 점필안치 |
|---|---|---|
| 神通力 | 례 (le) | 兩肩(양 어깨) |
| 勇猛力 | 주 (co) | 心(가슴) |
| 慈悲力 | 례 (le) | 頸上(목줄기 위) |
| 菩薩力 | 자 (ja) | 兩眼(두 눈) |
| 如來力 | 옴 (oṃ) | 頂上(이마 위) |

〈표 17〉 오력 점필법

54. 개안광명진언開眼光明眞言

불개광대청련안佛開廣大靑蓮眼
세존께서 광대하신 청련안을 뜨시니

묘상장엄공덕신妙相莊嚴功德身
미묘하신 상호로서 장엄하신 공덕신은

인천공찬부릉량人天共讚不能量
인천 모두 찬탄하나 헤아릴 수 없사오니

비약만류귀대해比若萬流歸大海
많은 강이 큰 바다로 모여듦과 같습니다.

唵 斫數斫數 三滿多 斫數尾水多尼 娑婆訶
옴 작수작수 삼만다 작수미수다니 사바하
oṃ cakṣu cakṣu samanta cakṣu biśodhaniye svāhā

본 항은 점필의식 중에서도 핵심적인 부분으로, 부처님의 눈을 뜨게 해 드리는 의식이다. '팔안'에서 범서를 점필하여 부처님의 종자를 안치해 부처님이 완성되었다고 한다면, '개안광명진언'은 부처님의 눈을 뜨게 해 드리는 의식이다.

본 게송의 내용을 살펴보면, '불개광대청련안佛開廣大青蓮眼'에서는 개안이 되었음을 나타내고 있으며, '묘상장엄공덕신妙相莊嚴功德身'에서는 점안의 완성을 나타내고 있다. 또한 '인천공찬부릉량人天共讚不能量, 비약만류귀대해比若萬流歸大海'에서는 공덕신을 갖춘, 즉 점안이 완성된 부처님을 찬탄하고 있다. 경전에 나타난 개안 관련 내용을 살펴보면 다음과 같다.

이와 같이 공양의 규칙이 모두 갖추어졌으면 다시 불상을 개안하여 빛을 발하게 한다. 마치 눈에 점을 찍는 듯이 하고, 곧 개안광명진언을 두 번 지송한다.[359]

---

359 『佛說一切如來安像三昧儀軌經』(大正藏 21, p.934c), "如是供養儀則既已周備,

의식은 '정지진언'과 같은 방법으로 거행한다. 이때 증명법사는 붓을 들어 눈에 점을 찍는 듯이 점필한다.[360] 또한 '개안광명진언'을 거행할 때에는 고깔을 벗기고 준비한 거울을 부처님 상호에 빛이 반사하도록 비춘다. 그리고 붉은 팥죽을 올린 후 준비해 두었던 공양물도 올린다.[361]

〈사진 6〉 개안광명 시 고깔을 벗기는 모습

---

復爲佛像開眼之光明, 如點眼相似, 卽誦開眼光眞言二道, 唵作芻作芻三滿哆 作芻尾戍馱(亻-二+爾)(引)娑嚩賀."

360 『諸般文』(『한불의서』 제2집, p.665)과 『作法龜鑑』(『한불의서』 제3집, p.420)에서는 개안광명 시 "화원점안畵員點眼"이라고 기록되어 있다. 이것은 아마도 이때 화원이 직접 눈동자를 그린 것으로 생각된다. 하지만 현행 방법은 의식 절차상의 불편한 부분을 줄이기 위해 화원이 이미 눈동자를 그려 넣어 완성된 상태에서 점안의식이 거행되므로, 증사가 상징적으로 눈동자를 그려 넣는 것으로 점안을 완성한다.

361 송암 스님, 점안의식 강의 내용(1996년 5월 17일).

55. 안불안진언安佛眼眞言

唵 薩婆羅度 婆訶里尼 娑婆訶

옴 살바라도 바하리니 사바하

본 항은 선행되었던 '개안광명진언'에서 점안한 자체만으로도 부처님의 불안은 성취되었겠으나, 여기에 한 번 더 원만하고 편안한 불안이 될 수 있도록 거행하는 의식이다. 이것을 「관욕」에 비유하자면, '착의진언着衣眞言'을 하여 옷을 입었지만 다시 '정의진언整衣眞言'을 하여 옷매무시를 단정하게 하는 것과 같다. 즉 '개안광명진언'으로 이미 눈을 뜨셨지만 '안불안진언'으로 다시 한 번 원만한 눈이 될 수 있도록 하는 것으로 이해할 수 있다. 이것은 1차적으로 개안을 완성한 후의 2차적 행위로 볼 수 있다.

의식은 법주가 진행한다. 진언의 제목은 소리로만 짓고, 진언을 지송할 때에는 금강령을 울려가며 거행한다.

### 6) 관불의식

관불의식灌佛儀式은 새로 탄생하신 부처님께 관불을 모시는 의의를 밝히고 관불해 드리는 의식이다. 더불어 시주자 내지는 점안불사에 참석한 대중들에게 시수施水하는 의식으로, 각기 본래 자성불을 일깨워 주는 의식이라고 할 수 있다. 의식은 관불구룡찬灌佛九龍讚, 목욕진언沐浴眞言, 시수진언施水眞言 순으로 진행된다.

56. 관불구룡찬灌佛九龍讚

여불강생지시如佛降生之詩
부처님께서 강생하실 때

구룡토수 목욕금신九龍吐水 沐浴金身
구룡이 물을 뿜어서 금색신을 목욕시켜 드렸듯이

일체제불 제대보살一切諸佛 諸大菩薩
(지금 모시는) 일체제불과 모든 보살도

역부여시 아금근이亦復如是 我今謹以
또한 다시 이와 같아서 제가 지금 삼가

청정향수 관욕금신淸淨香水 灌浴金身
청정한 향탕수로 금신을 관욕하옵니다.

본 항은 새로 탄생하신 부처님께 관불을 모시는 의의를 밝히는 의식이다. 본 항의 제목 '관불구룡찬'의 전거는 『오종범음집』[362]에 표기되어 있다.

본 게송의 내용을 살펴보면, '여불강생지시如佛降生之時 구룡토수九龍吐水 목욕금신沐浴金身'에서는 부처님께서 탄생하신 후 아홉 마리의 용이 물을 뿜어 목욕시켜 드렸던 구룡토수를 그대로 표현하고 있으며, '일체제불一切諸佛 제대보살諸大菩薩 역부여시亦復如是'에서는 현재의 상황도 그와 같음을 찬탄하고 있다. 다시 말해 일체제불과 모든 보살님은 석존의 강생 시의 모습으로, 지금 의식을 행하는 능례자는 구룡에 비유하여 그때와 다름없음을 말하고 있다.

---

362 『한불의서』 제2집, p.207.

본문의 내용과 관련하여 『불설일체여래안상삼매의궤경』에서 설한 내용을 살펴보면 다음과 같다.

부처님이 강생하실 때 불신을 목욕시켜 드렸듯이 일체여래도 또한 이와 같아, 제가 이제 최상의 청정한 물로 부처님을 씻어드립니다.[363]

또한 『원오불과선사어록』에도 '관불구룡'의 내용이 설해지고 있어 본 항의 내용을 이해하는 데 도움이 되리라 생각된다.

옛날에 마야부인 성모께서 왼손으로 나무를 잡으시고 석가모니께서 오른쪽 옆구리로 강탄하셨다. 아홉 용이 물을 뿜어 금신을 목욕시켜 드리니 사방으로 일곱 걸음 걸으시고 눈으로 사방을 돌아보셨네. 한 손은 하늘을 가리키시고 한 손은 땅을 가리키시며…….[364]

의식은 법주가 안채비 소리로 창화한다.

57. 목욕진언沐浴眞言

아금관욕제성중我今灌浴諸聖衆
제가 지금 모든 성현들을 씻겨 드리오니

---

363 『佛說一切如來安像三昧儀軌經』(大正藏 21, p.934a), "如佛降生之時沐浴佛身, 一切如來亦復如是, 我今以清淨最上之水洗浴佛像."

364 『圓悟佛果禪師語錄』(大正藏 47, p.792c), "昔日摩耶夫人聖母左手攀枝, 釋迦老子右脇降誕, 九龍吐水沐浴金軀, 便乃周行七步目顧四方, 一手指天一手指地."

정지공덕장엄취正智功德莊嚴聚
바른 지혜의 공덕으로 장엄되셨나이다.

오탁중생영리구五濁衆生令離垢
오탁의 중생들도 때를 여의게 하여

당증여래정법신黨證如來淨法身
응당 여래의 청정한 법신을 증득하게 하소서.

南謨 三曼多 沒多南 唵 阿阿那 三摩三摩 娑婆訶
나모 사만다 못다남 옴 아아나 삼마삼마 사바하

본 항은 새로 모신 부처님을 관불해 드리는 의식이다.

내용을 살펴보면, '아금관욕제성중我今灌浴諸聖衆'에서는 외적인 관불을 나타내는 것이며, '정지공덕장엄취正智功德莊嚴聚'에서는 청정수로 금신을 목욕시켜 드린 것은 외적 모습만이 아닌, 내적 공능까지 장엄되었음을 말한다. 또한 '오탁중생영리구五濁衆生令離垢'에서는 오탁의 중생도 더러운 생각을 씻어내어 주기를 염원하고 있으며, '당증여래정법신黨證如來淨法身'에서는 목욕진언의 최종 목표인 법신의 증득을 말하고 있다.

경전에 나타난 목욕진언의 전거와 의식집에 나타난 내용을 비교해 보면 다음과 같다.

| 경명 | 내용 |
|---|---|
| 『佛說浴像功德經』 | 我今灌沐諸如來　淨智功德莊嚴聚 五濁衆生令離垢 願證如來淨法身[365] |
| 『浴佛功德經』 | 我今灌沐諸如來　淨智功德莊嚴聚 願彼五濁衆生類 速證如來淨法身[366] |
| 의식집 | 내용 |
| 『권공제반문』 | 我今灌沐諸如來　正智功德莊嚴聚 五濁衆生令離垢 當證如來淨法身 |
| 『범음산보집』, 『석문의범』 | 我今灌浴諸聖衆 正智功德莊嚴聚 五濁衆生令離垢 當證如來淨法身 |
| 『작법귀감』, 『불상점안작법』, 『요집』 | 我今灌沐諸如來　五智功德莊嚴聚 五濁衆生令離垢 當證如來淨法身 |

위의 내용을 살펴보면 게송의 내용에 약간의 차이가 있음을 확인할 수 있다. 첫째, 제1구인 '아금관목제여래我今灌沐諸如來'에서는 '관목'과 '관욕'의 경우는 경전을 비롯한 대부분이 '관목'으로 나타나 있다. 또한 '여래'와 '성중'의 경우는 불상점안의식이므로 '여래'가 당연하다고 볼 수 있으나 여래는 부처님에게 한정되어 있어 불상점안으로 한정된다. 보통 협시보살을 함께 점안할 경우가 많으므로 성중이 넓게 쓰일 수 있을 것으로 보인다.

둘째, 제2구인 '정지'와 '5지'의 내용이다. 경전에서는 '정지淨智'로, 의식문에서는 '정지正智'와 '5지五智'로 나타나 있다. 의미상 큰 차이는 없지만 '5지五智'가 적합할 것으로 생각된다. 그것은 점안의식의 흐름과 연관 지어 살펴볼 수 있는 것으로, 사전에 5방·5불·5지·5색을 배대하

365 『佛說浴像功德經』(大正藏 16, p.799b).

366 『浴佛功德經』(大正藏 16, p.800c).

여 의식이 이루어져 왔기 때문이다. 그러므로 불상점안을 할 경우에는 '정지'보다는 '5지'가 더 구체적이라 할 수 있다. 다만 주의할 점은, '5지' 중 '법계체성지法界體性智'는 불佛에만 해당하므로 여러 존상과 탱화 등의 점안을 감안한다면 포괄적 의미의 '정지正智' 또는 '정지淨智'가 좋을 것으로 생각된다.

셋째, 제4구의 '원증願證'과 '속증速證', '당증當證'의 차이이다. 두 경전의 내용이 '원증'과 '속증'으로 달리 나타나 있으며, 이에 비해 의식문에서는 '당증'으로 일치한다. 모두 의미상 큰 차이는 없지만, 이 경우 의식문에서는 모두 일치하고 또 익숙해 있음을 감안한다면 '당증'으로 하는 것도 무방할 것이다.

이상의 내용을 종합하여 게송을 정리하여 보면, '아금관목제여래我今灌沐諸如來(성중聖衆), 5지(정지)공덕장엄취五智(淨智)功德莊嚴聚, 오탁중생영리구五濁衆生令離垢, 당증여래정법신當證如來淨法身'이 된다. 그러나 이 또한 단정지울 수 없으며 의식문의 통일을 위하여 앞으로 심도 있게 논의되어야 할 부분이라고 생각한다.

현행 의식은 '정지진언'과 같은 방법으로 거행한다. 또한 뒤이어 거행되는 '시수진언'에서 부처님께 시수를 하며 관욕바라를 거행하는데, 이는 수정을 요구하는 부분이라고 본다. 본 항의 게송을 살펴보면, 부처님께 시수하여야 할 시점은 '목욕진언'이 거행되는 지금이며, 점안의 주인공이 부처님이기에 관욕바라 또한 이 시점에서 거행되어야 한다.[367] 일례로 영가를 관욕할 때에도 '목욕진언' 시 관욕바라를 거행함

---

367 김응기, 「佛像點眼 儀式의 梵唄쓰임 研究」, 『동국논집』 제16집, 2호(동국대학교, 1997), pp.21~22. "목욕진언 시 부처님을 향하여 향탕수를 뿌리고 …… 시수진언

을 생각한다면 본 주장은 설득력을 지닌다고 할 수 있다.

〈사진 7〉 목욕진언 시 관불

본 의식을 새로 정정하여 설명해 보면, 법주가 먼저 '목욕진언'을 독창하고 나면 바라지가 태징을 세 번 울린 후 탄백성으로 게송을 독창한다. 즉 제1구와 제2구는 각각 지송한 후 태징 세 망치를 울려주고, 다음 제3구와 제4구를 연이어 소리한 후 태징을 세 번 울린다. 다음 진언 삼청 중 첫 번째 진언을 쓰는소리로 한 다음 태징 세 망치를 울려 주고, 같은 방법으로 두 번째 진언을 한다. 마지막 세 번째 진언을 한 후에는 다섯 망치와 몰아띠는 쇠를 울려 준 후, 관욕게 태징과

---

시 施主人에게 향탕수를 세 번 뿌린다."

*제11대율사 도월수진 스님(담양 용화사 주석)과 춘곡수열 스님(제주 성광사 주석), 휴암 스님(익산 석불사 주석) 증언. "현행 의식에서 이미 이와 같이 진행하고 있다. 그렇게 해야 옳다"고 하는 것으로 보아 작법의 전승 과정에서 오류가 있었던 것 같다.

함께 관욕바라를 거행한다. 이때 증명법사는 불상에 시수한다.

58. 시수진언施水眞言

아금지차길상수我今持此吉祥水
제가 이제 이 길상수를 가지고

관주일체중생정灌注一切衆生頂
일체중생들의 정수리에 관정하오니

진로열뇌실소제塵勞熱惱悉消除
진로와 열뇌를 모두 녹여 없애

자타소속법왕위自他紹續法王位
모두 함께 법왕위를 잇게 하소서.

唵 度尼度尼 加度尼 娑婆訶
옴 도니도니 가도니 사바하

본 항은 시주자 내지는 점안불사에 참석한 대중들에게 시수하는 의식으로, 각기 본래 자성불을 일깨워 주는 의식이라고 할 수 있다. 즉 점안의식을 통하여 외적으로는 부처님을 모시는 것이라 할 수 있으나, 내적으로는 자신에게 내재되어 있는 청정심에 점안하는 의식이라고 할 수 있다.

게송의 내용을 살펴보면, '아금지차길상수我今持此吉祥水 관주일체중생정灌注一切衆生頂'에서는 길상수의 쓰임, 즉 관정을 말하고 있으며, '진로열뇌실소제塵勞熱惱悉消除'에서는 길상수의 작용을, '자타소속법왕위自他紹續法王位'에서는 부처님의 계위를 잇는 것으로 성불이 목적임을 알 수 있다. 다시 말해 길상수로 관정을 하여 모든 번뇌가 소멸되고, 결국은 법왕위를 잇겠다는 강한 서원을 발하고 있다.

그렇다면 모든 번뇌를 소멸시킬 수 있는 길상수는 무엇인지, 『욕불공덕경』의 내용을 살펴보면 다음과 같다.

> 목욕시키는 상을 만들어 가운데에 불상을 안치한 다음 향수로써 정결하게 목욕시키고, 거듭 맑은 물을 뿌린다. 사용하는 물은 모두 맑게 걸러서 작은 벌레도 상하지 않게 한다. 그 불상을 목욕시킨 물은 두 손가락으로 찍어서 자기의 정수리 위에 두어야 하니, 이름하여 길상수이다. 물은 깨끗한 곳에 버려 밟지 않게 하고, 부드러운 수건으로 불상을 닦는다. 모든 이름 있는 향을 태워 주변을 향기롭게 하고 본처에 안치하는 것이다.[368]

이상에서와 같이 부처님을 시수한 물이 길상수임을 확인할 수 있다. 또한 길상수로 관정을 한다고 했는데, "원래 관정은 인도에서 제왕이 즉위할 때 행해지던 의식으로 『화엄경』 등에서는 이것을 보살이 불위를 계승하는 의식으로 전용했다. 그리고 밀교에서는 여래의 5지를 상징하는 오병의 물을 가지고 제자의 정수리에 뿌려서 불종佛種이 끊어지지 않게 한다는 뜻으로 쓰였다."[369] 또한 『대비로차나성불경소』에는 본

---

368 『浴佛功德經』(大正藏 16, p.800b), "上置浴床中安佛像, 灌以香湯淨潔洗沐, 重澆清水 所用之水皆須淨濾勿使損虫, 其浴像水兩指瀝取安自頂上, 名吉祥水, 瀉於淨地莫令足踏, 以細軟巾拭像令淨, 燒諸名香周遍, 香馥安置本處."

369 허일범, 『밀교의 호마와 관정』(대한불교진각종, 2004), p.188.

항의 게송과 일맥상통한 내용이 설해지고 있다.

> 지금 여래의 법왕도 이와 같이 불의 종자가 끊어지지 않도록 하기 위해서 감로의 법수를 가지고 불자의 정수리를 적시니, 이것은 불의 종자를 영원히 끊어지지 않도록 하기 위한 것이다. 세간법을 따라 이 방편이 있는 것이다. 이후 일체의 성중이 모두 존경하여 공손히 섬기고 우러러본다. 또한 이 사람은 반드시 무상보리에서 물러나지 않고, 반드시 법왕의 지위를 잇게 됨을 알라.[370]

그러므로 결국 점안의식은 부처님의 존상에 점안함과 동시에 시주자와 동참 대중 모두가 각기 불종자에 점안하여 반드시 성불하겠다는 의지를 보이고 있는 것으로 이해할 수 있다.

의식은 '목욕진언'에서 밝혔듯이, 현행 의식은 이곳에서 관욕바라를 모시고 부처님께 시수하는데, 이는 재고를 요하는 부분이라 생각된다. 본 항에서도 살펴보았듯이 시수의 대상은 부처님이 아닌 시주자와 동참 대중이기 때문이다. 이와 관련하여 『오종범음집』에서는 "관불구룡찬 목욕게 시수게를 한다. 관불한 물은 나누어 시주에게 베푼다. 내지 어떤 책에는 '시수주'라고도 하였다"[371]고 밝히고 있어 본 내용을

370 『大毘盧遮那成佛經疏』(大正藏 39, p.736b), "今如來法王亦復如是, 爲令佛種不斷故, 以甘露法水而灌佛子之頂, 令佛種求不斷故, 爲順世法故有此方便印持之法, 從此以後一切聖衆咸所敬仰, 亦知是人畢竟不退於無上菩提定紹法王之位."

371 『한불의서』 제2집, p.207. "灌佛九龍讚, 沐浴偈, 施水偈云云. 灌水分施施主, 乃至, 又一本云, 施水呪."

증명하고 있다. 그러므로 의식은 정정되어야 할 것이며, 점안의식의 형태에 맞게 설명하면 다음과 같다.

먼저 법주 스님이 요령을 한번 흔들어 놓고 '시수진언'을 독창하고 나면 바라지가 태징을 세 번 울린 후 게송을 독창한다. 소리를 마치고 나면 다시 태징을 세 번 울린다. 법주는 태징 소리에 이어 요령을 흔들며 진언을 지송한다. 이때 증명법사는 대중에게 시수한다.

### 7) 장엄의식

이전 의식까지는 새로운 부처님을 탄생시키는 의식이었다면, 지금부터의 의식은 그 부처님으로 하여금 더욱 더 존귀할 수 있도록 부처님을 장엄해 드리는 의식이라고 할 수 있다. 여기서 장엄의식莊嚴儀式으로 분류한 것은 이미 점필을 통해 부처님이 지니는 특징을 모두 갖추도록 하여 완성되었지만, 지금부터의 의식은 더욱 세부적으로 세밀하게 한 번 더 장엄해 드리기 때문이다. 안상진언安像眞言, 삼십이상진언三十二相眞言, 팔십종호진언八十種好眞言, 안장엄진언安莊嚴眞言, 보궐진언補闕眞言 등 일련의 의식 순으로 진행된다.

59. 안상진언安像眞言

唵 素婆羅 地室地帝 婆阿羅 那婆婆野 娑婆訶
옴 소바라 지실지제 바아라 나바바야 사바하
oṃ su pratiṣṭhitabajrodbhavaya svāhā

본 항은 존상이 편안히 자리하심을 목적으로 하는 진언이다. 그동안의 의식은 부처님의 내적인 완성을 위해 의식을 거행하였다고 한다면, 본 진언은 외적인 완성을 위한 것이다. 또한 안상진언의 전거는 『일체여래대비밀왕미증유최상미묘대만나라경』[372]에서 찾아볼 수 있다.

의식은 법주가 진행한다. 먼저 진언의 제목은 소리로만 짓고, 진언을 지송할 때에는 금강령을 울려가며 진행한다.

### 60. 삼십이상진언三十二相眞言

唵 摩訶迦嚕 娜野 沙縛訶
옴 마하가로 나야 사바하
oṃ mahā-kāronaya sphara

본 항은 32상을 두루 갖추기를 목적으로 하는 의식이다. '안상진언'에서 1차적으로 존상이 편안히 자리하였다면, '삼십이상진언'은 2차적으로 구체적인 상의 완성을 위해 하는 의식이다.

본 진언은 현행 점안의식에서 거행되고 있지만, 대부분의 의식문에는 기록되어 있지 않으며 『조상경』과 『진언집』(1800년), 『점안작법』(1919년)에서만이 그 전거를 찾을 수 있다. 본 진언과 '팔십종호진언'은 이미 먼저 거행하였던 '불부소청진언'에서 1차적으로 그 의미가 내포되어 있다. 대부분의 경전에서는 "상모갑불삼십이상팔십종호분명想某甲佛三十二相八十種好分明, 즉송불부심삼매야진언왈卽誦佛部心三昧耶眞言曰"[373]로 나타나며, '불부소청진언' 시 불부삼매야인을 결할

372 『一切如來大祕密王未曾有最上微妙大曼拏羅經』(大正藏 18, p.558a), "如是莊嚴已, 然後安置所作佛像, 復念安像眞言曰."

때도 이미 삼십이상 팔십종호가 원만히 성취되기를 관한다. 그러므로 '삼십이상진언'과 '팔십종호진언'은 더욱 완벽한 성상이 될 수 있도록 직접적인 진언을 사용하여 구체화한 것이라고 볼 수 있다.

의식은 법주가 진행한다. 진언의 제목은 소리로만 짓고 진언을 지송할 때에는 금강령을 울려가며 거행한다.

61. 팔십종호진언八十種好眞言

唵 摩訶持那 波羅 謀那羅野 沙縛訶
옴 마하다나 바라 모나라야 사바하

본 항은 팔십종호를 두루 갖추기를 목적으로 하는 의식이다. 본 진언은 '삼십이상진언'을 세분화한 것으로 최상의 덕상을 구족시켜 드리기 위한 것이다. 본 진언 역시 『조상경』과 『진언집』(1800년), 『점안작법』에서 그 전거를 찾을 수 있다.

의식은 법주가 진행한다. 진언의 제목은 소리로만 짓고, 진언을 지송할 때에는 금강령을 울려가며 거행한다.

62. 안장엄진언安莊嚴眞言

唵 婆阿羅 婆羅那 尾甫娑尼 娑婆訶
옴 바아라 바라나 미보사니 사바하
oṃ bajra barnavapuṣani svāhā

---

373 『藥師如來觀行儀軌法』(大正藏 19, p.23c).

본 진언은 삼십이상 팔십종호가 장엄하게 갖추어지기를 목적으로 하는 의식이다. 본 의식을 끝으로 완벽한 부처가 탄생되었다고 할 수 있으며, 점안이 완료되었음을 의미한다. 본 진언의 전거는 『불설일체여래안상삼매의궤경』[374]에서 찾을 수 있으며, 『오종범음집』에는 본 진언의 차서에 대한 주가 수록되어 있다.

> 시수주를 하고, 다음 헌좌를 여느 때와 같이 하며 안상, 안장엄진언을 한다. 그 말이 또한 일리가 있는 것이다. 그러나 요즈음 책의 내용은 그러하지 않다. 지금은 본문, 즉 안상 장엄 운운하고 헌좌를 하니 이것은 어쩔 수 없는 도리란 말인가. 도리에 밝은 자는 본문을 살펴 자세하게 알아서 먼저 공경한 뒤에 예를 올려야 한다. 이것이 떳떳한 도리이다. 그런데 지금 추론하려는 것은 먼저 예배한 뒤에 차를 올려야 한다는 것인데, 그런 예라야 심히 옳다 하겠다.[375]

또한 『범음산보집』에서도 다음과 같이 설명하고 있다.

> 다음에 법주는 안상진언과 안장엄진언을 하고 헌좌진언을 하며, 인도는 보통 하는 의식과 같이 자리를 드리는 의식을 한다. 또 어떤 책에는 먼저 자리를 드리는 의식을 한 뒤에 안상진언과 안장엄

374 『佛說一切如來安像三昧儀軌經』(大正藏 21, p.934b), "次誦安莊嚴眞言, 唵縛日囉婆囉拏尾部瑟尼娑縛賀."

375 『한불의서』 제2집, p.207, "又一本云施水呪, 次獻座如常, 安相安莊嚴眞言云云. 其言亦有理, 然今時本文, 文勢不然, 今本文則安相莊嚴云. 獻座, 此不易之道, 哲者, 察以詳知本文, 先恭後禮, 此亦常道, 然今時追論者, 先禮後茶, 其禮甚可."

> 진언을 하라고도 했다. 그 책의 이치가 더 타당한 것 같다. 다음에 차를 올리는 게송의 끝에 대중들은 차를 올리고 나서 불상을 씻고 불상을 우러러 존경한다. 잠시 휴식을 한 뒤에 인도가 법계를 깨끗이 하는 진언을 독송하면 그때 마지를 올리고, 다음에 바라를 평상시 하던 대로 울리고, 권공의식을 하고 축원을 한다.[376]

위의 내용에서 알 수 있듯이 논의가 필요한 대목은 '헌좌진언'의 거행 시점이다. 『오종범음집』은 헌좌진언 이후에 안장엄진언을 거행하라고 했으며, 『범음산보집』에서는 안장엄진언 이후에 헌좌진언을 하라고 하면서도 『오종범음집』의 내용과 같이 거행함이 더 타당하다고 밝히고 있다. 의식집에 나타난 의식순서를 살펴보면 다음과 같다.

| 의 식 집 | 진언의 순서 |
|---|---|
| 『청문』(1529년)<br>『작법귀감』(1827년)<br>『점안작법』(1919년) | 시수진언-헌좌진언-안상진언-안장엄진언 |
| 『권공제반문』(1574년)<br>『오종범음집』(1661년)<br>『제반문』(1694년)<br>『제반문』(1719년)<br>『청문』(1883년)<br>『석문의범』(1931) | 안상진언-안장엄진언-헌좌진언-보례-다게 |

376 『한불의서』 제3집, p.159, "次法主安相眞言, 安莊嚴眞言, 次獻座眞言, 咽善如常獻座, 又一本云, 先獻座後, 安相眞言, 安莊嚴眞言云云. 其理甚當, 次茶偈末, 大衆點茶後, 與漱瞻敬佛像, 暫時休歇後, 咽善誦淨法界時, 摩指, 次鳴鈸如常, 勸供祝願云云."

이상과 같이 단순히 시대적인 차이라고 보기 어려우며, 다수의 의식문에서 '안장엄진언' 이후에 '헌좌진언'이 거행됨을 알 수 있다. '안상진언'과 '안장엄진언' 이후에 '헌좌진언'을 거행하는 것은 화장을 하고 나서 연회석으로 옮겨 자리하는 것에 비유할 수 있다고 본다. 그러므로 '안장엄진언' 후 '헌좌진언'이 거행됨이 타당하다고 할 수 있겠으나, 앞으로 조금 더 연구가 필요하다고 생각된다.

의식은 법주가 진행한다. 진언의 제목은 소리로만 짓고, 진언을 지송할 때에는 금강령을 울려가며 거행한다.

### 63. 보궐진언補闕眞言

唵 虎嚕虎嚕 社野目契 娑縛賀

옴 호로호로 사야모케 사바하

oṃ huru-huru jaya mukhe svāhā

본 항은 현행 점안의식에서 거행되지 않고 있지만 『조상경』과 『진언집』(15세기말), 『대다라니진언집』(1688), 『진언집』(1800)에서는 기록하고 있다. 본 진언이 갖는 특징을 생각하면 반드시 거행되어야 할 것으로 생각된다.

보궐진언은 그동안 점안 과정에 있어 신심과 정성으로 열심히 준비하고 봉행하였다고 하더라도, 혹시라도 미흡하거나 실수가 있어 원만하게 모든 것을 갖추지 못하는 경우를 감안하여 불보살의 위신력에 의해 채워지고 보충되기를 발원하며 거행하는 의식이다.

『소실지갈라경』에서는 본 진언의 성격과 공능에 대해 자세히 설하고 있어 살펴보면 다음과 같다.

> 혹시 방일하여 빠트리거나 부족한 것이 있다면, 즉시 부部의 모명母明을 사용해서 스물한 편을 지송한다. 그러면 만족시킨다. 만약 이 법을 빠트리면 성취할 수 없다. 혹은 빠트린 것이 있으면 다시 10만 번을 염송하고, 이 만다라를 만들어서 앞에서 빠지고 부족한 것을 보완한 후에야 성취할 수 있다. …… 이것이 비밀스럽게 잘못된 허물을 보궐하는 법이다. …… 이 법을 행하면 모든 부처님께서 자비가 충만하여 환희하여 속히 성취할 수 있다.[377]

상용의식에서의 본 진언은 대중이 함께 태징과 목탁 등의 사물을 울리며 지송하지만, 본 의식에서는 기존 의식의 흐름을 보아 법주가 거행하는 것이 가할 것으로 여겨진다. 즉 진언의 제목은 소리로만 짓고, 진언을 지송할 때에는 금강령을 울려가며 거행한다.

### 8) 공양의식供養儀式

공양의식은 새로 모시는 부처님께 예를 갖추어 자리를 내 드리고 차를 올려 드리는 의식이다. 의식은 헌좌게獻座偈, 보례진언普禮眞言, 다게茶偈, 보공양진언普供養眞言 순으로 진행된다. 그 절차는 다음과 같다.

---

377 『蘇悉地羯囉經』(大正藏 18, p.627b-c), "或由放逸致有闕少, 卽應以部母明持誦二十一遍, 便成滿足, 若闕此法, 成就亦闕, 或若有闕, 更須念誦一十萬遍, 復應作此曼荼羅, 補前闕少, 然後方作成就 …… 此是祕密補侹過法 …… 作此法者, 諸尊皆得充滋歡喜得成就."

### 64. 헌좌게獻座偈

묘보리좌승장엄妙菩提座勝莊嚴
수승하게 장엄한 오묘한 보리의 자리에

제불좌이성정각諸佛坐已成正覺
일체제불 자리 하사 정각을 이루셨네.

아금헌좌역여시我今獻座亦如是
제가 지금 권하는 자리도 그와 같아

자타일시성불도自他一時成佛道
저희 모두 함께 불도를 이뤄지이다.

唵 嚩日囉 尾囉野 娑嚩賀
옴 바아라 미나야 사바하
oṃ vajra-viraya svāhā

본 의식은 새로 모시는 부처님께 예를 갖추어 자리를 내 드리는 의식이다.

의식은 제1구와 제3구는 법주 내지는 선창자가, 제2구와 제4구는 대중이 창화한다. 먼저 선창자가 제1구를 선창하는데, 제1구의 7언 중 5언에서 태징을 신호로 대중들의 제2구 소리가 시작되어 소리가 겹치게 된다. 이와 같은 방법으로 제2구가 끝나기 전 선창자가 제3구를 시작하고, 제3구가 끝나기 전 대중들은 제4구를 시작한다. 같은 방법으로 진언은 세 번씩 주고받는다.

## 65. 보례진언普禮眞言

아금일신중我今一身中
제가 지금 지닌 이내 한 몸 가운데에

즉현무진신卽現無盡身
다함없는 수많은 몸을 나투어서

변재제불전遍在諸佛前
시방삼세 두루하신 한량없는 부처님께

일일무수례一一無數禮
한 분 한 분 모든 분께 절을 올립니다.

唵 縛日囉 勿
옴 바아라 믹
oṃ vajra mīḥ

본 항은 부처님을 자리에 모신 후 처음으로 예를 갖추어 인사드리는 의식이다. 본 항은 『조상경』과 『청문』(1529), 『제반문』(1719), 『작법귀감』(1827), 『청문』(1883), 『점안작법』(1919), 『요집』 등 대부분의 의식문에서 게송과 진언이 기록되어 있다.

『현밀원통성불심요집』에는 먼저 불법승 삼보에 예를 올리고 보례진언을 일곱 번 외울 것을 설하고 있어 그 의미를 짐작할 수 있게 한다.

대저 기도하는 자는 삼보에 공양 올리고, 사생을 건지려면 복덕과 지혜가 증장함을 말미암지 않으면 안 된다. 이제 밀장 내에 오묘한 문을 기록하니 모든 사부대중이 의지하여 행하기를 바란다. 불법승의 삼보에 공양하고자 하는 자는 응당 먼저 삼보의 상 앞에서 오체투지로 법계에 두루한 한량없는 불법승 삼보에 예를 올리고, 입으로 보례진언을 일곱 번 외운다. 진언 왈, 옴 바아라 믹.[378]

여기에서 주목할 것은 '보례진언'이 거행되는 시점으로, 의식집의 내용이 각기 다르게 기록되어 있다는 사실이다. 그 내용을 비교해 보면 다음과 같다.

| 의식집 | 진언의 순서 |
|---|---|
| 『청문』(1529년) | 안장엄진언-보례진언-가지권공회향 |
| 『권공제반문』(1574년) | 헌좌진언-보례진언-다게 |
| 『오종범음집』 | 헌좌진언-보례진언-다게 |
| 『제반문』(1694년) | 헌좌진언-보례진언 |
| 『작법귀감』(1827년) | 안장엄진언-보례진언-다게 |
| 『점안작법』(1919년) | 헌좌진언-보례진언-다게 |
| 『제반문』(1719년) | 헌좌진언-다게-보례진언 |
| 『청문』(1883년) | 헌좌진언-다게-보례진언 |
| 『석문의범』(1931) | 헌좌진언-다게-보례진언 |

이상에서와 같이 점안의식에서 보례진언을 어떤 순서로 해야 하는 것인가에 대해 두 가지로 생각해 볼 수 있다. 첫째는 '보례진언'을 '다게' 앞에 거행하는 것이며, 둘째는 '다게' 뒤에 거행한다는 것이다.

---

378 『顯密圓通成佛心要集』(大正藏 46, p.1004b-c), "夫祈道者, 若非上供三寶下拯四生, 福慧無由增長, 今於密藏之內, 錄出要妙之門, 冀諸四衆依而行之, 若欲供養佛法僧三寶者, 應先於三寶像前, 五體投地普禮遍法界無盡佛法僧三寶, 口誦普禮眞言七遍, 眞言曰: 唵縛日囉勿."

이것을 달리 말하면, 첫 번째 '다게' 앞에 거행한다는 것은 점안의식의 바지막 단계로 해석할 수 있다. 왜냐하면 새로 부처님을 모셨으면 반드시 간단하게나마 먼저 예를 갖추고 차를 올리는 것이 당연한 도리이기 때문이다. 또한 둘째 방법인 '다게' 뒤에 거행한다는 것은 점안의식의 종결 후, 정식 권공의식의 시작으로 보아야 할 것이다. 만약 그렇다고 한다면 굳이 많은 의식집에서 점안문의 내용으로 '보례진언'을 기록할 필요성이 없을 것이다. 그러므로 의식의 흐름상 도량에 강림하신 불보살님께 먼저 자리를 내어 드리고 인사를 드린 뒤, 간단하게나마 차를 올리는 것이 이치에 맞는다고 생각된다. 이와 관련하여 『오종범음집』에서도 "먼저 예배한 뒤에 차를 올리는데 그 예가 심히 옳은 것이다"[379]라고 하여 설득력을 더한다. 그러나 여러 의식집에서 점안문에 보례진언이 기록됨에도 불구하고 현행 점안의식에서는 대부분 '보례진언'을 거행하지 않고 있다. 따라서 이 점은 앞으로 시정되어야 할 것으로 생각한다.

의식은 법주가 금강령을 한 번 흔들어 놓고 보례진언과 게송을 마치고 나면, 대중은 진언을 함께 염송하며 내림목탁에 맞춰 오체투지를 한다. 이와 같은 방법으로 진언을 세 편 거행한다.

---

379 『한불의서』 제2집, p.207, "施水呪, 次獻座如常, 安相安莊嚴眞言云云. 其言亦有理, 然今時本文, 文勢不然, 今本文則安相莊嚴云. 獻座, 此不易之道, 哲者, 察以詳知本文, 先恭後禮, 此亦常道, 然今時追論者, 先禮後茶, 其禮甚可."

### 66. 다게茶偈

목녀조출제호미牧女造出醍醐味
목녀가 정성스럽게 만든 제호미를

성도당시선래헌成道當時先來獻
성도 당시에 부처님께 드리듯이

아금헌공역여시我今獻供亦如是
제가 이제 똑같이 그렇게 하오니

원수자비애납수願垂慈悲哀納受
애틋이 여기시어 자비로써 받아 주소서.

본 항은 새로 조성된 불보살님을 모셔서 처음으로 차를 올리는 의식이다.

내용을 살펴보면, 석존의 성도 당시 목녀가 제호미를 공양하였다고 하였는데, 제호미는 우유를 거듭 가공할수록 더 좋아지는 다섯 가지 맛 중에 하나이다. 이 오미五味에는 유미乳味·낙미酪味·생소미生酥味·숙소미熟酥味·제호미醍醐味 등이 있다. 여러 경론에서는 이 오미를 사용하여 사람의 근기나 교법의 차별, 계위를 나타내는 데 사용하고 있다. 그 중 『대반열반경』 권10에서는 "성문은 유, 연각은 낙, 보살은 생소·숙소, 불세존은 제호와 같다"[380]고 하였고, 『묘법연화경우바제사』에서는 더욱 자세히 설명되고 있다.[381] 또한 『천태법화종의집』을

---

380 『大般涅槃經』(大正藏 12, p.423b), "聲聞如乳, 緣覺如酪, 菩薩之人如生熟酥, 諸佛世尊猶如醍醐, 以是義."

381 『妙法蓮華經憂波提舍』(大正藏 26, p.7b), "依法者, 如經舍利弗過去諸佛以無量無數方便種種譬喻因緣念觀方便說法是法皆爲一佛乘故如是等故, 言譬喻者如

비롯한 기타 경전들에서 제호미를 오시팔교 중 다섯 번째 법화열반시[382]로 비유하고 있다.

의식은 바라지가 독창으로 전3구를 다게성으로 거행하고 나면, 대중은 '원수애납수'를 염송하면서 내림목탁에 맞추어 오체투지를 한다. 이때 태징은 세 망치를 울려 준다. 같은 방법으로 한 번 더 '원수애납수'를 하고, 마지막 '원수자비애납수'를 염송한다. 이때에도 내림목탁에 맞춰 오체투지를 하는데, 다만 태징은 다섯 망치와 몰아띄는 쇠를 울려준다.

## 67. 보공양진언普供養眞言

唵 誐誐曩 三婆嚩 嚩日囉 斛

옴 아아나 삼바바 바아라 훔

oṃ gagana saṃbhāva ajira hoḥ

본 항은 새로 조성한 불보살에 대한 개안공양開眼供養으로 이해할 수 있다. 즉 점안(개안)의 마지막 의식으로 그동안 거행하였던 청정법식이 법계에 두루하게 되었음을 알려 공양을 권하고 원만하기를 발원하는

---

依牛故, 得有乳酪生酥熟酥及以醍醐. 此五味中醍醐第一, 小乘不如其猶如乳, 大乘爲最猶如醍醐, 此喩所明大乘無上, 諸聲聞等亦同大乘無上義故, 聲聞同者, 此中示現諸佛如來法身之性同, 諸凡夫聲聞之人辟支佛等, 法身平等無差別故, 此義皆是譬喩示現因緣之義如前所說."

382 『天台法華宗義集』(大正藏 74, p.268b), "乳味譬華嚴, 酪味譬阿含, 生酥譬方等, 熟酥譬般若, 醍醐譬法華涅槃. 問: 何故乳譬華嚴乃至醍醐譬法華涅槃."; 『諸家教相同異略集』(大正藏 74, p.312a), "如乳味華嚴爲頓部中間三味爲漸部, 醍醐味法華涅槃,爲非頓非漸部亦稱開權顯實部."; 『大日經疏鈔』(大正藏 60, p.51a), "五味ノ譬ヲ本說トメ 配釋五時ノ教ニ法華涅槃ヲ判醍醐味."

의식이다.

『화엄경』에서는 공양 중 최고는 법공양으로, "법공양이란 부처의 가르침대로 수행하는 것이며, 중생을 이롭게 하고 구제하려는 보살의 뜻을 저버리지 않는 것이며, 보리심을 잃지 않는 것"[383]이라고 하였다. 점안을 하는 이유 또한 이와 같아, 결국 부처님을 등불 삼아 자성을 밝혀 상구보리 하화중생하겠다는 서원을 하는 법공양의 의미를 포함하고 있다고 볼 수 있다.

또한 육법공양 중 '할향'을 통한 향공양(해탈향解脫香)과 '연등게'를 통해 올린 등공양(반야등般若燈), '서찬게'를 통해 올린 화공양(만행화萬行花), '증명다게'를 통해 올린 다공양(감로다甘露茶), 그리고 '개안광명진언' 시 올린 팥죽 등의 공양은 점안의식 과정에서 이미 올린 상태이므로 본 공양물에 대한 의식으로도 볼 수 있다.

본 의식은 각각의 사물을 울리며 대중이 다 같이 평염불로 지송한다. 소리를 마치고 나면 목탁은 내려주고 태징은 마침쇠 세 망치를 울려준다.

이상의 과정을 통해 점안의식은 모두 마치게 된다. 본 점안의식을 마친 후에는 새로 모신 불보살님께 정식으로 공양을 올려 드리는 권공의식이 거행된다. 이때는 미리 준비해 둔 육법공양 중 나머지 과(보리과菩提果)·미(선열미禪悅米) 등을 포함한 기타의 공양물을 올려 여법하게 거행한다. 또한 상단의 권공을 마치면 신중님 전에 공양물을 올려

---

383 『大方廣佛華嚴經』(大正藏 10, p.845a), "供養中, 法供養最. 所謂如說修行供養, 利益衆生供養, 攝受衆生供養, 代衆生苦供養, 勤修善根供養, 不捨菩薩業供養, 不離菩提心供養."

중단권공의식을 하고, 더불어 불사도량에 운집한 일체 유주무주 고혼을 위해 시식을 베푼다.

끝으로 지금까지 거행되었던 점안의식의 차서를 표로 정리하면 다음과 같다.

<table>
<tr><th>차 서</th><th colspan="2">내 용</th><th>차 서</th><th colspan="2">내용</th></tr>
<tr><td rowspan="2">1.엄정의식</td><td>도량엄정</td><td>①할향<br>②연향게<br>③할등<br>④연등게<br>⑤할화<br>⑥서찬게<br>⑦삼귀의<br>⑧합장게<br>⑨고향게<br>⑩개게<br>⑪쇄수게<br>⑫복청게<br>⑬천수<br>⑭사방찬<br>⑮엄정게</td><td rowspan="3">4.소청의식</td><td>태장삼부청</td><td>㉝집저진언<br>㉞집령진언<br>㉟동령진언<br>㊱불부소청진언<br>㊲연화부소청진언<br>㊳금강부소청진언</td></tr>
<tr><td>업장참회</td><td>⑯참회게<br>⑰연비</td><td>금강계오부청</td><td>㊴보소청진언<br>㊵유치<br>㊶삼신청<br>㊷오부청</td></tr>
<tr><td>2.결계의식</td><td></td><td>⑱개법장진언<br>⑲화취진언<br>⑳도량결계<br>㉑정지진언<br>㉒해예진언<br>㉓정삼업진언<br>㉔도향진언</td><td>신불청</td><td>㊸신불청<br>㊹증명다게</td></tr>
</table>

<table>
<tr><td rowspan="6">3.건단의식</td><td>작단의식</td><td>㉕정법계진언<br>㉖개단진언<br>㉗건단진언</td><td rowspan="2"></td><td>옹호청</td><td>㊺옹호청<br>㊻다게</td></tr>
<tr><td>단상결계</td><td>㉘결계진언<br>㉙부동존진언</td><td>강생과예경</td><td>㊼강생게<br>㊽오색사진언<br>㊾오불례<br>㊿동락게</td></tr>
<tr><td rowspan="4">호신작법</td><td rowspan="4">㉚호신피갑진언<br>㉛항마진언<br>㉜발보리심진언</td><td>5.점필의식</td><td rowspan="4"></td><td>51삼신진언<br>52삼밀진언<br>53팔안점필<br>54개안광명진언<br>55안불안진언</td></tr>
<tr><td>6.관불의식</td><td>56관불구룡찬<br>57목욕진언<br>58시수진언</td></tr>
<tr><td>7.장엄의식</td><td>59안상진언<br>60삼십이상진언<br>61팔십종호진언<br>62안장엄진언<br>63보궐진언</td></tr>
<tr><td>8.공양의식</td><td>64헌좌게<br>65보례진언<br>66다게<br>67보공양진언</td></tr>
</table>

〈표 18〉 불상점안의식의 차서

## 5. 불상점안의식의 범패와 작법무

점안의식에서 쓰이는 범패와 작법무는 어떤 것이 있는지 살펴보고, 현행 거행되고 있는 방법이 타당한지 살펴 여법한 의식이 될 수 있도록 방향성을 제시하고자 한다.

### 1) 범패

의식 진행에 있어서 사용되는 소리는 크게 평염불과 범패로 나눌 수 있다. 그 중 범패는 안채비와 바깥채비로 구분한다.[384] 안채비는 일반적으로 유치성·착어성·편게성·게탁성·소성 등으로 분류하고,[385] 바깥

---

384 심상현, 「靈山齋 成立과 作法儀禮에 關한 硏究」, 박사학위논문(위덕대학교, 2011), pp.56~57. "안채비는 주로 이적理的인 면에서 의식의 목적에 접근한 것이다. 주로 한문으로 된 산문이며, 한자 사성四聲 체계에 의거하여 소리를 지으며, 바깥채비의 소리에 비해 소리가 짧다. 바깥채비는 사적事的인 면에서 의식 전체의 진행을 리드하는 특징을 보인다. 내용은 주로 절구絶句인 한시漢詩 형태가 많으며, 소리는 고성高聲이고 굴곡이 두드러진 특징을 보인다."

385 유치성은 주로 불보살의 덕을 찬탄함과 동시에 재의 연유를 밝히는 '유치' 등을 거행할 때 짓는 방법으로 '직촉直觸(한 호흡에 여러 글자를 이어서 소리하는 형태)'이 특징이다. 착어성은 주로 영가에게 베푸는 시식에서 주로 거행되는 '착어着語(법어)'를 거행할 때 쓰이는 소리로 사성에 맞추어 소리를 지으며, 편게성은 주로 관욕편에서 사용되는 것으로 한자의 사성에 맞추어 소리를 끊어서 경쾌한 느낌이 난다. 또한 게탁성은 정해진 소리가 있는 것은 아니며, 유치성이나 착어성, 개계성 등등의 소리를 시간을 단축시키기 위해 짧게 충충 읽어가다가 특징이 되는 곳이나 짓는 부분에서 소리를 짓는 것이 특징이다. 소성은 재의 연유를 밝히는 '소疏'를 거행할 때 사용되는 소리로 상단, 중단, 하단의 모든 소는 같은 방법으로 거행한다.

채비는 홑소리·짓소리·반짓소리로 나뉜다. 이 중 점안의식에 사용되는 범패 유형은 안채비 소리 중 유치성, 게탁성, 편게성, 청사성, 점안성이 사용된다. 또한 바깥채비 중 홑소리, 짓소리가 사용되며 「신중작법」에서는 반짓소리도 사용된다. 점안의식에 사용되는 소리의 유형과 특징을 살펴보면 다음과 같다.

첫째, 평염불은 일반적으로 독경하는 형식의 소리이다. 점안의식에 사용되는 평염불은 연비를 거행할 때의 게송과 참회진언, 동락게, 보례진언, 보공양진언 등에 쓰인다.

둘째, 안채비소리는 유치성, 편게성, 게탁성, 청사성, 점안성이 사용된다. 이 중 편게성으로 분류한 '관불구룡찬'의 경우 현재 행하고 있는 실제의식에서는 '무슨 성聲'이라고 일컫는 성음명이 없다. 다만 충충 읽어 나가는 형태로 소리하기 때문에 평염불로 보는 견해[386]와 유치성으로 보는 견해[387]도 있다.

그러나 필자가 편게성으로 구분한 이유는, '관불구룡찬'은 '관욕편' 내용 중 일부이기 때문이다.[388] 보통 같은 성격의 의식문인 경우 재의 내용이 다르다고 하더라도 소리는 같은 방법으로 한다. 예를 들어 「상주권공」의 '개게'나 「영산재」의 '개게'는 내용은 다르지만 소리는 개게성으로 같다거나 거불(거불성), 착어(착어성), 유치(유치성), 삼보소나 사자소, 대령소 등 모든 소는 '소성'으로 하는 것처럼 대부분

386 일운 스님(세계문화유산이며 중요무형문화제 제50호 영산재 전수조교, 봉원사 주지) 전화대담(2014, 7, 3).

387 일초 스님(인천시 무형문화재 10-나호 범패보유자) 전화대담(2014. 7. 3).

388 관불구룡찬은 『범음산보집』과 『석문의범』에서 관욕편으로 구분하고 있다.

이러하다. 더불어 영가를 소청하여 관욕을 할 경우 관욕편의 범패유형은 편게성으로 구성되어 있다. 또한「예수재」'찬탄관욕편'[389]에서도 실제로 편게성으로 소리하고 있다. 그러므로 이에 준하여 점안의식의 관불에도 적용하여 편게성으로 본 것이다. 하지만 본 견해 또한 아직은 가설에 불과한 것으로, 앞으로 심도 깊은 논의와 연구가 필요한 대목이다.

또한 점안의식에서 사용되는 '게탁성'의 경우 대부분 진언 제목과 진언 사이에 게송이 들어간 형태로 구성된 내용이 이에 속한다. 즉 가운데 들어가 있는 게송의 시작은 '반 들어주는 소리'[390]로 시작하여 충충 읽는 형태로 진행되다가 끝 두자에서 짧게 짓는 형태로 구성되어 있다. 더불어 '청사성'의 경우 청사를 할 때의 소리 방법으로, 법현 스님이『한국의 불교음악』을 통해 이미 분류한 것을 적용하였음을 밝힌다.

셋째, 바깥채비 중 홑소리와 짓소리가 사용된다. 홑소리는 주로 엄정의식에서 거행되었던 할향을 비롯한 게송들과 진언들이며, 짓소리는 '삼귀의(지심신례)'와 '삼밀진언(옴아훔)' 등에 쓰인다. 또한 '오불례(거불)'의 경우 짓소리로 한다는 견해도 있다.[391] 더불어「신중작법」시 '옹호게'와 '봉청'은 반짓소리로 구성되어 있다.

이상과 같이 점안의식의 전반적인 절차에서 사용되는 범패의 유형은

---

389 安震湖 編,『釋門儀範』上(법륜사, 1931), p.173.

390 선율의 특징으로 '들어주는 소리'가 있다. 예를 들어 '향수나열'에서 '열'자의 소리가 그것이다. 그런데 '들어주는 소리'를 다 짓지 않고, 소리를 짓되 줄여서 짓는 것이므로 '반 들어주는 소리'라고 한다.

391 김응기(법현),「佛像點眼 儀式의 梵唄쓰임 硏究」,『동국논집』제16집(제2호, 1997), p.20.

소성과 착어성을 제외한 모든 성음이 사용되고 있음을 알 수 있다. 그러나 '지심신례'의 경우 '관불구룡찬'에서 언급하였던 것과 마찬가지로 영산재에서 짓소리로 거행되고 있어 적용한 것이나, 점안의식에서 실제로 사용한 경우는 아직 보지 못하였다. 그러므로 점안의식에 사용되는 성음은 지속적인 연구가 필요하다고 생각한다.

또한 논의가 필요한 부분은 범패성의 구분 방법이다. 앞서 설명하였듯이 안채비의 경우 성음의 구분이 각기 다르게 나타나고 있기 때문이다. 안채비를 4성(유치성, 착어성, 편게성, 게탁성)으로 보는 견해[392]와 5성(유치성, 착어성, 편게성, 게탁성, 소성)으로 보는 견해,[393] 또한 6성(유치성, 착어성, 편게성, 게탁성, 소성, 청사성)으로 보는 견해,[394] 7성(유치성, 청사성, 착어성, 편게성, 축원성, 게탁성, 소성)으로 보는 견해[395] 등 다양하다. 또한 연구자의 경우는 7성에 이어 점안의식에서만 사용되는 '점안성'을 추가하고 있다. 이런 현상은 성음의 연구가 활발할수록 더욱 늘어날 것으로 본다. 예를 들어 「식당작법」에서 중수와 당좌의 독특한 소리에 맞추어 타주무가 거행되는데, 이때의 소리도 '○○성'으로 구분되어야 한다고 볼 수 있기 때문이다.[396] 이와 같이 다양한 의견들을 수렴하여 소리의 구성과 성격에 알맞게 안채비를 비롯한 홑소리

---

392 심상현, 「靈山齋 成立과 作法儀禮에 關한 硏究」, pp.58~59.

393 김민정, 「범패 성(聲)에 대한 연구: 영산재 中心으로」, 석사학위논문(동국대학교, 2008), p.63.

394 법현, 『한국의 불교음악』(운주사, 2005), p.123.

395 법현, 『불교의식음악 연구』(운주사, 2012), pp.359~363.

396 이때의 소리를 안채비가 아닌 바깥채비로 볼 수 있는 여지도 있기에 단정 지을 수 없다. 다만 예를 들어 설명하고자 한 것이다.

등의 범패성 구별을 재정립하여야 할 것으로 본다.

또한 홑소리와 짓소리 모두 갖추고 있는 경우에는 재나 의식의 성격이 다르다고 하더라도 같이 적용할 수 있는가? 이를테면 '목욕진언'의 경우 관욕쇠와 관욕바라는 영가를 소청하여 목욕시키는 관욕의 방법과 가사의 내용이 다르지만 점안의식의 '목욕진언'과 방법이 동일하다. 이때 관욕게는 짧은 소리로도 거행하지만 짓소리가 있어 재의 규모에 따라 영가의 관욕에서 거행한다. 이와 같은 경우 점안의식에서도 짓소리를 사용할 수 있는지에 관한 고찰도 필요하다고 본다. 본 점안의식에 사용되는 성음을 표로 정리하면 다음과 같다.

**〈표 19〉 점안의식의 성음 구성**[397]

| 성음 종류 | | 구성과 내용 |
|---|---|---|
| 평염불 | | ⑰연비, ㊿동락게, ㊳보례진언, ㊷보공양진언 |
| 안채비 | 유치성 | ⑳도량결계, ㊵유치 |
| | 착어성 | 없음 |
| | 편게성 | ㊻관불구룡찬[398] |
| | 게탁성 | ㉑정지진언, ㉓정삼업진언, ㉔도향진언, ㉕정법계진언, ㉙부동존진언, ㉚호신피갑진언, ㉛항마진언, ㉜발보리심진언, ㉟동령진언, ㊱불부소청진언, ㊲연화부소청진언, ㊳금강부소청진언, ㊴개안광명진언, ㊳각구존상(*본 진언들의 경우 진언의 제목과 진언 사이에 게송이 있는 형태로 게송의 소리가 게탁성임.) |
| | 소성 | 없음 |
| | 청사성 | ㊶삼신청, ㊷오부청, ㊸신불청, ㊺옹호청 |
| | 점안성 | ㊼강생게, ㊳팔안 |

397 법현, 『한국의 불교음악』, pp.123~124, "표 10" 범패성 분류 일부 적용(탄백성은 평염불, 청사는 청사성, 진언은 홑소리로 구분).

| | | |
|---|---|---|
| 바깥채비 | 홑소리 | ①할향, ②연향게, ③할등, ④연등게, ⑤할화, ⑥서찬게, ⑧합장게, ⑨고향게, ⑩개게, ⑪쇄수게, ⑫복청게, ⑬천수, ⑭사방찬, ⑮엄정게, ⑯참회게, ⑱개법장진언, ⑲화취진언, ㉒해예진언, ㉝집저진언, ㉞집령진언, ㊴보소청진언, ㊶삼신청의 향화청과 가영, ㊷오부청의 향화청과 가영, ㊸신불청의 향화청과 가영, ㊹증명다게, ㊺옹호청의 향화청과 가영, ㊻다게, ㊽오색사진언, ㊾오불례, 51삼신진언, 55안불안진언, 64헌좌게, 66다게 |
| | 짓소리 | ⑦삼귀의(지심신례), 52삼밀진언(옴아훔) |
| | 반짓소리 | 신중작법 시 옹호게, 봉청 |
| | 화청 | 없음 |

이상과 같이 살펴본 결과, 점안의식에 사용되는 성음의 종류는 정확하게 명명되어 있는 것도 있으나, 일부는 아직 부족한 부분이 있다. 점안의식의 여법한 거행을 위해서는 앞으로 어장 스님들을 비롯한 스님들과 연구자들이 모여 난상토론을 거쳐 하나하나씩 정리되어야 할 것으로 본다.

### 2) 작법무

작법무의 종류는 크게 바라무, 착복무, 법고무, 타주무 등 총 네 가지로 구분한다.[399] 그 중 바라무의 종류는 일반적으로 명바라·천수바라·내

398 '관불구룡찬'은 『범음산보집』과 『석문의범』에서 '관욕편'으로 구분하였다. 현행 관욕편의 소리 형태는 편게성으로 구성되었으므로, 이를 적용하여 편게성으로 구분하였음을 밝힌다.

399 능화, 『한국의 불교무용』(푸른세상, 2006), pp.124~125. "바라춤은 불보살의 강림이나 의식도량의 옹호와 같은 내용을 북돋을 필요가 있을 때 거행하며 가사의 내용이 주로 진언이다. 착복무는 나비춤이라고도 하며, 의상이나 춤사위 등에서 불법을 가장 상징적으로 나타내고 있는 춤이다. 또한 법고춤은 세간

림게바라·사다라니바라·요잡바라·관욕바라·화의재바라 등 7종으로 구분하며, 회향게바라는 소리는 전해지나 바라무는 전승되지 않고 있다.[400] 또한 착복무는 총 18종[401]이며 법고무와 타주무는 각각 1종이다. 이 중 점안의식에서 사용되는 작법무는 바라무와 착복무이다. 어떤 종류의 작법무가 어느 곳에서 사용되는지 살펴보면 다음과 같다.

첫째, 바라무는 요잡바라, 명바라, 천수바라, 관욕바라 등 총 4종이 거행된다. 그 중 요잡바라는 착복무인 도량게작법과 삼귀의작법을 마친 후 사방요신과 동시에 거행되며, 명바라는 「삼화상청」과 「신중작법」을 거행한 뒤 본 「점안의식」에 앞서 거행한다. 또한 천수바라는 '천수', 즉 신묘장구대다라니에 리듬을 부쳐 그 장단에 맞추어 바라무를 거행하며, 관욕바라는 부처님 개안 후 목욕진언에서 거행한다.

둘째, 착복무는 사방요신, 삼귀의작법, 도량게작법 등 3종이 거행된다. 그 중 사방요신은 도량게작법과 삼귀의작법 이후 요잡바라와 동시

---

중생들이 고통으로부터 벗어나 해탈하도록 염원을 실어서 북을 중심으로 추는 춤이며, 타주춤은 식당작법 시 거행되는 것으로 팔정도를 바탕으로 참 진리를 깨우치기 위하여 거행하는 작법무이다."

400 졸고, 「불교의식의 作法舞 연구」, p.81, "보공양진언과 보회향진언의 소리를 회향성이라 하며, 사다라니바라의 진언소리처럼 태징박자에 맞추어 흥겨운 선율로 구성되어 있다."

401 졸고, 「불교의식의 作法舞 연구」, p.19, "①사방요신, ②정례작법, ③도량게작법, ④옴남작법, ⑤다게작법, ⑥운심게작법, ⑦모란찬작법, ⑧오공양작법, ⑨삼귀의작법, ⑩향화게작법, ⑪창혼작법, ⑫지옥고작법, ⑬구원겁중작법, ⑭대각석가존작법, ⑮자귀의불작법, ⑯삼남태작법, ⑰기경작법, ⑱만다라작법." 그러나 이 중 만다라작법은 생전예수재 시 사용되었다고 하나 범패와 작법무는 전해지지 않는다.

에 거행한다. 또한 삼귀의작법은 '서찬게' 이후 삼귀의 내용 중 '삼각원'의 홑소리에 맞추어 작법을 한다. 그리고 도량게작법은 천수바라에 이어 '사방찬'을 홑소리로 거행하고 난 후 '엄정게'의 홑소리에 맞추어 거행한다.

논의가 필요한 부분은, 다른 의식이나 재에서 작법무가 있는 경우 점안의식에서도 같은 내용이 있다면 사용 가능한가이다. 이를테면, '다게'의 경우 대부분의 의식에서 의식의 흐름이나 시간 관계상 짧은소리와 긴소리 중 한 가지 방법을 선택하여 거행하기 때문이다. 그러므로 증명팔청 이후 '증명다게'의 경우 착복무가 가능할 것으로 보인다.

그러나 여기에서 단정 지을 수는 없으며, 기타의 작법무가 어떻게 더 활용이 될지 가능성을 열어두고 충분한 논의가 필요하다고 본다. 점안의식에 사용되는 작법무의 종류를 표로 정리하면 다음과 같다.

| 종류 | 내용 | |
|---|---|---|
| 바라무 | 요잡바라 | 삼귀의작법 이후, 도량게작법 이후 거행 |
| | 명바라 | 점안의식 시작할 때(할향 전), 삼귀의 이후 거행 |
| | 천수바라 | 복청게 이후 '천수' 시 거행 |
| | 관욕바라 | 목욕진언 시 거행 |
| 착복무 | 사방요신 | 도량게작법, 다게작법, 삼귀의작법 이후 거행 |
| | 삼귀의작법 | 삼귀의 내용 중 '삼각원'에서 거행 |
| | 도량게작법 | '엄정게' 시 거행 |
| | 다게작법 | 증명팔청 이후 '증명다게' 시 가능 |
| 법고무 | 없음 | |
| 타주무 | 없음 | |

〈표 20〉 점안의식에 사용되는 작법무

더불어 「삼화상청」 시 다게작법과 사다라니바라를 거행하며, 「신중작법」 시에는 '옹호게'와 '다게' 이후 요잡바라가 거행된다.

## 6. 불상점안의식의 수인

### 1) 수인의 발생과 전개

수인手印은 "베다Veda시대의 무용과 연극에서 비롯되었다는 설과 힌두교 주문인 만트라mantra의 형태에서 비롯되었다는 설, 고대부터 중요시한 인장印章의 모양을 사용했다는 주장도 있다. 무의식적이고 자연스러운 제스처에서 유래했다고도 한다. 그 중 인도의 고대무용과 연극에서 비롯되었다"[402]는 설이 나올 수 있는 근거는 기원전 2세기에서 기원후 2세기 사이에 편찬된 『나띠야 샤스뜨라Natya Sastra』[403]에서 비롯된다.

『나띠야 샤스뜨라』에서는 인간이 본래 지니고 있는 "정조情調에서 생기는 감정을 관객의 마음에 불러일으키기 위하여 우주적 리듬에 대한 호응으로 나타낸 것이 무드라mudra로, 비언어적 기능으로서의 전달매체이며 기호화된 손의 언어"[404]라고 한다. 이는 현실을 초월하여

---

402 김미진, 「佛像 手印 硏究」, 석사학위논문(이화여자대학교, 1997), p.7에서 재인용.

403 이재숙 역주, 『나띠야 샤스트라』 上(소명출판, 2004), p.31, "브라흐마신은 『리그베다』에서 대사를, 『사마베다』에서 운율을 취하고, 『야주르베다』에서 연기법을, 그리고 『아타르와베다』에서 라사(Rasa: 맛, 정서)를 취하였다고 한다. 여기에 시바신은 딴다와 춤을 보태고, 비슈누신도 연극의 다양한 표현양식을 담당하는 책임을 맡는다. 이것은 연극의 기원이 네 가지 베다 이후에, 그리고 힌두교의 삼신이 모두 자리 잡은 이후에 별도로 만들어진 것임을 암시하는 것이다."

종교적, 윤리적, 예술적 이상세계를 표현한 것으로, 여기에는 고도의 치밀한 기호체계에 의해 조작되고 운용되는 손의 동작이 표현되었다.

또한 이 손동작은 고대 베다 제의祭儀에서도 이미 나타나 있다. 이것은 제관들이 신에 대한 찬송과 더불어 신들의 위대한 성업을 상징적으로 표현하기 위해 응축적으로 나타낼 필요성에서 고안되었다고 한다. 그리고 "석가모니가 생존하던 기원전 5세기에도 손짓을 통한 대화는 깨우친 자의 표식으로 간주되었다"[405]고 한다. 이와 같이 손짓언어의 종교적 상징성은 기원전 3~4세기에 일반화되었고, 이미 2세기 이전에 구체화된 것으로 이해할 수 있다.

불상의 수인은 원래 부처에 얽힌 전설을 상징화하고자 만들어진 불전도佛傳圖에서 유래한 것으로, 점차 불보살의 공덕을 상징적으로 표현하며 발전되었다. 또한 수인은 교리적인 깊은 뜻을 함축하고 있기 때문에 불상의 성격과 명칭 등을 분명하게 해주는 역할을 한다. 초기의 수인은 선정인, 항마촉지인, 전법륜인, 시무외인, 여원인 등 다섯 가지가 주류를 이루고 있다. 그러나 밀교에서는 "밀교 독자의 내용을 부가하여서 밀교의 인계가 성립"[406]되어 다양한 손모양이 나오게 되었는데, 대일여래의 지권인을 비롯한 보살, 명왕, 천부 등에 따른 각종 수인이 그것이다.

수인은 일반적으로 표치標幟 등의 의미로 사용된다. 『대일경』에서

---

404 심우성 역, 『아시아 舞踊의 人類學』(동문선, 1991), pp.160~169에서 재인용.

405 허영일, 『민족무용학』(시공사, 1999), p.161.

406 권영택, 「인도 종교에서 三密의 연원」, 『인도철학』 제7집(인도철학회, 1997), p.25.

설하고 있는 내용을 살펴보면 다음과 같다.

> 비밀주여, 이와 같이 상수의 모든 여래의 인印은 여래의 신해로부터 생긴다. 곧 보살의 표치와 같으며 그 수는 한량이 없다.[407]

또한 『대일경소』에서도 신해信解로부터 생긴 표치로서의 인을 설명하고 있다. 다시 말해서 이것은 수행을 통해 증득한 진리의 표치라 할 수 있다.

> 이와 같은 인印들은 부처님의 신해로부터 생겨났음을 알아야 한다. 또한 이와 같은 인들은 모든 보살의 표치라는 것도 알아야 한다. 말하자면 방편으로 여래 내증의 덕을 보이기에 표라고 하는 것이다.[408]

또한 수인은 체體를 나타내는 상相으로 이해할 수 있다. 즉 상으로 드러난 모든 존재와 그 활동은 체로부터 비롯되며 체體부터 상相과 용用으로 전개된다는 것이다. 상相으로서의 사만四曼은 대만다라, 삼마야만다라, 갈마만다라, 법만다라를 가리킨다.

대만다라는 불상의 집대성과 그 불상이 갖추고 있는 상호의 덕성을

---

407 『大毘盧遮那成佛神變加持經』(大正藏 18, p.30a), "祕密主如是上首諸如來印, 從如來信解生, 卽同菩薩之幖幟 其數無量."

408 『大毘盧遮那成佛經疏』(大正藏 39, p.722b) "如是等印, 當知從佛信解生也. 當知如是印等, 是諸菩薩之摽幟也. 謂以此方便示如來內證之德, 故云摽也."

가리키며, 동시에 우주와 인생의 전체상을 의미한다. 삼마야만다라는 불보살이 가지고 있는 수인과 지물 등의 특성을 가리키는 동시에 대만다라를 형성하는 개체들의 각각 독립된 상을 의미한다. 갈마만다라는 모든 불보살이 중생구제를 위하여 행하는 일체의 활동을 나타내며, 동시에 일체존재의 활동작용을 의미한다. 그리고 법만다라는 모든 불보살의 명칭과 그 가르침의 내용을 말한다.

이와 같이 사만四曼은 일체의 모든 존재를 표현하는 방법이기도 하다. 또한 『보리심론』에서도 상相은 체體를 벗어나지 않으며 용用은 그 상相에 따르므로 활용이 다름을 말하고 있다. 그러므로 상相과 용用은 무상진리가 현실세계에 투영된 상징이 되며 무상진리로 연결하는 고리라 할 수 있다. 경전의 내용은 다음과 같다.

> 일체의 법은 텅 비어 있음을 마땅히 알라. 이미 법이 본래 생겨남이 없음을 깨치게 되면 마음의 체도 이와 같아 몸과 마음을 보지 않고, 적멸 평등한 궁극의 진실한 지혜에 머물게 되니 퇴실하지 말라. 만약 망령된 마음이 일어나도 이를 알고 따르지 않으면, 망령된 마음이 쉬게 되는 때 마음의 근원은 고요해지고 만 가지 덕이 갖추어져서 묘용이 무궁하리라.[409]

이와 같이 전개된 수인은 각종 진언과 정화의식이 더해져 만다라의

---

409 『金剛頂瑜伽中發阿耨多羅三藐三菩提心論』(大正藏 32, p,573b), "當知一切法空. 已悟法本無生, 心體自如, 不見身心, 住於寂滅平等究竟眞實之智, 令無退失, 妄心若起, 知而勿隨, 妄若息時, 心源空寂, 萬德斯具, 妙用無窮."

제존과 관정, 호신법, 결계, 호마, 공양 등 밀교의 모든 작법에서 행해지고 있다. 이러한 인계는 불보살의 깨달음의 경지와 서원 등을 상징적으로 나타내며 중생들에게 보낸 메시지로 이해할 수 있다.

또한 수행자가 제불 본래의 서원을 본받아 구체적인 의식, 즉 신·구·의 삼업을 청정히 하여 깨달음을 얻고자 하는 단순한 수행 방법과는 달리 몸으로는 불보살의 행위인 결인을 하고, 입으로는 진리를 상징하는 다라니를 지송하며, 생각은 삼매에 들어 깨달음을 성취하고자 하여 맺은 밀인을 말하기도 한다. 이러한 중생의 수행 방법을 유상삼밀有相三密이라고 하며, 이 밀인은 신·구·의 삼밀 중 하나인 신밀이다. 신밀은 대부분 구밀과 의밀이 함께 상응하여 행하게 된다. 그러므로 결인의 의미는 법신의 진리세계를 내 몸에 나타내고자 하는 상징적인 행위이며, 자신이 진리를 직접 체득하고자 하는 노력이자 수행 방법이다. 또한 아직 번뇌 망상을 단절하지 못한 우리 범부들이 본존의 밀인을 가지고 밀의密意에 응할 수 있다면, 삼밀가지로 인해 깨달음을 얻을 수 있고 서원을 성취할 수 있음을 말한다.

### 2) 불상점안의식과 수인의 관계

수인은 무드라mudra, 인계印契, 계인契印, 인상印相, 결인結印, 결수結手 등 다양한 이름으로 불리며 줄여서 인印이라고도 한다. 인계는 법계의 진리를 상징하는 부처의 동작이며,[410] 만다라해회의 모든 제불들이 내증한 삼매의 본덕을 표시하는 방법이기도 하다.

---

410 『大毘盧遮那成佛經疏』(大正藏 39, p.714a), "印者卽是法界之標幟, 以此印故, 標示法界之體."

> 수인의 체體는 불佛의 신밀이며, 상相은 다양한 수인이며, 용用은 수인을 통해 표현하려는 이야기와 다양한 작법이라고 할 수 있을 것이다. 이것은 수인의 성性이 상相으로 나타나면서 불의 삼밀을 감득할 수 있는 계기가 주어진다고 하는 것으로 상相은 성性에 다가가기 위한 표현이며, 결국 상相을 통해서만 감득이 가능하다. 달리 말하면 여래의 화현으로써 상相을 보고, 화현된 상을 통해 여래에 다가간다고 하는 것이다.[411]

또한 수인을 결한다는 것은 수행자가 삼밀수행을 통해 여래와 상응하려고 하는 유상有相의 방편이다. 『관자재대비성취유가연화부염송법문』에서는 다음과 같이 설하고 있다.

> 이 주문을 송하면서 이 인을 정수리 위에 고정시키며, 이 인은 곧 여래의 진신과 다르지 않다고 생각해야 한다. 이 인을 보는 것은 곧 세존을 보는 것이다.[412]

『금강정유가중발아뇩다라삼막삼보리심론』에서도 삼밀에 대해 다음과 같이 설하고 있다.

---

411 김영덕, 「手印의 言語的 상징성과 그 展開」, 『불교학보』 제62집(불교문화연구원, 2012), p.266.

412 『觀自在大悲成就瑜伽蓮華部念誦法門』(大正藏 20, p.1c), "誦是呪以是印安頂上, 當想是印卽是如來眞身等無有異. 見此印者卽爲見佛."

> 이른바 삼밀은, 첫째로 신밀이라 함은 계인을 결하여 성중을 불러 청함과 같은 것이요, 둘째로 어밀이라 함은 고요하게 진인을 송하여 문구가 요요분명케 하여 그릇됨이 없게 함과 같음이요, 셋째로 의밀이라 함은 유가에 상응하는 백정월에 머물면서 보리심을 원만하게 관함과 같다.[413]

이와 같이 행법자가 몸에 인을 맺고, 입으로 진언을 외우고, 뜻으로 본존을 관하여 행법자의 삼업 위에 부처님의 삼밀이 더하여 섭지攝持되는 것을 삼밀가지三密加持라고 한다. 그러므로 점안의식에 있어 새로 조성된 불상에 부처가 강림할 것을 목적으로 행법자가 지극하게 삼밀을 수행했을 때만이 부처의 삼밀이 가지하여 불상이 아닌 부처로 거듭나게 되는 것이다.

다만 현존하는 점안의식문에서는 수인의 도상이 기록되지 않았지만, 수인을 거행하였다는 전거는 『조상경』에서 찾을 수 있다. 그 내용은 다음과 같다.

> 증사가 점필할 때는 먼저 입정하고 관상하며 결인하여 의궤와 같이 한다.[414]

---

413 『金剛頂瑜伽中發阿耨多羅三藐三菩提心論』(大正藏 32, p.574b), "所言三密者, 一身密者, 如結契印召請聖衆是也. 二語密者, 如密誦眞言文句了了分明, 無謬誤也. 三意密者, 如住瑜伽相應白淨月圓觀菩提心."

414 『한불의서』 제3집, p.365, "證師點筆時, 先入定觀想結印, 如儀軌."

즉 "입정하고 관상하며 결인하여"라는 것은 수인을 결할 때의 자세를 비롯해 관상법까지 설명하고 있어 점안의식 시 수인이 거행되었음을 짐작할 수 있다.

또한 『행심초』에서 "새로운 부처님 개안 시 수인법은 어찌해야 하는가? 답한다. 불안인으로 한다"[415]라고 설하고 있으며, 『사십첩결』[416]과 『아사박초』[417]에서도 같은 내용을 설하고 있어 새로운 불상에 점안할 경우 수인이 거행되었음을 재차 확인할 수 있다.

이와 더불어 점안의식에서 사용되는 대부분의 진언은 『대정장』에 기록되어 있으며, 그 진언에 해당하는 수인과 도상도 존재한다. 그러므로 점안의식에 사용되는 수인은 창작이나 이상理想을 제시한 것이 아니라, 경전과 의식문을 바탕으로 하여 진언에 맞는 수인을 취합하여 보완한 것이다. 이것이 가능한 것은 밀교에서 어느 하나의 내용이 빠졌을 때 다른 의궤에서 그 내용을 가져다가 사용할 수 있다고 의궤에 명시되어 있기 때문이다. 그러므로 이렇게 보완된 수인은 점안이 완성되기 위한 조건인 삼밀이 가지될 수 있도록 반드시 거행되어야 한다고 본다.

415 『幸心鈔』(大正藏 78, p.744b), "新佛開眼之時印明如何. 答: 佛眼印明如常."

416 『四十帖決』(大正藏 75, p.946c), "新像開眼之時, 若非衆處ニ者結佛眼ノ印ヲ印セヨ新像ノ五眼ヲ如常."

417 『阿娑縛抄』「開眼作法」(大正藏「圖像部」 9, p.370下), "新佛像開眼之時, 若非衆處者 結佛眼印, 印, 新佛, 五眼女常."

### 3) 불상점안의식에 나타나는 수인

#### (1) 결인의 자세와 방법

『대비로자나성불경소』에서 말하기를 "인도에서는 특히 인을 맺을 때에는 비밀로 한다. 지극히 공경하며 반드시 본존을 모신 방 가운데이거나 조용하고 청결한 장소에 있으면서 목욕하여 몸을 장엄한 후 수인을 결한다. 만약 낱낱이 씻을 수 없으면 반드시 손을 씻고 입을 헹구며 향유를 손에 바르고 나서야 결할 수 있다. 또한 결할 때에는 반드시 위의를 갖추고 단정하게 가부좌를 틀고 나서 행할 것이며, 만약 그렇지 않으면 죄를 얻어 법을 속히 이룰 수 없다"[418]라고 하였다.

이와 같이 수인을 결할 때에는 진지한 자세로 최대한의 공경심과 마음의 준비를 갖추고 결인하여야 한다는 것은 경전에서도 강조하고 있다. 또한 『소바호동자청문경』에는 법도에 따라 수인을 결해야 함을 강조하고 있다.

> 향을 이긴 진흙을 손에 묻혀 더럽힌 채로 수인을 결하지 말라.[419] 각각 진언과 수인과 만다라를 모두 설하니 법도에 맞추어 수지하라. 만약 이 교법이 참되지 않고 성실하지 않다면 스스로를 해치게 될 것이다.[420]

---

418 『大毘盧遮那成佛經疏』(大正藏 18, p.715b-c), "西方尤祕印法, 作時又極恭敬, 要在尊室之中及空靜淸潔之處, 當澡浴嚴身, 若不能一一浴者, 必須洗淨手嗽口, 以塗香塗手等,方得作也. 又作時須正威儀, 跏趺等坐, 不爾得罪令法不得速成耳."

419 『蘇婆呼童子請問經』(大正藏 18, p.722a), "以香泥揩手, 勿以觸手而結手印."

420 『蘇婆呼童子請問經』(大正藏 18, p.732b), "各各俱說眞言手印及曼茶羅, 依法受持, 若爲此教, 非眞誠亦當自害."

또한『모리만다라주경』에서도 결인할 때의 청정심과 단정한 용모를 갖추어야 함을 설하고 있다.

> 만약 인을 결하고자 하면 반드시 몸을 청결하게 하고 옷을 깨끗하게 하여 용뇌향, 단향, 사향을 양손에 바르고 사루어 공경해야 한다.[421]

그리고『불설지명장유가대교존나보살대명성취의궤경』에서는 다음과 같이 설하고 있다.

> 만일 조금이라도 의심하거나 잘못되면 인계는 이루어지지 않으며, 인계가 이루어지지 않으면 현성이 기뻐하지 않아서 무릇 구하는 것을 성취할 수가 없다.[422]

또한 수인은 손으로 추는 춤으로 수인 자체에 동적인 요소가 다분함을 알 수 있으며, 이 움직임에도 기본적인 원칙이 있다. 이와 같은 예는 밀교경전에서 찾아볼 수 있다.『불공견색신변진언경』에서 설한 내용은 다음과 같다.

> 관세음보살의 오른쪽으로 진언을 닦는 이를 관하매 자신이 여법하게

---

421『牟梨曼陀羅呪經』(大正藏 19, p.661b), "若欲作印, 應當潔身淨服, 以龍腦香檀香麝香塗其兩手, 然可恭敬."

422『佛說持明藏瑜伽大教尊那菩薩大明成就儀軌經』(大正藏 20, p.684b), "若稍疑誤不成印契, 不成印契卽賢聖不喜, 凡所祈求不獲成就."

앉아서 부처님의 위신력과 법계력으로 널리 관조하여 공양하고, …… 하나하나의 자문의 성상이 관세음의 성상과 같게 하고 그 인을 춤추듯 돌리느니라.[423]

그리고 『다라니집경』에서는 손가락을 차제로 움직이면서 결인하는 것에 대해 설하고 있다.

양손의 중지를 곧바로 세워 끝을 서로 붙인 다음 곧바로 세운 양손의 두지와 네 치 반만큼 떨어지게 한 뒤, 양손의 대지는 곧바로 세워 두 손의 무명지와 한 치 팔 푼만큼 떨어지게 하고, 양손의 소지를 곧바로 세워 다섯 치만큼 떨어지게 하라. 그리고 두지頭指를 왔다 갔다 하면서 진언을 일곱 번 송하고, 점차 두지를 손바닥 안으로 구부려 넣고 예배하고 받들어 청한다.[424]

이상과 같이 손가락을 차제로 움직이게 하는 요소가 수인을 움직이게 하는 기본 동작이다. "여기에 부수되는 다양한 동작의 기본 원칙이 포함된 것을 고려하였을 때에 수인이란 춤과 같이 동적인 면을 지니고 있으면서 동시에 차제적 동작이 수반됨을 이해할 수 있을 것이다."[425]

---

423 『不空羂索神變眞言經』(大正藏 20, p.300a), "觀世音右觀眞言者, 自身如法而坐, 以佛神力以法界力, 溥觀供養, …… 一一字門聲相, 如觀世音相, 輪舞其印."

424 『陀羅尼集經』(大正藏 18, p.788b), "十一面觀世音菩薩印呪第七, 二中指直竪頭相捻 直竪二頭指, 相去四寸半, 並二大指直竪, 二無名指相去一寸八分, 二小指直竪, 相去五寸, 頭指來去, 呪七遍已, 漸屈頭指入掌, 禮拜奉請."

425 김영덕, 「手印의 言語的 상징성과 그 展開」, 『불교학보』 제62집(불교문화연구원,

밀교에서는 수인을 결한 두 손과 열 손가락에 대한 특별한 명칭이 있다. 두 손을 이우二羽·일월장日月掌·이장二掌이라 부르며, 태장과 금강계, 정定과 혜慧, 이理와 지智, 실권實權과 내외內外 등 상대적 개념을 배치한다.[426] 그리고 열 손가락은 십도十度, 십륜十輪, 십련十蓮, 십법계十法界, 십진여十眞如, 십조十條 등으로 부르고, 각기 다섯 손가락은 오온과 오불정, 오근, 오대, 오자 등을 배대하여 의미를 부여한다. 이와 같은 내용은 『섭무애대비심대다라니경의궤』[427]에서 자세히 설명되어 있다.

---

2012), p.263.

426 법안·우천 공저, 『삼밀시식행법해설』(정우서적, 2011), p.20.

427 『攝無礙大悲心大陀羅尼經計一法中出無量義南方滿願補陀洛海會五部諸尊等弘誓力方位及威儀形色執持三摩耶幖幟曼荼羅儀軌』(大正藏 20, p.129b-c), "故以左右手, 其名曰理智. 左手寂靜故名理胎藏海, 右手辦諸事, 名智金剛海. 左手五指者, 胎藏海五智. 右手五指者, 金剛海五智. 左手定右慧十指卽十度, 或名十法界, 或曰十眞如, 縮則攝收一, 開則有數名, 左小指爲檀, 無名指爲戒. 左中指爲忍左頭指爲進, 左大指爲禪, 右小指爲慧, 無名指爲方, 右中指爲願. 右頭指爲力, 右大指爲智, 左大指爲慧, 左頭指爲方, 左中指爲願, 無名指爲力, 左小指爲智, 右手大指, 爲檀空輪, 右手頭指, 爲戒風輪, 右手中指, 爲忍火輪, 右無名指, 爲進水輪, 右手小指, 爲禪地輪, 小指爲地. 無名爲水, 中指爲火, 頭指爲風, 大指爲空, 是此十波羅蜜之名. 非所用此尊位, 今所可用者, 定慧理智也. 諸尊等印契."

| 左手 (定, 止, 理, 權, 內, 胎藏界) | | | | | 구분 | 右手 (慧, 觀, 智, 實, 外, 金剛界) | | | | |
|---|---|---|---|---|---|---|---|---|---|---|
| 大指 | 頭指 | 中指 | 無名指 | 小指 | | 小指 | 無名指 | 中指 | 頭指 | 大指 |
| 識 | 行 | 想 | 受 | 色 | 五蘊 | 色 | 受 | 想 | 行 | 識 |
| 輪 | 蓋 | 光 | 高 | 勝 | 五佛頂 | 勝 | 高 | 光 | 蓋 | 輪 |
| 慧 | 定 | 念 | 進 | 信 | 五根 | 信 | 進 | 念 | 定 | 慧 |
| 禪 | 進 | 忍 | 戒 | 壇 | 十度(1) | 慧 | 方 | 願 | 力 | 智 |
| 智 | 力 | 願 | 方 | 慧 | 十度(2) | 壇 | 戒 | 忍 | 進 | 禪 |
| 空 | 風 | 火 | 水 | 地 | 五大 | 地 | 水 | 火 | 風 | 空 |
| (kha) | (ha) | (ra) | (va) | (a) | 五字 | (a) | (va) | (ra) | (ha) | (kha) |

〈표 21〉 수인 십지 별칭[428]

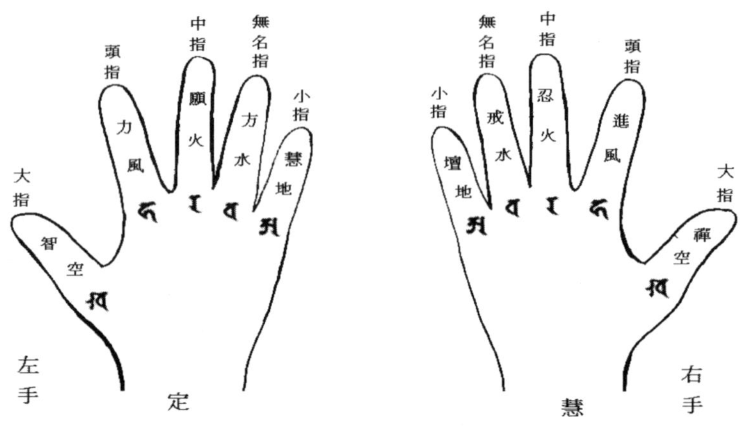


〈그림 2〉 수인 십지도[429]

428 全佛編輯部主編, 『密教的修法手印』 上(대만: 全佛文化, 2000), p.18, 도표 참고.

429 佐藤今朝夫, 『圖印大鑑』(일본: 國書刊行會, 1984), pp.4~5. 도상 참고.

이상과 같이 수인은 좌우 두 손과 열 손가락으로 갖가지 인상印相을 만든다. 손가락 끝을 이리저리 맞붙이는 형식과 대지의 끝과 중지 끝을 부친 다음 손가락을 한 개, 두 개, 세 개, 네 개씩 펴고 오그리고 하는 방법, 금강령이나 금강저와 같은 법구를 이용하는 등 여러 가지 구분으로 불보살의 서원과 덕을 나타낸다.

### (2) 점안의식의 진언과 수인

필자가 그동안 여러 점안의식문을 비교 검토한 결과 점안의식에 사용되는 진언은 총 39종이다. 앞서 언급하였듯이 점안의식은 부처님을 모시는 것으로 특히 삼밀가지가 되어야 한다. 이 중 진언인 구밀과 점필시 관법인 의밀은 전승되고 있으나 신밀인 수인과 결인 시의 의밀은 전무하다. 그러나 『조상경』과 『행심초』, 『사십첩결』에서 확인하였듯이 분명 수인을 거행하였던 것임은 틀림없다. 그러므로 의식의 완성을 위하여 각종 경전들과 『대정장』 「도상부」에 기록된 점안 관련 진언의 수인법을 찾아내고, 현재 의식문 중 수인이 기록되어 있는 『수륙무차평등재의촬요』(1573년)[430] 등을 참고하여 수인과 결인 방법을 살펴보고자 한다. 물론 선행연구 자료도 없으며 점안의식문에서도 수인을 찾아볼 수 없기 때문에 어려움이 뒤따른다. 하지만 여법한 의식을 실행하기 위해서는 수인이 함께 거행되어야 하기에 수인은 반드시 보완되어야 한다는 것이 필자의 생각이다.

본 항에 관계된 내용은 제4장 '4. 점안의식'에서 본문에 관한 내용은

430 『水陸無遮平等齋儀撮要』(『한불의서』 제1집), p.623.

서술하였으므로, 본 항에서는 점안의식의 순서에 입각하여 진언만을 추려서 수인과 그 전거에 중점을 두고 진행하고자 한다. 또한 진언의 의미를 조금 더 이해하고자 산스크리트를 찾아낸 것은 함께 기록할 것이다.

① 참회진언懺悔眞言

옴 살바 못자모지 사다야 사바하
oṃ sarva buddha bodhi sattvāya svāhā

이 진언의 수인은 그림과 같이 멸죄인滅罪印을 결한다.

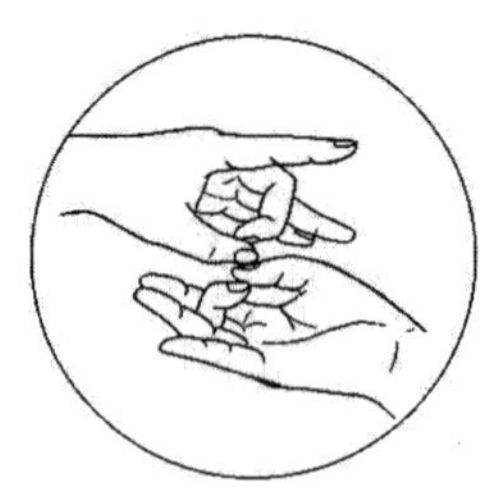

〔**결인법結印法**〕 몸과 입과 뜻의 삼업으로 짓는 죄는 탐욕과 성냄과 어리석음이다. 탐·진·치 삼독은 번뇌의 근본이 되기 때문에 빠져나와야 한다. 일체번뇌는 자기의 이 세 가지로 일어난다. 사와 이의 두 가지 중에 이치로서 할 것은 진언참회라 하고, 진언은 가르침의 뜻이다. 손으로 멸죄인을 결하고, 입으로는 악을 무너트리는 진언을 외우고, 뜻으로는 머무름이 없는 본존을 생각하면서 세 가지 업을 동시에 참회하면 신·구·의가 청정해지는 덕을 갖추게 된다.[431]

---

431 『四度授法日記』(大正藏 77, p.96b), "身口意三業所作罪貪欲恚癡者, 貪嗔癡三毒

본 수인의 전거는 『관자재보살달부다리수심다라니경』에서 찾아볼 수 있다.

제8 대참회의 인과 진언, 먼저 오른손 대지로써 중지 손톱 위를 눌러 나머지 세 손가락을 곧게 펴 좌우도 똑같이 한다. 오른손 대지손톱으로써 왼손 대지손톱 위를 누르고 심장 앞에 바로 대며 진언을 송하라.

옴 살바보타모지 살다바야 사바하
唵 薩婆菩陀冐地 薩哆嚩耶 娑嚩訶

이 진언과 인으로 참회하면 일체업장 등 죄를 다 소멸하게 할 수 있다.[432]

그리고 『수륙무차평등재의촬요』[433]에서도 진언의 내용과 수인의 도상, 결인법까지 확인할 수 있다.

---

煩惱根本故出主, 一切煩惱自此三起, …… 事理二中, 以理名眞言懺悔. 眞言教意手結滅罪印. 口唱摧惡眞言, 意觀無住本尊, 三業同時懺悔, 具三密淸淨德也."

432 『觀自在菩薩怛嚩多唎隨心陀羅尼經』(大正藏 20, p.464b), "大懺悔印眞言第八, 先以右手大指, 捻中指甲上, 餘三指直舒, 左手亦然, 以右手大指甲, 壓左手大指上, 正當心前, 眞言曰: 唵 薩婆菩陀冐地薩哆嚩耶娑嚩訶. 此眞言印懺悔, 能除一切業障等罪悉皆消滅."

433 『水陸無遮平等齋儀撮要』(『한불의서』 제1집), p.639下, "印法先以右手大母捻中指, 甲上餘三指直欲左手亦同以右大母指押左手大母指甲上正當心前."

② 개법장진언開法藏眞言

옴 아라남 아라다
oṃ āranam ārāt

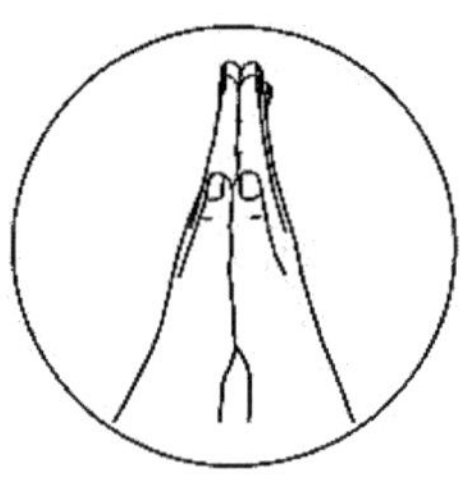

〔**결인법**〕 본 진언에 관한 수인은 경전에서 찾지 못하였다. 다만 『삼밀시식행법해설』에서는 그림과 같이 견실심합장인堅實心合掌印[434]으로 기록하고 있다. 그러나 이것은 "이 책에 싣지 않는 진언의 수인은 허심합장이나 견실합장을 결하면 될 것이다"[435]고 한 것에서 짐작할 수 있듯이 진언의 정확한 수인을 모를 때 일반적으로 사용하는 수인으로 보인다.

③ 화취진언火聚眞言

옴 살바바바 보타나 하나 바아라야 사바하
oṃ sarvā pāpasphutada hana vajraya svāhā

『불설일체여래안상삼매의궤경』에서는 "부처님이 마치 하나의 불덩이 같다고 생각하고 화취진언을 일곱 번 외우며 흰 개자를 약간을 던진다. 이 진언을 송하고 나서 다시 여래의 진실한 몸과 모든 상이

---

434 법안·우천 공저, 『삼밀시식행법해설』, p.218.

435 위의 책, p.22.

원만함을 관상한다"[436]고 하여 관법에 관한 내용은 보이나 수인은 찾지 못하였다.

④ 정지진언淨地眞言

옴 나유바아다 살바달마
oṃ rajopagatāḥ sarva-dharmāḥ

이 진언의 수인은 그림과 같이 정지인淨地印, 즉 연화합장蓮華合掌을 결한다.

〔**결인법**〕 우선 응당 삼보를 예경하여야 한다. 장궤하고 두 손바닥을 합하고 성중에 대하여 운심하고 죄를 고백하며 수희하라. 다음에 일체의 법은 티끌과 더러움을 멀리 여의었다고 관하고 이 진언을 송해야 한다.[437]

436 『佛說一切如來安像三昧儀軌經』(大正藏 21, p.933c), "想佛如一聚火, 誦此眞言七遍擲白芥子, 唵 薩哩嚩播波娑 普吒那 賀曩 嚩日囉野 薩嚩賀. 誦此眞言已, 復想如來如眞實身諸相圓滿."

437 『金剛頂蓮華部心念誦儀軌』 卷一(大正藏 18, p.299b), "先應禮三寶. 長跪合蓮掌, 運心對聖衆, 陳罪應隨喜, 次觀一切法, 遠離於塵垢, 應誦此眞言."

또한 정지인에 대한 내용은 『금강삼밀초』에서 다음과 같이 자세히 설하고 있다.

정지인이라 하였으나 의궤에서는 인에 대해 말하지 않았다. 단지 다음에 일체법의 먼지와 때를 멀리 여읠 것을 관하는 것을 말한 것이며, 응당 이 진언을 송하면 기세계가 다 청정해진다. 기록에 의하면 두 무릎을 땅에 대고 두 발꿈치는 나란히 세워서 망상을 버리고 합장하여 마땅히 심장 위에 두고 세 번 지송해서 밝아지면 정수리 위에서 푸는 것이다. 또 현법사 원정 아사리가 전하는 바에 따르면, 두 손은 주먹을 쥐고 양손의 두지는 펴서 옆쪽 끝을 바르게 서로 대고 진언을 세 번 지송하고 밖을 향해 세 번 던진다. 즉 밖으로 뿌리면 기세간이 청정해진다. 혹은 말하기를, 인을 심장에 두고 앞에서 관한 람자의 뜻을 끝까지 살피는 것이다. 목 위로부터 당긴 인印이 배꼽 주변에 이르면 세 번에 걸쳐 인을 행한다. 행하는 데 따라 두 개의 풍륜이 개발되며 불에 던져 태워 기세계가 청정해짐을 생각한다. 기록에 의하면, 어떤 이는 연화합장 운운한다. 사사로이 이르기를, 만약에 저 뜻에 의지하여 차상에 궤를 말하면 연화합장은 통설에 이것들이 인이 되는 것이라고 한다. 의궤에서 설하는 정지진언은 다음과 같다.

라유바아다살바달마
囉儒引波哦哆引入薩嚩達摩[438]

---

438 『金剛三密抄』(大正藏 75, p.658a), "淨地印 軌不說印 只云次觀一切法遠離於塵垢

⑤ 해예진언解穢眞言

옴 소리마리 마마리 소소마리 사바하
oṃ śurimari mamari mari śuśuri svāhā

이 진언의 수인은 그림과 같이 오추사마해예법인烏樞沙摩解穢法印을 결한다.

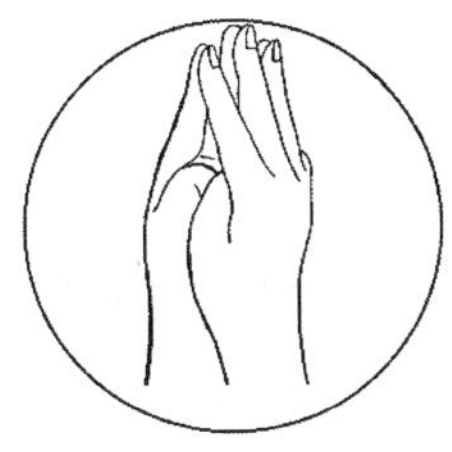

〔결인법〕 이 인은 두 손의 소지를 손바닥 안에서 서로 얽고 두 손의 무명지와 중지, 두지를 곧게 세워 서로 붙인 다음, 두 손의 대지는 손바닥 안의 두 손의 소지 위에 놓고 손목을 합친다.

이 인은 『도인대감』[439]에서도 도상을 확인할 수 있으며, 『다라니집경』에서 설하고 있다.

---

應誦此眞言 器界皆淸淨 記云 二膝著地二跟並立 虛心合掌當于心上 三遍誦明而於頂上散 又玄法寺元征阿闍梨所傳 二手作拳 舒二頭指傍端相拄 誦眞言三遍 向外三遍擲之 卽外散之 器世界皆淸淨 或云 以印當心 前觀𡁠字義了 從頸上引印至臍際三度擲印 隨擲二風輪開發 想擲火燒淨器世界 對記有云蓮合 云云 私云 若依彼意 軌次上云合蓮掌者 通說此等印歟 軌云 淨地眞言曰 囉儒引波哦哆引入薩嚩達摩."

439 佐藤今朝夫, 『圖印大鑑』(일본: 國書刊行會, 1984), pp.234~235.

두 손의 소지는 손바닥 안에서 서로 얽고 두 손의 무명지와 중지와 두지는 곧게 세워 서로 붙인 다음, 두 손의 대지는 손바닥 안의 두 손의 소지 위에 놓고 손목을 합쳐라. 진언에 이르되

수리마리 마마리마리 수수리 사바하
修利摩利 摩摩利摩利 修修利 莎嚩訶

이 법의 인과 진언은 다음과 같다. 인 가운데 물을 담고 진언을 일곱 번 송하여 얼굴에 뿌린 다음, 그 밖의 다른 주법呪法을 송하여 지닌다. 주법을 행하는 사람이 만일 죽은 시체나 부인이 출산하는 곳이나 여섯 가지 축생이 태어나 피가 흐르는 곳 등 이러한 온갖 더러운 것들을 보게 될 때, 곧 이 인을 결하고 해예주를 송하면 곧 청정하게 되고 행하는 주법이 모두 효험이 있게 된다.[440]

또한 본 진언의 수인은 피갑인被甲印으로도 표현한다.

---

440 『陀羅尼集經』 卷第九 「烏樞沙摩解穢法印第十七」(大正藏 18, p.863b), "以二小指相鉤掌中 二無名中指食指 直豎相博 二大母指 安在掌中二小指上 合腕咒曰 修利摩利 摩摩利摩利 修修利 莎訶 是法印咒 印中着水 咒七遍已洒面 然後誦持諸餘咒法 行咒法人 若見死尸婦人產處六畜產生血光流處 見如是等種種穢時 卽作此印誦解穢咒 卽得淸淨所行咒法悉有效驗."

〔**결인법**〕 수인은 그림과 같이 양 소지와 무명지는 오른쪽으로 왼쪽을 눌러 안에서 서로 교차시키고, 가운데 두 중지는 바로 세워 끝을 서로 버티고, 두지는 구부려 갈고리처럼 하고 중지 뒤에 붙이되 서로 붙지 않게 하며, 양 대지는 모두 세워 무명지에 꼭 붙인다.

본 '피갑인'의 전거는 『박쌍지』에서 찾을 수 있다.

인은 안으로는 삼고인과 사처四處에 가지를 하고 피갑인과 같다.
진언은

해예진언 옴 소리마리 마마리마리 소소리 사바하
解穢眞言 唵 瑟哩摩哩 摩麽麽哩麽哩 瑟瑟哩 娑嚩訶

또 인은 두 손은 연화권을 짓고 왼 주먹으로는 마음을 편안하게 하고 오른 주먹은 오처五處에 인한다.[441]

이와 같이 진언은 같은데 수인이 다르게 나타난 경우 어느 것을 기준으로 삼아야 할지 망설이게 된다. 하지만 어느 것을 사용해도 무방할 것으로 생각된다. 왜냐하면 의식문의 내용에서도 알 수 있듯이 같은 의미를 다르게 표현하기도 하기 때문이다.

---

441 『薄雙紙』(大正藏 78, p.642c), "又印 內三古印 四處加持 如被甲印 眞言 解穢眞言 唵瑟哩摩哩 摩麽麽哩麽哩 瑟瑟哩 娑嚩訶 又印 二手作蓮花拳 以左拳 安心 以右拳 印五處."

⑥ 정삼업진언淨三業眞言

옴 사바바바 수다살바달마 사바바바 수도함
oṃ svabhāva śuddhā sarvadharma svabhāva śuddhohaṃ

이 진언의 수인은 그림과 같이 허심합장虛心合掌, 즉 연화합장蓮華合掌이다.

〔**결인법**〕 일체유정의 본성이 본래 청정하나 모진 객진에 덮여 진여를 깨닫지 못함을 생각하고 관찰하라. 이 때문에 이 삼밀가지를 설하는 것이며, 자타로 하여금 청정함을 얻게 한다. 즉 두 손으로 연화합장을 하고 정삼업진언을 세 번 송한다.[442]

이 수인에 관한 전거는 『수륙무차평등재의촬요』[443]에서 확인할 수 있다. 또한 『무량수여래관행공양의궤』에서도 자세히 설하고 있다.

수행하는 사람은 매일 목욕하고 깨끗한 새 옷을 입고, 진언으로

---

442 『藥師如來觀行儀軌法』(大正藏 19, p.23a), "次卽思惟觀察 一切有情本性清淨 爲諸客塵之所覆蔽不悟眞如 是故說此三密加持 令自他皆得清淨 卽二手蓮華合掌 誦淨三業眞言三遍."

443 『水陸無遮平等齋儀撮要』(『한불의서』 제1집), p.633上, "印先二手虛心合掌如未開蓮花形."

가지하여 목욕하되, 모든 유정의 본성이 청정하지만 객진에 덮여 진리를 깨닫지 못하고 미혹하여 보리를 잃고 생사에 빠져서 많은 고통을 받는다는 생각을 하고 관찰해야 한다. 이러한 까닭으로 이 삼밀가지를 설하여 자타로 하여금 모두 청정을 얻도록 하겠다. 양손으로 연화합장하고 정삼업진언을 세 번 송해야 한다. 진언에 이르되

옴 사바바바 수다 살바달마 사바바바 수도함
唵引娑嚩二合婆嚩秫詩聿反馱引薩嚩達磨入引娑嚩二合婆去嚩戍引准上度唅

이 진언으로 가지하면 내심을 청정하게 정화할 수 있을 것이다. 매일 도량에 들어갈 때마다 본존의 앞을 대하여 몸을 단정히 하고 바로 서서 연화합장하고, 눈을 감고 마음을 움직여 극락세계에서 무량수여래와 모든 보살과 권속이 계시다고 관상하며 몸소 오체투지 해야 한다.[444]

또한 『태장인도』[445]에서도 이 수인의 도상을 확인할 수 있다.

---

444 『無量壽如來觀行供養儀軌』(大正藏 19, p.67c), "行人每日澡浴着新淨衣 或用眞言加持以爲澡浴 卽思惟觀察 一切有情本性淸淨 爲諸客塵之所覆蔽 不悟眞理 迷失菩提 淪溺生死 受無量苦 是故說此三密加持 令自他皆得淸淨 卽以二手蓮花合掌 誦淨三業眞言三遍 眞言曰 唵引娑縛二合婆嚩秫詩聿反馱引薩嚩達磨入引娑嚩二合婆去嚩戍引准上度唅 由此眞言加持故 卽成淸淨內心澡浴 每入道場時 對本尊前端身正立 蓮花合掌閉目運心 想在極樂世界 對無量壽如來幷諸菩薩眷屬 則以身五體投地."

445 『胎藏印圖』 卷上(大正藏「圖像部」8, p.181).

⑦ 도향진언塗香眞言

옴 바아라 언제혹

이 진언의 수인은 그림과 같이 도향인塗香印으로 결한다.

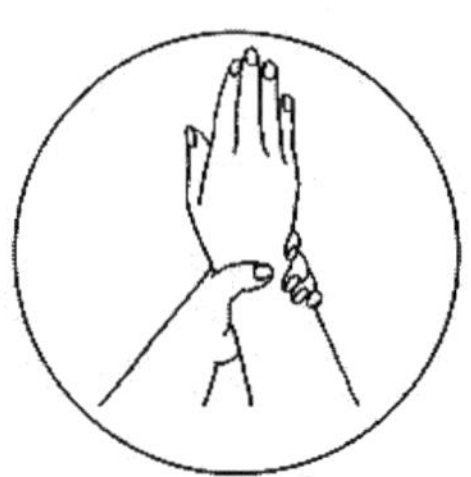

〔**결인법**〕 오른손의 다섯 손가락을 곧바로 세우고, 손바닥은 바깥을 향하게 하며, 왼손으로 오른쪽 팔을 잡고, 진언을 세 번 송하고 오른쪽으로 돌면서 이 도향으로 모든 존상의 몸을 칠해 드리는 것을 관해야 한다.[446]

『금강삼밀초』에서는 도향인을 맺음으로 하여 오분법신지五分法身智를 얻을 수 있음을 설하고 있다.

다음 금강도향인을 맺는 것은 모든 불회상에 공양할 때 금강권을 결하고 도향을 뿌리는데, 향기가 시방세계에 두루 흘러 퍼진다. 진언에 이르되

446 『胎藏三密抄』(大正藏 75, p.588b), "右手五輪直竪 以掌向外 以左手握右腕 誦眞言三返右轉 當觀以此塗香奉塗諸尊身."

옴 소헌탕의
唵 蘇獻盪儗妍以反

금강도향인으로 말미암아 오분법신지를 갖추어서 얻게 하시고,
이와 같이 널리 불사를 짓게 하소서.[447]

또한 『소실지갈라공양법』[448]에서도 결인의 방법에 대해 자세히 설하고 있다. 그리고 『소실지의궤계인』,[449] 『소실지수계도』,[450] 『태장계인도』,[451] 『십팔도사기인도』[452]에서 수인의 도상이 동일한 모습으로 표현되어 있다.

⑧ 정법계진언淨法界眞言

나무 사만다 못다남 람
Namo samanta-buddhānām raṃ

---

447 『金剛三密抄』(大正藏 75, p.682b), "次結金剛塗香印 以用供養諸佛會 散金剛結如塗香 香氣周流十方界眞言曰 唵 蘇獻盪儗妍以反 由以金剛塗香印 得具五分法身智 如是廣作佛事已."

448 『蘇悉地羯羅供養法』(大正藏 18, p.701b), "奉獻塗香眞言通三部用之 其手印相以右手舒五指 竪掌向外 以左手向上 把右手腕 四指向外 大指在內把之 此是奉塗香印通三部用之."

449 『蘇悉地儀軌契印』(大正藏「圖像部」8, p.18上).

450 『蘇悉地手契圖』(大正藏「圖像部」8, p.41上).

451 『胎藏界印圖』(大正藏「圖像部」8, p.304上).

452 『十八道私記印圖』(大正藏「圖像部」8, p.314下).

이 진언의 수인은 정법계인淨法界印, 즉 금강합장金剛合掌이다.

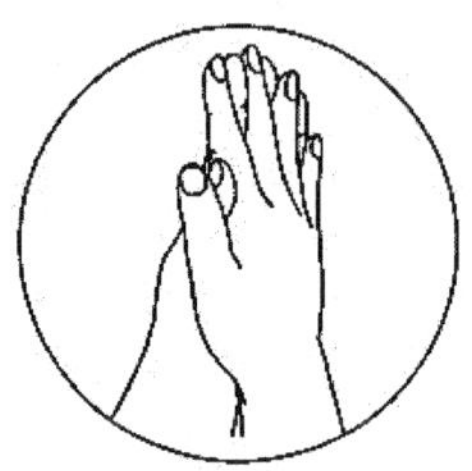

〔**결인법**〕 이 인은 열 손가락을 합하여 그 첫 마디를 교차하여 세운다. 이것은 수행자가 본존에 대한 공경과 견고한 믿음을 나타낸다고 하여 귀명합장歸命合掌이라고도 한다.

본 진언에 관계된 수인과 관법은 『대비로자나성불신변가지경』에 자세히 기록되어 있다.

> 비밀주여, 이와 같은 명비는 일체여래지를 시현한다. 삼법도의 경계를 넘지 않으며 지바라밀이 원만하다. 그 밀인의 모습은 당연히 정定·혜수慧手를 가지고 공심합장空心合掌하며 정혜의 두 허공륜을 나란히 합쳐서 이것을 세운다. 게송으로 읊는다.
>
> 이것은 모든 부처님들께서<br>
> 세상을 구하시는 대인大印으로<br>
> 정각의 삼매야에서<br>
> 이 인에 머무느니라.

또한 정혜수로 권拳을 하는데 허공륜을 손바닥 안에 넣고 풍륜을 펴라. 이것이 정법계인이다.[453]

또한 『태장삼밀초』[454]에서는 '정법계인'에 대한 공능을 자세히 기록하고 있으며, 더불어 『태장인도』에서는 "람자관覽字觀 금강합장金剛合掌"[455]이라고 나타나며, 『십팔도법수인』[456]에서는 진언과 도상이 모두 표현되어 있다.

⑨ 개단진언開壇眞言

옴 바아라 노아로 다가다야 삼마야 바라베 사야 훔
oṃ vajra dvārodghātāya sammaya pravesāya hūṃ

이 진언의 수인은 그림과 같이 개문인開門印을 결한다.

---

453 『大毘盧遮那成佛神變加持經』(大正藏 18, p.24b), "祕密主如是明妃 示現一切如來地 不越三法道界 圓滿地波羅蜜 是密印相 當用定慧手 作空心合掌 以定慧二虛空輪 並合而建立之 頌曰 此一切諸佛 救世之大印 正覺三昧耶 於此印而住又以定慧手爲拳 虛空輪入於掌中 而舒風輪 是爲淨法界印."

454 『胎藏三密抄』(大正藏 75, p.570c), "結三昧耶 復入法界生 薩埵被甲冑 欲淨有情界 先以法界生 印明在心位 諦觀自性慧 體中有囉字 遍身成智火 諸垢不可得佛說火中上 三角生火光 如日暉猛焰 先燒妄分別 藏識因業盡 大及蘊處界 皆令性寂滅 二羽金剛拳 而舒於風輪 名淨法界印."

455 『胎藏印度』 卷上(大正藏「圖像部」 8, p.184).

456 全佛編輯部主編, 『密教的修法手印』 上(대만: 全佛文化, 2000), p.78.

〔**결인법**〕 먼저 두 손으로 나란히 금강권을 결하고 오른손 두지(진도進度)와 왼손의 두지(역도力度)를 서로 우러르듯 받친다. 오른손의 소지(시施)와 왼손의 소지(혜도慧度)는 어금니가 서로 갈고리를 걸듯이 하고 오른손의 두지와 왼손의 두지로 법단의 문을 연다.[457]

이 수인의 전거는 『불설일체여래진실섭대승현증삼매대교왕경』에서 찾을 수 있다.

그 가운데에 자리를 나누어 편히 펴고, 작법자는 머물며 마음을 이끌어서 법에 의거하여 조심스럽게 단문을 열고 저 금강문을 열고 그 네 개의 단문을 여는 것을 큰 소리로 즉시 설한다.

옴 바아라 니가타야 삼마야 바라베 사야훔
唵引嚩日嚕二合引訥伽二合引吒野三摩野鉢囉二合吠引舍野吽引一句[458]

---

457 『水陸無遮平等齋儀撮要』(『한불의서』 제1집), p.624上, "印法先結二金剛拳並之次以進力度仰相柱施慧度牙相鉤以進力度發開壇門."

458 『佛說一切如來眞實攝大乘現證三昧大教王經』(大正藏 18, p.376b), "其中分位安布已 作法者住等引心 依法注意開壇門 彼金剛門開其四 卽說開檀門所用大明曰 唵引嚩日嚕二合引訥伽二合引吒野三摩野鉢囉二合吠引舍野吽引一句."

또한 「금강계인도」[459]에는 수인, 『수륙무차평등재의촬요』[460]에는 진언과 도상이 모두 표현되어 있다.

⑩ 건단진언建壇眞言

옴 난다난다 나지나지 난다바리 사바하
oṃ nanda nanda nati nati nanda-bhari svāhā

이 진언의 수인은 그림과 같이 작단인作壇印을 결한다.

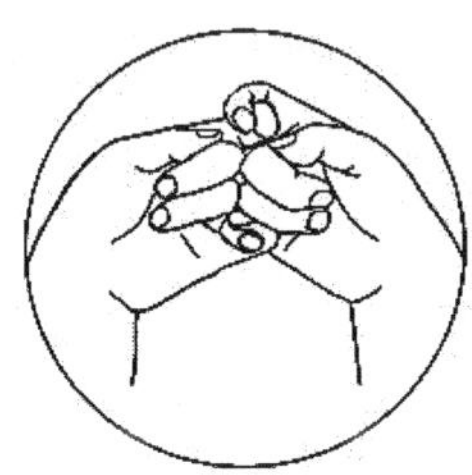

〔**결인법**〕 두 손은 각각 금강권을 짓고 오른손의 두지와 왼손의 두지, 오른손의 소지와 왼손의 소지는 서로 갈고리처럼 껴서 이 인을 몸 앞에 두는데, 즉 허공계에 두루 대만다라를 이룬다.

이 진언의 수인과 도상은 『수륙무차평등재의촬요』[461]에서 확인할 수 있다.

---

459 「金剛契印圖」(大正藏 「圖像部」 8, p.308).

460 『水陸無遮平等齋儀撮要』(『한불의서』 제1집), p.624上.

461 『水陸無遮平等齋儀撮要』(『한불의서』 제1집), p.624上, "印法二手各作金剛拳進力檀慧相鉤以印置身前卽遍虛空界成大曼拏羅."

또한 이 진언의 수인은 여래권인如來拳印으로도 나타난다. 여래권인의 전거는 『불설대비로자나성불신변가지경수진언행대비태장생대만나라왕보통염송의궤』[462]에 진언과 수인의 도상이 모두 표현되어 있다.

〔**결인법**〕 이 인은 왼손은 연화권을 하고, 오른쪽 손은 금강권을 하여 왼쪽의 엄지손가락을 오른쪽 금강권 안에 넣는다.

이 수인은 『청룡사궤기』[463]에서도 여래권인으로 기술되어 있다.

⑪ 결계진언結界眞言

옴 마니미아예 다라다라 훔훔 사바하
oṃ mani vijāye dhara dhara hūṃ svāhā

이 진언의 수인은 그림과 같이 결계인結界印으로 결한다.

---

462 『佛說大毘盧遮那成佛神變加持經修眞言行大悲胎藏生大曼拏羅王普通念誦儀軌』 卷上(大正藏「圖像部」8), p.68.

463 『靑龍寺軌記』(大正藏 18, p.172c), "次作壇眞言(如來拳印三轉加持壇)."

〔**결인법**〕 이 인은 대지를 제외한 두 손의 네 손가락을 서로 갈고리처럼 걸고, 오른손으로 왼손을 갈고리처럼 걸게 되면, 두 대지는 무명지 위에서 붙인다.

이 수인의 전거는 『수륙무차평등재의촬요』[464]에서 진언과 도상을 모두 확인할 수 있다.

⑫ 부동존진언不動尊眞言

나모사만다 바아라남 전나 마하로사나 살바다야훔 다라다 함맘
Namaḥ samanta-vajrānaṃ caṇḍa-mahā-roṣaṇa sphāṭaya hūṃ traka hāṃ māṃ

이 진언의 수인은 그림과 같이 부동인不動印, 즉 부동검인不動劍印을 결한다.

464 『水陸無遮平等齋儀撮要』(『한불의서』 제1집), p.624上, "印法二手四指相鉤以右鉤左卽以二大指各捻無名指甲上."

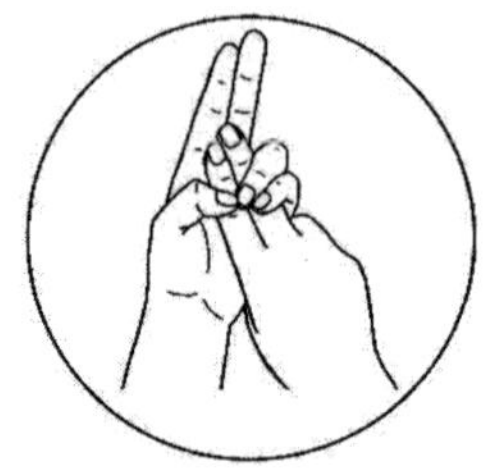

〔**결인법**〕 이 인은 마음을 비워 두 손은 합장하고 둘째손가락은 각 중지 뒤에 안치하여 두 대지와 병합한다. 중지 가운데 마디 위에 인을 이루어 전과 같이 오처에 대고 각각 진언 1편을 독송한다. 이 가지로 말미암아 자신이 금강갑주金剛甲胄를 이루어 일체 천마가 능히 침범하지 못한다.[465]

본 진언의 수인은 『대일경』에서도 다음과 같이 설하고 있다.

> 부동으로 더러움을 없애고 제거하여 광현하도록 하라. 본법에서 스스로를 가지하고 자기의 몸을 호지하며 모든 방계 등을 결하는 데에는 항삼세로써 행하라. 소청하는 데에는 본 가르침대로 인印과 진언을 사용하는데, 이 보통인은 진언왕과 상응한다. 성자이신 부동존의 진언을 송한다.

---

465 『佛頂尊勝陀羅尼念誦儀軌法』(大正藏 18, p.365b), "二手虛心合掌 二頭指各安於中指背 二大指並合 於中指中節上成印 同前五處各誦眞言一遍 由此加持自身成被金剛甲胄 一切天魔無能親近次結不動尊印眞言曰 曩莫三曼多嚩日囉喃 戰拏摩賀嚧沙拏薩叵吒耶吽怛囉吒憾鋡."

나모 사만다 바아라남 전나 마하로사나 살바 다야훔 다라다
南麼三曼多伐折羅二合一戰拏摩訶灑儜上二薩破二合吒也三覩怛囉二合吒

함 맘
四悍引漫[466]

그리고 『화훔궤별록』[467]에서도 진언과 수인명이 수록되어 있으며, 『대일경략섭염송수행법』[468]에서는 결인의 방법에 대해 자세히 설하고 있다. 또한 『공양의식』[469]과 『불설비로자나성불신변가지경수진언행대비태장생대만나라왕보통염송의궤』[470]에서도 진언과 도상이 모두 표현되어 있다.

---

466 『大毘盧遮那成佛神變加持經』(大正藏 18, p.48c), "不動以去垢 辟除使光顯 本法自相加 及護持我身 結諸方界等 或以降三世 召請如本教 所用印眞言 及此普通印 眞言王相應 聖者不動尊眞言曰 南麼三曼多伐折羅二合一戰拏摩訶灑儜上二薩破二合吒也三覩怛囉二合吒四悍引漫."

467 『火吽軌別錄』(大正藏 18, p.938a), "結不動尊印 卽劍印是也 誦不動尊眞言曰 娜麼 三漫哆 末日囉 拏 摩訶 嚕瑟拏 薩發吒野吽 怛囉吒 桁引."

468 『大日經略攝念誦隨行法』 卷1(大正藏 18, p.176a), "契謂齊輪合 並建於二空 五處頂肩心 最後加咽位 次以不動聖 辟障及除垢 而能淨衆事 結護隨相應 不動尊眞言曰 曩莫三曼多縛日囉赧戰拏摩賀嚧饟拏娑頗吒野吽怛羅吒憾鉿."

469 『供養儀式』(大正藏 18, p.179a-b), "是爲三業淸淨 次結諸方界 以不動印眞言及去垢辟除 護持自身眞言曰 (應誦三遍) 南麼 三曼多 伐折囉伐赧 戰拏 摩訶路灑儜娑破吒也吽 怛羅迦 悍漫 定手住其心 慧手普旋轉 應知所觸物 卽名爲去垢以此而左旋 因是成辟除 若結方隅界 皆令隨右轉 所餘衆事滅 惡淨諸障."

470 『佛說毘盧遮那成佛神變加持經修眞言行大悲胎藏生大曼拏羅王普通念誦儀軌』 卷下(大正藏「圖像部」8), p.150.

⑬ 호신피갑진언護身被甲眞言

옴 바아라 아니바라 닙다야 사바하
oṃ vajrāgni-pradiptāya svāhā

이 진언의 수인은 그림과 같이 피갑호신인被甲護身印을 결한다.

〔**결인법**〕 이 인은 양 소지와 무명지는 오른쪽으로 왼쪽을 눌러 안에서 서로 교차시키고, 두 중지는 바로 세워 끝을 서로 버티고, 두지는 구부려 갈고리처럼 하여 중지의 등을 붙이되 서로 붙지 않게 하며, 양 대지는 모두 세워 무명지에 꼭 붙인다.

이 진언의 전거는 『무량수여래관행공양의궤』에서 찾을 수 있다. 이 의궤에서는 결인법을 비롯하여 관법과 수인의 공능까지 자세히 설하고 있다.

다음에는 피갑호신인을 결한다. 양 소지와 무명지는 오른쪽으로 왼쪽을 눌러 안에서 서로 교차시키고, 두 중지는 바로 세워 끝을 서로 버티고, 두지는 구부려 갈고리처럼 하여 중지의 뒤에 붙이되 서로 붙지 않게 하며, 양 대지는 모두 세워 무명지에 꼭 붙이면 이루어진다. 인을 결하여 가슴에 대고 진언을 지송하여 몸의 다섯 곳에 인하면서 각각 한 번씩 지송하는데, 먼저 이마, 다음에는 오른쪽 어깨, 다음에는 왼쪽 어깨, 다음에는 가슴과 목에 인하니 이것이 다섯 곳이다. 곧 대자비심을 일으켜 모든 유정을 두루 반연하여 "모두 대자비로 장엄한 갑주를 입어 속히 모든 장애와 어려움을 여의고 세간, 출세간에서 매우 뛰어난 성취를 얻게 하시길 원합니다" 라고 한다. 이와 같이 관하고 나서 피금강갑을 성취하면 모든 마귀가 장애와 어려움에 빠뜨리지 못한다. 호신진언에 이르되

옴 바아라 아니 바라 넙다야 사바하
唵引嚩日囉二合引儗儞二合一鉢囉二合捻万協反引跛跢二合野娑嚩二合賀引二

이 인을 결하고 진언을 지송하면 자비로운 마음으로 가엾게 여기는 힘 때문에 모든 천마와 모든 장애하는 것들이 수행하는 이의 권위가 혁혁하여 마치 태양과 같음을 보고 각각 자비로운 마음을 일으켜 장애하지 못하고, 악인이 해칠 기회를 얻지 못할 것이며, 번뇌 업장이 몸에 붙지 못할 것이고, 또 다음 세상의 모든 나쁜 악취와 괴로움 등의 병을 막고 속히 무상정등보리를 증득하게 된다.[471]

---

471 『無量壽如來觀行供養儀軌』(大正藏 19, p.68b), "次結被甲護身印 二小指二無名指 右壓左內相叉 二中指直竪頭相拄 二頭指屈如鉤形 附中指背勿令相着 二大指並竪捻名指 卽成 結印當心誦眞言 印身五處各誦一遍 先印額 次右肩 次左肩 印心及喉 是爲五處 卽起大慈悲心遍緣一切有情 願皆被大慈悲莊嚴甲冑 速令離諸障難 證得世間出世間上上殊勝成就 如是觀已 卽成被金剛甲 一切諸魔不敢障難 護身眞言曰 唵引嚩日囉二合引儗儞二合一鉢囉二合捻万協反引跛跢二合野娑嚩二合賀引二 由結此印誦眞言 慈心愍念力故 一切天魔及諸障者 悉見行人威光赫奕由如

또한 『소실지의궤계인』[472]과 『수인도』[473]에서는 도상, 「십팔도법수인」[474]에서는 진언과 도상이 모두 표현되어 있다.

⑭ 항마진언降魔眞言

옴 소마니 소마니 훔 하리한나 하리한나 훔 하리한나 바나야 훔 아나야 혹 바아밤 바아라 훔바탁
oṃ sumbha nisumbha hūṃ gṛhna gṛhna hūṃ gṛhnapaya hūṃ anaya hoḥ bhagavan vajra hūṃ phat

이 진언의 수인은 그림과 같이 항삼세인降三世印을 결한다.

〔**결인법**〕 이 인은 왼손 위에 오른손을 올리고 소지를 서로 걸고 두지는 세운다.

이 진언에 관한 결인법은 『금강정경유가수습비로자나삼마지법』에

---

日輪 各起慈心不能障礙 及以惡人無能得便 煩惱業障身不染着 亦護當來諸惡趣苦 疾證無上菩提."

472 『蘇悉地儀軌契印』(大正藏「圖像部」8, p.19下).

473 『手印圖』 卷上(大正藏「圖像部」8, p.344下).

474 全佛編輯部主編, 『密教的修法手印』 上(대만: 全佛文化, 2000), p.75.

서 전거를 찾을 수 있다.

다음에 위노항삼세로써 안팎에서 생겨나는 장애를 깨끗이 제거한다. 두 손은 팔을 교차하여 금강권으로 하고 단과 혜를 서로 걸고 진과 역을 세우라. 행자는 몸에서 위력 있는 불꽃을 발하고 여덟 개의 팔이 사면으로써 날카로운 아牙를 세우고 진동하는 훔자는 우레와 같다고 관상하며, 정수리 위에서 오른쪽으로 돌아 결계를 이룬다. 진언에 이르되

옴 소마니 소마니훔 하리 한나하리한나훔 하리한나
唵一孫蘇甚反下同婆儞遜婆儞吽二仡里二合虋拏仡里虋拏吽三仡里虋拏阿

바나야훔 아나야혹 바아밤바아라훔바탁
播阿耶吽四阿難耶斛五薄伽梵麼折囉吽發吒[475]

또한 『금강정경유가문수사리보살법』[476]에서는 진언의 공능과 결인법이 수록되어 있으며, 그 외에도 『만다라도전』[477]과 『금강계법수인』[478]

475 『金剛頂經瑜伽修習毘盧遮那三摩地法』(大正藏 18, p.328b-c), "次以威怒降三世 淨除內外所生障 二羽交臂金剛拳 檀慧相鉤豎進力 行者想身發威焰 八臂四面豎利牙 震吼吽字如雷音 頂上右旋成結界眞言曰 唵一孫蘇甚反下同婆儞遜婆儞吽二仡里二合虋拏仡里虋拏吽三仡里虋拏阿播耶吽四阿難耶斛五薄伽梵麼折囉吽發吒."

476 『金剛頂經瑜伽文殊師利菩薩法』(大正藏 20, p.706c), "次結金剛降三世 想身同彼無差別 止觀二羽金剛拳 檀慧相鉤豎進力 左轉辟除右結界 悲心示現威怒形 降三世眞言曰 唵一孫蘇甚反下同婆儞遜婆儞吽二仡里二合虋拏仡里虋拏吽三仡里虋拏阿播耶吽四阿難耶斛五薄伽梵麼折囉吽發吒."

477 染川 英輔, 『曼荼羅圖典』(일본: 대법륜각, 1993), p.158.

에서도 진언과 도상이 모두 표현되어 있다.

⑮ 발보리심진언發菩提心眞言

옴 모디짓다 모다바나야 믹
oṃ bodhicitta bodha bhānayami

이 진언의 수인은 그림과 같이 금강박인金剛縛印을 결한다.

〔**결인법**〕 두 손의 열 손가락을 밖으로 서로 깍지를 끼고 오른손으로 왼손을 누르며 손가락 끝을 손등에 붙인다.[479]

본 수인의 전거는 『수륙무차평등재의촬요』[480]에서 진언과 도상을 찾을 수 있다. 또한 『금강정연화부심염송의궤』에서도 관법을 설하고 있다.

---

478 全佛編輯部主編, 『密教的修法手印』 上(대만: 全佛文化, 2000), p.368.

479 『水陸無遮平等齋儀撮要』(『한불의서』 제1집), p.624下, "印法二手十指外相叉右押左以指頭着掌背."

480 위의 책, p.624下.

모든 부처님이 다함께 고하여 말씀하신다. 너의 마음은 본래 이와 같은데 객진에 덮여 있었던 것이다. 보리심을 맑게 하기 위해서 너는 월륜을 관하여 보리심을 증득하라. 이 심진언을 수여하니 비밀리 송하고 잘 관찰하여라. 진언에 이르되

옴 모지지다모타파나야미
唵 冐地只多母馱波那夜弭[481]

또한 『대비로자나경광대의궤』[482]와 『섭대비로자나성불신변가지경입연화태장해회비생만다라광대염송의궤공양방편회』[483]에서 설하고 있다.

⑯ 집저진언執杵眞言

옴 바아라 건제혹

이 진언의 수인은 그림과 같이 금강저인金剛杵印을 결한다.

---

481 『金剛頂蓮華部心念誦儀軌』(大正藏 18, p.302b), "諸佛皆告言 汝心本如是 爲客塵所翳 菩提心爲淨 汝觀淨月輪 得證菩提心 授此心眞言 密誦而觀察眞言曰 唵 冐地只多母馱波那夜弭."

482 『大毘盧遮那經廣大儀軌』 卷上(大正藏 18, p.91a), "發菩提心眞言曰(用金剛縛印) 唵 冒地質多 母怛播 娜夜弭."

483 『攝大毘盧遮那成佛神變加持經入蓮華胎藏海會悲生曼荼羅廣大念誦儀軌供養方便會』(大正藏 18, p.65c), "發菩提心方便眞言曰(縛印): 唵 冒地喞多 母怛播娜夜弭."

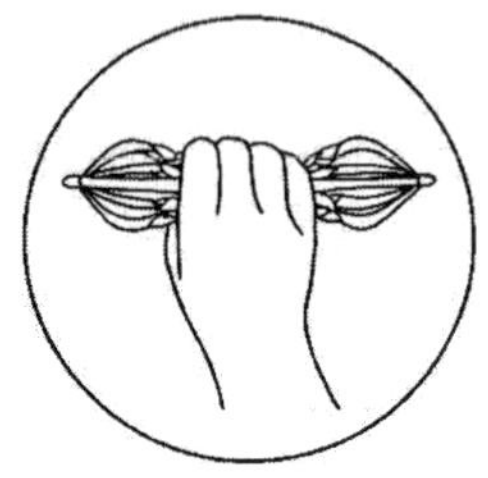

〔**결인법**〕 이 인은 오른손으로 금강저를 잡고 우로 돌려 가슴 앞에 이르고 다시 세 번 회전한다. 다음에 세 번 당겨서 흔들고 훔자를 세 번 송한다. 가로로 가슴 앞에 든다.

이 수인의 전거는 『오대허공장보살속질대신험비밀식경』[484]에서 찾을 수 있다. 또한 『태장계대법대수기』에서도 설하고 있다.

> 제63은 저령인이다. 해 대덕이 말하기를, 다음 성중을 소청하고자 하면 금강저와 금강령을 사용하는데, 먼저 금강저를 단상에 안치한다. 금강령으로써 부처님이 계신 곳을 편안하게 하고, 금강저로써 행자가 있는 곳을 편안하게 한다. 왼손으로 금강령을 잡고 오른손으로 금강저를 잡아서 함께 왼쪽 바깥 오른쪽 안으로 금강령을 세우고 금강저는 가로로 해서 단상에 놓는 것이 이것이다. 성중을 불러 임하고자 할 때, 왼손으로 금강령을 잡고 왼쪽 무릎 위에 놓고

---

484 『五大虛空藏菩薩速疾大神驗祕密式經』 一卷(大正藏 20, p.609a), "取獨古 左手拳安左腰 即誦金剛杵眞言三遍 以杵左右各三遍轉 投上三度 加持五處 安右乳上 次執鈴左手 誦眞言三遍了 五度振上 左耳間二度振上 次間斷二度振上 次以杵各左右三轉 加持五處 以杵鈴共安本所 杵眞言曰 唵嚩日羅播儞吽 唵嚩日羅健吒覩使也斛."

오른손으로 주먹을 쥐어 오고저를 잡거나 혹은 삼고저를 잡고 가슴 위에 놓는 다음, 손바닥 안에서 세 번 추척하고, 추척자는 금강저를 들어 던져서 잡는다. 곧 크게 움켜쥐는 것이다. 이어서 잠시 금강저를 잡고 주먹을 쥐어 가로로 가슴 위에 놓는다. 다음에 손을 바로 하여 잠깐 오그려 쥐어서 금강령을 잡고 일어나 자기의 가슴 아래에서 금강령을 흔들며 뺨을 따라 측면으로 들어서 소리를 낸다.[485]

또한『태장삼밀초』에서도 이 인에 대해 다음과 같이 자세히 설하고 있다.

진령인. 의궤에서는 설하지 않았으나 기록에서 말하길 두 손은 금강권을 쥐고 각각 허리에 대고 먼저 금강저진언을 세 번 지송한다. 그 진언에 이르되

옴바아라바니 훔
唵嚩折羅波尼 吽

즉 오른손으로 금강저를 잡고 우로 돌려 가슴 앞에 이르고 다시

---

485 『胎藏界大法對受記』(大正藏 75, p.66c), "第六十三杵鈴印 海大德說 次欲召請聖衆用杵鈴也 先以鈴杵安置壇上 以鈴安之佛方 以杵安行者方 左手執鈴右手執杵俱時左外右內 鈴竪杵横 以置壇上是也 臨欲召請聖衆之時定手執鈴安左膝上 慧手作拳執五股杵或執三鈷安於心上 次於掌內三遍抽擲 抽擲者握杵投擧 卽亦握取 次乍執杵作拳横安胸上 次以定手而乍執鈴作拳起自嬭下 振鈴從頰側而擧之作聲."

세 번 회전한다. 다음에 세 번 당겨서 흔들고 훔자를 세 번 외운다. 즉 가로로 가슴 앞에 한다. 다음 금강령진언을 세 번 지송한다. 그 진언에 이르되

옴 바아라 건제 혹
唵 跋折羅 健任 舒

왼손으로 금강령을 잡고 자기 가슴 앞에서 다섯 번 흔든다. 다음 다시 왼쪽 귀 위에서 두 번 흔들고 잠시 쉰다. 또 같은 곳에서 한 번 흔들고 왼쪽 허리에 둔다. 즉 금강저로써 오처에 가지하며, 가지를 마치고 본 자리에 함께 둔다.[486]

이상에서 살펴보았듯이 대부분 금강저인과 금강령인이 함께 설명되고 있다. 이것은 경전의 내용에서 알 수 있듯이 '집저진언' 시 금강저를 들어 작법을 행한 상태에서 금강령을 들어 '집령진언'을 마친 후, 두 법구를 제자리에 내려놓는 형식이다. 그러므로 이 전거자료는 이어서 거행되는 '집령진언'의 전거이기도 하다.

---

486 『胎藏三密抄』(大正藏 75, pp.583c-584a), "振鈴印 軌不說之 記云 二手作拳各置腰 先誦金剛杵眞言三遍 其眞言曰 唵嚩折羅波尼 吽 卽舒右手執杵一度 右轉至心前 更三度迴轉 次三度抽擲 誦吽字三遍 卽橫心前 次誦金剛鈴眞言三遍 其眞言曰 唵跋折羅健任舒 左手執鈴 起自心前五度振拳 次復左耳上二度振之 暫有間斷 又同處一度振之 而置左腰 卽以杵加持五處 加持了俱置本處."

⑰ 집령진언執鈴眞言

옴 바아라 건다훔

이 진언의 수인은 그림과 같이 금강령인金剛鈴印을 결한다.

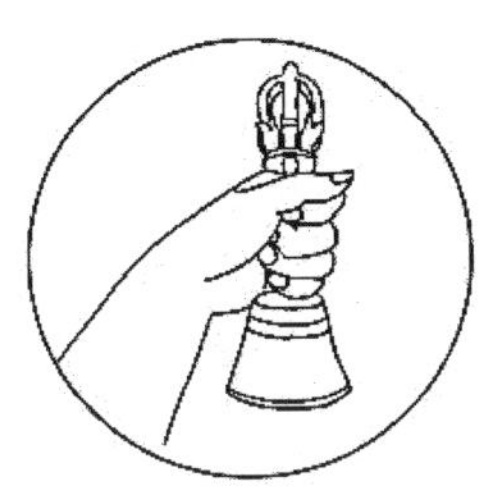

〔**결인법**〕 금강령인은 왼손으로 금강령을 잡고 주먹을 쥐어서 흔드는 형세를 지어서 인을 이룬다.[487]

이 진언의 전거는 '집저진언'에서 소개하였던 『태장삼밀초』, 『태장계대법대수기』, 『오대허공장보살속질대신험비밀식경』에서 확인할 수 있다. 또한 『태장계대법대수기』에서는 다음과 같이 설하고 있다.

금강령진언은

옴 바아라 건다훔
唵 縛日羅 揵吒吽

다음 왼손을 펴서 금강령을 잡은 후 금강권을 쥔다.[488]

---

487 『佛說金剛香菩薩大明成就儀軌經』(大正藏 20, p.700a), "金剛鈴印 以右手作拳作搖動勢成印."

⑱ 동령진언動鈴眞言

옴 바아라 건다도 샤야홈
oṃ vajra-ghaṇṭā tuṣya hoḥ

이 진언의 수인은 그림과 같이 진령인振鈴印을 결한다.

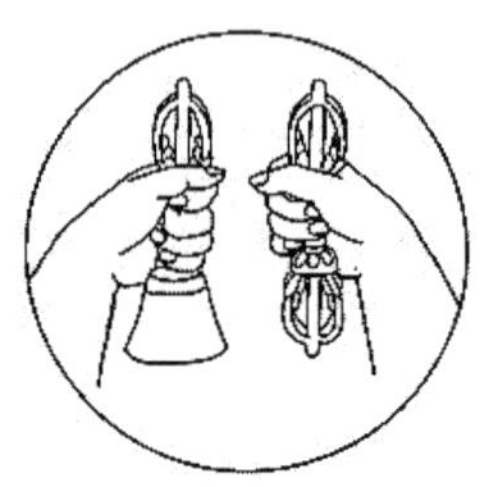

〔**결인법**〕 이 인은 오른쪽 손에 금강저를 들고, 왼손은 금강령을 든다.

이 수인의 전거는 『금강정연화부심염송의궤』에서 확인할 수 있다.

진령인을 결하라. 오른쪽에는 금강저, 왼쪽에는 진령 마음으로 성해탈에 들어가 반야의 이치를 관조하라. 진언에 이르되

옴 바아라 간타 도사야 혹
唵嚩日囉二合健吒覩使也二合斛引(入)[489]

488 『胎藏界大法對受記』(大正藏 75, p.66c), "金剛鈴眞言曰 唵 縛日羅 揵吒吽 次舒左拳把金剛鈴."

489 『金剛頂蓮華部心念誦儀軌』 卷1(大正藏 18, p.305a), "次結振鈴印 右杵左振鈴心入聲解脫 觀照般若理眞言曰 唵嚩日囉二合健吒覩使也二合斛引(入)"

또한 『금강삼밀초』,[490] 『태장계대법대수기』[491]와 『불설대비로자나성불신변가지경수진언행대비태장생대만나라왕보통염송의궤』[492]에서도 진언과 도상을 모두 확인할 수 있다.

⑲ 불부소청진언佛部召請眞言

나모사만다 못다남 옴 다타아다 나바바야 사바하
Nama samanta-buddhānāṃ oṃ tathāgata udbhavāya svāhā

이 진언의 수인은 그림과 같이 불부삼매야인佛部三昧耶印을 결한다.

〔**결인법**〕 그 수인의 모양은 두 손의 열 손가락을 위로 한 채 앞을 향해 곧게 펴서 나란히 옆을 서로 붙이고, 두지의 위쪽 마디를 약간 구부린다. 이것이 삼매야수인이다.[493]

---

490 『金剛三密抄』(大正藏 75, p.681c), "軌云 次結振鈴印 右杵右振鈴 心入聲解脫觀照般若理　眞言曰 唵嚩日囉健吒覩使也解."

491 『胎藏界大法對受記』(大正藏 75, p.66c). '집저진언' 각주 확인.

492 『佛說大毘盧遮那成佛神變加持經修眞言行大悲胎藏生大曼拏羅王普通念誦儀軌』 卷下(大正藏「圖像部」8, p.153).

493 『蘇悉地羯羅供養法』(大正藏 18, p.693b), "其手印相 仰兩手十指 直向前舒 並側相著 微屈兩頭指上節 此是三摩耶手印."

또한 이 수인의 전거는『태장계허심기』에서도 확인할 수 있다. 이 경전에서는 결인법과 함께 관법, 그리고 공능까지 자세히 설하고 있다.

두 손은 허심합장하고 두 두지는 열어서 두 중지의 위 마디에 대고, 두 대지는 굽혀서 두 두지의 아래 마디에 대고 그 인을 완성한다. 인은 마땅히 마음에 두고, 여래의 32상 80종호를 생각하며 마치 눈앞에 대하듯이 명료하고 분명하게 하고 지심으로 진언을 일곱 번 지송한다. 진언에 이르되

옴 살타 알도 납파 바야 사바하
唵怛他引蘖都引納皤二合嚩引野娑縛二引合訶引

이 인을 맺고 진언을 외움으로 말미암아, 즉 일체여래께서 깨어 있으면서 마땅히 다 호념하시며, 가지를 행하는 자는 광명이 비침으로써 있는 바의 죄의 업장이 다 소멸함을 얻고, 수명이 장원하며 복과 지혜가 증장되도록 불부의 성중께서는 옹호하시고 기뻐하시며, 몇 번이고 다시 태어나도 모든 악취에서 벗어나게 하며, 연화화생하고 속히 무상정등보리를 증득하게 한다.[494]

---

494 『胎藏界虛心記』(大正藏 75, p.1a-b), "以二手虛心合掌 開二頭指輔二中指上節 二大指屈輔二頭指下節 其印卽成 置印當心 想於如來三十二相八十種好了了分明如對目前 至心誦眞言七遍 眞言曰 唵怛他引蘖都引納皤二合嚩引野娑縛二引合訶引 由結此印及誦眞言故 卽驚覺一切如來 悉當護念加持行者 以光明照觸所有罪障悉皆消滅 壽命長遠 福慧增長 佛部聖衆擁護歡喜 生生世世離諸惡趣 蓮華化生 速證無上正等菩提."

그 외에도 『아촉여래염송공양법』,[495] 『칠구지불모소설준제다라니경』,[496] 『무량수여래관행공양의궤』,[497] 『관자재대비성취유가연화부염송법문』,[498] 『약사여래관행의궤법』,[499] 『대비심다라니수행염송약의』,[500] 『금강동자지념라』[501] 등에서도 찾을 수 있으며, 『태장계인도』[502]에서는 도상을 확인할 수 있다.

⑳ 연화부소청진언蓮華部召請眞言

나모사만다 못다남 옴 바나마 바바야 사바하
Nama samanta-buddhānām oṃ padmodbhavāya svāhā

이 진언의 수인은 그림과 같이 연화부삼매야인蓮花部三昧耶印, 즉 팔엽인八葉印을 결한다.

---

495 『阿閦如來念誦供養法』(『高麗藏』 19, p.12b-c), "卽結佛部印 止觀虛心合 開掌定輔進 惠輔於定側 專住於一緣 思惟佛相好 眞言誦三遍 置頂便散之 佛部三昧耶眞言曰 唵怛他誐妒納婆嚩野娑 嚩訶 由誦結此印 一切佛部衆 加持於行者 不違自本誓."
496 『七俱胝佛母所說准提陀羅尼經』(大正藏 20, pp.180c-181a).
497 『無量壽如來觀行供養儀軌』(大正藏 19, p.68a).
498 『觀自在大悲成就瑜伽蓮華部念誦法門』(大正藏 20, p.1c).
499 『藥師如來觀行儀軌法』(大正藏 19, p.23).
500 『大悲心陀羅尼修行念誦略儀』(大正藏 20, p.127b).
501 『金剛童子持念羅』(大正藏 21, p.133b).
502 『胎藏界印圖』(大正藏 「圖像部」 8, p.344).

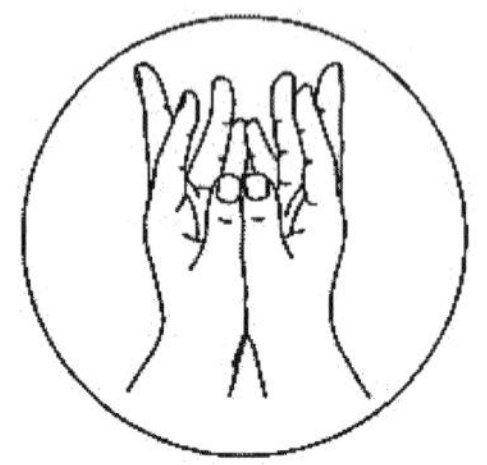

〔**결인법**〕 연화부 삼매야인을 맺을 때는 두 손을 허심합장하고 두 두지는 벌리고, 두 중지와 두 무명지는 굽혀서 마치 연꽃잎 형상으로 하여 심장에 댄다. 관세음보살의 상호가 구족함을 생각하며 진언을 일곱 번 송하고 정수리 위에서 푼다.[503]

이 진언의 전거는 『무량수여래관행공양의궤』에서도 설하고 있다.

다음에는 연화부의 삼매야인을 결한다. 양손은 가운데를 비워 합장하고 양 대지와 소지는 각각 끝을 꼭 붙이고 나머지 여섯 손가락은 활짝 핀 연꽃처럼 하면 이루어진다. 이 인을 결하고 나서 관자재보살이 상호가 단엄하고 아울러 무량한 구지의 연화족 성중들에 에워싸여 있다고 관상하고는 연화부의 삼매야진언을 송한다. 진언에 이르되

옴 바나모 나바 바야 사바하
唵引跛那謨二合引一納婆二合嚩引耶娑嚩二合賀引二

---

503 『胎藏界虛心記』(大正藏 75, p.1b), "次結蓮華部三昧耶 以二手虛心合掌 散開二頭指 二中指二無名指屈如蓮華葉形安於當中心 觀世音菩薩相好具足 誦眞言七遍於頂上散之."

세 번이나 일곱 번 염송하여 가지하고 인을 정수리의 오른쪽에 두고 곧 푼다. 이 인을 결하고 진언을 송해서 관자재보살과 연화부 성중을 깨워 드리면 모두 오셔서 수행하는 이에게 가지하여 어업을 청정하게 하고 말소리가 위엄이 있고 엄숙하게 하니, 다른 사람이 기꺼이 듣기를 좋아하고 걸림 없는 변재를 얻어 설법이 자재하게 된다.[504]

또한 『아축여래염송공양법』[505]에서는 이 인을 맺어야만 연화부 성중들이 운집하여 본 서원을 가지함을 강조하고 있다. 그 외에도 『칠구지불모소설준제다라니경』,[506] 『대비심다라니수행염송략의』,[507] 『소실지갈라공양법』,[508] 『약사여래관행의궤법』,[509] 『관자재대비성취유가연화부염송법문』,[510] 『금강동자지염라』[511]에서도 그 전거를 찾을 수 있으며,

---

504 『無量壽如來觀行供養儀軌』(大正藏 19, p.68a-b), "結蓮花部三昧耶印 二手虛心合掌 二大指二小指各頭相捻 餘六指微屈 如開敷蓮花形 卽成 結此印已 想觀自在菩薩相好端嚴 幷無量俱胝蓮花族聖衆圍遶 卽誦蓮花部三昧耶眞言曰 唵引跛那謨二合引一納婆二合嚩引耶娑嚩二合賀引二 誦三遍或七遍 加持安印於頂右便散 由結此印及誦眞言 警覺觀自在菩薩及蓮花部聖衆 皆來加持行者 獲得語業淸淨 言音威肅 令人樂聞得無礙辯才說法自在."

505 『阿閦如來念誦供養法』(『高麗藏』 19, p.12c), "次結蓮花部 虛心作合掌 微開進念定 卽想觀自在 具相持蓮花 而住瑜伽定 分明誦三遍 頂右而散之 蓮花部三昧耶眞言曰: 唵跛娜謨納婆嚩野娑嚩訶 由誦結印故 一切蓮花部 聖衆來雲集 本願而加持."

506 『七俱胝佛母所說准提陀羅尼經』(大正藏 20, p.181a).

507 『大悲心陀羅尼修行念誦略儀』(大正藏 20, p.127b).

508 『蘇悉地羯羅供養法』(大正藏 18, p.693b-c).

509 『藥師如來觀行儀軌法』(大正藏 19, p.23).

510 『觀自在大悲成就瑜伽蓮華部念誦法門』(大正藏 20, p.1c).

『태장계인도』[512]에서는 수인의 도상을 확인할 수 있다.

㉑ 금강부소청진언金剛部召請眞言

나모 사만다 못다남 옴 바아라 나바바야 사바하
Nama samanta-buddhānām oṃ vajrodbhavāya svāhā

이 진언의 수인은 그림과 같이 금강부삼매야인金剛部三昧耶印을 결한다.

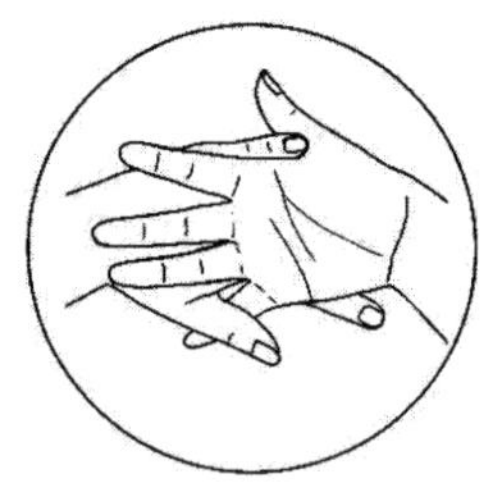

〔**결인법**〕 이 인은 왼손을 뒤집어서 밖으로 향하게 하고, 오른 손등과 왼 손등을 편안하게 대고, 좌우 대지와 소지는 서로 갈고리처럼 교차하고, 중간의 여섯 손가락은 삼고저 형태처럼 한다. 인을 결하여 가슴에 대고 금강장보살의 상호가 위엄 있게 빛나고 무량한 집금강권속이 빙 둘러싸고 있다고 관상한다.[513]

---

511 『金剛童子持念羅』(大正藏 21, p.133b).

512 『胎藏界印圖』(大正藏「圖像部」8, p.344).

513 『無量壽如來觀行供養儀軌』(大正藏 19, p.68b), "金剛部三昧耶印 二手左覆右仰令背相著 以右大指叉左小指 以左大指叉右小指 中間六指縛著手腕 如三股杵形卽成 結印當心 想金剛藏菩薩相好威光 并無量執金剛眷屬圍遶."

이 수인의 전거는 『태장계허심기』에서 확인할 수 있다. 이 경에서는 결인법과 더불어 수인의 공능에 대해 자세히 설명하고 있다.

다음으로 금강부 삼매야인을 맺는다. 두 손은 손바닥을 뒤집어서 밖을 향하게 하고, 오른 손등과 왼 손등은 편안히 하고 좌우의 대지와 소지를 써서 서로 끼고, 금강저 형처럼 마땅히 가슴에 두고 금강장보살을 생각하며 진언을 일곱 번 외우고 정상의 왼쪽에서 푼다. 진언에 이르되

옴 바아로 나파 바야 사바하
唵嚩日嚧二合引納婆二合縛野莎訶

이 인이 결하고 진언을 지송한 것으로 말미암아 일체 금강성중께서는 깨어 있으시면서 가지로 호념하시고 있는 바의 죄의 업장을 소멸하시며, 일체의 고통이 끝나 몸에 붙지 않게 하시며, 마땅히 금강처럼 견고한 몸을 얻게 한다.[514]

또한 『아축여래염송공양법』,[515] 『관자재대비성취유가연화부염송

---

514 『胎藏界虛心記』(大正藏 75, p.1b), "次結金剛部三昧耶印 以二手翻掌向外 以右手背安左手背 用左右大指小指互相叉 如金剛杵形 置於當心 想金剛藏菩薩誦眞言七遍 頂上左散 眞言曰 唵嚩日嚧二合引納婆二合縛野莎訶 由結此印及誦眞言故 卽驚覺一切金剛聖衆 加持護念 所有罪障皆滅 一切痛苦終不著身 當得金剛堅固之體."

515 『阿閦如來念誦供養法』(『高麗藏』 19, p.12c), "次結金剛部 止觀反相叉 餘力三鈷形 心想執金剛 威德手持杵 具相身嚴飾 應當誦三遍 頂左而散之 金剛部三昧耶眞言

법문』,[516] 『대비심다라니수행염송략의』,[517] 『칠구지불모소설준제다라니경』,[518] 『약사여래관행의궤법』,[519] 『소실지갈라공양법』[520]에서 그 전거를 찾을 수 있으며, 『태장계인도』[521]에서 수인의 도상을 확인할 수 있다.

㉒ 보소청진언普召請眞言

나무 보보제리 가리다리 다타 아다야
namo bhū-pūteri kāritāri tathāgatāya

이 진언의 수인은 그림과 같이 소청인召請印을 결한다.

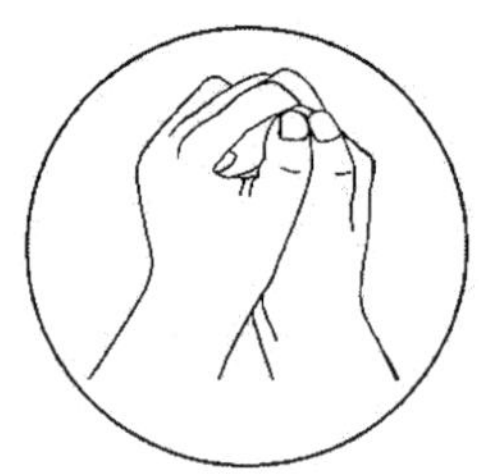

〔**결인법**〕 이 인은 두 손의 두지, 중지, 무명지, 소지를 오른손으로 왼손바닥 안으로 누르며 안으로 서로 깍지를 끼고 서로 갈고리처럼

---

曰: 唵嚩日嚧納婆嚩野娑嚩訶 由誦及結印 一切執金剛 皆集來現前 與願不違誓."

516 『觀自在大悲成就瑜伽蓮華部念誦法門』(大正藏 20, p.1c).

517 『大悲心陀羅尼修行念誦略儀』(大正藏 20, p.127b-c).

518 『七俱胝佛母所說准提陀羅尼經』(大正藏 20, p.181a).

519 『藥師如來觀行儀軌法』(大正藏 19, p.23).

520 『蘇悉地羯羅供養法』(大正藏 18, p.693c).

521 『胎藏界印圖』(大正藏「圖像部」8, p.344).

걸듯이 바싹 쥐고 두 대지를 폈다가 위에서 아래로 내린다.

이 수인의 전거는 『수륙무차평등재의촬요』[522]에서 진언과 수인의 도상을 확인할 수 있다.

㉓ 오색사진언五色絲眞言

옴 바아라 삼매야 소다남 아리마리 사바하
oṃ vajra samaiya sutarāṃ ariamri svāhā

이 진언의 수인은 그림과 같이 오색광인五色光印을 결한다.

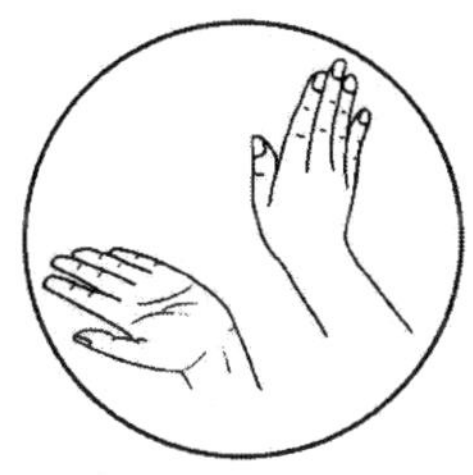

〔**결인법**〕 왼손 다섯 손가락을 펴서 왼손을 왼쪽 무릎 위에 올려놓고 아래쪽을 향해서 늘어뜨려 여원인에서와 같이 하면 된다. 오른손은 오른쪽 가슴 앞에 두는데, 바깥쪽을 향해서 시무외인과 같이 한다.[523]

---

522 『水陸無遮平等齋儀撮要』(『한불의서』 제1집), p.631上, "印法二手頭指中指無名指小指右押左掌內相叉相鉤急握仲二大指上下來去."

523 佐藤今朝夫, 『圖印大鑑』(일본: 國書刊行會, 1984), p.46, 수인의 도상과 함께 다음 내용도 서술하고 있다. "왼쪽 다섯 손가락은 소지로부터 대지까지 차례로 지옥으로부터 사람의 오취를 생각하고, 오른손 다섯 손가락은 소지부터 대지에 이르기까지 차례로 천, 성문, 연각, 보살, 불을 생각하고 또는 5불을 생각해서

이 수인은 『총지초』에서 그 전거를 찾을 수 있다. 이 경전에서는 수인과 더불어 오색사는 5지와 5불을 말하고 있음을 설하고 있다.

> 이 끈은 오색오지의 끈이다. 오색광인은 오른쪽 다섯 손가락에서 오색광명을 나타낸다. 다섯 손가락은 아바라함캄이다. 곧 일륜오지 여래이다. 광명삼매에 드는 이것은 일륜을 말한다. 오른 손바닥은 월륜이다.[524]

또한 『사십첩결』의 내용에서도 5색이 5불의 종자임을 나타내고 있다.

> 5색의 종자, 곧 장차 다섯 부처의 종자가 되어 오색선의 진언이 되었다고 말한다.[525]

다만 '오색사진언'이 '오색광인'이라는 직접적인 내용은 확인하지 못하였다. 또한 이 도상은 '광명진언'의 도상이기도 하다. 그러나 진언이 다르더라도 수인이 같은 경우가 있음을 참고한다면, 위의 경전의

---

광명진언을 읊도록 하라. 악취를 바꿔서 선취가 될 수 있도록 또 인印을 가지고 과를 얻을 수 있도록 하는 데 관상하도록 하라."

524 『總持抄』(大正藏 77, p.66c), "此索ハ五色五智之索也 五色光印 右五指ニ觀五色光明也 五指者 [梵字]也 卽日輪五智如來也 入光明三摩地 此言日輪也 右掌ハ月輪也."

525 『四十帖決』(大正藏 75, p.952c), "五色種子 [梵字] 卽五佛ノ種子以之爲加將五色線ノ眞言ト也."

내용으로 보아 그 수인을 결하는 것도 가능하다고 여겨진다.

㉔ 법신진언法身眞言

암밤람함캄
aṃ vaṃ raṃ haṃ khaṃ

이 진언의 수인은 그림과 같이 금강박인金剛縛印을 결한다.

〔**결인법**〕 이 인은 두 손을 손바닥 밖에서 서로 깍지 끼고 오른손 대지를 왼손 대지 위에 놓는다.

이 수인의 전거는 『금강계대법대수기』에서 찾을 수 있다.

다음 법신구심진언, 대보리심진언, 견고대보리심진언, 삼세제불진언, 보신진언, 화신진언, 견고상주진언의 여덟 진언 모두 금강박인을 한다.[526]

---

526 『金剛界大法對受記』(大正藏 75, p.121c), "次法身求心眞言 大菩提心眞言 如堅固大菩提心眞言 問三世諸佛眞言 報身眞言 化身眞言 堅固常住眞言 此八眞言皆用金剛縛印."

삼신진언은 다 같이 금강박인을 사용한다.[527]

이와 같이 삼신진언은 모두 금강박인을 결하므로 차후 '보신진언'과 '화신진언'의 전거는 생략하기로 한다.

㉕ 보신진언報身眞言

아바라하카
a va ra ha kha

이 진언의 수인은 그림과 같이 금강박인金剛縛印을 결한다.

〔**결인법**〕 이 인은 두 손을 손바닥 밖에서 서로 깍지 끼고 오른손 대지를 왼손 대지 위에 놓는다.

㉖ 화신진언化身眞言

아라바차나
a ra va ca na

---

527 『金剛界大法對受記』(大正藏 75, p.187b), "三身眞言同用金剛縛印"

이 진언의 수인은 그림과 같이 금강박인金剛縛印을 결한다.

〔**결인법**〕 이 인은 두 손을 손바닥 밖에서 서로 깍지 끼고 오른손 대지를 왼손 대지 위에 놓는다.

㉗ 삼밀진언三密眞言

옴아훔
oṃ a hūṃ

이 진언의 수인은 그림과 같이 연화합장蓮華合掌을 결한다.

〔**결인법**〕 이 인은 두 손의 손가락을 세워서 손바닥과 손가락을 합하여 합장한 모습으로 연꽃 형상을 지으며 상방에 가서 여래를 받드는 것을 생각한다.

이 수인의 전거는 『묘길상평등유가비밀관신성불의궤』에서 확인할 수 있다.

다시 옴아훔을 지송하면서 월륜상을 생각하고, 또 옴자를 관하며 불륜佛輪의 형상으로 화한다. 다시 아자를 생각하며 보련화를 이루고, 다시 훔자의 모양을 생각하며 지금강을 짓는다. 그런 다음 세 글자를 생각하면 같이 가다가 다시 오고 단 가운데에 머물게 된다. 오불바라밀과 내외의 십이존 십대명왕 등은 지혜의 근원을 베풀어 널리 이와 같이 차례로 설한다. 다음 양손으로 연꽃 형상을 지으며 상방에 가서 여래를 받드는 것을 생각한다.[528]

또한 『수인도』 권상 「태장계염송사기」[529]와 『수인도』 권하 「금강계염송사기」[530]에서도 수인의 도상을 확인할 수 있다.

㉘ 개안광명진언開眼光明眞言

옴 작수작수 삼만다 작수미수다니 사바하
oṃ cakṣu cakṣu samanta cakṣu biśodhaniye svāhā

---

528 『妙吉祥平等瑜伽祕密觀身成佛儀軌』(大正藏 20, p.931c), "復念唵阿吽 想於月輪上 又觀唵字身 化爲佛輪形 復應想阿字 而成寶蓮華 復想吽字體 而作智金剛 然後想三字 同去而復來 而在壇中住 五佛波羅蜜 內外十二尊 十大明王等 種智與次第 廣如上所說 次以兩手作蓮華形 想往上方捧接如來."

529 『手印圖』 卷上(大正藏 「圖像部」 8, p.325上), "三密觀 蓮華合掌."

530 『手印圖』 卷下(大正藏 「圖像部」 8, p.346上), "三密觀 蓮華合掌."

이 진언의 수인은 그림과 같이 불안인佛眼印을 결한다.

〔**결인법**〕 이 인으로 오안을 구족한다. 수인의 모양은 양손으로 허심합장하고 두 두지는 굽혀서 두 두지의 끝 아래 드리워서 나란히 세워 엄지손가락 위에 두고, 중지와 무명지는 서로 세우며, 금강저를 두 소지로 꼭대기를 가리키며 열어 세운다.[531]

이 수인의 전거는 『행심초』에서 확인할 수 있다. 이 경전에서는 "새로운 부처님 개안 시 인법은 어찌해야 하는가? 답, 불안인으로 한다"[532]고 설하고 있다. 또한 『아사박초』에서도 이를 확인할 수 있으며 그 내용은 다음과 같다.

> 새로운 불상을 개안할 때, 만약 여러 곳이 아니면 불안인을 맺고 인한다. 새로운 부처의 오안도 이와 같다.[533]

---

531 『佛光大辭典』(佛光大藏經編修委員會, 1989), p.2721, "佛眼印 此印具足五眼, 印相爲兩手虛心合掌, 屈兩食指, 兩食指端下垂竝立, 置於拇指上, 中·無名指互立, 如獨鈷, 二小指指頭開立."

532 『幸心鈔』(大正藏 78, p.744b), "新佛開眼之時印明如何　答 佛眼印明如常."

533 『阿娑縛抄』「開眼作法」(大正藏「圖像部」 9, p.370下), "新佛像開眼之時 若非衆

또한 『인도』[534]에서는 수인의 도상을 확인할 수 있다.

㉙ 안불안진언安佛眼眞言

옴 살바라도 바하리니 사바하

이 진언의 수인은 그림과 같이 불안인佛眼印을 결한다.

〔**결인법**〕 앞에서는 고치지 않는 인(㉘개안광명진언 시 불안인)은 두 두지를 펴서 인을 이루고, 이 인을 맺을 때 큰 명자의 모양과 보살의 두 눈에 있다고 생각한다.[535]

이 수인의 전거는 『불설금강향보살대명성취의궤경』과 『대일여래검인』에서 확인할 수 있다. 또한 『대일여래검인』에서 설한 내용은 다음과 같다.

---

處者 結佛眼印 印 新佛 五眼女常."

534 『印圖』(大正藏 「圖像部」 8, p.279).

535 『佛說金剛香菩薩大明成就儀軌經』(大正藏 20, p.700a), "眼印 不改前印 舒二頭指 成印 結此印時想大明字相 在菩薩兩眼."

다음 결인은 불안인이다. 두 손을 합장하고 두 대지를 쌍으로 굽혀 손바닥 안으로 넣어 두 손가락 끝이 두 중지 첫마디 안쪽에 댄다. 두 눈이 서로 대하고 있는 것 같아서 불안인이라고 한다.[536]

또한 「수인도」 권하[537]에서도 수인의 도상을 확인할 수 있다.

㉚ 목욕진언沐浴眞言

나모 사만다 못다남 옴 아아나 삼마삼마 사바하

이 진언의 수인은 그림과 같이 목욕인沐浴印을 결한다.

〔**결인법**〕 두 손은 허심합장 모양을 하고 두 소지는 두 대지와 서로 합한다. 나머지 여섯 손가락은 열어 펴고 약간 굽혀서 연꽃이 피듯이 인한다.

이 수인의 전거는 『불정존승다라니염송의궤법』에서 찾을 수 있다.

---

536 『大日如來劍印』(大正藏 18, p.197c), "次結佛眼印 以二手合掌 二大拇指雙屈入掌 二頭指輔二中指第一節背 如兩眼相對 是名佛眼印."

537 「手印圖」 卷下(大正藏 「圖像部」 8, p.359).

이 경전에서는 결인의 방법과 더불어 목욕물을 봉헌할 때의 방법도 함께 설하고 있다.

두 손은 허심합장 모양을 하고 두 소지는 두 대지와 서로 합한다. 나머지 여섯 손가락은 열어 펴고 약간 굽혀서 연꽃이 피듯이 하고 세 번 지송한다. 이 인으로 말미암아 진언의 위력이 미쳐서 일체의 미묘한 보좌가 유출되어 마치 운해와 같다. 여래와 일체성중에 봉헌하고 다음 알가(閼伽, 공양물)를 봉헌하고 진언을 송한다.

나모 사만다 못다남 아아나 삼마삼마 사바하
曩莫 三曼多 沒馱南一誐誐曩 三摩三摩 娑嚩二合賀引

즉 양손으로 봉헌하는 그릇을 이마에 대고 호궤하고 세 번 지송하고 성중에게 목욕물을 봉헌한다.[538]

또한『비로자나오자진언수습의궤』에서도 다음과 같이 설하고 있다.

성중이 오시면 곧 알가閼伽를 올리는데, 두 손으로 응당 이마에 받들고 성중의 목욕을 생각하며 진언을 지송한다.

---

538『佛頂尊勝陀羅尼念誦儀軌法』(大正藏 19, p.366a), "契相二手虛心合掌 二小指二大指相合 餘六指開舒微屈如蓮華敷 誦三遍 由此印及眞言威力 流出一切微妙寶座 猶如雲海 奉獻如來一切聖衆 次奉獻閼伽誦眞言曰 曩莫三曼多沒馱南一誐誐曩三摩三摩娑嚩二合賀引卽以兩手捧器當額 胡跪誦三遍 奉獻閼伽沐浴聖衆."

나모사만다 못다남 아아나 삼마삼마 사바하
那謨三曼多 沒馱喃 哦哦那 三摩三摩 娑嚩二合訶引[539]

또한 『불설대비로자나성불신변가지경수진언행대비태장생대만나라왕보통염송의궤』 권하[540]에서는 진언과 수인의 도상이 모두 설해져 있다.

㉛ 시수진언施水眞言

옴 도니도니 가도니 사바하

이 진언의 수인은 그림과 같이 광명관정인光明灌頂印을 결한다.

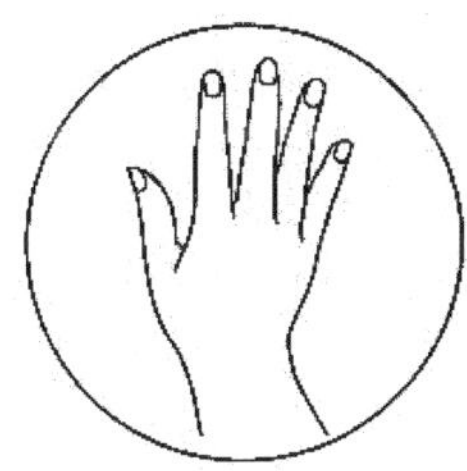

〔**결인법**〕 왼손은 금강권으로 해서 허리에 가져다 놓고, 오른손을 펴서 다섯 손가락을 바깥쪽을 향하도록 한다. 다섯 손가락을 약간 벌려서 세우고, 손가락 끝부분부터 각각 오색광명이 막 뻗어 나와서 오도의

---

539 『毘盧遮那五字眞言修習儀軌』(大正藏 21, p.188b-c), "聖衆來已 卽奉閼伽 二手捧當額想浴聖衆眞言曰 那謨三曼多沒馱喃哦哦那三摩三摩娑嚩二合訶引."

540 『佛說大毘盧遮那成佛神變加持經修眞言行大悲胎藏生大曼拏羅王普通念誦儀軌』 卷下(大正藏「圖像部」8, p.153).

중생의 죄업들을 비추어 깨뜨려 버린다고 생각하고, 인을 아래로 향해서 깨뜨리는 자세를 취하고, 삼악도의 극한 고통의 문을 타파해서 고통받는 중생을 극락정토에 이르도록 한다고 생각하라.

이 수인의 전거는 『도인대감』[541]에서 확인할 수 있으며, 수인의 도상도 표현되어 있다. 또한 『불광대사전』[542]에서도 광명관정인에 대해 설명하고 있다. 다만 이 '시수진언'에 관계된 수인은 경전에서는 찾지 못했으며, 이 수인은 '광명진언'의 수인이기도 하다. 그러나 이 진언의 수인으로 생각하게 된 이유는, 앞서 '오색사진언'에서 설명하였듯이 진언은 달라도 수인의 방법은 같을 수 있기 때문이다.

또한 '시수진언'은 관불 후 "제가 이제 이 길상수를 가지고 일체중생들의 정수리에 관정하오니 진로와 열뇌를 모두 녹여 없애 모두 함께 법왕위를 잇게 하소서"라는 내용을 담고 있어, 광명관정인의 내용과 상통하는 부분이 있음을 알 수 있다. 그러나 정확한 전거를 위해서는 좀 더 자료를 확인해 보아야 하는 과제가 남는다.

### ㉜ 안상진언安像眞言

옴 소바라 지실지제 바아라 나바바야 사바하
oṃ su pratiṣṭhitabajrodbhavaya svāhā

---

541 佐藤今朝夫, 『圖印大鑑』(일본: 國書刊行會, 1984), p.45.

542 『佛光大辭典』(佛光大藏經編修委員會, 1989), p.1083, "持誦諸佛光明眞言灌頂陀羅尼時所結之光明灌頂印. 右手散開五指, 從五指頂端放出五色光明, 觀想普照苦惱之衆生, 令得無上法樂."

이 진언의 수인은 찾지 못하였으며 앞으로의 과제로 남긴다.

㉝ 삼십이상진언三十二相眞言

옴 마하가로 나야 사바하
oṃ mahā-kāronaya sphara

이 진언의 수인도 찾지 못하였다. 그러나 '불부소청진언' 시 "32상 80종호가 원만해지는 것을 관하라"고 했던 것에 비추어 본다면 '불부삼매야인'으로 이 수인을 대체할 수 있을 것으로 보인다.

㉞ 팔십종호진언八十種好眞言

옴 마하다나 바라 모나라야 사바하

이 수인은 찾지 못하였으나, '삼십이상진언'과 같이 '불부삼매야인'과 동일하지 않을까 유추해 본다.

㉟ 안장엄진언安莊嚴眞言

옴 바아라 바라나 미보사니 사바하
oṃ bajra barnavapuṣani svāhā

이 진언의 수인은 찾지 못하였으며 앞으로의 과제로 남긴다.

### ㊱ 보궐진언補闕眞言

옴 호로호로 사야모계 사바하
oṃ huru-huru jaya mukhe svāhā

이 진언의 수인은 그림과 같이 금강합장金剛合掌을 결한다.

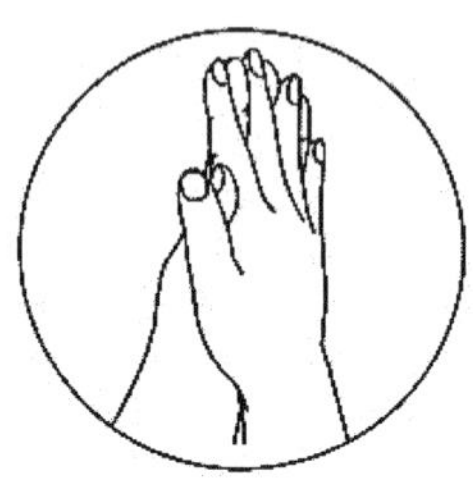

〔**결인법**〕 이 인은 열 손가락을 합하여 그 첫 마디를 교차하여 세운다. 이것은 수행자가 본존에 대한 공경과 견고한 믿음을 나타낸다고 하여 귀명합장이라고도 한다.

이 수인은 『불설대비로자나성불신변가지경수진언행대비태장생대만나라왕보통염송의궤』에서 "일체보살보궐진언一切菩薩補闕眞言"[543]이라 기록되어 있으며, 수인의 도상은 금강합장으로 표현하고 있다. 다만 진언은 차이가 난다.

---

543 『佛說大毘盧遮那成佛神變加持經修眞言行大悲胎藏生大曼拏羅王普通念誦儀軌』 卷下(大正藏 「圖像部」 8, p.94).

㊲ 헌좌진언獻座眞言

옴 바아라 미라야 사바하
oṃ vajra-viraya svāhā

이 진언의 수인은 그림과 같이 헌좌인獻座印, 즉 연화좌인를 결한다.

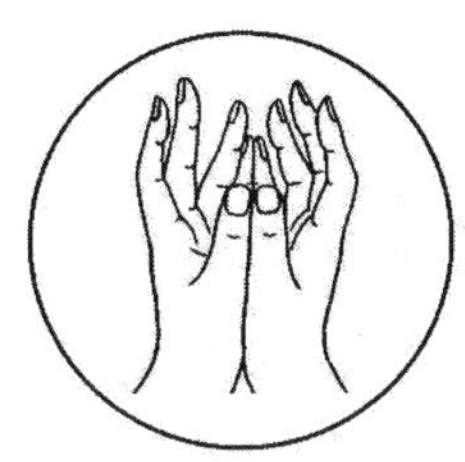

〔**결인법**〕 두 손은 허심합장을 하고 두 대지와 두 소지는 각각 머리를 서로 기대고, 나머지 여섯 손가락은 미세하게 굽혀 약간 벌려서 연꽃이 피는 형상을 한다.

이 수인의 전거는 『수륙무차평등재의촬요』[544]에서 확인할 수 있는데, 진언과 수인의 도상 모두 설해져 있고, 『십일면관자재보살심밀언염송의궤경』[545]에서도 설해져 있다. 또한 『부동입인상화도』,[546] 『금강계인도』,[547] 『십팔도사기인도』,[548] 『소실지수계도』,[549] 『소실지의궤계인』[550]

---

544 『水陸無遮平等齋儀撮要』(『한불의서』 제1집), p.628上, "印法二手虛心合掌二大指二小指各頭相柱餘六指微屈如間敷蓮花形."

545 『十一面觀自在菩薩心密言念誦儀軌經』(大正藏 20, p.144c), "然後獻座 以前蓮花印諸指微相近 密言曰 唵鉢納麽尾囉也娑嚩訶."

546 『不動立印像畵道』(大正藏「圖像部」8) p.321.

547 『金剛界印圖』(大正藏「圖像部」8) p.308.

등에서도 도상을 확인할 수 있다. 이상은 상단 '헌좌진언'의 수인에 관한 것이다.

(㊲-1) 헌좌진언獻座眞言

옴 가마라 승하 사바하
oṃ kamala siṃha svāhā

불보살이 아닌 십대제자나 존자, 시왕 등의 점안일 경우에는 중단 '헌좌게'와 '헌좌진언'[551]을 거행하므로 이때의 수인은 달리한다. 중단의 '헌좌진언'의 경우 게송은 점안의 주인공에 따라 약간의 차이를 보인다. 중단 헌좌인은 『수륙무차평등재의촬요』에 진언과 도상 모두 확인할 수 있다.

이 진언의 수인은 그림과 같이 헌좌인獻座印을 결한다.

〔**결인법**〕 이 인은 오른손의 소지와 무명지, 왼손의 소지와 무명지 네

548 『十八道私記印圖』(大正藏 「圖像部」 8) p.314.

549 『蘇悉地手契圖』(大正藏 「圖像部」 8) p.39.

550 『蘇悉地儀軌契印』(大正藏 「圖像部」 8) p.14.

551 我今敬設寶嚴座 奉獻一體聖賢前 願滅塵勞忘想心 速願解脫菩提果 옴 가마라 승하 사바하.

손가락을 서로 깍지를 끼어 손바닥 안으로 넣는다. 양손의 중지는 바로 세워서 끝을 서로 붙인다. 오른손의 두지와 왼손의 두지 두 손가락은 각각 기대고 오른손과 왼손의 중지의 등에 오른손과 왼손의 대지 두 손가락은 몸을 향해 열어 세운다.[552]

### ㊳ 보례진언普禮眞言

옴 바아라 믹
oṃ vajra mīḥ

이 진언의 수인은 그림과 같이 금강합장金剛合掌을 결한다.

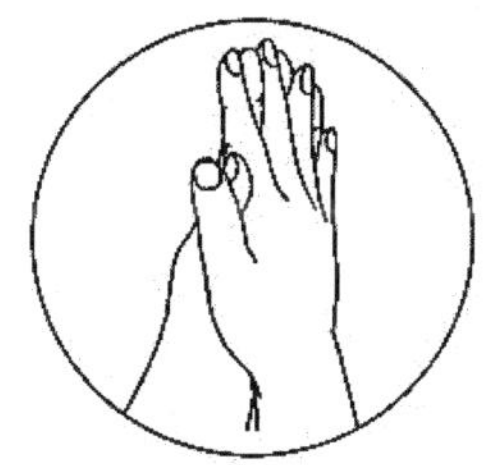

〔**결인법**〕 이 인은 열 손가락을 합하여 그 첫 마디를 교차하여 세운다. 이것은 수행자가 본존에 대한 공경과 견고한 믿음을 나타낸다고 하여 귀명합장歸命合掌이라고도 한다.

이 수인의 전거는 『고웅구결』에서 확인할 수 있다.

552 『水陸無遮平等齋儀撮要』(『한불의서』 제1집), p.630上, "印法施戒慧方 四度相叉入掌 忍願直竪頭相着 進力二度各附 忍願背禪智二度向身開竪."

장궤하여 보례진언을 일 편 송한다. 시방의 모든 존께 예배함에 네 편 혹은 다섯 편 각 진언을 송한다. 오륜착지에 사방 단을 향하여 예배하고, 만약 그렇지 않거든 마땅히 한 방향으로 마음을 돌려 예배하고 마땅히 예배할 때는 금강합장을 한다.[553]

또한 『비초』에서도 "차단전보례次壇前普禮 금강합장보례진언여상金剛合掌普禮眞言如常"[554]이라 하여 수인을 확인할 수 있다.

㊴ 보공양진언普供養眞言

옴 아아나 삼바바 바아라 훔
oṃ gagana saṃbhāva ajira hoḥ

이 진언의 수인은 그림과 같이 보공양인普供養印, 즉 대허공장공양인大虛空藏供養印을 결한다.

553 『高雄口訣』(大正藏 78, p.33c), "長脆普禮眞言誦一遍 禮拜十方諸尊 四遍或五遍各誦眞言 五輪著地 向壇四方作禮 若不爾者 當一方迴心作禮耶當禮拜時 作金剛合掌."

554 『祕鈔』(大正藏 78, p.564a).

〔**결인법**〕 이 인은 두 손은 합장하고 두 중지는 오른손이 왼손 밖을 누르며 서로 깍지를 끼고 손등을 결박하여 붙이고, 두 두지는 서로 줄어들게 해서 보배 형상을 한다.[555]

이 수인의 전거는 『대허공장보살염송법』에서 찾을 수 있다. 이 경전에서는 결인의 방법과 관법까지 자세히 설하고 있다.

다음에는 대허공장보통공양인을 맺는다. 양손으로 합장하고, 오른손 무명지와 왼손 무명지의 두 손가락은 밖으로 얽고, 오른손 두지와 왼손 두지는 반대로 오므려 보배 모양처럼 한다. 인계를 맺어 성취하고 나서 진언을 네 번 송한다.

보공양진언 옴 아아나 삼바바 바아라 훔
普供養眞言 唵 誐誐曩三去婆去嚩引嚩日囉二合斛引

인印으로부터 무량한 갖가지의 향·꽃·등촉·바르는 향·음식·보배·당기·깃발·번기·일산을 유출하여 본존과 모든 성중의 앞에 공양한다고 관상하면 곧 진실하고 광대한 공양을 성취할 것이다.[556]

---

555 『水陸無遮平等齋儀撮要』(『한불의서』 제1집), p.639, "印法二手合掌二中指右押左外相叉縛着手背二頭指相蹙如寶形."

556 『大虛空藏菩薩念誦法』(大正藏 20, p.604a), "次結大虛空藏普通供養印 以二羽合掌 以戒方二度外縛 以進力反蹙如寶形 結成契已 誦眞言四遍 普供養眞言曰 唵誐誐曩三去婆去嚩引嚩日囉二合斛引 想從印出生無量種種供養香花燈燭塗香飮食寶幢幡蓋 卽於本尊及一切聖衆前 則成就眞實廣大供養."

또한 『수륙무차평등재의촬요』[557]와 『밀교적수법수인』[558]에서도 진언과 도상이 모두 표현되어 있으며, 『대륜금강수행실지성취급공양법』[559]과 『유가집요시식의궤』[560]에서도 전거를 확인할 수 있다.

이상과 같이 각종 진언에 관계된 수인의 전거를 찾아보았다. 총 40종[561]의 진언 중 34종의 수인은 전거를 찾아 보완하였으며, 나머지 6종은 아직 전거를 찾지 못하였다. 전거를 찾지 못한 진언의 수인은 견실심합장인堅實心合掌印이나 허심합장虛心合掌으로 결인하면 될 것으로 보인다. 진언에 관계된 수인을 도표로 정리해 보면 다음과 같다.

| 진언 | 수인 | 비고 |
|---|---|---|
| 1. 懺悔眞言 | 滅罪印 | 진언과 도상 확인[562] |
| 2. 開法藏眞言 | | 合掌印으로 사용[563] |
| 3. 火聚眞言 | | 〃 |
| 4. 淨地眞言 | 淨地印(蓮華合掌) | 진언과 도상 확인 |
| 5. 解穢眞言 | 烏樞沙摩解穢法印, 被甲印 | 〃 |

557 『水陸無遮平等齋儀撮要』(『한불의서』 제1집), p.639上.

558 全佛編輯部主編, 『密教的修法手印』 上(대만: 全佛文化, 2000), p.232.

559 『大輪金剛修行悉地成就及供養法』(大正藏 21, p.167b-c), "次結虛空藏廣大供養印 當合定慧手 忍願外相叉 進力麼抳寶 印流諸供養 衣服飮食雲 宮殿樓閣等 及香華音樂 種種寶幢幡 雲海遍十方 眞實成供養 …… 放於大光明 如紅頗梨色 遍照十方剎 遇斯光明者 業障盡消除 以我功德力 如來加持力 及以法界力 普供養而住 眞言曰 唵誐誐曩參婆嚩嚩日羅斛."

560 『瑜伽集要施食儀軌』(卍續藏 59, p.268a), "次結普供養印(二羽直合掌 忍願屈二節 誦眞言) 唵 葛葛納 三婆斡 斡資囉 斛."

561 진언의 번호는 39번까지 있으나, '37.헌좌진언'이 두 종류이므로 총 40종임.

| | | |
|---|---|---|
| 6. 淨三業眞言 | 虛心合掌(蓮華合掌) | 〃 |
| 7. 塗香眞言 | 塗香印 | 〃 |
| 8. 淨法界眞言 | 淨法界印(金剛合掌) | 〃 |
| 9. 開壇眞言 | 開門印 | 〃 |
| 10. 建壇眞言 | 作壇印, 如來拳印 | 〃 |
| 11. 結界眞言 | 結界印 | 〃 |
| 12. 不動尊眞言 | 不動印(不動劍印) | 〃 |
| 13. 護身被甲眞言 | 被甲護身印 | 〃 |
| 14. 降魔眞言 | 降三世印 | 〃 |
| 15. 發菩提心眞言 | 金剛縛印 | 〃 |
| 16. 執杵眞言 | 金剛杵印 | 〃 |
| 17. 執鈴眞言 | 金剛鈴印 | 〃 |
| 18. 動鈴眞言 | 振鈴印 | 〃 |
| 19. 佛部召請眞言 | 佛部三昧耶印 | 〃 |
| 20. 蓮花部召請眞言 | 蓮花部三昧耶印(八葉印) | 〃 |
| 21. 金剛部召請眞言 | 金剛部三昧耶印 | 〃 |
| 22 .普所請眞言 | 召請印 | 〃 |
| 23. 五色絲眞言 | 五色光印 | 진언 의미상 가능[564] |
| 24. 法身眞言 | 金剛縛印 | 진언과 도상 확인 |
| 25. 報身眞言 | 金剛縛印 | 〃 |
| 26. 化身眞言 | 金剛縛印 | 〃 |
| 27. 三密眞言 | 蓮華合掌 | 〃 |
| 28. 開眼光明眞言 | 佛眼印 1 | 인계와 도상 각기확인[565] |
| 29. 安佛眼眞言 | 佛眼印 2 | 〃 |
| 30. 沐浴眞言 | 沐浴印 | 진언과 도상 확인 |
| 31. 施水眞言 | 光明灌頂印 | 진언 의미상 가능 |
| 32. 安像眞言 | | 合掌印으로 사용 |
| 33. 三十二相眞言 | | 〃 |
| 34. 八十種好眞言 | | 〃 |

| | | |
|---|---|---|
| 35. 安莊嚴眞言 | | 〃 |
| 36. 補闕眞言 | 金剛合掌 | 진언내용이 차이 남. |
| 37. 獻座眞言(상단) | 獻座印 1 | 진언과 도상 확인 |
| 獻座眞言(중단) | 獻座印 2 | 〃 |
| 38. 普禮眞言 | 金剛合掌 | 〃 |
| 39. 普供養眞言 | 普供養印(大虛空藏供養印) | 〃 |

〈표 22〉 진언과 수인 및 도상의 유무

이와 같이 보완된 수인은 점안의식을 조금 더 여법하게 거행할 수 있는 계기가 될 것이라고 생각한다. 그러므로 앞으로는 점안의식 시 수인은 반드시 실행해야 할 것이다. 다만 미처 찾지 못한 수인은 앞으로의 과제로 남겨둔다.

---

562 진언과 함께 수인이 확인된 것은 '진언과 도상 확인'으로 표기.

563 수인을 찾지 못한 것은 '합장인合掌印으로 사용'으로 표기.

564 진언의 의미와 일치한 도상을 찾아 기록한 것을 '진언 의미상 가능'으로 표기.

565 인계에 대한 설명과 도상이 각기 나타나 있으나, 진언이 함께 기록되지 않는 것은 '인계와 도상 각기확인'으로 표기.

# 제5장 결론

점안의식이란 단지 조각이나 그림에 불과한 것에 일련의 의식을 통해 생명력을 불어 넣어 성상으로 거듭나 불보로써 신앙의 대상이 될 수 있도록 하는 것을 말한다. 따라서 신앙의 차원에 있어서 점안의식은 매우 중요하다. 그러므로 점안작법은 여법하게 거행해야 한다. 만약 여법하게 의식을 거행하지 않으면 신앙의 대상인 불보가 될 수 없기 때문이다.

이와 같이 점안의식이 갖는 의미는 불교의식의 정점에 위치하며, 가장 여법하게 거행해야 할 의식임에도 불구하고 점안의식에 관한 연구가 미비하여 의식에 관한 이해가 부족하였다. 이에 올바른 이해와 여법한 점안의식을 거행할 수 있기 위해 불상 조성을 비롯한 점안의식문의 내용을 살펴보고 다음과 같은 결론을 도출하였다.

불상이 출현한 것은 불멸 후 500년경 쿠샨왕조 시대이다. 처음에는 부처님의 본생담을 묘사한 본생도와 금생의 일대기를 주제로 하여 그린 불전도가 회화나 조각으로 만들어졌다. 이것이 인도 북서부, 지금의 파키스탄인 간다라 지방에서 헬레니즘의 영향을 받아 불상으로 조성하게 되었다. 또한 이와 동시에 인도 중북부 마투라 지방에서도 불상이 조성된다. 이와 같이 불상이 조성될 수 있었던 것은 초기대승불교의 흥기와 함께 여러 사상들이 기반이 된 것으로, 크게 네 가지 이유를 들 수 있다.

첫째, 초기대승경전에 나타난 다불사상多佛思想이다. 초기대승불교가 일어나게 되면서 이와 관련된 대승경전들이 편찬되게 된다. 이들 경전 중에는 석존만이 아닌 여러 불보살이 등장하여 중생구제의 모습을 보인다. 이와 같이 석존 한 분의 부처님이 아닌 여러 불보살의 등장으로 인해 불상이 조성될 수 있는 동기와 계기가 되었을 것이다.

둘째, 대승불교의 삼종삼보설三種三寶說이다. 삼종삼보는 불·법·승 삼보를 다양한 시각에서 분리 통합시킨 내용으로 별상삼보·일체삼보·주지삼보로 구분된다. 이 중 주지삼보는 불멸 후 불교가 유지될 수 있었던 바탕이 되었다. 특히 불보의 경우 불상과 탱화 등을 조성한 후 점안하여 부처로 모신다는 것은 주지불보의 입장으로 이해할 수 있다. 그러나 주지불보가 가능할 수 있는 것은 별상불보의 법신·보신·화신 삼신이기에 가능한 것이다. 그러므로 주지삼보와 별상삼보의 입장에서 불보를 보았기 때문에 불상이 조성될 수 있었던 것으로 보인다.

셋째, 삼신불사상三身佛思想이다. 부처가 변신하여 현신하였다는 불신관은 법신·보신·화신의 삼신설이 가장 보편적으로 설해지고 있다. 이 중 화신은 응신이라고 하여, 특정한 시대와 지역과 상대에 따라 특정한 중생을 구제하기 위하여 여러 가지 모습으로 이 세상에 출현하는 부처를 말한다. 이와 같이 시공을 초월하여 현신하는 응신의 개념이 불상을 조성하고 홍포하는 데 윤활유가 되었을 것이다.

넷째, 부처의 명호인 여래와 원생願生에서 찾아볼 수 있다. 여래는 범어로 'tathāgata'를 의역한 말로 '여래'와 '여거', '진리로부터 온 자'라는 세 가지 의미를 포함하고 있다. 즉 오고 감에 걸림이 없어 언제든 다시 올 수 있는 존재다. 그러므로 불상을 조성하고 그 불상에 부처님이 강생하길 염원하며 점안의식을 거행한다면 분명 부처로 오실 수 있는 근거가 된다. 이때의 부처는 업생이 아닌 원생의 부처이다. 즉 부처는 서원의 주체이며 그 회향처는 바로 중생이기에 다시 중생의 곁으로 오게 되는 것이다.

이상과 같은 사상이 기반이 되어 불상이 조성되었으며, 조성된 불상을 성상으로 거듭나 신앙의 대상이 될 수 있도록 하는 것을 점안이라 한다. 이러한 점안의식에는 여러 사상적 특성과 의의를 내포하고 있다. 먼저 태장만다라와 금강계만다라 제존이 갖는 의미이다. 두 만다라 제존들의 소청은 증명이 목적이기는 하나, 그 이면에는 불보살들의 다양한 활동상을 통해 신앙의 대상으로 선정하여 수행함으로써 보다 구체적이며 실천적인 수행을 할 수 있음을 내포한 것이라고 볼 수 있다.

또한 점필은 불종자를 안치하여 부처의 공능이 성취될 수 있도록 하는 것을 말한다. 특히 '옴아훔'의 점필은 불의 신·구·의 삼업과 삼신을 투영하는 것이며, 비밀실지진언인 '암밤람함캄'의 점필은 불지의 본체를 의미하며 5지와 5불을 의미한다.

이와 같이 원만한 점안이 이루어지기 위해서는 불복장을 마친 후 크게 세 가지 의식이 필수적이다. 첫째는 「삼화상청」이다. 점안의식을 거행하는 의식승들의 의식 내용을 증명할 세 분 화상을 청해 모시는 것으로, 삼화상은 아사리 혹은 유나維那의 개념으로 이해할 수 있다. 즉 '불사의 증명'을 목적으로 한다. 여기에서 말하는 불사의 내용은 불사를 담당한 자의 청정심, 점안도량의 정비, 무엇보다도 의식을 거행하는 증명법사와 법주, 바라지 등의 의식 진행의 증명을 말한다.

둘째는 「신중작법」이다. 이 의식은 팔부신중을 비롯한 팔부금강과 4보살을 청해 모셔 점안도량의 결계와 옹호를 목적으로 거행된다.

셋째는 「점안의식」이다. 새로 모시고자 하는 부처님께서 강림하여 불상에 안좌하실 것을 목적으로 한다. 점안의식의 구성은 엄정의식, 결계의식, 건단의식, 소청의식, 점필의식, 관불의식, 장엄의식, 공양의식 순으로 거행된다.

점안의식의 여덟 항목 중 엄정, 결계, 건단, 소청, 점필의식은 실질적으로 점안이 완성되게 하는 단계이며, 점필 이후의 세 가지 의식인 관불, 장엄, 공양의식은 새로 모신 부처님의 장엄과 예경의 성격으로 볼 수 있다. 점안을 위한 전자의 의식은 크게 결계와 소청, 그리고 점필이라는 3단계로 구성되어 있다.

이 3단계 구성은 또 다시 각기 3중 구도로 구성되어 있는데, 먼저 1단계 결계 과정은 엄정의식, 결계의식, 건단의식으로 이루어져 3차에 걸쳐 결계를 짓는다. 그리고 2단계인 소청 과정 또한 세 과정으로 이루어져 있다. 1차로 태장만다라 삼부의 제존을 소청한 다음, 2차로 금강계만다라 5부의 제존과, 3차로 새로 모시어 점안의 주인공이 되는 제불을 차례대로 소청한다. 또한 3단계인 점필 과정은 '옴아훔'을 1차적으로 점필하고, 팔안을 성취하기 위한 '암밤람함캄'과 '준제구성범자', '오여래종자', '사바라밀보살종자', '내팔보살종자', '외팔보살종자', '구색쇄령종자', '십대명왕종자', '열금강왕' 등을 2차로 점필한다. 또한 3차로는 '개안광명진언'을 통해 완벽하게 부처님이 눈을 뜨도록 하게 한다. 이와 같이 점안의식은 정성스럽고 조심스러우며 세밀하게 진행되고 있음을 알 수 있다.

또한 점안의식에는 범패와 작법무도 함께 거행되고 있다. 범패는 안채비와 바깥채비가 두루 쓰이며, 작법무는 바라무와 착복무가 거행되어 음성공양과 신업공양이 함께 어우러져 신심을 고취시킬 뿐만 아니라 예술적 가치 또한 확인할 수 있다.

다만 완벽한 점안을 위해서는 삼밀가지가 되어야 한다. 행법자는 몸에 인을 맺고, 입으로 진언을 외우고, 뜻으로 본존을 관하여 행법자의 삼업 위에 부처님의 삼밀이 더하여 가지加持되어야 한다는 것이다. 그러나 현행 의식에서는 진언을 통한 구밀과 점필 시 관법은 의밀로 볼 수 있으나, 수인인 신밀이 거행되고 있지 않으니 완벽한 점안이라고 하기 어렵다. 특히 수인은 인계를 말하는 신밀만이 아닌 인법, 즉 관법까지도 포함되고 있어 의밀도 포함한다.

그러므로 새로 조성된 불상에 부처가 강림할 것을 목적으로 행법자가 지극하게 삼밀을 수행했을 때만이 부처의 삼밀이 가지하여 불상이 아닌 부처로 거듭나게 되는 것이다. 따라서 삼밀 중 그 어떤 것도 빠져서는 원만히 성취되기 어렵기에 점안의식 시 수인은 반드시 거행해야 한다고 본다. 이에 필자는 본서를 통해 조금 더 여법하게 점안의식을 거행할 수 있도록 하기 위한 일환으로 가능한 한 수인을 찾아내어 보완하고자 하였다. 또한 여러 의식문을 비교 분석하여 본문의 내용을 재정립하고자 노력하였다. 이것은 향후 점안의식문의 완성을 위한 초석이 될 것으로 기대한다.

더불어 점안의식은 불보살만을 점안하는 것이 아닌, 또 다른 중요한 의미를 내포하고 있다. 그것은 부처님을 모시는 것이 주된 내용이지만, 각기 본래 자성불을 일깨워 주는 의식이라고 할 수 있기 때문이다. 다시 말해 점안의식은 외적으로는 부처님을 점안하고, 내적으로는 자신에게 내재되어 있는 청정심에 점안하는 것이라고 할 수 있다. 이것은 『열반경』에서 설한 "일체중생一切衆生 실유불성悉有佛性", 즉 모든 중생에게는 불성이 내재되어 있기에 가능한 것으로 여래장사상의 내재불적 성격을 점안의식을 통해 실현시킨 것으로 볼 수 있다.

이상과 같이 점안의식은 부처님을 우리 곁으로 모시는 것임과 동시에 각자의 자성불에 점안하는 의식이다. 즉 시주자 외 동참 대중은 관정으로 불위를 계승함과 동시에 불종자에 점안하여 부처님의 가르침대로 수행하며 중생을 이롭게 하고 구제하려는 보살의 뜻을 저버리지 않고 보리심을 잃지 않을 것과 보살도를 행할 것을 다짐하는 장이기도 하다. 그러므로 보살은 삼종심, 사무량심, 사섭법, 육바라밀 등과 같은 자리이타의 수행법을 널리 실천함으로써 자신이 받는 모든 공덕과 선근을 타인을 위해 회향할 수 있게 된다.

결국 점안에 내재된 의의는 부처님을 등불 삼아 자성을 밝혀 '상구보리 하화중생'하겠다는 서원을 하는 동시에 실천하는 보살로의 거듭 태어남을 상징한다. 이것은 곧 보살심을 회복하여 보살행으로써 반드시 성불하겠다는 것과 중생을 구제하겠다는 의지를 표명하는 것이라 할 수 있다. 이에 부처님은 동참 대중에게 반드시 성불할 것이라는 수기를 베푸는 의식이 점안이라고도 할 수 있다.

더욱 중요한 것은, 청정법신세계에 계신 비로자나부처님께서 점안이라는 의식을 통해 살아 활동하시는 화신으로 강림하여 중생을 만나고, 중생들은 이렇게 오신 부처님께 귀의하고 정진하여 보살로서의 삶을 살 수 있도록 계기를 마련한 것이라고 할 수 있다. 그러므로 불상점안의식은 만남의 장으로 부처는 중생에게 오고, 중생은 부처에게 다가가는 거룩하고 위대한 의식인 것이다.

# 참고문헌


## I. 경전 및 사료

『長阿含經』(大正藏 1)

『增一阿含經』(大正藏 2).

『方廣大莊嚴經』(大正藏 3).

『佛所行讚』(大正藏 4).

『大莊嚴論經』(大正藏 4).

『大方廣佛華嚴經』(大正藏 4, 9, 10).

『金剛般若波羅蜜經』(大正藏 8).

『大乘理趣六波羅蜜多經』(大正藏 8).

『佛說最上根本大樂金剛不空三昧大教王經』(大正藏 8).

『妙法蓮華經』(大正藏 9).

『大薩遮尼乾子所說經』(大正藏 9).

『大般涅槃經』(大正藏 12).

『佛說無量壽經』(大正藏 12).

『佛說四天王經』(大正藏 12).

『菩薩從兜術天降神母胎說廣普經』(大正藏 12).

『佛說伅眞陀羅所問如來三昧經』(大正藏 15).

『大乘寶雲經』(大正藏 16).

『浴佛功德經』(大正藏 16).

『佛說浴像功德經』(大正藏 16).

『十八契印』(大正藏 18).

『供養儀式』(大正藏 18).

『陀羅尼集經』(大正藏 18).

『火吽軌別錄』(大正藏 18).

『青龍寺軌記』(大正藏 18).

『大日如來劍印』(大正藏 18).

『蘇悉地羯囉經』(大正藏 18).

『都部陀羅尼目』(大正藏 18).

『蘇婆呼童子請問經』(大正藏 18).

『蘇悉地羯羅供養法』(大正藏 18).

『佛說瑜伽大教王經』(大正藏 18).

『諸佛境界攝眞實經』(大正藏 18).

『大日經持誦次第儀軌』(大正藏 18).

『金剛頂瑜伽三十七尊禮』(大正藏 18).

『大毘盧遮那經廣大儀軌』(大正藏 18).

『佛說祕密三昧大教王經』(大正藏 18).

『大日經略攝念誦隨行法』(大正藏 18).

『金剛頂蓮華部心念誦儀軌』(大正藏 18).

『佛頂尊勝陀羅尼念誦儀軌法』(大正藏 18).

『金剛頂瑜伽三十七尊出生義』(大正藏 18).

『大毘盧遮那成佛神變加持經』(大正藏 18).

『金剛頂瑜伽略述三十七尊心要』(大正藏 18).

『佛說大悲空智金剛大教王儀軌經』(大正藏 18).

『金剛頂經瑜伽修習毘盧遮那三摩地法』(大正藏 18).

『金剛頂一切如來眞實攝大乘現證大教王經』(大正藏 18).

『佛說一切如來金剛三業最上秘密大教王經』(大正藏 18).

『佛說一切如來眞實攝大乘現證三昧大教王經』(大正藏 18).

『三種悉地破地獄轉業障出三界祕密陀羅尼法』(大正藏 18).

『一切如來大祕密王未曾有最上微妙大曼拏羅經』(大正藏 18).

『佛頂尊勝心破地獄轉業障出三界祕密三身佛果三種悉地眞言儀軌』(大正藏 18).

『大毘盧遮那成佛神變加持經蓮華胎藏菩提幢標幟普通眞言藏廣大成就瑜伽』(大正藏 18).

『大毘盧遮那成佛神變加持經蓮華胎藏悲生曼荼羅廣大成就儀軌供養方便會』(大正藏 18).

『攝大毘盧遮那成佛神變加持經入蓮華胎藏海會悲生曼荼攞廣大念誦儀軌供養方便會』(大正藏 18).

『牟梨曼陀羅呪經』(大正藏 19).

『藥師如來觀行儀軌法』(大正藏 19).

『守護國界主陀羅尼經』(大正藏 19).

『無量壽如來觀行供養儀軌』(大正藏 19).

『金剛頂經一字頂輪王儀軌音義』(大正藏 19).

『金剛頂經瑜伽觀自在王如來修行法』(大正藏 19).

『聖無動尊一字出生八大童子祕要法品』(大正藏 19).

『大佛頂如來密因修證了義諸菩薩萬行首楞嚴經』(大正藏 19).

『大虛空藏菩薩念誦法』(大正藏 20).

『不空羂索神變眞言經』(大正藏 20).

『觀自在菩薩如意輪瑜伽』(大正藏 20).

『如意輪菩薩觀門義注祕訣』(大正藏 20).

『大悲心陀羅尼修行念誦略儀』(大正藏 20).

『七俱胝佛母所說准提陀羅尼經』(大正藏 20).

『金剛頂經瑜伽文殊師利菩薩法』(大正藏 20).

『佛說金剛香菩薩大明成就儀軌經』(大正藏 20).

『觀自在菩薩怛嚩多唎隨心陀羅尼經』(大正藏 20).

『妙吉祥平等瑜伽祕密觀身成佛儀軌』(大正藏 20).

『佛說七俱胝佛母准提大明陀羅尼經』(大正藏 20).

『觀自在大悲成就瑜伽蓮華部念誦法門』(大正藏 20).

『佛說佛母般若波羅蜜多大明觀想儀軌』(大正藏 20).

『十一面觀自在菩薩心密言念誦儀軌經』(大正藏 20).

『佛說持明藏瑜伽大教尊那菩薩大明成就儀軌經』(大正藏 20).

『千手千眼觀世音菩薩廣大圓滿無礙大悲心陀羅尼經』(大正藏 20).

『攝無礙大悲心大陀羅尼經計一法中出無量義南方滿願補陀洛海會五部諸尊等弘誓力方位及威儀形色執持三摩耶幖幟曼茶羅儀軌』(大正藏 20).

『新集浴像儀軌』(大正藏 21).

『金剛童子持念羅』(大正藏 21).

『瑜伽集要焰口施食儀』(大正藏 21).

『不動使者陀羅尼祕密法』(大正藏 21).

『毘盧遮那五字眞言修習儀軌』(大正藏 21).

『佛說一切如來安像三昧儀軌經』(大正藏 21).

『大輪金剛修行悉地成就及供養法』(大正藏 21).
『佛說灌頂七萬二千神王護比丘呪經』(大正藏 21).
『北方毘沙門多聞寶藏天王神妙陀羅尼別行儀軌』(大正藏 21).
『四分律』(大正藏 22).
『根本說一切有部毘奈耶』(大正藏 23)
『梵網經』(大正藏 24).
『大智度論』(大正藏 25).
『佛地經論』(大正藏 26).
『無量壽經憂波提舍』(大正藏 26).
『妙法蓮華經憂波提舍』(大正藏 26).
『菩薩善戒經』(大正藏 30).
『攝大乘論釋』(大正藏 31).
『大乘起信論』(大正藏 32).
『諸教決定名義論』(大正藏 32).
『金剛頂瑜伽中發阿耨多羅三藐三菩提心論』(大正藏 32).
『妙法蓮華經玄贊』(大正藏 34).
『大華嚴經略策』(大正藏 36).
『大方廣佛華嚴經隨疏演義鈔』(大正藏 36).
『大毘盧遮那成佛經疏』(大正藏 39).
『天台菩薩戒疏』(大正藏 40).
『大乘義章』(大正藏 44).
『天台四教儀』(大正藏 46).
『密呪圓因往生集』(大正藏 46).
『法華經安樂行義』(大正藏 46).
『顯密圓通成佛心要集』(大正藏 46).
『圓悟佛果禪師語錄』(大正藏 47).
『大阿羅漢難提蜜多羅所說法住記』(大正藏 49).
『古清涼傳』(大正藏 51).
『華嚴經傳記』(大正藏 51).
『集神州三寶感通錄』(大正藏 52).
『法苑珠林』(大正藏 53).

『釋氏要覽』(大正藏 54).
『大日經疏妙印鈔』(大正藏 58).
『大日經疏鈔』(大正藏 60).
『大日經供養次第法疏私記』(大正藏 60).
『天台法華宗義集』(大正藏 74).
『諸家教相同異略集』(大正藏 74).
『四十帖決』(大正藏 75).
『胎藏三密抄』(大正藏 75).
『金剛三密抄』(大正藏 75).
『胎藏界虛心記』(大正藏 75).
『胎藏界大法對受記』(大正藏 75).
『金剛界大法對受記』(大正藏 75).
『行林抄』(大正藏 76).
『總持抄』(大正藏 77).
『四度授法日記』(大正藏 77).
『祕鈔』(大正藏 78).
『薄雙紙』(大正藏 78).
『幸心鈔』(大正藏 78).
『高雄口訣』(大正藏 78).
『西源德芳和尙語錄』(大正藏 81).
『梵字悉曇字母釋義』(大正藏 84).
『普賢菩薩說證明經』(大正藏 85).
『梁朝傅大師頌金剛經』(大正藏 85).
『印圖』(大正藏「圖像部」8).
『手印圖』(大正藏「圖像部」8).
『胎藏印圖』(大正藏「圖像部」8).
『胎藏界印圖』(大正藏「圖像部」8).
『金剛契印圖』(大正藏「圖像部」8).
『蘇悉地手契圖』(大正藏「圖像部」8).
『不動立印像畵道』(大正藏「圖像部」8).
『蘇悉地儀軌契印』(大正藏「圖像部」8).

『十八道私記印圖』(大正藏「圖像部」8).
『阿娑縛抄』(大正藏「圖像部」9).
『阿娑縛抄』「開眼作法」(大正藏「圖像部」9).
『佛說大毘盧遮那成佛神變加持經修眞言行大悲胎藏生大曼拏羅王普通念誦儀軌』(大正藏「圖像部」8).
『佛說毘盧遮那成佛神變加持經修眞言行大悲胎藏生大曼拏羅王普通念誦儀軌』(大正藏「圖像部」8).
『經律異相』(『한글대장경』).
『大藏一覽經』(『高麗藏』 45).
『阿閦如來念誦供養法』(『高麗藏』 19).
『佛說豫修十王生七經』(卍續藏 1).
『新鐫大乘金剛般若波羅蜜經音釋直解』(卍續藏 25).
『瑜伽集要施食儀軌』(卍續藏 59).
『瑜伽燄口註集纂要儀軌』(卍續藏 59).
『三國遺事』(국사편찬위원회).
『入唐求法巡禮行記』(국사편찬위원회).
『高麗史』(국사편찬위원회).
『朝鮮王朝實錄』(국사편찬위원회).
『懶庵雜著』(『한국불교전서』 제7집).
『東文選所載麗代僧侶詩文』(『한국불교전서』 제6집).

## II. 의식문

『眞言勸供』(1496년),(『한국불교의식자료총서』 제1집).
『水陸無遮平等齋儀撮要』(1573년),(『한국불교의식자료총서』 제1집).
『勸供諸般文』(1574년),(『한국불교의식자료총서』 제1집).
『靈山大會作法節次』(1634년),(『한국불교의식자료총서』 제2집).
『五種梵音集』(1661년),(『한국불교의식자료총서』 제2집).
『諸般文』(1694년),(『한국불교의례자료총서』 제2집).
『諸般文』(1719년),(『한국불교의례자료총서』 제2집).
『天地冥陽水陸齋儀梵音刪補集』(1721년),(『한국불교의례자료총서』 제3집).
蒙隱編 『密敎開刊集』(1784년),(『한국불교의례자료총서』 제3집).

暎月編 『眞言集』(1800년),(『한국불교의례자료총서』 제3집).
유점사본 『造像經』(1824년),(『한국불교의례자료총서』 제3집).
『作法龜鑑』(1827년),(『한국불교의례자료총서』 제3집).
『作法節次』(『한국불교의례자료총서』 제4집).
『要集』(『한국불교의례자료총서』 제4집).
『眞言集』(15세기말-16세기 초), 규장각소장.
『大陀羅尼眞言集』(1688년), 규장각 소장.
『請文』(1883년), 규장각 소장.
『請文』(1529년), 동국대중앙도서관 소장.
『點眼作法』(1919년), 담양 용화사 소장.
『作法龜鑑』(1929년), 규장각소장.
안진호, 『釋門儀範』(법륜사, 1931).

III. **단행본**

김영태, 『한국불교사』(경서원, 1986).
능화, 『한국의 불교음악』(푸른세상, 2006).
묵담대종사문집간행회, 『默潭大宗師文集』(민족사, 1999).
박세민, 『한국불교의식자료총서』 제1, 2, 3, 4집(삼성암, 1993).
백파 긍선, 『작법귀감』, 김재두 역(동국대학교출판부, 2010).
법현, 『불교무용』(운주사, 2002).
____, 『한국의 불교음악』(운주사, 2005).
____, 『불교의식음악 연구』(운주사, 2012).
손인애, 『京山制 불교음악』(민속원, 2013).
심상현, 『佛教儀式各論』 II(한국불교출판부, 2000).
______, 『佛教儀式各論』 V(한국불교출판부, 2001).
______, 『佛教儀式各論』 VI(한국불교출판부, 2001).
______, 『佛教儀式各論』 IX(한국불교출판부, 2006).
______, 『영산재』(국립문화재연구소, 2003).
______, 『함께 공부하는 千手經』(로터스, 2012).
심우성, 『아시아 舞踊의 人類學』(동문선, 1991).
법안·우천 공저, 『삼밀시식행법해설』(정우서적, 2011).

엠오시 월슈 지음, 강대자행 옮김, 『영원한 올챙이』(고요한 소리, 1987).
이기영, 『반야심경·금강경』(한국불교연구원, 1978).
이성운, 『천수경, 의궤로 읽다』(정우서적, 2011).
이재숙 역주, 『나띠야 샤스트라』上(소명출판, 2004).
조준호, 「초기불교의 사회적 실천운동」, 『실천불교의 이념과 역사』(행원, 2002).
진홍섭, 『불상』(대원정사, 1989).
최완수, 『한국불상의 원류를 찾아서』 제1권(대원사, 2002).
허영일, 『민족무용학』(시공사, 1999).
허일범, 『密敎의 護摩와 灌頂』(진각종 해인행, 2004).
______, 『한국의 진언문화』(진각종 해인행, 2008).
金剛秀友, 『密教哲學』, 원의범 역(경서원, 1982).
松長有慶, 『密教歷史』, 허일범 역(경서원, 1990).
佐藤今朝夫, 『圖印大鑑』(일본: 國書刊行會, 1984).
全佛編輯部主編, 『密教的修法手印』 上(대만: 全佛文化, 2000).

IV. **논문**

공유정, 「韓國千佛圖像의 研究」, 석사학위논문(동국대학교, 2003년).
김미진, 「佛像 手印 研究: 印度, 中國, 韓國의 初期 佛像 手印을 中心으로」, 석사학위논문(이화여자대학교, 1997).
권영택, 「인도 종교에서 三密의 연원」, 『인도철학』 제7집(인도철학회, 1997).
김민정, 「범패 성(聲)에 대한 연구: 영산재 中心으로」, 석사학위논문(동국대학교, 2008).
김영덕, 「金剛界曼茶羅의 韓國的 變容에 관한 研究」, 『불교연구』 제34집(한국불교연구원, 2011).
______, 「金剛頂經의 菩薩思想 研究」, 『밀교학보』 제2집(밀교문화연구원, 2000).
______, 「手印의 言語的 상징성과 그 展開」, 『불교학보』 제62집(불교문 화연구원, 2012).
김용주, 「胎. 金 兩界蔓茶羅의 신행적 의미의 研究」, 석사학위논문(동국대학교, 2008).
김응기, 「佛像點眼 儀式의 梵唄쓰임 研究」, 『동국논집』제16집,(제2호, 1997).
노권용, 「三身說의 전개와 그 의미」, 『한국불교학』 제32집(한국불교학회, 2000).
노명열, 「현행 생전예수재와 조선시대 생전예수재 비교 고찰: 의식절차와음악을 중심으로」, 박사학위 논문(중앙대학교, 2010).
마성, 「상좌불교와 대승불교의 삼보관 비교」, 『교불련논집』 제12집(한국교수불자연합회, 2006).
朴洪國, 「手印이 法衣에 가려진 新羅 佛像 小考」, 『新羅文化』 제26집(동국대 신라문화연구소, 2005).
손인애, 「경제 〈복청게〉계통 소리의 음악사적 연구」, 『한국음악사학보』 제 48집(한국음악사학회, 2012).
신광희, 「한국의 나한도 연구」, 박사학위논문(동국대학교, 2010).
심상현, 「영산재 성립과 작법의례에 관한 연구」, 박사학위논문(위덕대학교, 2011).
유근자, 「간다라 佛傳 圖像의 硏究」, 박사학위논문(동국대학교, 2006).
이기영, 「佛身에 관한 硏究」, 『불교학보』 제3집(불교문화연구원, 1966).
이혜숙, 「四攝法의 사회복지실천적 含意」, 『불교학연구』 제20호(불교학연구회, 2008).
주명철, 「정토왕생과 보살행 오념문」, 『불교학연구』 제33집(불교학연구회,2012).
최성규, 「韓國形 金剛界 37尊 圖像의 形成에 對한 硏究」, 박사학위논문(위덕대학교, 2009).
한정미, 「불교의식의 作法舞 연구」, 석사학위논문(동국대학교, 2010).
______, 「點眼作法時 點筆法에 대한 硏究」, 『백악논총』 제8집(동방대학원대학교, 2013).
허흥식, 「佛腹藏의 背景과 造像經」, 『서지학보』 제10집(한국서지학회, 1993).
홍대한, 「신라와 고려시대 조탑(造塔) 경전의 역할과 기능, 『사학지』 제 42집(단국대학교사학회, 2010).

## V. 사전류

『佛光大辭典』(佛光大藏經編修委員會, 1989).
『佛教大辭典』 上, 下(홍법원, 1994).
佐和隆研 編, 『密教辭典』(法藏館, 1975).
染川英輔 筆著, 『曼荼羅圖典』(東京: 大法輪閣, 1993).

## VI. 기타자료

허일범, 「한국밀교전개사 81」, 〈밀교신문〉, 2005. 7. 29.

※ 점안의식 관련 중요 텍스트 목록 / 음영처리 한 것은 각 시대를 대표하는 것으로서 본서에서 비교를 위해 취택한 텍스트이다.

| 제목 내용 | 출 전 | 편자 및 상태 | 간행 연대 | 소 장 | 비 고 |
|---|---|---|---|---|---|
| 1. 點眼文 | 『眞言集』 | 편자미상<br>목판본木版本 | 15세기말~16세기 초 | 서울대 규장각 | *점안의식에 사용되는 진언들만이 수록.<br>*점안의식에 관한 현존 문헌 중 最古本으로 추정. |
| 2. 點眼文 | 『請文』 | 편자미상 목판본 | 1529년 | 동국대 중앙도서관 | *중종 24년 嘉靖八年(1529)己丑未月旣望玄敏寫 |
| 3. 點眼文 | 『勸供諸般文』 | 석왕사釋王寺편<br>목판본 | 1574년 | 국립중앙도서관 | *1574년(선조 7년) 안변安邊 석왕사釋王寺에서 개간한 목판본. |
| 4. 點眼時 | 『靈山大會作法節次』 | 용복사龍腹寺간행<br>목판본 | 1634년 | 동국대 김영태 교수 소장 | *인조 12년(崇禎7 甲戌, 1634) 경기도 朔寧 水淸山 龍腹寺에서 간행. |
| 5. 點眼儀文 | 『五種梵音集』 | 지선智禪편<br>호국사護國寺간<br>목판본 | 1661년 | 동국대 김영태 교수 소장 | *현종 2년(順治18 辛丑 1661) 전라북도 무주 적상산 護國寺에서 간행.<br>*벽암각성碧巖覺性이 序文을 쓰고 교정함. |
| 6. 點眼文 | 『大陀羅尼眞言集』 | 보현사 간행<br>목판본 | 1688년 | 서울대 규장각 | *숙종 14년 간행된 목판본으로, 본 의식집에서는 점안문 글자 밑에 '상문서진언 불번재서上文書眞言 不煩再書'라는 주註를 달아서 앞글에 이미 수록되어 있는 진언은 번거롭게 다시 기록하지 않는다고 되어 있으므로 중복되는 것은 생략하였음. |

| | | | | | |
|---|---|---|---|---|---|
| 7. 點眼文 | 『諸般文』 | 금산사金山寺간 목판본 | 1694년 | 동국대 중앙도서관 | *숙종 20년(康熙3 甲戌 1694) 전라북도 금구金溝 모악산母嶽山 금산사金山寺에서 간행. |
| 8. 點眼文 | 『諸般文』 | 해인사海印寺간 | 1719년 | | *숙종 45년 가야산 해인사에서 간행. |
| 9. 佛像點眼作法 | 『天地冥陽水陸齋儀梵音删補集』 | 지환智還 중흥사重興寺 목판본 | 1721년 | 국립중앙도서관 | *경종 1년(康熙 60 辛丑 1721) 경기도 양주 삼각산 중흥사에서 간행. |
| 10. 點眼文 | 『眞言集』 | 영월暎月편 | 1800년 | | *정조 24년 경기도 양주 도봉산 망월사에서 간행된 목판본. |
| 11. 點眼文諸眞言 | 『造像經』 | 용허聳虛편 유점사본 | 1824년 | | *순조 24년 금강산 유점사에서 용허聳虛 화상이 편집하여 개판한 것. |
| 12. 佛像點眼 | 『作法龜鑑』 | 백파긍선白坡亘璇 운문암雲門庵 목판본 | 1827년 | | *선조 27년 전라도 장성 백양산 운문암雲門庵에서 간행한 목판본.<br>*백파긍선 스님이 제자들의 부탁을 받고 이전까지 있었던 의식문을 교정하고 보충하여 편집. |
| 13. 點眼文 | 『請文』 | 목판본 | 1883년 | 서울대 규장각 | *고종 20년 |
| 14. 佛像點眼作法 | 『點眼作法』 | 금해관영 錦海瓘英편 백양사 관음실 서사본 | 1919년 | 용화사 묵담유물관 | *담양 용화사 묵담유물관자료실 소장으로 1919년(世尊應化 2946년) 백양사 청유동淸流洞 관음실觀音室에서 금해관영(錦海瓘英; 1856~1937년) 스님이 백양사에 강주로 계시면서 사서. |
| 15. 點眼文 | 『要集』 | 서사자書寫者와 서사연대 불명 서사본 | 연도 미상 | 동국대 김영태 교수 소장 | |
| 16. 佛像點眼 | 『釋門儀範』 | 안진호 편 | 1931년 | 2558년(서기2014) 현재 유통본 | |

## ※ 불상점안의식 관련 중요자료 共觀表

| 標準案(論文內容) | 請文 | 梵音刪補集 | 作法龜鑑 | 點眼作法 | 備考 |
|---|---|---|---|---|---|
| 아래의 내용은 『석문의범』을 저본으로 하고 위의 의식집을 참고하여 본서에서 取擇한 점안의식의 항목과 내용임. | 1) 편자미상 木版本<br>2) 1529년<br>3) 點眼文<br>4) 동국대 중앙도서관 | 1) 智還편 木版本<br>2) 1721년<br>3) 佛像點眼作法<br>4) 국립 중앙도서관 | 1) 亘璇편 木版本<br>2) 1827년<br>3) 佛像點眼<br>4) 동국대 중앙도서관 | 1) 瓘英편 書司本<br>2) 1919년<br>3) 佛像點眼作法<br>4) 용화사 묵담유물관 | 1) 편자 및 간행처<br>2) 편찬연대<br>3) 제목<br>4) 소장 |
| 神衆作法 | | | | | |
| 〈1.擁護偈〉<br>八部金剛護道場<br>空神速赴報天王<br>三界諸天咸來集<br>如今佛刹補禎祥 | | 〈擁護偈〉<br>八部金剛護道場<br>空神速赴報天王<br>三界諸天咸來集<br>如今佛刹補禎祥 | 〈擁護偈〉<br>八部金剛護道場<br>空神速赴報天王<br>三界諸天咸來集<br>如今佛刹補禎祥 | (起金一宗□□三宗次大鍾 二十八推轉鍾七推次擁護偈云云)<br>〈擁護偈〉<br>八部金剛護道場<br>空神速赴報天王<br>三界諸天咸來集<br>如今佛刹補禎祥 | |
| 〈2.擧目(禮八金剛四菩薩)〉<br>奉請 淸除災金剛<br>唯願慈悲擁護道場<br>奉請 黃陏求金剛 | | 〈禮八金剛四菩薩〉<br>(各句下 皆加惟願慈悲 擁護道場云) | 奉請 守護持呪八大金剛<br>唯願慈悲擁護道場<br>奉請 護持四方四大菩薩<br>唯願慈悲擁護道場 | 〈禮擁護衆〉<br>奉請 守護持呪八大金剛<br>唯願慈悲擁護道場<br>奉請 護持四方四大菩薩 | |

唯願慈悲擁護道場
奉請 辟毒金剛
唯願慈悲擁護道場
奉請 白淨水金剛
唯願慈悲擁護道場
奉請 赤聲火金剛
唯願慈悲擁護道場
奉請 定除災金剛
唯願慈悲擁護道場
奉請 紫賢神金剛
唯願慈悲擁護道場
奉請 大神力金剛
唯願慈悲擁護道場
奉請 金剛眷菩薩
唯願慈悲擁護道場
奉請 金剛索菩薩
唯願慈悲擁護道場
奉請 金剛愛菩薩
唯願慈悲擁護道場
奉請 金剛語菩薩
唯願慈悲擁護道場
南無擁護會上聖賢衆

奉請 清除灾金剛
奉請 黃隨求金剛
奉請 辟毒金剛
奉請 白淨水金剛
奉請 赤聲金剛
奉請 定除災金剛
奉請 紫賢金剛
奉請 大神金剛
奉請 金剛眷菩薩
奉請 金剛索菩薩
奉請 金剛愛菩薩
奉請 金剛語菩薩

(次轉鐘七搥 鳴螺三旨
鳴鈸一宗 次喝香)

奉請 如來化現十大明王
唯願慈悲擁護道場
奉請 娑婆界主大梵天王
地居世主帝釋天王
護世安民四大天王
二十諸天諸大天神
唯願慈悲擁護道場
奉請護戒大神福德大神
內護竈王外護山神
主執陰陽諸大聖衆
唯願慈悲擁護道場
皆拜
南無擁護會上聖賢衆
三說 三拜

唯願慈悲擁護道場
奉請 如來化現十大明王
唯願慈悲擁護道場
奉請 娑婆界主大梵天王
唯願慈悲擁護道場
地居世主帝釋天王
唯願慈悲擁護道場
護世安民四大天王
唯願慈悲擁護道場
二十諸天諸大天王
唯願慈悲擁護道場
護戒大神福德大神
唯願慈悲擁護道場
內護竈王外護山神
唯願慈悲擁護道場
主執陰陽造化諸大聖衆
唯願慈悲擁護道場
南無擁護會上聖賢衆
三拜

| | | | | | |
|---|---|---|---|---|---|
| 〈3.歌詠〉<br>擁護聖衆滿虛空<br>都在毫光一道中<br>信受佛語常擁護<br>奉行經典永流通<br>故我一心歸命頂禮 | | | | | |
| 〈4.茶偈〉<br>清淨茗茶藥 能除病昏沈<br>唯冀擁護聖 願垂哀納受 | | | 〈茶偈〉<br>清淨茗茶藥 能除病昏沈<br>唯冀擁護聖 願垂哀納受 | 〈茶偈〉<br>清淨茗茶藥 能除病昏沈<br>唯冀擁護聖 願垂哀納受<br>(供養呪云)<br>•〈普供養眞言〉<br>옴 아아나 삼바바 바아라<br>훔 | |
| 〈5.歎白〉<br>擁護會上諸聖衆<br>佛法門中誓願堅<br>列立招提千萬歲<br>自然神用護金仙 | | | 〈歎白〉<br>擁護會上諸聖衆<br>佛法門中誓願堅<br>列立招提千萬歲<br>自然神用護金仙<br>故我一心歸命頂禮<br>(次 大鍾二十八追轉鍾<br>七追鳴螺三旨始向一宗) | 〈歎白〉<br>擁護會上諸聖衆<br>佛法門中誓願堅<br>列立招提千萬歲<br>自然神用護金仙<br>(轉鐘七推鳴螺三旨鳴鈸<br>一宗) | |

| 點眼儀式 | | | | | |
|---|---|---|---|---|---|
| 〈1.喝香〉<br>栴檀木做衆生像<br>及與如來菩薩形<br>萬面千頭雖各異<br>若聞薰氣一般香 | (初然香然燈偈<br>次香烟遍覆三千界云<br>次切以法筵光啓卽誦<br>大悲神呪一遍洒淨道場<br>次伸道場嚴淨 云云) | 〈喝香〉<br>栴檀木做衆生像<br>及與如來菩薩形<br>萬面千頭雖各異<br>若聞薰氣一般香<br><br>(三燈偈後三歸依 忙迫則三至心繞匝 鳴鈸合掌偈告香偈 次開啓則詳夫云云 次千手後四方讚嚴淨偈云 次懺悔偈然臂 法 主說示造像起緣云 次仰告十方篇 及諸眞言諸偈末 由致及各請各歌詠云云) | 〈喝香〉<br>栴檀木做衆生像<br>及與如來菩薩形<br>萬面千頭雖各異<br>若聞薰氣一般香<br><br>(後卽三燈偈三歸依 忙迫則 三至心繞匝 鳴鈸合掌偈告香偈開啓則詳夫云云<br>次千手四方讚嚴淨偈懺悔<br>偈呪然臂 次會主證示造像緣起及功德) | 〈喝香〉<br>栴檀木做衆生像<br>及與如來菩薩形<br>萬面千頭雖各異<br>若聞薰氣一般香 | 1.항목이 없는 것은 원본에 해당 제목이 생략된 경우임.<br><br>2.원문에 항목이 없어도 '註'에 제목이 언급되어 있으면, 제목으로 인정하여 명시하였음. 이 경우 제목 앞에 점(•)을 넣음.<br><br>3.제목은 '〈〉'로 註는 '()'를 이용하여 기록하였음. |
| 〈2.燃香偈〉<br>戒定慧解知見香<br>遍十方刹常芬馥<br>願此香煙亦如是<br>熏現自他五分身 | •〈燃香偈〉<br>戒定慧解知見香<br>遍十方刹常芬馥<br>願此香煙亦如是<br>熏現自他五分身 | •〈燃香偈〉<br>戒定慧解知見香<br>遍十方刹常芬馥<br>願此香煙亦如是<br>熏現自他五分身 | •〈燃香偈〉<br>戒定慧解知見香<br>遍十方刹常芬馥<br>願此香煙亦如是<br>熏現自他五分身 | 〈燃香〉<br>戒定慧解知見香<br>遍十方刹常芬馥<br>願此香煙亦如是<br>熏現自他五分身 | |

| | | | | | |
|---|---|---|---|---|---|
| 〈3.喝燈〉<br>達磨傳燈爲計活<br>宗師秉燭作家風<br>燈燈相續方不滅<br>代代流通振祖宗 | | | | | |
| 〈4.燃燈偈〉<br>大願爲炷大悲油<br>大捨爲火三法聚<br>菩提心燈照法界 阿阿吽<br>照諸群生願成佛 | •〈燃燈偈〉<br>大願爲炷大悲油<br>大捨爲火三法聚<br>菩提心燈照法界<br>照諸群生願成佛 | •〈燃燈偈〉<br>大願爲炷大悲油<br>大捨爲火三法聚<br>菩提心燈照法界 阿阿吽<br>照諸群生願成佛 | •〈燃燈偈〉<br>大願爲炷大悲油<br>大捨爲火三法聚<br>菩提心燈照法界 阿阿吽<br>照諸群生願成佛 | | |
| 〈5.喝花〉<br>牧丹花王含妙有<br>芍藥金蘂體芬芳<br>菡萏紅蓮同染淨<br>更生黃菊霜後新 | | | | | |
| 〈6.舒讚偈〉<br>我今信解善根力<br>及與法界緣起力<br>佛法僧寶加持力<br>所修善事願圓滿 | | •〈舒讚偈〉<br>我今信解善根力<br>及與法界緣起力<br>佛法僧寶加持力<br>所修善事願圓滿 | •〈舒讚偈〉<br>我今信解善根力<br>及與法界緣起力<br>佛法僧寶加持力<br>所修善事願圓滿 | | |

| | | | | | |
|---|---|---|---|---|---|
| 〈7.三歸依〉<br>①佛寶讚<br>自在熾盛與端嚴<br>名稱吉祥及尊貴<br>如是六德皆圓滿<br>應當摠號薄伽梵<br><br>志心信禮佛陀耶兩足尊<br><br>三覺圓萬德具 天人阿<br>調御師 阿阿吽 凡聖大<br>慈父 從眞界等應持 悲<br>化報 竪窮阿 三際時 橫<br>偏十方處 震法雷鳴法鼓<br>廣敷阿 權實教 阿阿吽<br>大開方便路 若歸依<br>能消滅地獄苦<br><br>②法寶讚<br>契經應頌與授記<br>諷誦自說及緣起<br>本事本生亦方廣 | | •〈三至心〉<br>志心信禮 佛陀耶 兩足尊<br>志心信禮 達摩耶 離欲尊<br>志心信禮 僧伽耶 衆中尊<br><br>繞匝, 鳴鈸 | •〈三至心〉<br>志心信禮 佛陀耶 兩足尊<br>志心信禮 達摩耶 離欲尊<br>志心信禮 僧伽耶 衆中尊<br><br>繞匝, 鳴鈸 | 一心頂禮十方常住佛<br>一心頂禮十方常住法<br>一心頂禮十方常住僧 | |

未曾譬喩幷論議

志心信禮達摩耶離欲尊

寶藏聚玉函軸 結集阿
於西域 阿呵吽
飜譯傳東土祖師弘賢哲判
成章疏 三乘阿分頓漸
五教正宗趣鬼神欽龍天護
道味阿 摽月指阿呵吽
除熱斟甘露 若歸依
能消滅餓鬼苦

③僧寶讚
等地三賢幷四果
菩薩聲聞緣覺僧
無色聲中現色聲
大悲爲體利群生

志心信禮僧伽耶衆中尊

五德師六和侶 利生阿

| 爲事業呵呵吽弘法是家務<br>避擾塵 常宴坐寂靜處<br>遮身阿拂毳衣充腸菜莘芋<br>鉢降龍 錫解虎<br>法燈阿常徧照呵呵吽<br>祖印相傳敷 若歸依<br>能消滅傍生苦<br><br>〈繞匝, 鳴鈸〉 | | | | | |
|---|---|---|---|---|---|
| 〈8.合掌偈〉<br>合掌以爲花 身爲供養具<br>誠心眞實相 讚歎香烟覆 | | •〈合掌偈〉<br>合掌以爲花 身爲供養具<br>誠心眞實相 讚歎香烟覆 | •〈合掌偈〉<br>合掌以爲花 身爲供養具<br>誠心眞實相 讚歎香烟覆 | 〈合掌偈〉<br>合掌以爲花 身爲供養具<br>誠心眞實相 讚歎香烟覆 | |
| 〈9.告香偈〉<br>香烟遍覆三千界<br>定慧能開八萬門<br>唯願三寶大慈悲<br>聞此信香臨法會 | •〈告香偈〉<br>香烟遍覆三千界<br>定慧能開八萬門<br>唯願三寶大慈悲<br>聞此信香臨法會 | •〈告香偈〉<br>香烟遍覆三千界<br>定慧能開八萬門<br>唯願三寶大慈悲<br>聞此信香臨法會 | •〈告香偈〉<br>香烟遍覆三千界<br>定慧能開八萬門<br>唯願三寶大慈悲<br>聞此信香臨法會 | 〈告香偈〉<br>香烟遍覆三千界<br>定慧能開八萬門<br>唯願三寶大慈悲<br>聞此信香臨法會 | |
| 〈10.詳夫開啓〉<br>詳夫 水含清淨之功<br>香有普熏之德<br>故將法水特熏妙香 | •切以 法筵光啓 誠意精虔<br>欲迎諸聖以來臨 修假八方之清淨 是水也 崑崙朵 | •〈開啓〉<br>詳夫 水含清淨之功<br>香有普熏之德<br>故將法水特熏妙香 | •〈開啓〉<br>詳夫 水含清淨之功<br>香有普熏之德<br>故將法水特熏妙香 | 〈開啓〉<br>詳夫 水含清淨之功<br>香有普熏之德<br>故將法水特熏妙香 | *'계개'의 내용이 차이를 보임. |

| | | | | | |
|---|---|---|---|---|---|
| 灑斯法筵成于淨土<br>常樂我淨 | 秀 河漢流芳 蓮花香裡碧波寒 楊柳梢頭甘露洒 蓬島之三山對揖 曹溪之一派長流 鼓祥風而玉雛千江鱗 驟雨而銀堆四瀆 禹門春暖 魚透三層 莊海秋高 鵬搏萬里 七寶池中漂玉子 九龍口裡浴金仙 群生藉此潤樵枯 天地仍玆消垢穢 故憑法水 徧洒法筵 滌除萬劫之昏蒙 永獲一眞之清淨 | 灑斯法筵成于淨土<br>常樂我淨 | 灑斯法筵成于淨土<br>常樂我淨 | 灑斯法筵成于淨土<br>常樂我淨 | |
| 〈11.灑水偈〉<br>觀音菩薩大醫王<br>甘露甁中法水香<br>灑濯魔雲生瑞氣<br>消除熱惱獲清凉 | | | | 〈灑水偈〉<br>觀音菩薩大醫王<br>甘露甁中法水香<br>灑濯魔雲生瑞氣<br>消除熱惱獲清凉 | |
| 〈12.伏請偈〉<br>伏請大衆 同音唱和<br>神妙章句 大陀羅尼 | | | | 伏請大衆 用意嚴淨<br>神妙章句 大陀羅尼 | *복청게가 처음 등장하는 것은 『靈山大會作法節次』(1634년) |

| | | | | | 로 "伏請大衆誦大悲同音唱和衆同誦千手週回洒水"의 내용으로 수록됨. |
|---|---|---|---|---|---|
| 〈13.千手〉 | •〈大悲神呪〉 | •〈千手〉 | •〈千手〉 | 云云 | |
| 〈14.四方讚〉<br>一灑東方潔道場<br>二灑南方得淸涼<br>三灑西方俱淨土<br>四灑北方永安康 | 〈洒淨道場〉<br>一灑東方潔道場<br>二灑南方得淸涼<br>三灑西方俱淨土<br>四灑北方永安康 | •〈四方讚〉<br>一灑東方潔道場<br>二灑南方得淸涼<br>三灑西方俱淨土<br>四灑北方永安康 | •〈四方讚〉<br>一灑東方潔道場<br>二灑南方得淸涼<br>三灑西方俱淨土<br>四灑北方永安康 | 〈四方讚〉<br>一灑東方潔道場<br>二灑南方得淸涼<br>三灑西方俱淨土<br>四灑北方永安康 | |
| 〈15.嚴淨偈〉<br>道場淸淨無瑕穢<br>三寶天龍降此地<br>我今持誦妙眞言<br>願賜慈悲密加護 | •〈道場嚴淨〉<br>道場淸淨無瑕穢<br>三寶天龍降此地<br>我今持誦妙眞言<br>願賜慈悲密加護 | •〈嚴淨偈〉<br>道場淸淨無瑕穢<br>三寶天龍降此地<br>我今持誦妙眞言<br>願賜慈悲密加護 | •〈嚴淨偈〉<br>道場淸淨無瑕穢<br>三寶天龍降此地<br>我今持誦妙眞言<br>願賜慈悲密加護 | 〈嚴淨偈〉<br>道場淸淨無瑕穢<br>三寶天龍降此地<br>我今持誦妙眞言<br>願賜慈悲密加護 | |
| 〈16.懺悔偈〉<br>我昔所造諸惡業<br>皆由無始貪瞋癡<br>從身口意之所生 | | •〈懺悔偈〉<br>我昔所造諸惡業<br>皆由無始貪瞋癡<br>從身口意之所生 | •〈懺悔偈〉<br>我昔所造諸惡業<br>皆由無始貪瞋癡<br>從身口意之所生 | 〈懺悔偈〉<br>我昔所造諸惡業<br>皆由無始貪瞋癡<br>從身口意之所生 | |

| 一切我今皆懺悔 | | 一切我今皆懺悔 | 一切我今皆懺悔 | 一切我今皆懺悔 | |
|---|---|---|---|---|---|
| 〈17.燃臂〉<br>百劫積集罪 一念頓蕩盡<br>如火焚枯草 滅盡無遺餘<br>懺悔眞言<br>옴 살바몯다 모지 사다야 사바하<br>oṃ sarva buddhabodhi sattvāya svāhā<br><br>〈法主說示 造像緣起云〉 | | •〈燃臂〉<br>法主說示 造像緣起云 | •〈懺悔眞言〉<br>옴 살바 못자모지사다야 사바하<br><br>〈燃臂〉<br>次 會主證示<br>造像緣起 及 功德 | 〈燃臂〉<br>百劫積集罪 一念頓蕩盡<br>如火焚枯草 滅盡無遺餘<br>懺悔眞言<br>옴 살바몯다 모디 사다야 사바하<br><br>(大衆一同 燃臂也 三七遍) | *『점안작법』에서는 〈燃臂〉에 게송이 추가됨. 또한 진언은 한글로만 기록함. |
| 〈18.開法藏眞言〉<br>옴 아라남 아라다<br>oṃ āranam ārāt | | | | 〈開法藏眞言〉<br>옴 아라남 아라다 | |
| 〈19.火聚眞言〉<br>옴 살바바바 보타나 하나 바아라야 사바하<br>oṃ sarvā pāpasphutada hana vajraya svāhā | | | | 〈火聚眞言〉<br>(一白八遍愼勿忘失也)<br>옴 살바바바 보타나 하나 바아라야 사바하<br>(呪末訂師擲芥子) | |

<table>
<tr>
<td>〈20.道場結界〉<br>仰告十方無盡三寶<br>天地一切虛空賢聖<br>不捨慈悲許垂朗鑑<br>今此地者是金剛地<br>我今欲立點眼道場<br>開秘密敎<br>難思議法門<br>故我結界 護持佛法<br>善神王等 及與一切<br>天地靈祇 隨意而住</td>
<td rowspan="2">〈淨地眞言〉<br>潔淨器世間<br>寂光華藏印<br>卽以定慧水<br>觀念離塵法<br>唵 羅儒婆識多 薩婆達摩<br><br>〈道場結界〉<br>仰告十方無盡三寶<br>天地一切虛空賢聖<br>不捨慈悲許垂朗鑑<br>今此地者是金剛地<br>我今欲立點眼道場<br>開秘密敎<br>難思議法門<br>故我結界 護持佛法<br>善神王等 及與一切<br>天地靈祇 隨意而住</td>
<td>•〈仰告十方篇〉<br>仰告十方無盡三寶<br>天地一切虛空賢聖<br>不捨慈悲許垂朗鑑<br>今此地者是金剛地<br>我今欲立點眼道場<br>開秘密敎<br>難思議法門<br>故我結界護持佛法<br>善神王等及與一切<br>天地靈祇隨意而住</td>
<td></td>
<td>〈道場結界〉<br>仰告十方無盡三寶<br>天地一切虛空賢聖<br>不捨慈悲許垂朗鑑<br>今此地者是金剛地<br>我今欲立點眼道場<br>開秘密敎 難思議法門<br>故我結界 護持佛法<br>善神王等 及與一切<br>天地靈祇 隨意而住<br><br>〈結界眞言〉(下諸眞言<br>或三徧或三七<br>徧勿□妄)<br>옴 만니 미야녜 다라 다<br>라 훔훔 사바하</td>
<td>*『請文』의 경우 '도량결계'와 '정지진언'의 순서가 바뀌어 있음.</td>
</tr>
<tr>
<td>〈21.淨地眞言〉<br>潔淨器世間 寂光華藏印<br>卽以定慧水 觀念離塵法<br>唵 那唯婆阿多 薩婆達摩<br>옴 나유바아다 살바달마</td>
<td>•〈淨地眞言〉<br>潔淨器世間 寂光華藏印<br>卽以定慧水 觀念離塵法<br>唵 那唯婆阿多 薩婆達摩</td>
<td>〈淨地眞言〉<br>潔淨器世間 寂光華藏印<br>卽以定慧水 觀念離塵法<br>唵 羅儒婆誐多薩婆達摩</td>
<td>〈淨地眞言〉<br>潔淨器世間 寂光華藏印<br>卽以定慧水 觀念離塵法<br>옴 나유바아다살바달마</td>
<td>*『범음산보집』 경우 "次懺悔偈 然臂 法主說示 造像起緣云 次</td>
</tr>
</table>

<table>
<tr><td>oṃ rajopagatāḥ<br>sarva-dharmāḥ</td><td></td><td></td><td></td><td></td><td rowspan="3">仰告十方篇 及 諸眞言 諸偈末 由致及各請各 歌詠云"이라 하여 앞서 기록되어 있는 것에 준하여 진언과 게송은 생략되어 있으나 거행되었을 것으로 생각되어 〈20.淨地眞言〉에서부터 〈39.由致〉까지 기록하였음.</td></tr>
<tr><td>〈22.解穢眞言〉<br>唵 穌里摩里 摩摩里 穌穌摩里 娑婆訶<br>옴 소리마리 마마리 소소마리 사바하<br>oṃ śurimari mamari mari śuśuri svāhā</td><td rowspan="2">〈淨三業眞言〉<br>唵 沙縛婆縛 瑜馱薩婆 達摩 沙縛婆縛 輸度含<br><br>〈淨法界眞言〉<br>羅字色鮮白 空點以嚴之<br>如彼髻明珠 置之於頂上<br>眞言同法界 無量衆罪除<br>一切觸穢處 當加此字門<br>南無 三滿多 沒多喃 嚂<br><br>〈解穢眞言〉<br>唵 素里摩里 摩摩里摩 里素素摩里 莎訶</td><td>•〈解穢眞言〉<br>唵 修利摩利 摩摩利 摩利 修修利 莎訶</td><td>〈解穢眞言〉<br>唵 素里摩里<br>摩摩里 素素摩里 沙縛訶</td><td>〈解穢眞言〉<br>옴 소리마리 마마리<br>소소마리 사바하</td></tr>
<tr><td>〈23.淨三業眞言〉<br>雙膝長跪已 合掌虛心住<br>誠心盡陳說 三業一切罪<br>我從過去世 流傳於生死<br>今對大聖尊 盡心而懺悔<br>如先佛所懺 我今亦如是<br>願承加持力 衆生悉淸淨<br>以此大敬故 自他獲無垢<br>唵 娑縛婆縛 修多薩娑<br>達摩 娑婆婆婆 修度唅<br>옴 사바바바 수다찰바</td><td>•〈淨三業眞言〉<br>雙膝長跪已 合掌虛心住<br>誠心盡陳說 三業一切罪<br>我從過去世 流傳於生死<br>今對大聖尊 盡心而懺悔<br>如先佛所懺 我今亦如是<br>願承加持力 衆生悉淸淨<br>以此大敬故 自他獲無垢<br>唵 娑縛婆縛 秫馱 薩縛<br>達磨 娑縛婆縛 戍度唅</td><td>〈淨三業眞言〉<br>雙膝長跪已 合掌虛心住<br>誠心盡陳說 三業一切罪<br>我從過去世 流傳於生死<br>今對大聖尊 盡心而懺悔<br>如先佛所懺 我今亦如是<br>願承加持力 衆生悉淸淨<br>以此大敬故 自他獲無垢<br>唵 沙嚩皤嚩 輸馱 薩婆<br>達摩 沙嚩皤嚩 輸度 唅</td><td>〈淨三業眞言〉<br>雙膝長跪已 合掌虛心住<br>誠心盡陳說 三業一切罪<br>我從過去世 流傳於生死<br>今對大聖尊 盡心而懺悔<br>如先佛所懺 我今亦如是<br>願承加持力 衆生悉淸淨<br>以此大敬故 自他獲無垢<br>옴 사바바바 슈다 살바<br>달마 사바바바 슈도함</td></tr>
</table>

| | | | | | |
|---|---|---|---|---|---|
| 달마 사바바바 수도함<br>oṃ svabhāva śuddhā<br>sarvadharma svabhāva<br>śuddhohaṃ | | | | | |
| 〈24.塗香眞言〉<br>眞言行菩薩 應當善修習<br>塗香遍塗手 復用燒香熏<br>唵 婆阿羅 彦諸或<br>옴 바아라 언제혹 | | •〈塗香眞言〉<br>眞言行菩薩 應當善修習<br>塗香遍塗手 復用燒香熏<br>唵 縛阿羅 彦諸或 | | | |
| 〈25.淨法界眞言〉<br>羅字色鮮白 空點以嚴之<br>如彼髻明珠 置之於頂上<br>眞言同法界 無量衆罪除<br>一切觸穢處 當加此字門<br>南無 三滿多 沒多喃 覽<br>나무 사만다 못다남 람<br>Namo samanta-<br>buddhānām raṃ | | •〈淨法界眞言〉<br>羅字色鮮白 空點以嚴之<br>如彼髻明珠 置之於頂上<br>眞言同法界 無量衆罪除<br>一切觸穢處 當加此字門<br>南無 三滿多 沒多喃 覽 | 〈淨法界眞言〉<br>羅字色鮮白 空點以嚴之<br>如彼髻明珠 置之於頂上<br>眞言同法界 無量衆罪除<br>一切觸穢處 當加此字門<br>南無 三滿多 沒多喃 覽 | 〈淨法界眞言〉<br>羅字色鮮白 空點以嚴之<br>如彼髻明珠 置之於頂上<br>眞言同法界 無量衆罪除<br>一切觸穢處 當加此字門<br>남무 삼만다 몯다남 남 | |
| 〈26.開壇眞言〉<br>唵 跋折囉 糯嚧 特伽吒耶 | 〈建壇眞言〉<br>唵 難多難多 難智難智 | •〈開壇眞言〉<br>唵 跋折羅 糯盧 特伽陀耶 | 〈開壇眞言〉<br>唵 跋折囉 糯嚧 特伽吒耶 | 〈開壇眞言〉<br>옴 바아라 놔로다가다야 | |

| | | | | | |
|---|---|---|---|---|---|
| 三摩耶 八囉吠 舍耶吽<br>옴 바아라 노아로 다가다야 삼마야 바라베 사야훔<br>oṃ vajra dvārodghātāya sammaya pravesāya hūṃ | 難多波里 莎婆訶<br><br>〈開壇眞言〉<br>唵縛日羅那縛□那伽多野 三摩那 八羅吠 舍野吽 | 三摩耶 八羅吠 舍耶 吽 | 三摩耶 八囉吠 舍耶吽 | 삼마야 바라베 사야훔 훔훔 | |
| 〈27.建壇眞言〉<br>唵 難多難多 那地那地 難多婆里 沙縛訶<br>옴 난다난다 나지나지 난다바리 사바하<br>oṃ nanda nanda nati nati nanda-bhari svāhā | | •〈建壇眞言〉<br>唵 難多難多 那地那地 難多婆里 沙縛訶 | 〈建壇眞言〉<br>唵 難多難多 那地那地 難多婆里 沙縛訶 | 〈入壇眞言〉<br>옴 난다난다 나디나디 난다바리 사바하 | *모두 '建壇眞言'으로 표기하고 있으나, 『점안작법』은 '入壇眞言'으로 기록하고 있음. |
| | 〈塗香眞言〉<br>眞言行菩薩 應當善修習<br>塗香遍塗手 復用燒香熏<br>唵 縛日羅 彦帝斛 | | 〈塗香眞言〉<br>眞言行菩薩 應當善修習<br>塗香遍塗手 復用燒香熏<br>唵 縛日羅 彦帝斛 | 〈塗香眞言〉<br>眞言行菩薩 應當善修習<br>塗香遍塗手 復用燒香熏<br>옴 바아라 언제혹 | |
| | | | 〈道場結界〉<br>仰告十方無盡三寶<br>天地一切虛空賢聖 | | |

| | | | | | |
|---|---|---|---|---|---|
| | | | 不捨慈悲許垂朗鑑<br>今此地者是金剛地<br>我今欲立點眼道場<br>開秘密教<br>難思議 法門<br>故我結界護持佛法<br>善神王等及與一切<br>天地靈祇隨意而住 | | |
| 〈28.結界眞言〉<br>唵 摩尼尾野曳 多羅多羅<br>吽吽娑婆訶<br>옴 마니미아예 다라다라<br>훔훔사바하<br>oṃ mani vijāye dhara<br>dhara hūṃ svāhā | 〈動鈴眞言〉<br>以此鈴聲傳法語<br>十方佛刹普聞知<br>願此鈴聲遍法界<br>無邊佛聖咸來集<br>唵 縛日羅 建多 覩叓野 吽 | •〈結界眞言〉<br>唵 摩泥尾惹曳 達羅達羅<br>吽吽 沙婆訶 | 〈結界眞言〉<br>唵 摩尼尾惹曳 達羅達羅<br>吽吽 沙縛訶 | | |
| 〈29.不動尊眞言〉<br>或以不動尊 成辨一切事<br>護身處令淨 結諸方等界<br>南謨三滿多 縛日羅南<br>戰那 摩訶盧舍那 薩婆<br>多那吽 多羅陀 咸鋑 | 〈結界眞言〉<br>唵 摩泥尾惹曳 達羅達羅<br>吽吽 莎訶<br><br>〈不動尊眞言〉<br>或以不動尊 成辨一切事 | •〈不動尊眞言〉<br>或以不動尊 成辨一切事<br>護身處令淨 結諸方等界<br>曩莫 三滿多 縛囉赧<br>戰荼 摩訶嚕灑拏 沙頗<br>吒野吽 怛囉吒 憾(牟含) | 〈不動尊眞言〉<br>或以不動尊 成辨一切事<br>護身處令淨 結諸方等界<br>曩謨 三滿多 縛日羅南<br>戰拏摩訶 盧沙拏薩縛<br>吒那吽怛羅吒憾鋑 | 〈不動尊眞言〉<br>或以不動尊 成辨一切事<br>護身處令淨 結諸方等界<br>나모 삼만다 바아라남<br>젼나마하 노사나새ㅏ다<br>야 훔 다라다 함맘 | |

| | | | | | |
|---|---|---|---|---|---|
| 나모사만다 바아라남<br>전나 마하로사나 찰바<br>다야훔 다라다 함맘<br>Namaḥ<br>samanta-vajrānaṃ<br>caṇḍa-mahā-roṣaṇa<br>sphāṭaya hūṃ traka<br>hāṃ māṃ | 護身處令淨 結諸方等界<br>南無 三滿多 縛日羅赦<br>戰那摩訶 路沺儜 薩縛<br>吒也□羅吒 悍漫 | | | | |
| 〈30.護身被甲眞言〉<br>用是嚴身故 諸魔爲所障<br>及與惡心類 覩之咸四散<br>唵 婆阿羅 阿尼婆羅<br>尼鉢多野 娑婆訶<br>옴 바아라 아니바라<br>닙다야 사바하<br>oṃ vajrāgni-pradiptāya<br>svāhā | | •〈護身被甲眞言〉<br>用是嚴身故 諸魔爲所障<br>及與惡心類 覩之咸四散<br>唵 口縛日羅 捻儞鉢羅<br>捻跛跢野 娑婆賀 | | 〈護身被甲眞言〉<br>用是嚴身故 諸魔爲所障<br>及與惡心類 覩之咸四散<br>옴 바아라 아니바라<br>닙다야 사바하 | |
| 〈31.降魔眞言〉<br>我以金剛三等方便<br>身乘金剛半月風輪<br>壇上口放喃字光明 | | •〈降魔眞言〉<br>我以金剛三等方便<br>身乘金剛半月風輪<br>壇上口放喃字光明 | | 〈降魔眞言〉<br>(三七徧可也)<br>我以金剛三等方便<br>身乘金剛半月風輪 | |

<table>
<tr>
<td>消汝無明所積之身<br>亦勑天上空中地下<br>所有一切作諸障難<br>不善心者皆來胡跪<br>聽我所說加持法音<br>捨諸暴惡悖逆之心<br>於佛法中咸起信心<br>擁護道場亦護施主<br>降福消災<br>唵 素摩尼 素摩尼 吽<br>紇里恨那 紇里恨那 吽<br>紇里恨那 跛那野 吽<br>阿那耶斛 婆誐鑁 縛日羅<br>吽 發吒<br>옴 소마니 소마니 훔<br>하리한나 하리한나 훔<br>하리한나 바나야 훔<br>아나야혹 바아밤 바아라<br>훔 바탁<br>oṃ sumbha nisumbha<br>hūṃ gṛhna gṛhna hūṃ<br>gṛhnapaya hūṃ anaya</td>
<td></td>
<td>消汝無明所積之身<br>亦勑天上空中地下<br>所有一切作諸障難<br>不善心者皆來胡跪<br>聽我所說加持法音<br>捨諸暴惡悖逆之心<br>於佛法中咸起信心<br>擁護道場亦護施主<br>降福消災<br>唵 素摩尼 素摩尼 吽<br>紇里恨那 紇里恨那 吽<br>紇里恨那 跛那野 吽<br>阿那耶斛 婆誐鑁 縛<br>日羅 吽 發吒</td>
<td></td>
<td>壇上口放喃字光明<br>消汝無明所積之身<br>亦勑天上空中地下<br>所有一切作諸障難<br>不善心者皆來胡跪<br>聽我所說加持法音<br>捨諸暴惡悖逆之心<br>於佛法中咸起信心<br>擁護道場亦護施主<br>降福消災<br>옴 소마니 소마니 훔<br>하리한나 하리한나 훔<br>하리한나 바나야 훔<br>아나야혹 바아밤 바아라<br>훔 바탁</td>
<td></td>
</tr>
</table>

| | | | | |
|---|---|---|---|---|
| hoḥ bhagavan vajra<br>hūṃ phat | | | | |
| 〈32.發菩提心眞言〉<br>妙菩提心如意寶<br>能滿諸願滅塵惱<br>三昧智念由此生<br>是故我今勤守護<br>能發所發幷發事<br>如是三發如響焰<br>願共法界諸衆生<br>同發無上菩提心<br>唵 母地地多<br>母多婆那野 美<br>옴 모디짓다<br>모다바나야 믹<br>om bodhicitta<br>bodha bhānayami | | 〈發菩提心眞言〉<br>妙菩提心如意寶<br>能滿諸願滅塵惱<br>三昧智念由此生<br>是故我今勤守護<br>能發所發幷發事<br>如是三發如響焰<br>願共法界諸衆生<br>同發無上菩提心<br>唵 母地地多 母多<br>婆那野 美 | | 〈發菩提心眞言〉<br>妙菩提心如意寶<br>能滿諸願滅塵惱<br>三昧智念由此生<br>是故我今勤守護<br>能發所發幷發事<br>如是三發如響焰<br>願共法界諸衆生<br>同發無上菩提心<br>옴 모디 지타 모다<br>바나야 미 |
| 〈33.執杵眞言〉<br>唵 婆阿羅 建帝或<br>옴 바아라 건제혹 | | •〈執杵眞言〉<br>唵 嚩日羅 建帝 或 | | 〈執杵眞言〉<br>옴 바아라 건뎨 혹 |
| 〈34.執鈴眞言〉 | | •〈執鈴眞言〉 | | 〈執鈴眞言〉 |

| 唵 娑阿囉 建陀吽<br>옴 바아라 건다훔 | | 唵 縛日囉 建多 吽 | | 옴 바아라건다 훔 |
|---|---|---|---|---|
| 〈35.動鈴眞言〉<br>以此振鈴傳法語<br>十方佛刹普聞知<br>願此鈴聲徧法界<br>無邊佛聖咸來集<br>唵 娑阿囉 建多都 娑野吽<br>옴 바아라 건다도 사야훔<br>oṃ vajra-ghaṇṭā tuṣya hoḥ | | •〈動鈴眞言〉<br>以此振鈴傳法語<br>十方佛刹悉聞知<br>願此鈴聲徧法界<br>無邊佛聖咸來集<br>唵 嚩日羅 健乇 覩使也 吽 | 〈動鈴眞言〉<br>以此振鈴伸召請<br>十方佛刹普聞知<br>願此鈴聲徧十方<br>無邊佛聖咸來集<br>唵 縛日羅 建多 覩史野 吽 | 〈動鈴眞言〉<br>以此振鈴傳法語<br>十方佛刹悉聞知<br>願此鈴聲徧法界<br>無邊佛聖咸來集<br>옴 바아라 건다 도사야 훔 |
| 〈36.佛部召請眞言〉<br>佛智廣大同虛空<br>普徧一切衆生心<br>悉了世間諸妄想<br>不起種種異分別<br>南謨三滿多 沒多南 唵 多陀阿多那 娑婆野 娑婆訶<br>나모 사만다 못다남 옴 다타아다나 바바야 사바하<br>Nama | 〈佛部眞言〉<br>佛智廣大同虛空<br>普遍一切衆生心<br>悉了世間諸安想<br>不起種種異分別<br>南無 三曼多 母馱南 唵 □他 誐覩那 縛野婆野 娑婆訶 | •〈佛部召請眞言〉<br>佛智廣大同虛空<br>普遍一切衆生心<br>悉了世間諸妄想<br>不起種種異分別<br>南無 三滿多 沒馱南 唵 多他 阿多那 婆婆野 娑婆訶 | 〈佛部召請眞言〉<br>佛智廣大同虛空<br>普遍一切衆生心<br>悉了世間諸妄想<br>不起種種異分別<br>南無 三滿多 沒馱南 唵 怛他 誐覩那 婆縛野 沙縛訶 | 〈佛部召請眞言〉<br>佛智廣大同虛空<br>普遍一切衆生心<br>悉了世間諸妄想<br>不起種種異分別<br>남무 삼만다 몯다남 옴 다타아도 나바바야 사바하 |

| | | | | |
|---|---|---|---|---|
| samanta-buddhānām<br>oṃ tathāgata<br>udbhavāya svāhā | | | | |
| 〈37.蓮華部召請眞言〉<br>仁以大悲清淨水<br>攝取憶念諸衆生<br>今於一切厄難中<br>獲得金剛安穩樂<br>南謨三滿多 沒多南 唵<br>婆那摩 婆婆野 娑婆訶<br>나모사만다 못다남 옴<br>바나마 바바야 사바하<br>Nama<br>samanta-buddhānām<br>oṃ padmodbhavāya<br>svāhā | 〈蓮華部眞言〉<br>仁以大悲清淨水<br>攝取憶念諸衆生<br>今於一切厄難中<br>獲得金剛安穩樂<br>南無 三曼多 母馱南 唵<br>縛訥摩訥縛婆野 娑婆<br>訶 | •〈蓮華部召請眞言〉<br>仁以大悲清淨水<br>攝取憶念諸衆生<br>今於一切厄難中<br>獲得金剛安穩樂<br>南無 三滿多 沒多南 唵<br>婆那摩 婆婆野 沙婆訶 | 〈蓮華部召請眞言〉<br>仁以大悲清淨手<br>攝取憶念諸衆生<br>今於一切厄難中<br>獲得金剛安穩樂<br>南無 三滿多 沒馱南 唵<br>婆納摩納 縛婆野 沙縛訶 | 〈蓮華部召請眞言〉<br>仁以大悲清淨水<br>攝取憶念諸衆生<br>今於一切厄難中<br>獲得金剛安穩樂<br>남무 삼만다 몯다남 옴<br>바나마 나바바야 사바하 |
| 〈38.金剛部召請眞言〉<br>妙色湛然常安樂<br>不爲時節劫所遷<br>大聖曠劫行慈悲<br>獲得金剛不壞身 | 〈金剛部眞言〉<br>妙色湛然常安樂<br>不爲時節劫所遷<br>大聖曠劫行慈悲<br>獲得金剛不壞身 | •〈金剛部召請眞言〉<br>妙色湛然常安樂<br>不爲時節劫所遷<br>大聖曠劫行慈悲<br>獲得金剛不壞身 | 〈金剛部召請眞言〉<br>妙色湛然常安樂<br>不爲時節劫所遷<br>大聖曠劫行慈悲<br>獲得金剛不壞身 | 〈金剛部召請眞言〉<br>妙色湛然常安樂<br>不爲時節劫所遷<br>大聖曠劫行慈悲<br>獲得金剛不壞身 |

| | | | | | |
|---|---|---|---|---|---|
| 南謨三滿多 沒多南 唵<br>婆阿羅那 婆婆野 娑婆訶<br>나모사만다 못다남 옴<br>바아라나 바바야 사바하<br>Nama<br>samanta-buddhānām<br>oṃ vajrodbhavāya<br>svāhā | 南無 三曼多 母馱南 唵<br>縛日羅訥婆縛野 娑婆訶 | 南無 三滿多 沒多南 唵<br>婆阿羅那 婆婆野 沙婆訶 | 南無 三滿多 沒馱南 唵<br>縛日羅 納婆縛野 沙縛訶 | 남무 삼만다 몯다남 옴<br>바아라 바바야 사바하 | |
| | 〈護身被甲眞言〉<br>用是嚴身故 諸魔爲所障<br>及與惡心類 覩之咸四散<br>唵 口縛日羅 誐儜鉢羅<br>捻跛跢野娑婆賀 | | 〈護身被甲眞言〉<br>用是嚴身故 諸魔爲所障<br>及與惡心類 覩之咸四散<br>唵 縛日羅 擬儜縛羅<br>稔鉢多耶 沙縛訶 | | |
| | 〈降魔眞言〉<br>我以金剛三等方便<br>身乘金剛半月風輪<br>壇上口放喃字光明<br>消汝無明所積之身<br>亦勑天上空中地下<br>所有一切作諸障難<br>不善心者皆來胡跪 | | 〈降魔眞言〉<br>我以金剛三等方便<br>身乘金剛半月風輪<br>壇上口放覽字光明<br>燒汝無明所積之身<br>亦勑天上空中地下<br>所有一切作諸障難<br>不善心者皆來胡跪 | | |

<table>
<tr><td></td><td>聽我所說加持法音<br>捨諸暴惡悖逆之心<br>於佛法中咸起信心<br>擁護道場亦護施主<br>降福消災<br>唵 素摩尼 素摩尼 吽<br>紇里佷那 紇里佷那<br>□那野 吽 阿那耶훔<br>婆誐鑁 縛日羅 吽 發吒</td><td></td><td>聽我所說加持法音<br>捨諸暴惡悖遊之心<br>於佛法中咸起信心<br>擁護道場亦護施主<br>降福消災<br>唵 素摩尼 素摩尼 吽<br>訖里限那 訖里限那<br>吽 訖里限那 縛那野 吽<br>阿那野解 縛誐鑁<br>縛日羅 吽 發吒</td><td></td></tr>
<tr><td>〈39.普召請眞言〉<br>南無 步步帝里 伽里多里<br>怛他 誐多野<br>나무 보보제리 가리다리<br>다타 아다야<br>namo bhū-pūteri<br>kāritāri tathāgatāya</td><td>〈普召請眞言〉<br>南無 步步帝里 伽里多里<br>怛他 誐多野</td><td>•〈普召請眞言〉<br>南無 步步帝里 伽里多里<br>怛他 誐多野</td><td>〈普召請眞言〉<br>南無 步步帝里 伽里多里<br>但他誐多野</td><td>〈普召請眞言〉<br>나무 보보제리 가리다리<br>다타 아다야</td></tr>
<tr><td>〈40.由致〉<br>奉佛弟子南贍部洲海東<br>大韓某道某處居住某人<br>伏爲 爲某事 敬請良工</td><td>奉佛弟子南贍部洲朝<br>鮮國<br>某家某人 特爲 其事</td><td>•〈由致〉<br>奉佛弟子南贍部洲海東<br>大韓某道某處居住某人<br>伏爲 爲某事 敬請良工</td><td>〈由致〉<br>仰告 三寶慈尊<br>今此 南贍部洲<br>四天下 南贍部洲</td><td>〈由致〉<br>仰告 三寶慈尊<br>今 娑婆世界 此西天下<br>南贍部洲 四天下 海東</td></tr>
</table>

| 新畵成某佛某菩薩尊像 | 願成 其佛 今既畢工 | 新畵成某佛某菩薩尊像 | 海東 朝鮮國 云云 | 朝鮮 某道君云云 |
|---|---|---|---|---|
| 今既畢功 安于某山某寺 | 以 今月 其日 | 今既畢功 安于某山某寺 | 水月道場 空華佛事 | 水月道場 空華佛事齋者 |
| 淸淨珍界 以今月某日 | 特說點眼法會 | 淸淨珍界 以今月某日 | 齋者 某家 某人 | (某家某人 □□等云) |
| 特排點眼法筵 | 謹備香燈供具 | 特排點眼法筵 | 生前福壽 死後往生願 | 敬請良工新塑成塗粉 |
| 謹備香燈供具 動懃作法 | 點開五眼十眼無盡眼者 | 謹備香燈供具 動懃作法 | 新畵成 又 新造成 | 佛菩薩某位 新鐵成塗金 |
| 點開五眼十眼千眼 |  | 點開五眼十眼千眼 | 又 重修 改金 | 某佛菩薩某位 |
| 無盡眼者 | 右伏以 | 無盡眼者 | 某佛 某菩薩尊像 | 重修改金某佛菩薩某位 |
|  | 眞體之體 湛然無形 |  | 今既畢功 安於 | 新畵成某佛菩薩某位 |
| 右伏以 | 法身之身 蕭然離相 | 右伏以 | 寶座以 今月今日 | 新畵成聲聞緣覺某位 |
| 眞體之體 湛然無形 | 湛然無形故 包含法界 | 眞體之體 湛然無形 | 特排點眼法筵 謹備香燈 | 新畵成神衆十王某位 |
| 法身之身 蕭然離相 | 蕭然離相故 徧滿太虛 | 法身之身 蕭然離相 | 供具 動勤作法 點開五眼 | 各具尊像 今既畢功 安於 |
| 湛然無形故 包含法界 | 旣包法界以爲形 | 湛然無形故 包含法界 | 十眼 | 寶座以 今月今日 |
| 蕭然離相故 徧滿太虛 | 焉有根塵之相好 | 蕭然離相故 徧滿太虛 | 無盡眼者 | 特排點眼法筵 謹備香燈 |
| 旣包法界以爲形 | 亦徧太虛而作體 | 旣包法界以爲形 |  | 供具 動勤作法點開五眼 |
| 焉有根塵之相好 | 本無眼耳之名言 | 焉有根塵之相好 | 右伏以 | 十眼千眼無盡眼 |
| 亦徧太虛而作體 | 然欲濟沙界之迷倫 | 亦徧太虛而作體 | 眞體之體 湛然無形 法身 | 三明六通者 |
| 本無眼耳之名言 | 救塵邦之苦類 | 本無眼耳之名言 | 之身 簫焉離相 湛然無形 | (但有佛菩薩則八眼可也 |
| 然欲濟沙界之迷倫 | 乃示現於三十二相 | 然欲濟沙界之迷倫 | 故 包含法界 簫焉離相故 | 又備羅漢則三明六通可 |
| 救塵邦之苦類 | 亦莊嚴於八十種好 | 救塵邦之苦類 | 遍滿太虛 旣包法界以爲 | 也備神衆十王則用五力 |
| 乃示現於三十二相 | 可謂 三身具而四智成 | 乃示現於三十二相 | 形 焉有根塵之相好 亦徧 | 也若無佛菩薩羅漢而但 |
| 亦莊嚴於八十種好 | 五眼明而十号足惟冀 | 亦莊嚴於八十種好 | 太虛而作體 本無眼耳之 | 有神衆十王則但用五通 |
| 可謂 三身具而四智成 | 三身四智五族如來 | 可謂 三身具而四智成 | 名言然 欲濟沙界之迷倫 | 五力可) |

| | | | | | |
|---|---|---|---|---|---|
| 五眼明而十號足<br><br>伏願<br>三身四智五族如來<br>運無緣之大慈<br>愍有情之微懇<br>咸降香筵 證明功德<br>謹秉一心 先陳三請 | 各倍慈悲 證明功德 | 五眼明而十號足<br>伏願<br>三身四智五族如來<br>運無緣之大慈<br>愍有情之微懇<br>咸降香筵 證明功德<br>謹秉一心 先陳三請 | 化塵方之若類<br>乃示現以三十二相<br>亦莊嚴於八十種好 可謂<br>三身具而四智圓 五眼明<br>而十號足 惟冀 三身四智<br>五族如來 不捨慈悲證明<br>功德 | <br>右伏以<br>眞體之體 湛然無形 法身<br>之身 簫焉離相 湛然無形<br>故 包含法界 簫焉離相故<br>遍滿太虛 旣包法界以爲<br>形焉 有根塵之相好 亦徧<br>太虛而作體 本無眼耳之<br>名言 然欲 濟沙界之迷倫<br>化塵邦之若類<br>乃示現於三十二相<br>亦莊嚴於八十種好 可謂<br>三身具而四智圓 五眼明<br>而十號足 惟冀 三身四智<br>五族如來 不捨慈悲 咸降<br>法筵<br>證明功德 謹秉一心 先陳<br>三請 | |
| 〈41.三身請〉<br>①法身請<br>南無一心奉請 | <br>南無一心奉請<br>常住法界眞言宮中般 | <br>法身詠<br>法身性海超三界 | 〈證明八請〉<br>(廣則八請各□爲可爲持促<br>八請合□亦可見下羅漢 | <br>南無 一心奉請<br>常住法界 眞言宮中般若 | |

常住法界眞言宮中般若
海會 最上無邊 不可思議
五輪寶網世界 淸淨無染
法性海身 暗鑁喃啥坎大
教主毘盧遮那佛 惟願慈
悲 降臨道場證明功德

香華請

歌詠
法身性海超三界
妙用何妨具五根
湛寂凝然常覺了
人間天上摠霑恩
故我一心 歸命頂禮

②報身請
南無一心奉請
常住法界 眞言宮中 般若
海會
金剛蓮華藏世界不可說
不可說 究竟圓滿 無礙大藏

若海會 最上無邊 不可
思議 五輪寶網世界 淸
淨無染 法性海身 暗鑁
喃啥坎大教主毘盧遮
那佛 惟願慈悲 降臨道
場證明功德
(衆和)

香華請

南無一心奉請
常住法界 眞言宮中 般
若海會
金剛蓮華藏世界不可
說 不可說 究竟圓滿 無

妙用何妨具五根
湛寂凝然常覺了
人間天上摠霑恩

報身詠
因圓果滿證如如
依正莊嚴相好俱
究竟天中登寶座
菩提樹下現金軀

點眼)
南無 一心奉請
常住法界 眞言宮中 般若
海會 最上無邊 不可思議
五輪寶網世界 淸淨無染
法性海身 暗鑁喃啥坎大
教主毘盧遮那佛等
一切諸佛惟願慈悲降臨
道場證明功德

香花請

歌詠
法身性海超三界
妙用何妨具五根
湛寂凝然常覺了
人間天上摠霑恩

一心奉請
常住法界 眞言宮中 般若
海會

海會 最上無邊
不可思議 五輪寶網世界
淸淨無染法性海身 暗鑁
覽啥坎大教主 毘盧遮那佛
金剛蓮華藏世界 不可說
不可說究竟圓滿無礙大
藏 塵沙威德身
阿縛羅賀佉法界主 盧舍
那佛
娑婆世界 化現無邊不可
稱數 五濁劫中減壽百歲
阿羅波左那一代教主 釋
迦牟尼佛等
一切諸佛 惟願慈悲降臨
道場證明功德

歌詠
佛身普徧十方中
三世如來一切同
廣大願雲恒不盡
汪洋覺海妙難窮

| | | | | | |
|---|---|---|---|---|---|
| 阿縛羅賀佉法界主盧舍<br>那佛 惟願慈悲 降臨道場<br>證明功德<br><br>香華請<br><br>歌詠<br>因圓果滿證如如<br>依正莊嚴相好殊<br>究竟天中登寶座菩提樹<br>下現金軀<br>故我一心 歸命頂禮<br><br>③化身請<br>南無一心奉請<br>常住法界 眞言宮中 般若<br>海會 娑婆世界 化現無邊<br>不可稱數 五濁劫中 減壽<br>百歲 阿羅婆左那 一代敎<br>主 釋迦牟尼佛 惟願慈悲<br>降臨道場證明功德 | 礙大藏<br>阿縛羅賀佉法界主盧<br>舍那佛等 一切諸佛<br>云云<br><br>南無一心奉請<br>常住法界 眞言宮中 般<br>若海會 娑婆世界 化現<br>無邊 不可稱數 五濁劫<br>中 減壽百歲阿羅婆左<br>那 一代敎主 釋迦牟尼<br>佛等 一切諸佛<br>惟願慈悲 | 化身詠<br>兜率夜摩迎善逝<br>須彌他化見如來<br>同時同會同如此<br>月印千江不可猜 | 金剛蓮華藏世界不可說<br>不可說 究竟圓滿無礙大<br>藏塵沙威德身<br>阿縛羅賀伽法界主盧舍<br>那佛等<br>一切諸佛惟願 云云<br><br>歌詠<br>因圓果滿證如如<br>依正莊嚴相好殊<br>究竟天中登寶座<br>菩提樹下現金軀<br><br>一心奉請<br>常住法界 眞言宮中 般若<br>海會 娑婆世界<br>化現無邊 不可稱數 五濁<br>劫中 減壽百歲 阿羅波左<br>那 一代敎主 釋迦牟尼佛等<br>一切諸佛惟願 云云 | | |

| | | | | | |
|---|---|---|---|---|---|
| 香華請<br><br>歌詠<br>兜率夜摩迎善逝<br>須彌他化見如來<br>同時同會同如此<br>月印千江不可猜<br>故我一心 歸命頂禮 | | | 歌詠<br>兜率夜摩迎善逝<br>須彌他化見如來<br>同時同會皆如此<br>月印千江不可猜 | | |
| 〈42.五部請〉<br>①東方部<br>南無一心奉請<br>常住法界 眞言宮中<br>般若海會 東方金剛部<br>大圓鏡智 金剛堅固 自性身 加持主 阿閦佛等 一切諸佛<br>惟願慈悲 降臨道場 證明功德<br><br>香華請 | 南無一心奉請<br>常住法界 眞言宮中<br>般若海會 東方金剛部<br>大圓鏡智 金剛堅固 自性身 加持主 阿閦佛等<br>一切諸佛 | | 一心奉請<br>常住法界 眞言宮中<br>般若海會 東方金剛部<br>大圓鏡智 金剛堅固 自性身 加持主 阿閦佛等<br>一切諸佛 云云<br><br>歌詠 | 一心奉請<br>常住法界 眞言宮中<br>般若海會 東方世界<br>摩訶曼拏羅聖衆<br>縛惹羅部 金剛堅固<br>自性身 加持主<br>大圓鏡智 阿閦佛<br>南方世界摩訶曼拏羅聖衆阿羅但那部福德莊嚴聚身灌頂主平等性智寶生佛 | |

| | | | | |
|---|---|---|---|---|
| 歌詠 | | 阿閦詠 | 東方阿閦無群動 | 西方世界摩訶曼拏羅聖衆 |
| 東方阿閦無羣動 | | 東方阿閦無羣動 | 般若宮中自性持 | 達里摩部 敬愛聚身三摩 |
| 般若宮中自性持 | | 般若宮中自性持 | 常住安心歡喜國 | 地主 妙觀察智 |
| 常住安心歡喜國 | | 常住安心歡喜國 | 金剛鏡智似須彌 | 觀自在佛 北方世界摩訶 |
| 金剛鏡智似須彌 | | 金剛鏡智似須彌 | | 曼拏羅聖衆 |
| 故我一心 歸命頂禮 | | | | 羯里摩部 海雲聚身廣大 |
| | | | | 供養主 成所作智不空成 |
| ②南方部 | | | | 就佛等一切諸佛 |
| 南無一心奉請 | 南無一心奉請 | | 一心奉請 | 惟願慈悲 降臨道場 |
| 常住法界 眞言宮中 般若 | 常住法界 眞言宮中 般 | | 常住法界 眞言宮中 般若 | 證明功德 |
| 海會 南方寶性部 平等性 | 若海會 南方寶性部 平 | | 海會 南方寶性部 平等性 | |
| 智 福德莊嚴聚身 灌頂主 | 等性智 福德莊嚴聚身 | | 智 福德莊嚴聚身 灌頂主 | 香花請 |
| 寶生佛等一切諸佛 惟願 | 灌頂主寶生佛等 | | 寶生佛等 | |
| 慈悲 降臨道場 證明功德 | 一切諸佛 | | 一切諸佛 | 歌詠 |
| | | | | 威光徧照十方中 |
| 香華請 | | | | 月印千江一體同 |
| | | | | 四智圓明諸聖士 |
| 歌詠 | | 寶性詠 | 歌詠 | 賁臨法會利群生 |
| 南方寶性如來佛 | | 南方寶性如來佛 | 南方寶性如來佛 | 故我一心 歸命頂禮 |
| 常住普光般若宮 | | 常住普光般若宮 | 常住普光般若宮 | |
| 福德莊嚴皆具足 | | 福德莊嚴皆具足 | 福德莊嚴皆具足 | 南無一心奉請 |
| 圓明性智接羣蒙 | | 圓明性智接羣蒙 | 圓明性智接羣蒙 | 常住法界 眞言宮中般若 |

<table>
<tr>
<td>故我一心 歸命頂禮<br><br>③西方部<br>南無一心奉請<br>常住法界 眞言宮中 般若<br>海會 西方蓮花部 妙觀察<br>智 敬愛聚身 三摩地主 觀<br>自在佛等 一切諸佛 惟願<br>慈悲 降臨道場 證明功德</td>
<td>南無一心奉請<br>常住法界 眞言宮中 般<br>若海會 西方蓮花部 妙<br>觀察智 敬愛聚身 三摩<br>地主 觀自在佛等 一切<br>諸佛</td>
<td></td>
<td>一心奉請<br>常住法界 眞言宮中 般若<br>海會 西方蓮花部 妙觀察<br>智敬愛聚身三摩地主 觀<br>自在佛等 一切諸佛</td>
<td>海會<br>中央寂而常照 一切如來<br>金剛波羅密 寶波羅密<br>法波羅密 毘首羯里摩波<br>羅密 三摩地門 出生盡虛空<br>偏法界塵沙海會波羅密<br>菩薩 惟願慈悲 降臨道場<br>證明功德</td>
<td></td>
</tr>
<tr>
<td>香華請</td>
<td></td>
<td></td>
<td></td>
<td>香花請</td>
<td></td>
</tr>
<tr>
<td>歌詠<br>位寄彌陀般若宮<br>妙觀自在放神通<br>雖然常住三摩地<br>運智興悲一體同<br>故我一心 歸命頂禮</td>
<td></td>
<td>觀音詠<br>位寄彌陀般若宮<br>妙觀自在放心通<br>雖然常住三摩地<br>運智興悲一體同</td>
<td>歌詠<br>位寄彌陀般若宮<br>妙觀自在放神通<br>雖然常住三摩地<br>運智興悲一體同</td>
<td>歌詠<br>大圓鏡智性淸淨<br>平等性智心無病<br>妙觀察智見非功<br>成所作智同圓鏡<br>故我一心 歸命頂禮</td>
<td></td>
</tr>
<tr>
<td>④北方部<br>南無一心奉請<br>常住法界 眞言宮中 般若</td>
<td>南無一心奉請<br>常住法界 眞言宮中 般</td>
<td></td>
<td>一心奉請<br>常住法界 眞言宮中 般若</td>
<td>南無一心奉請<br>常住法界 眞言宮中</td>
<td>*『요집』에서는<br>중앙부 청사 내</td>
</tr>
</table>

| | | | | | |
|---|---|---|---|---|---|
| 海會<br>北方毘首羯摩部成所作<br>智 海雲聚身 廣大供養主<br>不空成就佛等<br>一切諸佛 惟願慈悲 降臨<br>道場 證明功德<br><br>香華請<br><br>歌詠<br>珍重北方智海雲<br>雲能長雨利群生<br>海含諸寶深無碍<br>般若宮中智月明<br>故我一心 歸命頂禮<br><br>⑤中央部<br>南無一心奉請<br>常住法界 眞言宮中 般若<br>海會 中央寂而常照 金剛<br>寶法羯摩<br>四波羅密菩薩 | 若海會<br>北方毘首羯摩部成所<br>作智 海雲聚身 廣大供<br>養主不空成就佛等<br>一切諸佛<br><br><br><br><br><br><br><br><br><br><br><br><br>南無一心奉請<br>常住法界 眞言宮中 般<br>若海會 中央寂而常照<br>金剛寶法羯摩四波羅<br>密菩薩 | <br><br><br><br><br><br><br><br><br><br>成就詠<br>珠重北方智海雲<br>雲能長雨利羣生<br>海含諸寶深無碍<br>般若宮中智月明 | 海會<br>北方毘首羯摩部成所作<br>智 海雲聚身 廣大供養主<br>不空成就佛等 一切諸佛<br><br><br><br><br><br>歌詠<br>珍重北方智海雲<br>雲能長雨利群生<br>海含諸寶深無碍<br>般若宮中智月明<br><br><br><br>一心奉請<br>常住法界 眞言宮中<br>般若海會<br>中央寂而常照部<br>法界竭摩 四波羅密菩薩 | 般若海會 東方一切如來<br>菩提心 金剛薩埵金剛王<br>金剛愛金剛善哉四大菩薩<br>南無一切福德聚 金剛寶<br>金剛光 金剛幢 金剛笑<br>四大菩薩 西方一切如來<br>智慧門 金剛法 金剛利<br>金剛因 金剛語 四大菩薩<br>北方一切如來 大精進<br>金剛業 金剛護 金剛藥叉<br>金剛拳 四大菩薩一切如來<br>四攝智 金剛鉤 善巧智<br>金剛索 堅固智 金剛鎖<br>歡喜智 金剛鈴 四大菩薩<br>一切如來滴恍心 金剛嬉<br>口大寬分 金剛鬘 妙法音<br>金剛歌 神通口 金剛舞 四<br>大菩薩 一切如來 眞如熏<br>金剛焚香勝莊嚴 金剛花<br>常 普照 金剛燈 戒淸淨<br>金剛塗香 四大菩薩 三摩<br>地門 出生盡虛空 偏法界 | 용은 '一心奉請<br>常住法界 眞言<br>宮中 般若海會<br>中央 寂而常照<br>金剛寶法羯摩<br>四波羅密菩薩<br>東方薩王愛善<br>四大菩薩'로 표<br>기되어 명호가<br>올바르게 기록<br>되어 있음. |

<table>
<tr>
<td>東方金愛慈手四大菩薩<br>南方寶光幢笑四大菩薩<br>西方法利因語四大菩薩<br>北方業護牙眷四大菩薩<br>鉤索鎖鈴 四攝菩薩 喜鬘<br>歌舞 內四供養菩薩 燒散<br>燈塗 外四供養菩薩 五部<br>大曼多羅會上 一切菩薩<br>摩訶薩<br>惟願慈悲 降臨道場 證明<br>功德<br><br>香華請<br><br>歌詠<br>四方四大諸眷屬<br>常住金剛般若中<br>五部多羅諸聖士<br>常持佛法證圓通<br>故我一心 歸命頂禮</td>
<td>東方金愛慈手四大菩<br>薩 南方普光幢笑四大<br>菩薩 西方法利因語四<br>大菩薩 北方業護牙眷<br>四大菩薩 鉤索鎖鈴 四<br>攝菩薩 喜鬘歌舞 內四<br>供養菩薩 燒散燈塗 外<br>四供養菩薩 五部大曼<br>多羅會上 一切聖衆</td>
<td>四林詠<br>四方四大諸菩薩<br>常住金剛般若中<br>五部多羅諸詮士<br>常持佛法證圓通</td>
<td>東方金愛慈手　四大菩薩<br>南方普光幢笑　四大菩薩<br>西方法利因語　四大菩薩<br>北方業護牙眷　四大菩薩<br>鉤索鎖鈴 四攝菩薩 喜鬘<br>歌舞 內四供養菩薩 燒散<br>燈塗 外四供養菩薩 五部<br>大曼多羅會上　一切菩薩<br>摩訶薩<br>惟願慈悲 云云<br><br>歌詠<br>四方四大諸菩薩<br>常住金剛般若中<br>五部多羅諸聖士<br>常持佛法證圓通</td>
<td>生身供養 一切雲海菩薩<br>摩訶薩<br>惟願慈悲 降臨道場<br>證明功德<br><br>香花請<br><br>歌詠<br>四方四大諸菩薩<br>常住金剛般若中<br>五部多羅諸詮士<br>常持佛法證圓通<br>故我一心 歸命頂禮<br><br>證明茶偈<br>今將妙藥及茗茶<br>奉獻大曼陀羅會<br>無量無邊證明前<br>願垂慈悲哀納受<br>(供養呪云)</td>
<td></td>
</tr>
<tr>
<td>〈43.新佛請〉</td>
<td></td>
<td></td>
<td>〈新佛請〉</td>
<td></td>
<td></td>
</tr>
</table>

| | | | | | |
|---|---|---|---|---|---|
| 南無一心奉請<br>新畵成(新造成)某佛菩薩<br>惟願慈悲降臨道場<br>證明功德<br><br>香華請<br><br>歌詠<br>自在熾盛與端嚴<br>名稱吉祥及尊貴<br>如是六德皆圓滿<br>應當摠號薄伽梵<br>故我一心歸命頂禮 | | | 南無一心奉請<br>新畵成(新造成)某佛菩薩<br>摩訶薩惟願慈悲降臨道場<br><br><br><br><br>自在熾盛與端嚴<br>名稱吉祥及尊貴<br>如是六德皆圓滿<br>應當摠號薄伽梵 | | |
| 〈44.證明茶偈〉<br>今將妙藥及茗茶<br>奉獻大曼茶羅會<br>無量無邊證明前<br>願垂慈悲哀納受 | | | | | |
| 〈45.擁護請〉<br>南無一心奉請<br>常於一切 作法之處 慈嚴 | 南無一心奉請<br>常於一切 作法之處 爲 | | 〈擁護請〉<br>南無一心奉請<br>常於一切 作法之處 爲作 | 南無一心奉請<br>常於一切 作法之處爲作 | |

<table>
<tr>
<td>等施 爲作擁護<br>上方大梵天王帝釋天王<br>東方提頭賴吒天王南方<br>毘盧勒叉天王西方毘盧<br>博叉天王北方毘沙門天<br>王下界當處 土地護法善神<br>山川嶽瀆 一切靈祇等衆<br>降臨道場 擁護法筵<br><br>香華請<br><br>歌詠<br>梵王帝釋四天王<br>佛法門中誓願堅<br>列立招提千萬歲<br>自然神用護金仙<br>故我一心歸命頂禮</td>
<td>作擁護<br>上方大梵天王帝釋天<br>王東方提頭賴吒天王<br>南方毘盧勒叉天王西<br>方毘盧博叉天王北方<br>毘沙門天王<br>日月星宿 五方龍王<br>當家土地 山川嶽瀆 一<br>切靈祇衆 惟願慈悲<br>降臨道場 擁護法筵</td>
<td>擁護詠<br>梵王帝釋四天王<br>佛法門中誓願堅<br>列立招提千萬歲<br>自然神間護金仙</td>
<td>擁護 守護護持呪<br>八大金剛 護持四方 四大<br>菩薩 如來化現<br>十大明王 大梵天王<br>帝釋天王東方提頭賴吒<br>天王南方毘盧勒叉天王<br>西方毘盧博叉天王北方<br>毘沙門天王<br>二十諸天 諸大天神<br>下界二十五位護戒大神<br>一十八位 福德大神<br>內護竈王 外護山神<br>陰陽造化 不知名位<br>一切護法 善神靈祇等衆<br>惟願承三寶力 來降道場<br>擁護法筵 成就佛事<br><br>擁護會上聖賢衆<br>佛法門中誓願堅<br>列立招提千萬歲<br>自然神用護金仙</td>
<td>擁護 守護護持呪<br>八大金剛 護持四方四大<br>菩薩 如來化現 十大明王<br>上方大梵天王 帝釋天王<br>東方提頭賴吒天王 南方<br>毘盧勒叉天王 西方毘盧<br>博叉天王 北方毘沙門天<br>王<br>二十諸天 諸大天神<br>下界二十五位護戒大神<br>一十八位 福德大神<br>內護竈王 外護山王<br>陰陽造化 不知名位<br>一切護法 善神靈祇等衆<br>惟願承三寶力 不違本誓<br>降臨道場 擁護法筵<br>成就佛事<br><br>香花請<br><br>歌詠<br>擁護會上聖賢衆</td>
<td></td>
</tr>
</table>

| | | | | | |
|---|---|---|---|---|---|
| | | | | 佛法門中誓願堅<br>列立招提千萬歲<br>自然神用護金仙<br>故我一心 歸命頂禮 | |
| 〈46.茶偈〉<br>今將甘露茶<br>奉獻聖賢前<br>鑑此虔懇誠<br>願垂哀納受 | | | | 〈茶偈〉<br>今將甘露茶 奉獻聖賢前<br>鑑此虔懇誠 願垂哀納受<br>(供養呪云) | |
| | | | | 〈.新佛請〉<br>南無一心奉請<br>新畵成(新造成)某佛菩薩<br>惟願慈悲降臨道場<br><br>香花請<br><br>歌詠<br>自在熾盛與端嚴<br>名稱吉祥及尊貴<br>如是六德皆圓滿<br>應當摠號薄伽梵<br>故我一心 歸命頂禮 | |

| 〈47.降生偈〉<br>我佛釋獅子 從兜率天宮<br>降神下閻浮 入摩耶胎藏<br>願今亦如是 入此空像中<br>甚深寂然定 久住於世間<br>福資諸衆生 發無上道心<br>施作大佛事 自他共成佛 | | 〈降生偈〉<br>我佛釋獅子 從兜率天宮<br>降神下閻浮 入摩耶胎藏<br>願今亦如是 入此空像中<br>甚深寂然定 久住於世間<br>福資諸衆生 發無上道心<br>施作大佛事 自他共成佛 | 〈降生偈〉<br>我佛釋獅子 從兜率天宮<br>降神下閻浮 入摩耶胎藏<br>願今亦如是 入此空像中<br>甚深寂然定 久住於世間<br>福資諸衆生 發無上道心<br>施作大佛事 自他共成佛 | 〈降生偈〉<br>我佛釋獅子 從兜率天宮<br>降神下閻浮 入摩耶胎藏<br>願今亦如是 入此空像中<br>甚深寂然定 久住於世間<br>福資諸衆生 發無上道心<br>施作大佛事 自他共成佛 |
|---|---|---|---|---|
| 〈48.五色絲眞言〉<br>唵 婆阿羅 三昧野 素多南<br>阿里摩里 娑婆訶<br>옴 바아라 삼매야 소다남<br>아리마리 사바하<br>oṃ vajra samaiya<br>sutarāṃ ariamri svāhā | | (法主五色絲眞言時<br>畫員<br>以色絲 作蓮花葉 貫於<br>五尺竿上 以五色絲 係<br>之其竿然後引竿絲係 佛<br>像手端而畫佛則係於水<br>器耳 又以其絲引係施主<br>手端 次咽導唱五佛禮云)<br><br>• 〈五色絲眞言〉<br>唵 口縛日羅 三昧野<br>素多南 阿里摩里 沙縛訶 | 〈五色絲眞言〉<br>唵 口縛日羅 三昧耶<br>素怛覽 阿哩摩哩 沙縛訶<br>(時畫員以色絲作 蓮華葉<br>貫於 五尺竿上 以五色絲<br>係之 其屛後 引竿絲係佛<br>手端若化佛則係於水呪) | 〈五色絲眞言〉<br>옴 바아라 삼매야<br>소다남 아리마리 사바하<br><br>(呪時畫員以五色絲作蓮<br>花葉 貫於五尺竿上 以<br>五色絲係之其竿又引竿<br>絲係佛手端若畫佛則係<br>於水器以絲係於施主之手) |
| 〈49.五佛禮〉<br>南無淸淨法身毘盧遮那佛 | 〈五佛禮〉<br>南無淸淨法身毘盧遮 | 南無 淸淨法身毘盧遮<br>那佛 | 〈五佛禮〉<br>南無 東方金剛部 加持主 | 〈五佛禮〉<br>(引導唱云) |

| | | | | | |
|---|---|---|---|---|---|
| 南無圓滿報身盧舍那佛<br>南無千百億化身釋迦牟尼佛<br>南無當來下生彌勒尊佛<br>南無東方滿月世界藥師琉璃光佛 | 那佛<br>南無圓滿報身盧舍那佛<br>南無千百億化身釋迦牟尼佛<br>南無當來下生彌勒尊佛<br>南無東方滿月世界<br>藥師琉璃光佛 | 南無 圓滿報身盧舍那佛<br>南無千百億化身釋迦牟尼佛<br>南無當來下生彌勒尊佛<br>南無東方滿月世界<br>藥師琉璃光佛<br><br>(次動樂例) | 阿閦佛 拜<br>南無 南方寶性部 灌頂主 寶生佛 拜<br>南無 西方蓮花部 三摩地主 觀自在佛 拜<br>南無 北方毘首 竭摩部<br>廣大供養主 不空成就佛 拜<br>南無 中央寂而常照部<br>諸大菩薩摩訶薩 拜<br><br>(放絲舊本以 三身佛 彌勒佛 藥師佛 爲五佛而 今謂五色絲眞言末禮五佛者必是仰冀 五方佛加持 新佛之意故以五方佛 改定而或有他意耶智者更 詳) | 南無 東方金剛部<br>加持主 阿閦佛 拜<br>南無 南方寶性部<br>灌頂主 寶生佛 拜<br>南無 西方蓮花部<br>三摩地主 觀自在佛 拜<br>南無 北方毘首<br>竭摩部廣大供養主<br>不空成就佛 拜<br>南無 中央寂而常照部<br>諸大菩薩摩訶薩 拜<br><br>(曰奉以五身佛彌勒佛藥師佛爲五佛而今詷五色絲眞言末禮五佛者必是仰冀五方佛加持新佛之意故以五方政定而或有他意耶智者更詳也) | |
| 〈50.動樂偈〉<br>赫赫雷音振 群聾盡豁開<br>不起靈山會 瞿曇無去來 | | 〈動樂例〉<br>赫赫雷音振 羣聾盡豁開<br>不起靈山會 瞿曇無去來 | 〈動樂例〉<br>赫赫雷音振 羣聾盡豁開<br>不起靈山會 瞿曇無去來 | 〈動樂例〉<br>赫赫雷音振 羣聾盡豁開<br>不起靈山會 瞿曇無去來 | |

| | | | | | |
|---|---|---|---|---|---|
| 〈51.三身眞言〉<br>①法身眞言<br>暗鑁喃含坎<br>aṃ vaṃ raṃ haṃ khaṃ<br><br>②報身眞言<br>阿婆羅賀佉<br>a va ra ha kha<br><br>③化身眞言<br>阿羅縛左那<br>a ra va ca na | | | | | *'三身眞言'은 『眞言集』(15C 말), 『大陀羅尼眞言集』(1688), 『眞言集』(1800)에 기록되어 있음. |
| 〈52.三密眞言〉<br>唵阿吽<br>옴아훔<br>oṃ a hūṃ | 南無 新造成 其佛 其菩薩<br>唵 眼頂上<br>阿 安口中<br>吽 安胃中 | (次咽導唱佛及入眼時 證明如法點筆 唵安頂上 阿安口中 吽安胸中 唱佛 云) | | | |
| 〈53.八眼點筆〉<br>①歸依禮<br>各具尊像 南無 新畵成<br>(鑄成 造成 重修 改金)<br>某佛 某菩薩 | | 南無 新畵成 鑄成 造成<br>重修某佛 某菩薩<br><br>肉眼成就相 | 〈點筆法〉<br>南無 新畵成 鑄成 造成<br>重修 改金 某佛 某菩薩<br>法主唱云 | 〈點筆法〉<br>(會主如法點筆)<br>캄肉眼時安眼下<br>함天眼時安眼睛<br>람慧眼時安眼上 | |

②八眼
肉眼成就相
肉眼清淨相
肉眼圓滿相

天眼成就相
天眼清淨相
天眼圓滿相

慧眼成就相
慧眼清淨相
慧眼圓滿相

法眼成就相
法眼清淨相
法眼圓滿相

佛眼成就相

肉眼成就相
肉眼清淨相
(坎字昌肉眼時書兩眼下)

天眼成就相
天眼清淨相
(唅字昌天眼時書兩眼睛)

慧眼成就相
慧眼清淨相
(覽字昌慧眼時書兩眼上)

法眼成就相
法眼清淨相
(稷字昌法眼時書兩眉上)

佛眼成就相

肉眼清淨相
肉眼圓滿相

(法主一唱　則咽導和之 再唱則咽導和 各具尊相末南無新畫成云云 此下諸眼皆倣此)

天眼成就相
天眼清淨相
天眼圓滿相

慧眼成就相
慧眼清淨相
慧眼圓滿相

法眼成就相
法眼清淨相
法眼圓滿相

佛眼成就相
佛眼清淨相

坎肉眼時安兩眼下
唅天眼時安兩眼睛
覽慧眼時安兩眼上
稷法眼時安兩眉上
暗佛眼時安白毫上
吽十眼時安胸中
阿千眼時安口中
唵無盡眼時安頂上

書兩眼下
肉眼成就相
肉眼清淨相
肉眼圓滿相

(法主一唱?道和之法主一□唱□道又和而□云各具尊相下諸眼一一□此)
天眼成就相
天眼清淨相
天眼圓滿相

慧眼成就相

밤法眼時安眉上
암佛眼時安眉間
훔十眼時安胸中
아千眼時安口中
옴無盡眼時安頂上
(須靜筆而動心心是體筆是用也則攝用皈体現理也是一節也)

〈唱佛榜〉
(證師執筆　引導唱云)
唵阿吽　三說
南無　新畵成
(某佛某菩薩或塑成鐵成重修改金則其時依唱佛榜唱云)

〈八眼〉
(法主先唱云肉眼云　引導再唱　法主三唱後引導唱各具尊像下諸眼一一倣此)

| 佛眼清淨相 | 佛眼清淨相 | 佛眼圓滿相 | 慧眼清淨相 | 肉眼成就相 |
|---|---|---|---|---|
| 佛眼圓滿相 | | | 慧眼圓滿相 | 肉眼清淨相 |
| | | 十眼成就相 | | 肉眼圓滿相 |
| | | 十眼清淨相 | 法眼成就相 | |
| 十眼成就相 | 十眼成就相 | 十眼圓滿相 | 法眼清淨相 | 天眼成就相 |
| 十眼清淨相 | 十眼清淨相 | | 法眼圓滿相 | 天眼清淨相 |
| 十眼圓滿相 | | 千眼成就相 | | 天眼圓滿相 |
| | | 千眼清淨相 | 佛眼成就相 | |
| | | 千眼圓滿相 | 佛眼清淨相 | 慧眼成就相 |
| 千眼成就相 | 千眼成就相 | | 佛眼圓滿相 | 慧眼清淨相 |
| 千眼清淨相 | 千眼清淨相 | 無盡眼成就相 | | 慧眼圓滿相 |
| 千眼圓滿相 | | 無盡眼清淨相 | 十眼成就相 | |
| | | 無盡眼圓滿相 | 十眼清淨相 | 法眼成就相 |
| | | | 十眼圓滿相 | 法眼清淨相 |
| 無盡眼成就相 | 無盡眼成就相 | (諸佛菩薩則如上　而 | | 法眼圓滿相 |
| 無盡眼清淨相 | 無盡眼清淨相 | 若中 壇則但呼五通五 | 千眼成就相 | |
| 無盡眼圓滿相 | | 力 末咽導唱南無某大 | 千眼清淨相 | 佛眼成就相 |
| | | 王某從官爲 | 千眼圓滿相 | 佛眼清淨相 |
| | | 可 次開眼光明眞言 灌 | | 佛眼圓滿相 |
| | | 浴 篇文 次咽導灌浴偈云) | 無盡眼成就相 | |
| | | | 無盡眼清淨相 | 十眼成就相 |
| | | | 無盡眼圓滿相 | 十眼清淨相 |

| | | | | | |
|---|---|---|---|---|---|
| | | | (佛菩薩則如上若中壇則<br>□時五通五力) | 十眼圓滿相<br><br>千眼成就相<br>千眼淸淨相<br>千眼圓滿相<br><br>無盡眼成就相<br>無盡眼淸淨相<br>無盡眼圓滿相 | |
| 〈53-1. 六通點筆〉<br>①歸依禮<br>各具通明 南無新畵成<br>尊者(羅漢・十大弟子)<br><br>②六通<br>天眼通成就相<br>天眼通淸淨相<br><br>天耳通成就相<br>天耳通淸淨相 | | | | 〈羅漢唱目〉<br>(引導唱云)<br>唵阿吽 三說<br>南無 新畵成 傳佛心燈<br>迦葉尊者 流通敎海<br>阿難尊者 住世應眞十六<br>大阿羅漢各某位神衆某<br>位 十王某位<br><br>〈六通〉<br>(唱法如上 法主三唱後<br>引導唱云 各具通明云) | |

| | | | | | |
|---|---|---|---|---|---|
| 他心通成就相<br>他心通淸淨相<br><br>神境通成就相<br>神境通淸淨相<br><br>宿命通成就相<br>宿命通淸淨相<br><br>漏盡通成就相<br>漏盡通淸淨相 | | | | 天眼通成就相<br>天眼通淸淨相<br><br>天耳通成就相<br>天耳通淸淨相<br><br>他心通成就相<br>他心通淸淨相<br><br>神境通成就相<br>神境通淸淨相<br><br>宿命通成就相<br>宿命通淸淨相<br><br>漏盡通成就相<br>漏盡通淸淨相 | |
| 〈53-2. 五痛五力點筆〉<br>①歸依禮<br>各具通力 南無 新畵成 | | | | 〈五力〉<br>神通力成就相 | |

某大王某從官

②五痛五力
天眼通成就相
天眼通淸淨相

天耳通成就相
天耳通淸淨相

他心通成就相
他心通淸淨相

神境通成就相
神境通淸淨相

宿命通成就相
宿命通淸淨相

神通力成就相
新通力淸淨相

勇猛力成就相

新通力淸淨相

勇猛力成就相
勇猛力淸淨相

慈悲力成就相
慈悲力淸淨相

菩薩力成就相
菩薩力淸淨相

如來力成就相
如來力淸淨相

〈羅漢六通三明〉
(天眼明宿命明漏盡明也
神衆十王如上五通也)
함天眼通時 安眼睛
하天耳通時 安兩足
사바他心通時 安兩脛
례神境通時 安兩膈
즁宿命通時 安臍中

| | | | | | |
|---|---|---|---|---|---|
| 勇猛力淸淨相<br><br>慈悲力成就相<br>慈悲力淸淨相<br><br>菩薩力成就相<br>菩薩力淸淨相<br><br>如來力成就相<br>如來力淸淨相 | | | | 례漏盡通時 安兩肩<br><br>〈神衆十王五力〉<br>례新通力時 安兩肩<br>주勇猛力時 安胸中<br>례慈悲力時 安頸上<br>자菩薩力時 安口中<br>옴如來力時 安頂上 | |
| 〈54.開眼光明眞言〉<br>佛開廣大靑蓮眼<br>妙相莊嚴功德身<br>人天共讚不能量<br>比若萬流歸大海<br>唵 斫數斫數 三滿多<br>斫數尾水多尼 娑婆訶<br>옴 작수작수 삼만다<br>작수미수다니 사바하<br>oṃ cakṣu cakṣu<br>samanta | 〈開眼光明眞言〉<br>佛開廣大靑蓮眼<br>妙相莊嚴功德身<br>人天共讚不能量<br>譬若萬流歸大海<br>唵 作芻 作芻 三滿哆<br>作芻 尾秝馱尼 沙嚩賀 | •〈開眼光明眞言〉<br>佛開廣大靑蓮眼<br>妙相莊嚴功德身<br>人天共讚不能量<br>比若萬流歸大海<br>唵 作芻 作芻 三滿哆<br>作芻 尾戍馱你 娑嚩賀 | 〈開眼光明眞言〉<br>(畵員點眼)<br>佛開廣大靑蓮眼<br>妙相莊嚴功德身<br>人天共讚不能量<br>比若萬流歸大海<br>唵 作芻 作芻 三滿哆<br>作芻 尾戍馱尼 娑嚩賀 | 〈開眼光明眞言〉<br>(書員點筆)<br>佛開廣大靑蓮眼<br>妙相莊嚴功德身<br>人天共讚不能量<br>比若萬流歸大海<br>옴 작추작추 삼만다<br>작추 미수다니 사바하 | |

| cakṣu biśodhaniye<br>svāhā | | | | | |
|---|---|---|---|---|---|
| 〈55.安佛眼眞言〉<br>唵 薩婆羅度 婆訶里尼<br>娑婆訶<br>옴 살바라도 바하리니<br>사바하 | | | 〈安佛眼眞言〉<br>唵 薩縛羅祖 沙賀羅拏<br>沙縛訶 | 〈安佛眼眞言〉<br>옴 살바라죠바하라나<br>사바하 | |
| 〈56.灌佛九龍讚〉<br>如佛降生之時 九龍吐水<br>沐浴金身 一切諸佛<br>諸大菩薩 亦復如是<br>我今謹以 清淨香水<br>灌浴金身 | 〈灌佛〉<br>如佛降生之時 九龍吐水<br>沐浴金身 一切諸佛<br>諸大菩薩 亦復如是<br>我今謹以 清淨香水<br>灌浴金身 | •〈灌浴篇〉<br>如佛降生之時 九龍吐水<br>沐浴金身 一切諸佛<br>諸大菩薩 亦復如是<br>我今謹以 清淨香水<br>灌浴金身 | 〈灌佛〉(放筆)<br>如佛降生之時 九龍吐水<br>沐浴金身 一切諸佛<br>諸大菩薩 亦復如是<br>我今謹以 清淨香水<br>灌浴金身 | 〈讚歎灌浴〉<br>如佛降生之時 九龍吐水<br>沐浴金身 一切諸佛<br>諸大菩薩 十六羅漢及<br>典諸亦大聖賢衆<br>亦復如是 我今謹以<br>清淨香水 灌浴金身 | |
| 〈57.沐浴眞言〉<br>我今灌浴諸聖衆<br>正智功德莊嚴聚<br>五濁衆生令離垢<br>黨證如來淨法身<br>南謨 三曼多 沒多南 唵<br>阿阿那 三摩三摩 娑婆訶 | 〈沐浴眞言〉<br>我今灌浴諸如來<br>正智功德莊嚴聚<br>五濁衆生令離垢<br>黨證如來淨法身<br>那莫 三萬多 母馱南 唵<br>誐誐那 三摩三摩 沙嚩賀 | •〈灌浴偈〉<br>我今灌浴諸聖衆<br>正智功德莊嚴聚<br>五濁衆生令離垢<br>當證如來淨法身<br>那謨三滿多沒駄喃 唵<br>誐誐那三摩三摩 莎訶 | 〈沐浴眞言〉<br>(回道唱灌浴偈)<br>我今灌浴諸如來<br>正智功德莊嚴聚<br>五濁衆生令離垢<br>黨證如來淨法身<br>那莫 三滿多 母駄南 唵 | 〈沐浴眞言〉 七遍<br>나모 삼만다 몯다남 옴<br>아아나 삼마삼마 사바하 | |

| 나모 사만다 못다남 옴<br>아아나 삼마삼마 사바하 | | (次施水偈) | 誐誐那 三摩三摩 沙嚩賀 | | |
|---|---|---|---|---|---|
| 〈58.施水眞言〉<br>我今持此吉祥水<br>灌注一切衆生頂<br>塵勞熱惱悉消除<br>自他紹續法王位<br>唵 度尼度尼 加度尼<br>裟婆訶<br>옴 도니도니 가도니<br>사바하 | 〈施水偈〉<br>我今持此吉祥水<br>灌注一切衆生頂<br>塵勞熱惱悉消除<br>自他紹續法王位<br>唵 覩尼覩尼 迦覩尼<br>沙婆訶 | 〈施水偈〉<br>我今持此吉祥水<br>灌注一切衆生頂<br>塵勞熱惱悉消除<br>自他紹續法王位<br>唵 度尼度尼 迦度尼沙<br>縛賀 | 〈施水眞言〉<br>我今持此吉祥水<br>灌注一切衆生頂<br>塵勞熱惱悉消除<br>自他紹續法王位<br>唵 覩尼覩尼 迦覩尼沙縛訶 | 〈施水眞言〉<br>我今持此吉祥水<br>灌注一切衆生頂<br>塵勞熱惱悉消除<br>自他紹續法王位<br>옴 도니도니 가도니<br>사바하 | |
| | 獻座如常<br>〈獻座眞言〉 | (次法主安相眞言<br>安莊嚴眞言 次獻座眞言<br>咽噵如常獻座 又一本云<br>先獻座後安相眞言<br>安莊嚴眞言云云其理<br>甚當<br>次茶偈末大衆點茶後<br>與漱<br>瞻敬佛像暫時休歇後<br>咽噵 | 〈獻座眞言〉<br>妙菩提座勝莊嚴<br>諸佛坐已成正覺<br>我今獻座亦如是<br>廻作自他成佛因<br>唵 縛日羅 尾羅野 沙縛訶 | 〈獻座眞言〉<br>妙菩提座勝莊嚴<br>諸佛坐已成正覺<br>我今獻座亦如是<br>自他一時成佛道<br>옴 바아라 미나야 사바하 | |

| | | | | | |
|---|---|---|---|---|---|
| | | 誦淨法界時 麼指 次鳴鈸<br>如常 勸供祝願云云) | | | |
| 〈59.安像眞言〉<br>唵 素婆羅 地室地帝<br>婆阿羅 那婆婆野 娑婆訶<br>옴 소바라 지실지제<br>바아라 나바바야 사바하<br>oṃ supra tiṣṭhita<br>bajrodbhavaya svāhā | 〈安像眞言〉<br>唵 素鉢囉 地瑟地帝<br>嚩日羅 訥波嚩野 沙嚩訶 | •〈安相眞言〉<br>唵 酥鉢囉 底瑟耻多<br>嚩日嚕 訥婆嚩野 娑嚩賀 | 〈安像眞言〉<br>唵 酥鉢囉 底瑟□□<br>嚩日羅 訥婆嚩野 沙縛訶 | 〈安像眞言〉<br>옴 소바라 다따바아라<br>나바바야 사바하 | |
| 〈60.三十二相眞言〉<br>唵 摩訶迦嚕 娜野 沙縛訶<br>옴 마하가로 나야 사바하<br>oṃ mahā-kāronaya<br>sphara | | | | 〈安莊嚴眞言〉<br>옴 바아라 바라나미<br>보사니 사바하<br><br>〈三十二相眞言〉<br>옴 마하 가로나야<br>사바하<br><br>〈八十種好眞言〉<br>옴 마하 다나바라<br>모나라 사바하 | |
| 〈61.八十種好眞言〉<br>唵 摩訶持那 波羅 謀那<br>羅野 沙縛訶<br>옴 마하다나 바라 모나<br>라야 사바하 | | | | | |
| 〈62.安莊嚴眞言〉 | 〈安莊嚴眞言〉 | •〈安莊嚴眞言〉 | 〈安莊嚴眞言〉 | | |

| | | | | |
|---|---|---|---|---|
| 唵 婆阿羅 婆羅那 尾甫娑尼 娑婆訶<br>옴 바아라 바라나 미보사니 사바하<br>oṃ bajra barnavapuṣani svāhā | 唵 嚩日羅拏 尾瑟普尼 沙嚩訶 | 唵 嚩日囉 婆囉拏 尾部瑟尼 娑嚩賀 | 唵 嚩日羅拏 尾部瑟尼 沙嚩訶 | |
| 〈63.補闕眞言〉<br>唵 虎嚕虎嚕 社野目契 娑縛賀<br>옴 호로호로 사야모케 사바하<br>oṃ huru-huru jaya mukhe svāhā | | | | |
| 〈64.獻座偈〉<br>妙菩提座勝莊嚴<br>諸佛坐已成正覺<br>我今獻座亦如是<br>自他一時成佛因<br>唵 嚩日囉 尾囉野 娑嚩賀<br>옴 바아라 미나야 사바하<br>oṃ vajra-viraya svāhā | | •〈獻座眞言〉<br>妙菩提座勝莊嚴<br>諸佛坐已成正覺<br>我今獻座亦如是<br>自他一時成佛因<br>唵 嚩日囉 尾囉野 娑嚩賀 | | |

| 〈65. 普禮眞言〉<br>我今一身中 卽現無盡身<br>遍在諸佛前 一一無數禮<br>唵 縛日囉 勿<br>옴 바아라 믹<br>oṃ vajra mīḥ | 〈補闕眞言〉<br>我今一身中 卽現無盡身<br>遍在諸佛前 一一無數禮<br>唵 縛日囉 勿 |  | 〈普禮眞言〉<br>我今一身中 卽現無盡身<br>遍在諸佛前 一一無數禮<br>唵 縛日囉 勿 三拜 | 〈普禮眞言〉<br>我今一身中 卽現無盡身<br>遍在諸佛前 一一無數禮<br>옴 바아라 믹 三拜 |  |
|---|---|---|---|---|---|
| 〈66. 茶偈〉<br>牧女造出醍醐味<br>成道當初先來獻<br>我今奉供亦如是<br>願垂慈悲哀納受 |  | •〈茶偈〉<br>牧女造出醍醐味<br>成道當初先來獻<br>我今奉供亦如是<br>願垂慈悲哀納受 | 〈茶偈〉<br>牧女造出醍醐味<br>成道當初先來獻<br>我今奉供亦如是<br>願垂慈悲哀納受 | 〈茶偈〉<br>牧女造出醍醐味<br>成道當初先來獻<br>我今奉供亦如是<br>願垂慈悲哀納受<br>(供養呪云云大衆口旅尊像體歌後引導誦淨法界眞言進供如常云云) |  |
| 〈67. 普供養眞言〉<br>唵 誐誐曩 三婆嚩<br>嚩日囉 斛<br>옴 아아나 삼바바<br>바아라 훔<br>oṃ gagana saṃbhāva<br>ajira hoḥ |  |  | 〈普供養眞言〉<br>唵 誐誐曩 三婆嚩<br>嚩日囉 斛<br>(云云 次大衆歸敬尊像口茶體口後導誦淨法界眞言 口口) | •〈普供養眞言〉<br>옴 아아나 삼바바<br>바아라 훔 |  |

**해사海沙(韓貞美)**

동국대학교 문화예술대학원에서 한국음악학 석사, 동방문화대학원대학교에서 불교문예학 박사학위를 받았으며, 국가무형문화재 제50호 영산재 이수자이다.

동방불교대학 범패학과 교수, 옥천범음대학 교수, 동방문화대학원대학교 평생교육원 강사, 동방문화대학원대학교 불교문예연구소 연구원을 역임하였으며, 현재 동국대학교(경주) 불교문화대학 강사, (사)한국불교금강선원 부설 한국문화예술대학 교수로 있다.

저서로 『불교상용의범』, 『영산재·각배재의범』, 『예수재의범』, 『불상점안의식 연구』, 『點眼儀式集』이 있고, 주요 논문으로 「상주권공재의 구성 체계와 정합성 검토」, 「불교의식의 作法舞 연구」, 「佛像點眼儀式에 관한 研究」, 「佛象點眼時 點筆에 나타난 思想과 意義 고찰」, 「佛教儀禮舞의 淵源과 甘露幀畵에 나타난 作法舞 고찰」, 「범음성梵音聲에 관한 고찰-경전을 중심으로-」, 「『석문의범』의 삼동결제에 나타난 의례종류와 특징」, 「복장의식腹藏儀式의 작법절차에 관한 연구」, 「한국불교 동발銅鈸전래와 바라무 전개」 외 다수가 있다.

# 불상점안의식 연구

**초판 1쇄 발행** 2015년 6월 18일 | **초판 2쇄 발행** 2024년 8월 26일
**지은이** 해사 | **펴낸이** 김시열
**펴낸곳** 도서출판 운주사
(02832) 서울시 성북구 동소문로 67-1 성심빌딩 3층
**전화** (02) 926-8361 | **팩스** 0505-115-8361
ISBN 978-89-5746-428-1 93220 값 28,000원
http://cafe.daum.net/unjubooks 〈다음카페: 도서출판 운주사〉